Inhaltsverzeichnis

Vielfalt und Ordnung in der Natur

1	**Die Welt des Winzigen**	8
	Übung: Das Mikroskop	9
1.1	Bau einer Pflanzenzelle	10
1.2	Bau einer Tierzelle	11
	Übung: Mikroskopieren	12
2	**Formenvielfalt der Pflanzen und ihre Ordnung**	14
2.1	Pflanzen in vielerlei Gestalt	14
2.2	Verwandte Pflanzen zeigen gemeinsame Merkmale	16
2.3	Formenvielfalt der Pflanzenorgane	18
2.4	Ein- und zweikeimblättrige Pflanzen	19
	Übung: Kennübungen Samenpflanzen	20
	Pinnwand: System der Pflanzen	22
3	**Formenvielfalt der Tiere und ihre Ordnung**	24
3.1	Säugetiere lassen sich ordnen	24
	Pinnwand: Übersicht über die Wirbeltiere	26
3.2	Übersicht über die wirbellosen Tiere	28
	Prüfe dein Wissen: Vielfalt und Ordnung in der Natur	30

Organismen in ihrer Umwelt

1	**Nicht alle Lebensräume sind gleich**	32
2	**Ökosystem Wald**	34
2.1	Wald ist nicht gleich Wald	34
	Pinnwand: Der tropische Regenwald	36
2.2	Der Mischwald ist in Stockwerke gegliedert	38
	Pinnwand: Pflanzen der Strauchschicht	39
2.3	Die Rotbuche – ein Laubbaum	40
2.4	Die Waldkiefer – ein Nadelbaum	41
2.5	Der Laubwald im Jahresverlauf	42
2.6	Moose sind Wasserspeicher	44
2.7	Farne sind Sporenpflanzen	45
2.8	Zeigerpflanzen geben Hinweise auf den Standort	46
	Pinnwand: Zeigerpflanzen	47
2.9	Pilze leben im Waldboden	48
	Pinnwand: Pilze des Waldes	49
	Übung: Wald	50
2.10	Tiere des Waldes	52
2.11	Ameisen helfen dem Wald	54

Inhaltsverzeichnis

2.12	Leben im Waldboden	56
	Übung: Leben im Waldboden	57
2.13	Nahrungsbeziehungen im Wald	58
2.14	Leben auf Kosten eines Wirts	60
2.15	Leistungen des Waldes	61
2.16	Der Wald ist in Gefahr	62
	Pinnwand: Belastungen des Waldes	63
3	**Ökosystem See**	**64**
3.1	Die Pflanzenzonen eines Sees	64
	Pinnwand: Angepasstheit von Wasserpflanzen	66
	Übung: Wasserpflanzen	67
3.2	Wasservögel sind den Zonen des Sees angepasst	68
	Pinnwand: Wasservögel	69
3.3	Nahrungsbeziehungen im See	70
3.4	Belastungen eines Sees	72
	Übung: Wasseruntersuchung	74
	Streifzug durch die Sozialkunde: Was wird aus dem Baggersee?	75
4	**Die Stadt – ein Ökosystem?**	**76**
4.1	In der Stadt herrschen besondere Lebensbedingungen	76
4.2	Pflanzengesellschaften in der Stadt	78
4.3	Grüne Inseln in der Stadt	80
4.4	Tiere in der Stadt	82
5	**Gefahren für unsere Lebensgrundlagen**	**84**
5.1	Belastungen der Luft	84
5.2	Der Treibhauseffekt	85
5.3	Löcher im Ozonschutzschild der Erde	86
5.4	Trinkwasser in Gefahr	87
6	**Wir schützen unsere Umwelt**	**88**
6.1	Gefährdung von Pflanzen und Tieren	88
6.2	Menschen renaturieren und schützen ihre Umwelt	89
	Pinnwand: Artenzunahme durch Renaturierung	90
	Streifzug durch die Politik: Natur- und Landschaftsschutz	91
	Streifzug durch die Sozialkunde: AGENDA 21 – ein Programm für das 21. Jahrhundert	92
	Übung: Global denken – lokal handeln	93
	Prüfe dein Wissen: Organismen in ihrer Umwelt	94

Fortpflanzung und Entwicklung des Menschen

1	**Erwachsen werden**	**96**
1.1	Willst du mit mir gehen?	96
1.2	Partnerschaft und Verantwortung	98
	Pinnwand: Liebe und Sexualität	100
	Pinnwand: Unangenehme Situationen	101
2	**Die Entwicklung zur Frau**	**102**
2.1	Veränderungen in der Pubertät	102
2.2	Die Menstruation	104
3	**Die Entwicklung zum Mann**	**106**
3.1	Aus Jungen werden Männer	106
3.2	Hormone steuern die Bildung der Spermien	108
4	**Familienplanung**	**109**
	Pinnwand: Verhütungsmittel	110
	Pinnwand: Geschlechtskrankheiten	111
5	**Schwangerschaft und Geburt**	**112**
5.1	Befruchtung und Keimentwicklung	112
5.2	Die Geburt	114
	Streifzug durch die Medizin: Gesundheit für Mutter und Kind	115
5.3	Die Entwicklung eines Kindes	116
	Streifzug durch die Medizin: Künstliche Befruchtung	117
	Streifzug durch die Sozialkunde: Schwanger – was nun?	118
	Prüfe dein Wissen: Fortpflanzung und Entwicklung des Menschen	119

Inhaltsverzeichnis

Atmungs- und Kreislauforgane

1	**Atmung**	120
1.1	Wie wir atmen	120
1.2	Der Gasaustausch	122
	Streifzug durch die Medizin: Erkrankungen der Atemwege	124
	Übung: Atmung	125
1.3	Rauchen – eine Gefahr für die Gesundheit	126
	Übung: Gefahren des Rauchens	127
2	**Blut und Blutkreislauf**	128
2.1	Blut erfüllt unterschiedliche Aufgaben	128

	Pinnwand: Blut	129
2.2	Alles fließt: das Kreislaufsystem	130
2.3	Das Lymphgefäßsystem, ein zweites Gefäßsystem	132
2.4	Auf die Blutgruppe kommt es an!	133
	Übung: Untersuchung von Blut und Blutkreislauf	134
	Streifzug durch die Medizin: Blutdruck	135
2.5	Herz- und Kreislauferkrankungen	136
	Streifzug durch die Medizin: Erste Hilfe	138

Prüfe dein Wissen: Atmungs- und Kreislauforgane 139

Körpereigene Abwehr

1	**Infektionskrankheiten**	140
1.1	Es kann jeden treffen: Infektionskrankheiten	140
	Pinnwand: Infektionskrankheiten und Erreger	142
	Pinnwand: Pioniere der Bakterienforschung	143
1.2	Aufruhr im Verdauungstrakt	144
1.3	Masern – eine harmlose Kinderkrankheit?	146
1.4	Vorsicht Malaria!	147
2	**Das Immunsystem**	148
2.1	Stark in der Abwehr – unser Immunsystem	148
2.2	Impfen kann Leben retten	150

	Pinnwand: Vorbeugen und Heilen	151
2.3	Allergie, was ist das eigentlich?	152
3	**AIDS, eine besondere Infektionskrankheit**	153
	Streifzug durch die Medizin: Übertragungswege und Schutz vor HIV-Infektionen	155
	Streifzug durch die Sozialkunde: Toby – ein Junge kämpft gegen AIDS	156

Prüfe dein Wissen: Körpereigene Abwehr 157

Inhaltsverzeichnis

Sinnesorgane und Nervensystem

1	**Unsere Sinne erschließen uns unsere Umwelt**	158
	Streifzug durch die Physik: Nicht wahrnehmbar, aber wirksam	159
2	**Sinnesorgane**	160
2.1	Unser Auge	160
2.2	Was unsere Augen leisten	162
	Streifzug durch die Physik: Fotografieren	164
	Pinnwand: Erkrankung und Schutz unserer Augen	165
	Pinnwand: Optische Täuschungen	166
2.3	Sehfehler und ihre Korrektur	167
	Übung: Auge	168
2.4	Wie wir hören	170
	Streifzug durch die Physik: Was ist Schall?	172
	Streifzug durch die Physik: Lärm macht krank	172
2.5	Lage- und Drehsinn	173
	Übung: Ohr	174
	Pinnwand: Wie Tiere ihre Umwelt wahrnehmen	175
2.6	Geruchs- und Geschmackssinn	176
	Übung: Riechen und Schmecken	177
3	**Nerven steuern Lebensvorgänge**	178
3.1	Das Nervensystem – ein Nachrichtennetz	178
3.2	Nervenzellen stehen untereinander in Kontakt	180
	Streifzug durch die Medizin: Synapsengifte	180
3.3	Das Rückenmark – eine Schaltzentrale für Reflexe	181
	Übung: Reflexe	182
3.4	Bau des Gehirns	183
3.5	Arbeitsweise des Gehirns	184
3.6	Steuerung ohne Willen	186
3.7	Mit Drogen zum Glück?	187
	Pinnwand: Drogen beeinflussen die Wahrnehmung	188
	Pinnwand: Fun ohne Drogen	189
4	**Verhalten**	190
4.1	Verhalten – was ist das?	190
4.2	Grundlagen einfacher Verhaltensweisen	191
	Pinnwand: Sinnesorgane und Verhalten	192
4.3	Angeborenes und erlerntes Verhalten bei Tieren	193
4.4	Wie Tiere lernen	194
4.5	Angeborenes Verhalten beim Menschen	196
	Pinnwand: Comics und Werbung	198
4.6	Lernen – ein Leben lang	199
	Übung: Lernen und Gedächtnis	201
	Prüfe dein Wissen: Sinnesorgane und Nervensystem	202

Inhaltsverzeichnis

Hier findest du zusätzlich Bilder und Informationen zum jeweiligen Thema. Aufgaben dazu stehen auf eigenen Pinnzetteln.

Hier findest du weitere Informationen zu Themen, die in anderen Bereichen und Fächern von Bedeutung sind.

Hier findest du Versuche, Aufgaben und Bauanleitungen, die du selbstständig oder mit deinen Mitschülerinnen und Mitschülern ausführen kannst.

Hier findest du vielfältige Aufgaben zum Wiederholen und Vertiefen der Inhalte des Kapitels.

Vielfalt und Ordnung in der Natur

1 Untersuchung der Wasserpest

1 Die Welt des Winzigen

Auf den Arbeitstischen liegen Lupen und es sind Mikroskope aufgebaut. Noch kann niemand erkennen, was damit untersucht werden soll. Stefan schlägt vor, die Wasserpest aus dem Schulaquarium zu untersuchen. Er nimmt vorsichtig eine Pflanze heraus und betrachtet sie mit dem bloßen Auge. Er erkennt zarte, grüne Blättchen, die an einem festen Stängel wachsen.

Julia will mehr wissen und betrachtet die Wasserpest mit der **Lupe.** Sie erkennt jetzt weitere Einzelheiten des Blättchens. Die grün gefärbte, längliche Blattspreite läuft vorn in einer kurzen Spitze zu. Sie sieht nun auch die Beschaffenheit der Oberfläche. Die Blattfläche ist von feinen Blattadern durchzogen und auf der Oberfläche erkennt sie zahlreiche Unebenheiten.

Anne reicht auch diese Untersuchung nicht aus und sie nimmt ein **Mikroskop** zu Hilfe. Zu ihrer Überraschung tauchen nun neue Einzelheiten auf, die weder mit dem bloßen Auge noch mit der Lupe zu erkennen waren. Bei der 100fachen Vergrößerung des Lichtmikroskopes sieht Anne ein unregelmäßiges Muster von „Kästchen", die man **Zellen** nennt. Bei stärkerer Vergrößerung erkennt sie in den Zellen ovale, grüne Körnchen, die *Chloroplasten*. Die Blattgrünkörner schwimmen in einem milchig, hellen Material, dem *Zellplasma*.

Lichtmikroskope, wie sie Anne benutzt, vergrößern bis 1000fach. Sie geben uns Einblicke in die Welt des Winzigen, die uns mit dem bloßen Auge verborgen bleibt.

> Lupen vergrößern bis etwa 20fach. Lichtmikroskope vergrößern bis zu 1000fach und machen neue Einzelheiten der untersuchten Dinge sichtbar.

1 Welche Größe hätte dieser ●, wenn man ihn 1000fach vergrößert? Miss und berechne.

Vielfalt und Ordnung in der Natur

Das Mikroskop

Übung

A1 Aufbau des Lichtmikroskopes

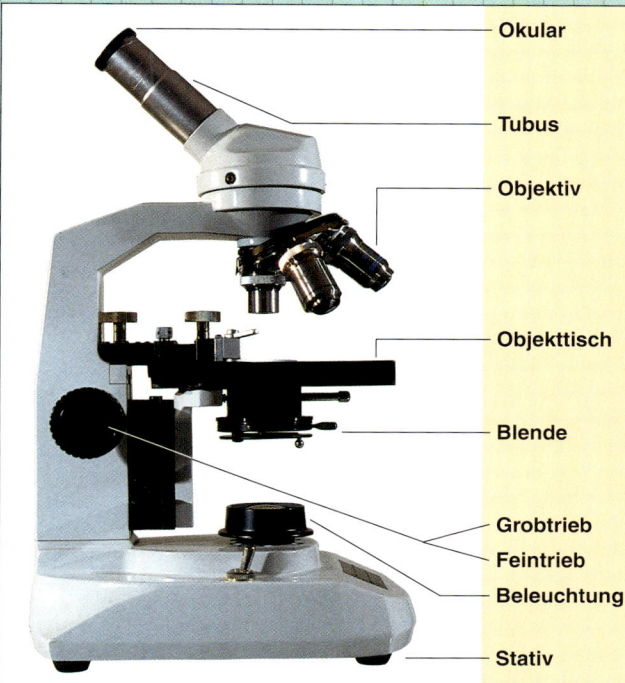

Okular	Linsensystem, durch das man in das Mikroskop schaut. Vergrößerung wie eine Lupe (z. B. 5 ×, 10 ×, 15 ×).
Tubus	Röhre, die Okular und Objektiv miteinander verbindet.
Objektiv	Linsensystem, das über dem Objekt liegt. Es vergrößert stärker als das Okular (z. B. 10 ×, 45 ×, 100 ×). Die gesamte Vergrößerung ergibt sich aus der Okularvergrößerung mal der Objektivvergrößerung (z. B. 10 × 15 = 150 fach).
Objekttisch	Hier wird der Objektträger mit dem Untersuchungsobjekt von zwei Federklemmen festgehalten.
Blende	Regelt die Menge des Lichtes, das durch das Loch in der Mitte des Objekttisches fällt (Helligkeitsregelung).
Grobtrieb **Feintrieb**	Bewegen den Tubus und regeln damit den Abstand zwischen Objektiv und Objekt.
Beleuchtung	Belichtet das Objekt entweder durch eine Glühlampe oder mithilfe eines Spiegels von unten.
Stativ	Grundplatte, auf der das Mikroskop montiert ist.

Präge dir die Aufgaben der Bestandteile des Lichtmikroskopes ein.

V2 Richtiges Mikroskopieren

Material: Haare; Pinzette; Pipette; Objektträger; Wasser; Lichtmikroskop

1 *Befestigen des Objektes auf dem Objekttisch*

Durchführung: Setze einen Tropfen Wasser auf einen Objektträger. Gib einige Haare in den Wassertropfen. Lege ein Deckglas auf. Lege das Präparat so auf den Objekttisch, dass es sich über der Mitte der Objekttischöffnung befindet. Klemme den Objektträger mit den Klemmen vorsichtig fest.

Aufgaben: a) Betrachte das Mikroskop von der Seite. Stelle die kleinste Vergrößerung ein. Bewege mit dem Grobtrieb Objekttisch und Objektiv so dicht wie möglich aufeinander zu, ohne dass sich Objektiv und das Präparat berühren.
b) Stelle den Spiegel ein oder schalte die Mikroskoplampe ein. Schaue durch das Okular. Drehe mit dem Grobtrieb den Objekttisch vom Objektiv weg, bis ein Haar scharf erscheint. Regele mit dem Feintrieb nach. Stelle mit der Blende die gewünschte Helligkeit und den Kontrast ein.
c) Drehe den Objekttisch mit dem Grobtrieb weiter herunter. Wechsle das Objektiv. Stelle erneut scharf wie beschrieben.
d) Schalte nach dem Mikroskopieren die Lampe aus und stelle die kleinste Vergrößerung ein.

Vielfalt und Ordnung in der Natur

1.1 Bau einer Pflanzenzelle

In kaum einem Aquarium fehlt die *Wasserpest*. An ihr kannst du den Feinbau einer Pflanze näher kennen lernen.

Wenn du vom Stängel ein Blättchen abzupfst und dieses in einem Tropfen Wasser mit dem Mikroskop untersuchst, wirst du erstaunliche Einzelheiten entdecken. Schon bei schwächster Vergrößerung siehst du viele kleine, gleichartige Kästchen dicht beieinander liegen. Es sind **Zellen,** die kleinsten Bausteine eines Pflanzenkörpers. Aus ihnen setzt sich zum Beispiel das Blatt der Wasserpest zusammen. Einen solchen Verband gleichartiger Zellen bezeichnet man auch als *Blattgewebe*.

Wir wechseln jetzt zu einer stärkeren Vergrößerung und sehen uns eine Pflanzenzelle näher an. Jede Zelle ist von einer **Zellwand** umgeben. Diese festigt die Zelle und verleiht ihr eine dauerhafte Gestalt. Sie besteht aus einem Faserstoff, der *Zellulose*. Durch kleine Poren, den *Tüpfeln*, stehen benachbarte Zellen miteinander in Verbindung. Alle Pflanzen besitzen solche festen Zellwände.

Jetzt siehst du auch, worauf die grüne Farbe zurückzuführen ist. In der Zelle liegen *Chlorophyllkörner*, auch **Chloroplasten** genannt. Sie erzeugen Nährstoffe und speichern diese. Betrachtest du eine Zelle etwas länger, siehst du, wie sich die Chloroplasten langsam bewegen. Sie werden von dem **Zellplasma** mitgeführt, das der Zellwand dicht anliegt. Es ist eine durchsichtige, zähe Flüssigkeit, die aus Eiweißstoffen besteht und viel Wasser enthält. Das Zellplasma junger Zellen füllt das Zellinnere fast vollständig aus. Ein dünnes Häutchen, die **Zellmembran,** umgibt das Zellplasma.

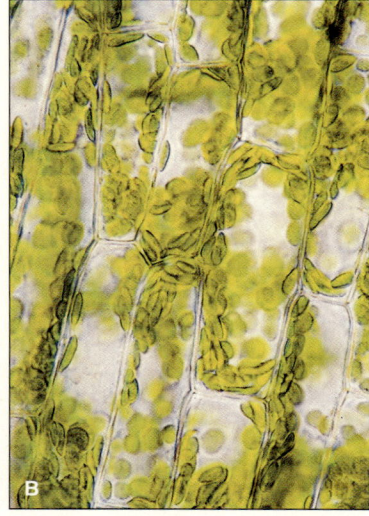

1 Betrachten von Pflanzenzellen.
A *Mikroskopieren;* **B** *Zellen der Wasserpest;* **C** *Pflanzenzelle (Schema)*

Bei älteren Zellen bilden sich Hohlräume, die mit *Zellsaft* gefüllt sind und den Innendruck der Zelle aufrechterhalten. Man nennt sie **Vakuolen.**

Den meist kugelförmigen **Zellkern** wirst du bei der Wasserpest kaum entdecken. Er ist meist durch die Chloroplasten überdeckt. Im Präparat eines Zwiebelhäutchens kannst du ihn leichter finden. Es enthält keine Chloroplasten. Der Zellkern, der als „Befehlszentrale" alle Vorgänge in der Zelle kontrolliert und regelt, ist im Zellplasma eingebettet.

Untersuchst du weitere Pflanzenteile, wirst du verschiedenartige Zellen entdecken. In ihrem Grundbauplan stimmen sie aber alle überein.

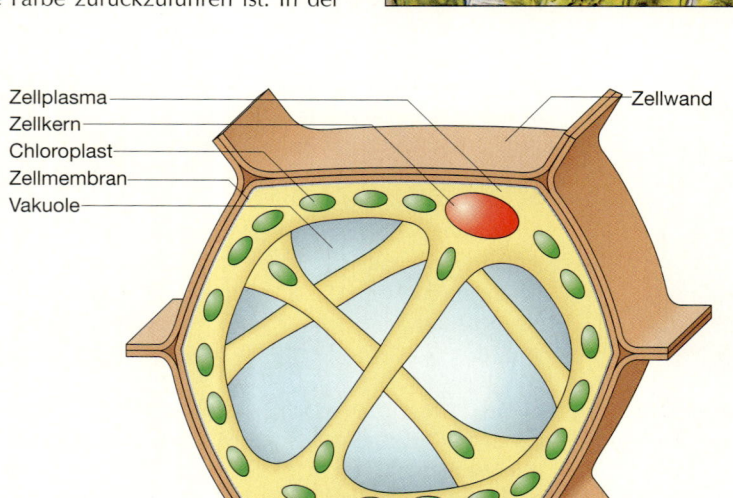

> Alle Pflanzen bestehen aus Zellen. Hauptbestandteile sind Zellwand, Zellmembran, Zellplasma, Zellkern, Chloroplasten und Vakuolen

1 Zeichne die Zellen aus Abb. 1 B und beschrifte die Zeichnung.

Vielfalt und Ordnung in der Natur

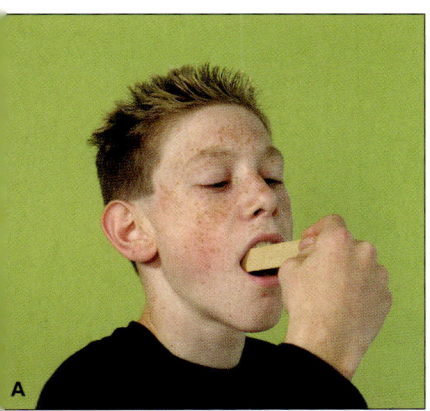

1 Untersuchung der Mundschleimhaut. *A Gewinnung von Zellen; B Zellen der Mundschleimhaut (angefärbt); C Schemazeichnung*

1.2 Bau einer Tierzelle

Wie Pflanzen bestehen auch Tiere und Menschen aus Zellen.

Zur Untersuchung tierischer Zellen eignen sich besonders gut die Zellen der menschlichen *Mundschleimhaut*. Hierzu muss man mit einem sauberen Holzspatel oder mit dem abgeflachten Ende eines Zündholzes vorsichtig an der Innenseite einer Wange entlangstreichen und etwas von der Mundschleimhaut abschaben. Anschließend bringt man diese auf einen Objektträger in einen Tropfen Wasser. Durch Hinzufügen einer Farblösung lassen sich die Zellen anfärben und die Zellbestandteile werden so besser sichtbar. Sehen wir uns das Präparat einmal näher an.

Wir erkennen eine große Anzahl einzelner Zellen. Durch das Abschaben wurde das Gewebe zerstört, sodass die Zellen meist keine zusammenhängende Fläche mehr bilden. Mit etwas Glück findet man in dem Präparat aber auch Stellen, die unverletzte Teile der Mundschleimhaut zeigen. Dort liegen die Zellen flächig nebeneinander.

Die einzelnen Zellen besitzen eine mehr oder weniger rundliche Gestalt. Sie werden von einer dünnen, elastischen **Zellmembran** umgeben. Sie erscheint im Präparat als eine dünne Linie. Bei einigen Zellen sind die Ränder etwas umgeschlagen. Das zeigt, wie weich und verformbar die Zellmembran gebaut ist. Eine feste Zellwand wie bei den Pflanzen fehlt den tierischen Zellen. Die Zellmembran umgibt das zähflüssige **Zellplasma,** das die gesamte Zelle ausfüllt. Es

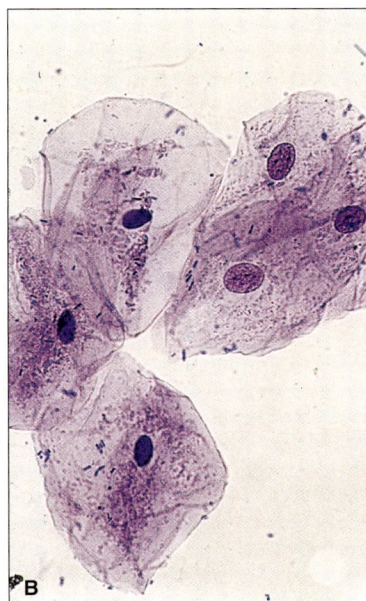

besteht hauptsächlich aus Eiweißstoffen.

Eingebettet im Zellplasma ist deutlich der rundliche **Zellkern** zu erkennen. Er ist die Steuerzentrale und regelt alle Lebensvorgänge im Zellkörper.

Nach Chloroplasten suchen wir bei tierischen Zellen vergebens. Sie kommen nur in pflanzlichen Zellen vor. Auch Zellsafträume oder Vakuolen, die für ältere Pflanzenzellen typisch sind, fehlen.

Auch andere Präparate von Haut-, Muskel-, Leber- oder Eizellen zeigen den gleichen Grundbauplan wie Zellen der Mundschleimhaut. Sie bestehen ebenfalls aus Zellmembran, Zellplasma und Zellkern. Da die Zellen aber unterschiedliche Aufgaben erfüllen, weichen sie in ihrer Größe und Gestalt voneinander ab.

> Alle Tiere und Menschen bestehen aus Zellen. Hauptbestandteile sind Zellmembran, Zellplasma und Zellkern.

1 Beschreibe Form und Bestandteile einer Zelle der Mundschleimhaut.

2 Eine Zelle der Mundschleimhaut hat eine Größe von etwa 0,07 mm. Wie viel Zellen nebeneinander gelegt ergeben
a) etwa einen Millimeter?
b) etwa die Fläche eines Quadratmillimeters?

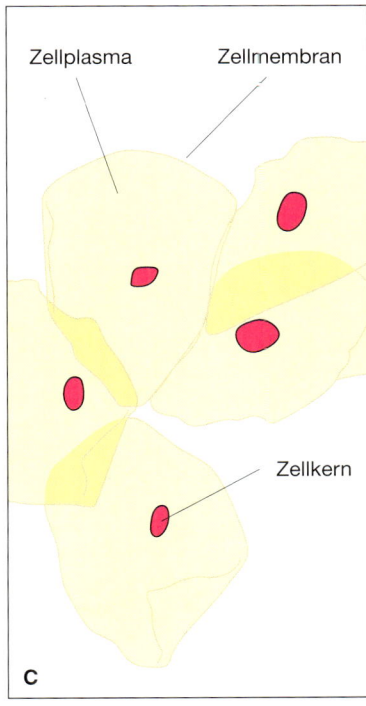

Vielfalt und Ordnung in der Natur

Übung: Mikroskopieren

V1 Untersuchung von Blattzellen der Wasserpest

Material: Wasserpest aus dem Aquarium; Pinzette; Becherglas mit Wasser; Objektträger; Deckgläschen; Lichtmikroskop; Pipette; Filtrierpapier; Zeichenmaterial

Durchführung: Zupfe ein Blättchen der Wasserpest von dem Stängel ab und bringe es auf einen Objektträger. Gib mit der Pipette einen Tropfen Wasser hinzu. Gehe weiter vor wie unten abgebildet.

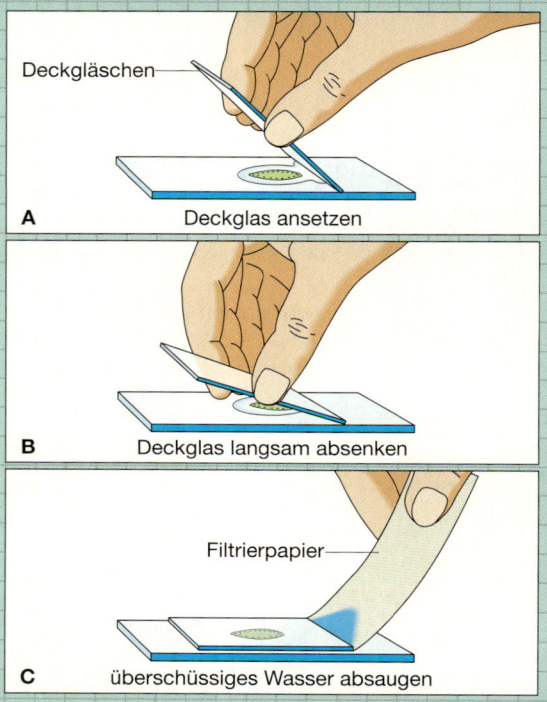

A Deckglas ansetzen
B Deckglas langsam absenken
C überschüssiges Wasser absaugen

Aufgaben: a) Mikroskopiere zunächst mit der Lupenvergrößerung, um dir eine Übersicht zu verschaffen.
b) Untersuche die Abrissstelle bei 150–200facher Vergrößerung. Berichte, was du siehst.

V2 Untersuchung der Oberhaut von Pflanzen

Material: Stängel von Ampelpflanzen; Blätter von Holunder oder Schwertlilien; Rasierklinge (eine Schneide wird durch Isolierband abgeklebt); Pinzette; Objektträger; Deckgläschen; Pipette; Becherglas mit Wasser; Lichtmikroskop; Zeichenmaterial

Durchführung: Bringe mit der Pipette einen Tropfen Wasser auf einen Objektträger. Ritze den Stängel der Pflanze bzw. das Blatt mit der Rasierklinge ein. Ziehe dann mit der Pinzette ein dünnes Häutchen von der Oberfläche ab. Bringe das Häutchen in den Wassertropfen auf dem Objektträger und lege anschließend ein Deckgläschen auf.

Aufgabe: Betrachte dein Präparat zunächst mit geringer Vergrößerung und suche dir am Rand des Häutchens eine dünne Zellschicht aus. Mikroskopiere mit etwa 200facher Vergrößerung. Zeichne 3–4 Zellen und beschrifte.

V3 Untersuchung von Zwiebelzellen

Material: Küchenzwiebel; Eosin; Messer oder Skalpell; Rasierklinge (eine Schneide wird durch Isolierband abgeklebt); Pinzette; Pipette; Becherglas mit Wasser; Objektträger; Deckgläschen; Filtrierpapier; Lichtmikroskop; Zeichenmaterial

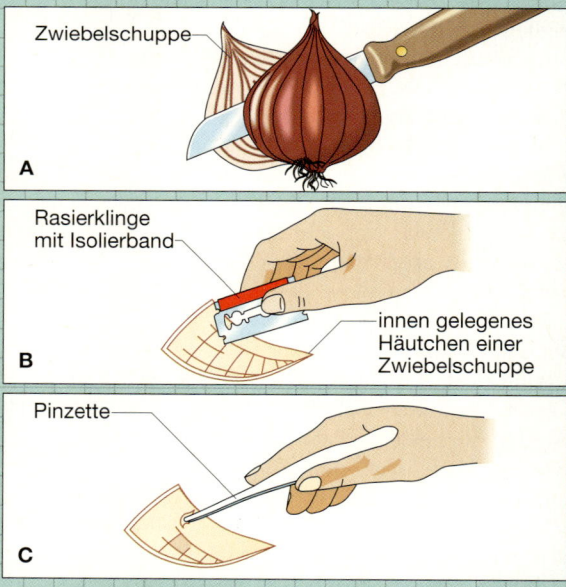

A Zwiebelschuppe
B Rasierklinge mit Isolierband – innen gelegenes Häutchen einer Zwiebelschuppe
C Pinzette

Durchführung: Präpariere eine Zwiebel so, wie es die Abbildung darstellt. Zupfe ein Häutchen mit der Pinzette ab. Bringe es in den Wassertropfen auf dem Objektträger und lege anschließend ein Deckgläschen auf. Tropfe etwas Eosin an den Rand des Deckgläschens. Sauge dann mit dem Filtrierpapier die Lösung durch das Präparat.

Vielfalt und Ordnung in der Natur

Übung

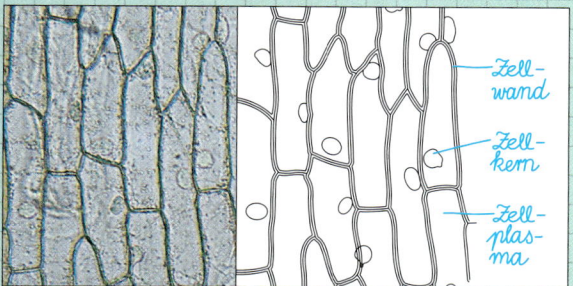

Aufgabe: Vergrößere einen Ausschnitt dann stärker (etwa 200fach). Zeichne 3 bis 4 Zellen und beschrifte wie oben.

V 4 Herstellung eines mikroskopischen Schnittpräparates

Material: Stängelabschnitte einer Ampelpflanze (oder Begonie); Möhre (oder Styropor); Küchenmesser; einseitig abgeklebte Rasierklinge; Haarpinsel; Pipette; Objektträger; Deckgläschen; Lichtmikroskop; Wasser; Filtrierpapier; Zeichenmaterial

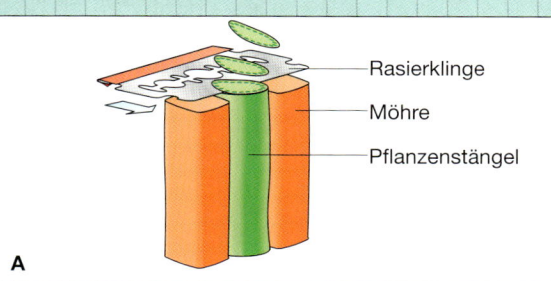

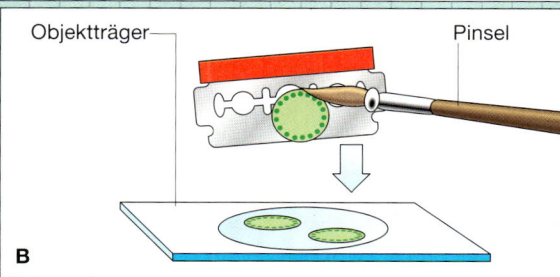

Durchführung: Zunächst musst du dir eine Haltevorrichtung zum Schneiden des Objektes herstellen. Schneide dazu bei einer Möhre die Enden ab. Fertige aus dem Mittelteil durch senkrechte Schnitte zwei etwa 8 cm lange, rechteckige Säulen. Du kannst solche Säulen auch aus Styropor herstellen.

Schneide danach ein etwa 4 cm langes Stück aus dem Spross der Pflanze heraus. Klemme den Sprossabschnitt zwischen die beiden Möhrenstückchen. Er soll etwa 2 mm über die Enden der Halterung herausragen (Abbildung A).
Feuchte das Objekt und die Rasierklinge an. Lege dann die Klinge auf den einen Möhrenabschnitt und schneide waagerecht mehrere hauchdünne Scheiben vom Stängel ab. Wiederhole die Schnitte, bis du mehrere brauchbare, dünne Scheiben erhältst. Tupfe mit einem Pinsel auf die Scheibchen, übertrage sie auf den Objektträger und lege ein Deckgläschen auf (Abbildung B).

Aufgaben: a) Mikroskopiere zunächst bei kleiner Vergrößerung. Untersuche das dünnste Präparat. Verwende dann eine stärkere Vergrößerung und betrachte durch vorsichtiges Verschieben des Objektträgers verschiedene Bereiche des Stängelquerschnitts.
b) Fertige eine Zeichnung vom Rand des Stängelquerschnitts an (etwa 10 Zellen). Beschrifte.

V 5 Untersuchung von Mundschleimhaut

Material: Mundschleimhaut; Teelöffel; Iod-Lösung; Pipette; Filtrierpapier; Objektträger; Deckgläschen; Lichtmikroskop; Becherglas; Zeichenmaterial

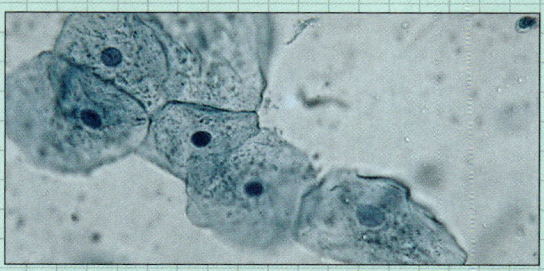

Durchführung: Schabe vorsichtig mit dem Stiel eines gereinigten Teelöffels etwas Schleimhaut von den Innenseiten deiner Wangen ab. Bringe die Probe auf einen Objektträger und füge etwas Wasser hinzu. Lege dann das Deckgläschen auf. Tropfe an den Rand des Deckgläschens mit einer Pipette einen Tropfen Iod-Lösung auf. Sauge mit dem Filtrierpapier die Lösung durch das Präparat.

Aufgabe: a) Mikroskopiere bei ca. 200facher Vergrößerung.
b) Zeichne 3 bis 4 Zellen und beschreibe ihr Aussehen.

Vielfalt und Ordnung in der Natur

1 Gartenausschnitt. A Laubmoos; **B** Lebermoos; **C** Farn; **D** Nacktsamer; **E** Bedecktsamer

2 Formenvielfalt und Ordnung im Pflanzenreich

2.1 Pflanzen in vielerlei Gestalt

Es ist Sommer. Im Garten blühen Lilien, Margeriten, Mohn und Rittersporn. Dazwischen sieht man verschiedene Grüntöne. Dunkelgrün schimmern die Blätter der Pfingstrose, silbergrün die Nadeln der Blaufichte. Alle grünen Pflanzen besitzen den Blattfarbstoff **Chlorophyll**. Mit dessen Hilfe können sie die Energie des Sonnenlichtes nutzen, um organische Stoffe zu produzieren. Pflanzen sind die Voraussetzung für alles Leben auf der Erde.

Erste Algen im Wasser gab es bereits vor etwa zwei Milliarden Jahren. Einfache Landpflanzen besiedelten vor 400 Millionen Jahren das Festland. Seit dieser Zeit haben sich viele verschiedene Pflanzenformen entwickelt. Sie sind an die unterschiedlichsten Lebensräume angepasst. Man unterscheidet heute fünf große Pflanzengruppen.

Die **Algen** gehören zu den einfach gebauten Pflanzen. Ihre Größe variiert erheblich: von mikroskopisch kleinen Einzellern bis meterlangen Vielzellern. So sind viele einzellige Algen kleiner als einen Millimeter. Mehrzellige Algenarten weisen häufig fadenförmige oder flächige Vegetationskörper auf. Beim *Riesentang,* einer Braunalge, erreichen einzelne Exemplare eine Länge von über 100 Metern. Die meisten Algenarten kommen in Gewässern vor.

Die anderen Pflanzengruppen sind ebenfalls vielgestaltig. Zu ihnen zählen Moose, **Flechten,** Farn- und Samenpflanzen.

Zu den **Moosen** gehören die *Lebermoose,* die meist eine einfache, blattähnliche Gestalt haben. *Laubmoose* dagegen sind in Stängel und Blättchen gegliedert. Rhizoide verankern die Pflanze im Boden. Moose vermehren sich durch Sporen und gehören deshalb zu den Sporenpflanzen. Sie besiedeln meist feuchte Lebensräume.

Eine weitere große Gruppe der Sporenpflanzen sind die **Farnpflanzen**. Zu ihnen zählen Farne, Schachtelhalme und Bärlappe. Sie sind Sprosspflanzen und gliedern sich in Spross und Wurzel. Bei den Farnen gibt es krautige und baumartige Pflanzen.

Die **Samenpflanzen** tragen Blüten und bilden Samen aus. Im Samen geschützt liegen der Embryo und das Nährgewebe. So können Samenpflanzen ungünstige Umweltbedingungen wie Kälte und Trockenheit über lange Zeiträume hinweg überdauern. Sie kommen deshalb in fast allen Lebensräumen vor. Bei einigen Samenpflanzen liegen die Samenanlagen offen auf den Fruchtblättern. Diese Pflanzen nennt man *Nacktsamer.* Bei den *Bedecktsamern* sind die Samenanlagen dagegen im Fruchtknoten eingeschlossen.

Vielfalt und Ordnung in der Natur

Nicht immer kann man von der Gesamtgröße einer Pflanze auf die Größe ihrer Organe schließen. Die *Riesen-Mammutbäume* Kaliforniens sind mit etwa 135 Metern die höchsten Landpflanzen. Sie bilden aber nur kleine Nadeln und winzige Samen aus.

Die Riesenseerose der Gattung *Victoria* zeichnet sich durch besonders große Blüten mit bis zu 40 Zentimetern Durchmesser aus. Sie öffnen sich nur in zwei Nächten. Sie besitzt auch die größten Schwimmblätter im Pflanzenreich. Die Blätter können einen Durchmesser von zwei Metern erreichen und sogar ein Kind tragen. Wild kommt diese Seerose im Verlandungsgebiet des Amazonas in Südamerika vor. Bei uns ist sie in einigen botanischen Gärten zu bewundern.

Die größten Blüten einer Pflanze wurden 1818 in Sumatra entdeckt. Dort wächst im tropischen Regenwald ein Parasit, die *Rafflesia*. Sie lebt auf den Wurzeln wilder Weinarten und bildet keine Blätter aus. Die rotbraun gefleckten Blüten haben einen Durchmesser von etwa einem Meter und können bis zu sieben Kilogramm wiegen. Sie liegen wie ein großer offener Kessel auf dem Boden, stinken faulig und locken so Aasfliegen zur Bestäubung an.

Im Pflanzenreich gibt es nicht nur Riesen. Die Zwergbäume der Tundra oder des Hochgebirges erreichen durch die extremen Lebensbedingungen nur eine geringe Höhe. In solchen Lebensräumen wachsen auch 50 Zentimeter hohe Zwergbirken und nur 10 Zentimeter hohe Kriechweiden.

Die kleinste Samenpflanze gedeiht im Wasser. Es ist eine *Zwergwasserlinse* in Australien. Sie wird nur 0,6 Millimeter lang und wiegt 0,0015 Gramm. Unsere heimische Zwergwasserlinse ist ebenfalls sehr klein. Sie erreicht einen Durchmesser von einem Millimeter und schwimmt auf der Wasseroberfläche. Meist vermehrt sie sich ungeschlechtlich.

> Grüne Pflanzen besitzen Chlorophyll und betreiben Fotosynthese. Sie weisen eine große Formenvielfalt auf. Die größten und ältesten Lebewesen zählen zu den Pflanzen. Man unterscheidet fünf große Pflanzengruppen voneinander: Algen, Flechten, Moose, Farn- und Samenpflanzen.

1 Nenne je zwei Beispiele zu Abb. 1 A, C, D und E.
2 Informiere dich über Pflanzenrekorde. Stelle zwei Beispiele vor. Nutze z. B. das Guinnessbuch der Rekorde oder das Internet.
3 Die Riesenseerose Victoria ist eine Samenpflanze. Begründe diese Aussage.

2 Rekordhalter unter den Pflanzen. A Riesen-Mammutbaum; *B* Rafflesia; *C* Victoria; *D* Zwergwasserlinse

Vielfalt und Ordnung in der Natur

2.2 Verwandte Pflanzen zeigen gemeinsame Merkmale

Es ist Sommer. Die Getreidefelder werden gelb. Am Feldrand leuchten die roten Blüten des *Klatschmohns*. Auch blaue *Kornblumen* und weiße Blütenköpfe der *Kamille* sind zu erkennen.

Wer die Vegetation eines Feldraines genauer untersucht, findet viele unterschiedliche Pflanzenarten. Sie unterscheiden sich zum Beispiel im Blütenbau und in der Fruchtform voneinander.

Betrachten wir eine Blüte des Klatschmohns genauer. Deutlich lassen sich die kreisförmig angeordneten, freien Kronblätter erkennen. Ihre Anzahl kann zwischen vier und sechs schwanken. Außerdem besitzt die Blüte zwei Kelchblätter. Der oberständige Fruchtknoten ist von vielen Staubblättern umgeben. In ihm liegen die Samenanlagen. Nach der Bestäubung und Befruchtung entwickelt sich eine kugelförmige Kapsel. Ist sie reif, öffnet sie auf der Oberseite ihre Poren. Die schwarzen Samen fallen heraus und werden vom Wind verbreitet. Bei uns wächst nicht nur der wilde Klatschmohn. Angebaut wird eine dem Klatschmohn ähnliche **Art**, die Kulturpflanze *Schlafmohn*. Die Blüten haben weiße Kronblätter, die am Grunde violett erscheinen. Die Samen werden zur Gewinnung von Mohnöl und zum Backen verwendet. Weitere Arten sind der *Saatmohn* und der *Sandmohn*. Auch als Zierpflanze für den Garten werden verschiedene Mohnarten angeboten. Dort gedeiht zum Beispiel der gelb blühende *Islandmohn*.

Die Mohnarten unterscheiden sich in der Fruchtform voneinander. Sie sind eng miteinander verwandt und bilden die **Gattung Mohn**. Alle Mohnpflanzen besitzen einen weißen Milchsaft, der in Gefäßen transportiert wird. Die Gattung umfasst insgesamt über 50 Mohnarten. Mehrere verwandte Gattungen wie Mohn und Schöllkraut bilden zusammen die **Familie** der **Mohngewächse**.

1 Klatschmohn.
A blühend; **B** fruchtend

2 Feldrain

Vielfalt und Ordnung in der Natur

Andere Pflanzenfamilien kennst du bereits. Die Blütenstände der *Echten Kamille* bestehen aus weißen Zungenblüten, die gelbe Röhrenblüten umgeben. Weil der Blütenstand einem Korb ähnelt, bezeichnet man die gesamte Pflanzenfamilie als **Korbblütengewächse**. Die Echte Kamille hat einen typischen Duft und ist außerdem am kegelförmigen, hohlen Korbboden von anderen Kamillearten zu unterscheiden.

Ganz ähnliche Blütenstände zeigt das *Knopfkraut* oder *Franzosenkraut*, eine weitere Wildpflanze am Ackerrand, die zu den Korbblütengewächse gehört.

Auf vielen Feldern fallen im Spätsommer auch die großen Blütenkörbe der *Sonnenblume* ins Auge, ebenfalls ein Korbblütengewächs. Diese Nutzpflanze wird vor allem wegen ihrer Samen angebaut. Man gewinnt aus ihnen Sonnenblumenöl und nutzt sie als Tierfutter.

Ein häufig zu sehendes Korbblütengewächs ist die *Kornblume*. Ihre blauen Blütenköpfe bestehen nur aus Röhrenblüten. Die äußeren Blüten sind hier größer als die inneren.

Auf Feldern und an Feldrändern finden sich noch weitere Vertreter anderer Pflanzenfamilien. Unsere Hauptgetreidearten *Weizen, Roggen* und *Gerste* zeigen viele gemeinsame Merkmale. Ihr Stängel ist besonders stabil und biegsam. Es ist ein hohler Halm mit Knoten. Die Getreidearten blühen eher unscheinbar. Ihre Blütenstände bestehen aus vielen Blüten, die in Ährchen zusammengefasst sind. Jedes Ährchen trägt am Grunde zwei Hüllspelzen. Mehrere Ährchen bilden die Getreideähre. Die vielen gemeinsamen Merkmale im Bau der Pflanzen weisen auch hier auf Verwandtschaft hin. Unsere Hauptgetreidearten gehören alle zu einer Pflanzenfamilie, den **Süßgräsern.**

Auf Feldern wachsen oft zwei eng verwandte Stiefmütterchenarten. Es sind das gelb-weiß blühende *Feldstiefmütterchen* und das gelb-violett blühende *Wilde Stiefmütterchen*. Ihre Blüten sind zweiseitig symmetrisch und bestehen aus fünf Kronblättern. Das unterste Kronblatt trägt einen Sporn. Beide Arten gehören zur Familie der **Veilchengewächse**.

> Verwandte Pflanzen zeigen gemeinsame Merkmale im Blütenbau und in der Fruchtform. Eng verwandte Arten werden zu einer Gattung zusammengefasst. Mehrere verwandte Gattungen bilden eine Pflanzenfamilie.

🔢 **1** Beschreibe den Bau der Blüte und der Frucht des Klatschmohns. Nutze dazu die Abb. 1 A und B.

🔢 **2** Benenne die in der Abbildung 2 gezeichneten Pflanzen.

⑥ ⑦ ⑧ ⑨ ⑩

Vielfalt und Ordnung in der Natur

2.3 Formenvielfalt der Pflanzenorgane

Pflanzen zeigen eine erstaunliche Formenvielfalt. Diese ist vor allem auf die Abwandlungen der Hauptorgane Blatt, Sprossachse und Wurzel zurückzuführen.

Laubblätter gehören zu den grünen Teilen der Pflanze. Ihre Hauptaufgabe ist die Fotosynthese. Mit der gesamten *Blattfläche* wird dazu Licht eingefangen. *Blattgrund* und *Blattstiel* ermöglichen Bewegungen des Blattes. Dadurch werden die Blätter in eine günstige Stellung zum Licht gebracht. Blätter unterscheiden sich in ihrer Form und der Anordnung an der Sprossachse. Es gibt einfache Laubblätter, die nur aus einer Fläche bestehen. Bei zusammengesetzten Laubblättern besteht die Blattfläche aus mehreren Blättchen. Die Blattflächen weisen ebenfalls unterschiedliche Formen auf. Sie können zum Beispiel herzförmig wie bei der Linde sein oder nadelförmig wie bei Kiefer und Fichte.

Zum Spross einer Samenpflanze gehört auch die **Sprossachse**. Sie trägt Laubblätter und Blüten. Bäume und Sträucher bilden stark *verholzte* Sprossachsen aus. Bäume besitzen Stamm, Äste und Zweige. Bei allen anderen Pflanzen ist die Sprossachse *krautig*. Man bezeichnet sie dann als Stängel. Eine Sonderform ist der *Halm* der Süßgräser. Er ist hohl und durch Knoten gegliedert.

Sprossachsen unterscheiden sich auch in ihrer Wuchsform. Es gibt zum Beispiel aufrechte, windende, kriechende und liegende Sprossachsen. Hauptaufgabe der Sprossachse ist die Weiterleitung von Stoffen.

Wurzeln wachsen unterirdisch und verankern die Pflanze im Boden. Mit ihnen nimmt die Pflanze Wasser und gelöste Mineralstoffe auf. Wurzeln sind meist verzweigt. Wenn sie der Stoffspeicherung dienen, sind sie verdickt. Eine verdickte Hauptwurzel bezeichnet man als *Rübe*. Bei Wurzelknollen handelt es sich um verdickte Seitenwurzeln.

> Samenpflanzen sind durch die Abwandlung der Grundorgane Wurzel, Sprossachse und Laubblatt sehr vielgestaltig.

1 Pflanzenorgane sind unterschiedlich gestaltet. *A* Blattformen; *B* schematischer Blattaufbau; *C* Sprossachsenformen; *D* Wurzelformen

1 Benenne die abgebildeten Blattformen.

2 Beschreibe verschiedene Wurzelformen.

Vielfalt und Ordnung in der Natur

2.4 Ein- und zweikeimblättrige Pflanzen

Die Schüler hatten eine Gras- und Kräutermischung gesät. Die Samen keimten und schon nach kurzer Zeit konnte man die ersten grünen Spitzen sehen. Manche Pflanzen hatten nur ein Keimblatt, andere zwei. Die Keimblätter sind ein wichtiges Merkmal der Samenpflanzen. Nach ihrer Anzahl gliedert man die Bedecktsamer in zwei Gruppen.

Einkeimblättrige Pflanzen haben Keimlinge mit *einem* Keimblatt. Die danach wachsenden Laubblätter sind meist ganzrandig und ungestielt. Fast immer verlaufen die Blattadern *parallel*. Auch der Stängelquerschnitt zeigt oft einen typischen Bau. Hier liegen über die Fläche *verstreut* viele kleine Leitbündel für den Stofftransport. Die Blüten vieler einkeimblättriger Pflanzen sind *dreizählig*. Die Wurzeln bilden häufig *Wurzelbüsche* aus. Typische Vertreter sind Gräser wie Mais, Weizen und Roggen. Aber auch Orchideen, Lilien und Palmen gehören zu den einkeimblättrigen Pflanzen.

Zweikeimblättrige Pflanzen haben Keimlinge mit *zwei* Keimblättern. Die später wachsenden Laubblätter sind vielgestaltig und tragen *netzartig* verlaufende Blattadern. Die Leitbündel liegen *kreisförmig* im äußeren Bereich des Stängels. Die Blüten sind meist *vier-* oder *fünfzählig*. Häufig findet man eine stark entwickelte *Hauptwurzel* mit Seitenwurzeln. Zu den zweikeimblättrigen Pflanzen gehören viele Laubbäume, Sträucher und Kräuter.

> Nach der Anzahl der Keimblätter unterscheidet man bei den Bedecktsamern ein- und zweikeimblättrige Pflanzen.

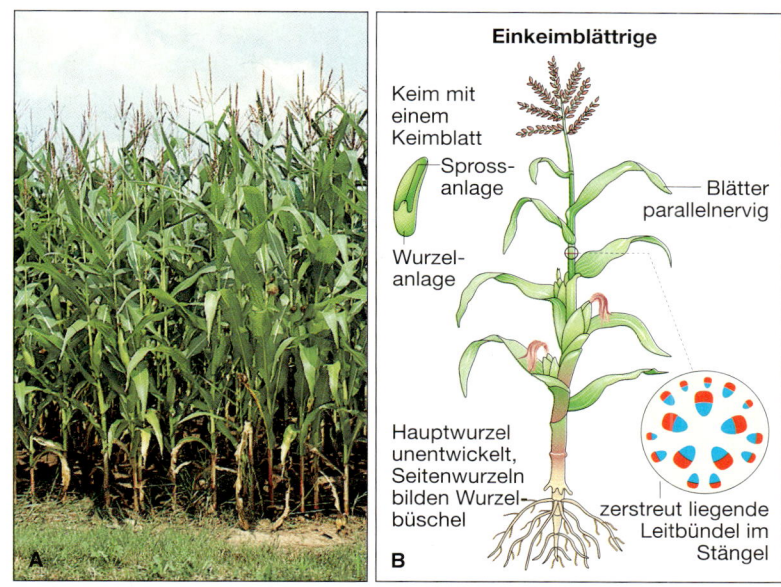

1 Mais – eine einkeimblättrige Pflanze. A *Maisfeld;* B *Merkmale*

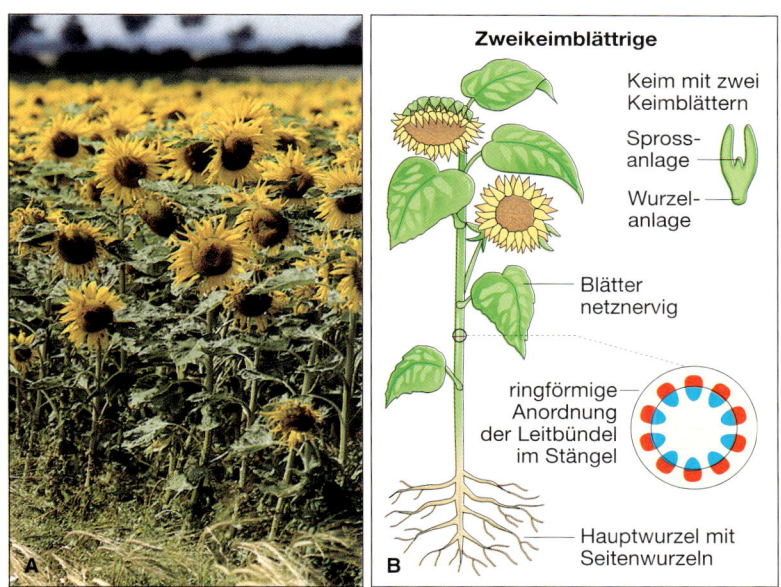

2 Sonnenblume – eine zweikeimblättrige Pflanze. A *Sonnenblumenfeld;* B *Merkmale*

1 Stelle die Merkmale ein- und zweikeimblättriger Pflanzen in einer Tabelle zusammen.

2 Ordne die folgenden Beispiele den ein- und zweikeimblättrigen Pflanzen zu: Raps, Aster, Kokospalme, Hafer, Frauenschuh (Orchidee), Hirtentäschel, Rotbuche, Feuerlilie, Sommerlinde, Weizen.

3 Entwickle mit folgenden Begriffen eine Übersicht: Samenpflanzen, Bedecktsamer, Nacktsamer, einkeimblättrig, zweikeimblättrig.

Vielfalt und Ordnung in der Natur

Übung — **Kennübungen Samenpflanzen**

A1 Bestimmung von ausgewählten Pflanzenfamilien

Einkeimblättrige Samenpflanzen:
- Liliengewächse – Tulpe
- Süßgräser – Knäuelgras (Granne, Deckspelze, Hüllspelze)

Zweikeimblättrige Samenpflanzen:
- Mohngewächse – Klatschmohn
- Veilchengewächse – Waldveilchen
- Schmetterlingsblütengewächse – Erbse
- Kreuzblütengewächse – Wiesenschaumkraut
- Lippenblütengewächse – Weiße Taubnessel
- Korbblütengewächse – Gänseblümchen

a) Bestimme für drei ausgegebene Pflanzen die Pflanzenfamilie.
b) Beschreibe den Blütenbau einer Weißen Taubnessel und des Wiesenschaumkrautes.

A2 Bestimmung von Lippenblütengewächsen

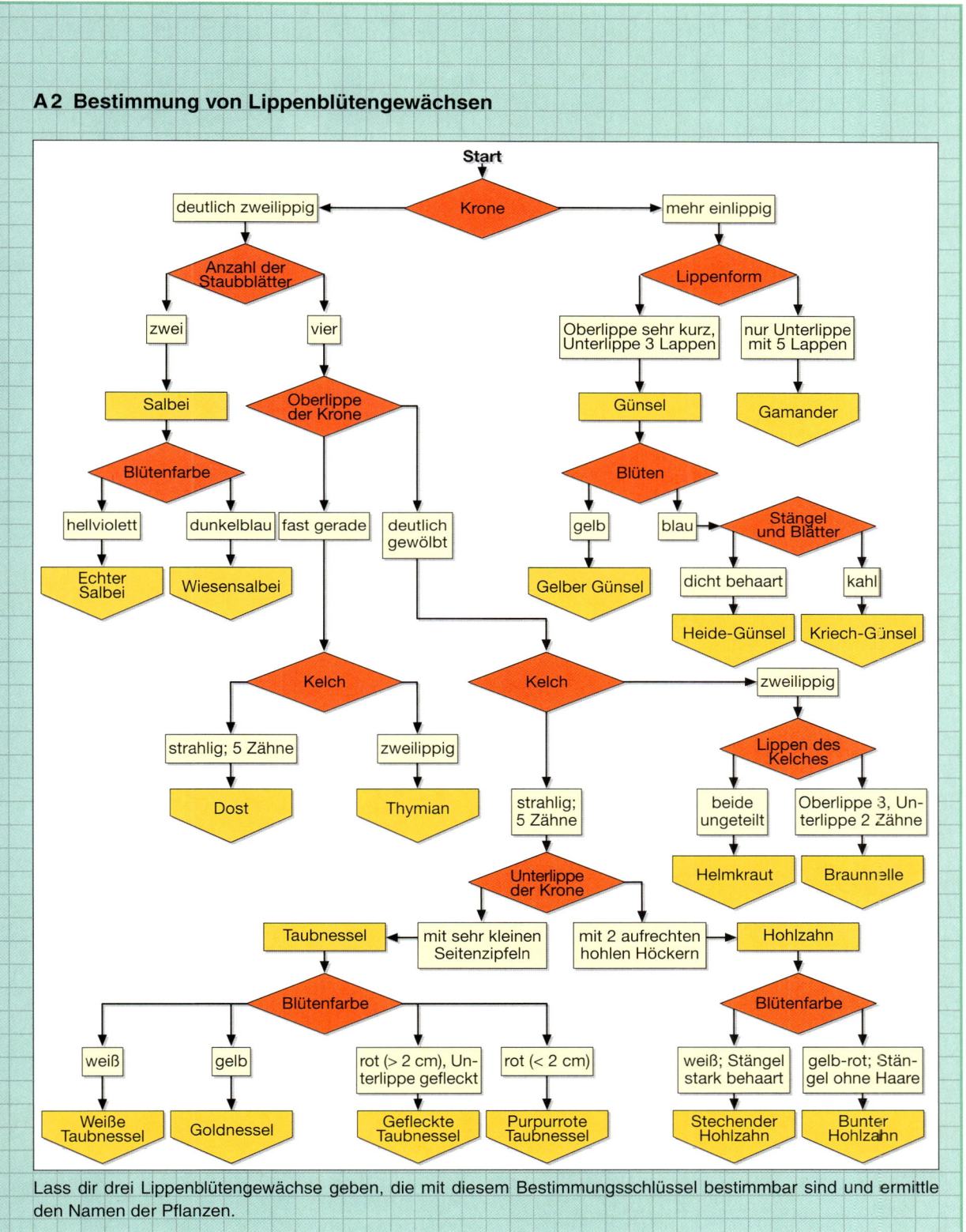

Lass dir drei Lippenblütengewächse geben, die mit diesem Bestimmungsschlüssel bestimmbar sind und ermittle den Namen der Pflanzen.

Vielfalt und Ordnung in der Natur

Pinnwand

SYSTEM DER PFLANZEN (AUSSCHNITT)

Das Pflanzenreich

Auf dieser Pinnwand siehst du einen Ausschnitt aus der Vielfalt der über 450 000 Pflanzenarten der Erde.
Je nach dem Grad der Verwandtschaft lassen sich die Pflanzen verschiedenen Gruppen zuordnen. Eine **Abteilung** der Pflanzen sind zum Beispiel die *Samenpflanzen*. Man unterteilt diese in zwei **Unterabteilungen,** die *Nackt-* und die *Bedecktsamer*. Zu den Bedecktsamern gehören die zwei **Klassen** der *Einkeimblättrigen* und der *Zweikeimblättrigen*.
Hier finden sich verschiedene **Unterklassen** wie zum Beispiel die *Taubnesselähnlichen*. In dieser Unterklasse werden mehrere verwandte **Ordnungen** zusammengefasst.

1 Ordne die vier abgebildeten Pflanzen in das System ein. Gib die Abteilung, wenn möglich die Unterabteilung, die Klasse und gegebenenfalls die Unterklasse an.

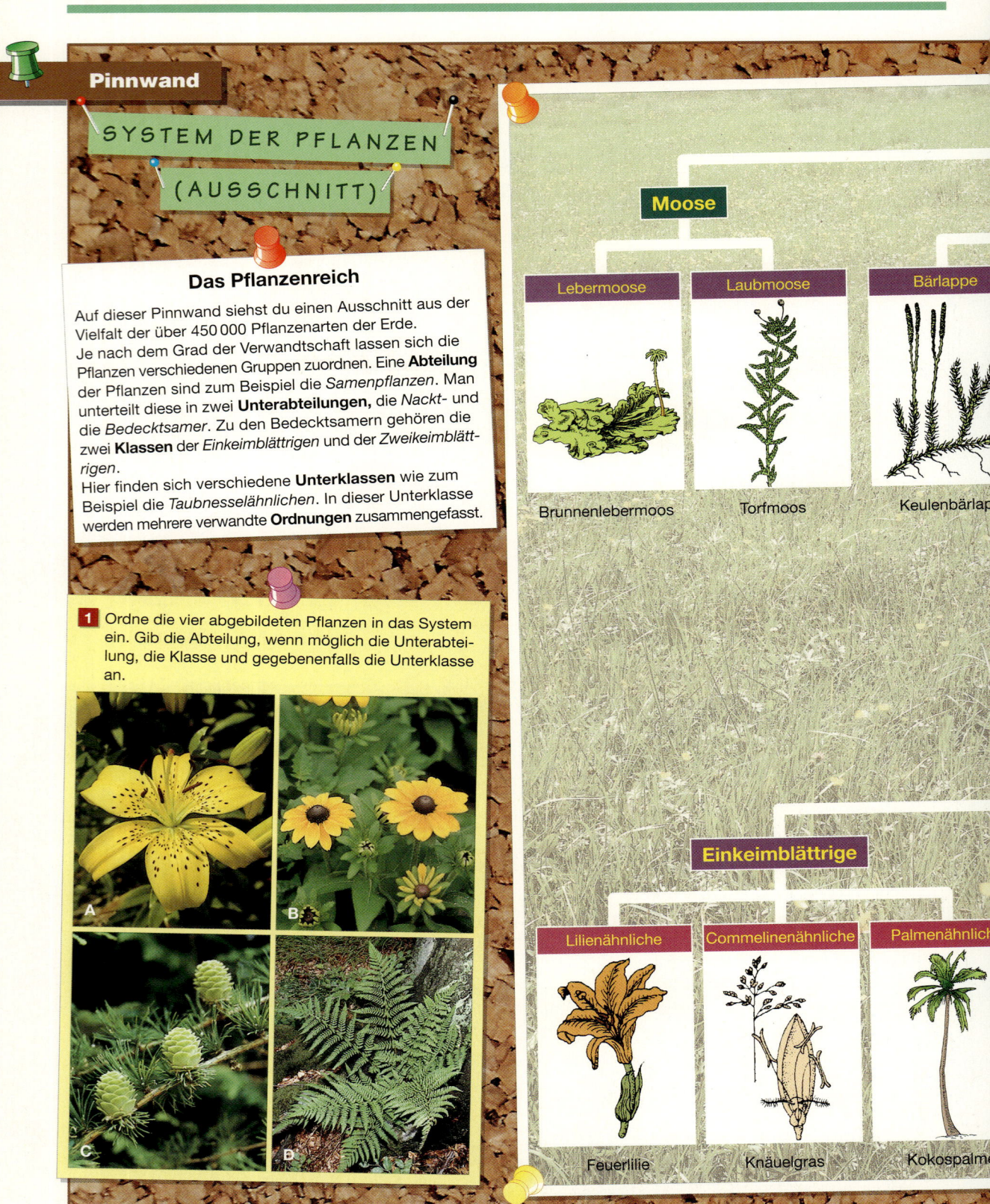

Vielfalt und Ordnung in der Natur

Vielfalt und Ordnung in der Natur

3 Formenvielfalt der Tiere und ihre Ordnung

3.1 Säugetiere lassen sich ordnen

Die Schülerinnen und Schüler der Klasse 7a besuchen mit ihrem Biologielehrer den Zoo. Auf dem Weg, der an den verschiedenen Gehegen vorbeiführt, bleiben sie vor einem Schild stehen. Marderartige steht darauf. Darunter sind die Verwandtschaftsbeziehungen dieser Gruppe beschrieben. Christina ist überrascht, dass der Dachs zu den Marderartigen gehört. Herbert weiß, dass auch der Iltis ein Marderartiger ist. Gegenüber steht das Schild für die Hundeartigen. Doch leider fehlt eine Übersicht wie bei den Marderartigen. Das Schild Hundeartige wird nämlich erneuert. „Ich habe eine Idee", sagt der Biologielehrer. „Ihr bekommt die Aufgabe, ein Schild für die Hundeartigen zu entwerfen. Jetzt wollen wir uns aber erst einmal die Gehege der Hundeartigen ansehen." In einem dieser Gehege können Zoobesucher ihre Hunde während des Besuchs abgeben.

Vielfalt und Ordnung in der Natur

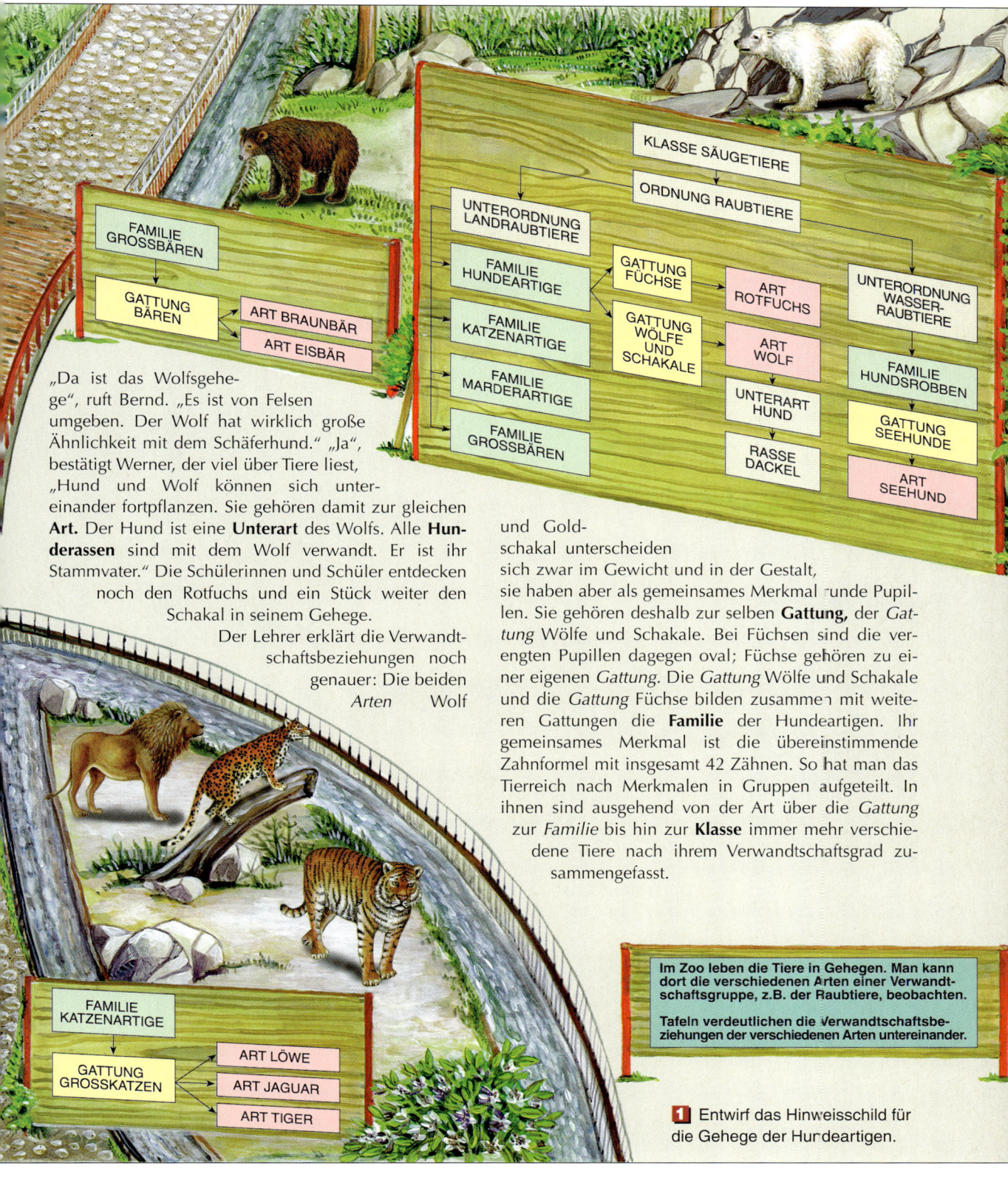

„Da ist das Wolfsgehege", ruft Bernd. „Es ist von Felsen umgeben. Der Wolf hat wirklich große Ähnlichkeit mit dem Schäferhund." „Ja", bestätigt Werner, der viel über Tiere liest, „Hund und Wolf können sich untereinander fortpflanzen. Sie gehören damit zur gleichen **Art**. Der Hund ist eine **Unterart** des Wolfs. Alle **Hunderassen** sind mit dem Wolf verwandt. Er ist ihr Stammvater." Die Schülerinnen und Schüler entdecken noch den Rotfuchs und ein Stück weiter den Schakal in seinem Gehege.

Der Lehrer erklärt die Verwandtschaftsbeziehungen noch genauer: Die beiden *Arten* Wolf und Goldschakal unterscheiden sich zwar im Gewicht und in der Gestalt, sie haben aber als gemeinsames Merkmal runde Pupillen. Sie gehören deshalb zur selben **Gattung**, der *Gattung* Wölfe und Schakale. Bei Füchsen sind die verengten Pupillen dagegen oval; Füchse gehören zu einer eigenen *Gattung*. Die *Gattung* Wölfe und Schakale und die *Gattung* Füchse bilden zusammen mit weiteren Gattungen die **Familie** der Hundeartigen. Ihr gemeinsames Merkmal ist die übereinstimmende Zahnformel mit insgesamt 42 Zähnen. So hat man das Tierreich nach Merkmalen in Gruppen aufgeteilt. In ihnen sind ausgehend von der Art über die *Gattung* zur *Familie* bis hin zur **Klasse** immer mehr verschiedene Tiere nach ihrem Verwandtschaftsgrad zusammengefasst.

> Im Zoo leben die Tiere in Gehegen. Man kann dort die verschiedenen Arten einer Verwandtschaftsgruppe, z.B. der Raubtiere, beobachten.
>
> Tafeln verdeutlichen die Verwandtschaftsbeziehungen der verschiedenen Arten untereinander.

1 Entwirf das Hinweisschild für die Gehege der Hundeartigen.

25

Vielfalt und Ordnung in der Natur

Pinnwand

ÜBERSICHT ÜBER DIE WIRBELTIERE

	Fische	Lurche
Klasse		
Fortbewegung	schwimmen	springen, kriechen, schwimmen
Atmung	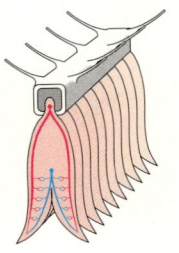 Kiemenatmung	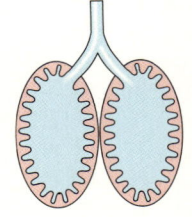 Kiemenatmung bei Larven; Lungen- und Hautatmung bei erwachsenen Tieren
Körperbedeckung	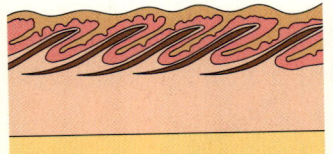 Knochenschuppen in drüsenreicher Haut	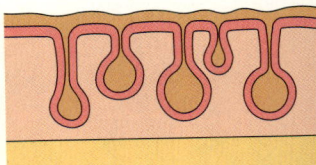 schleimbedeckte, drüsenreiche Haut
Körpertemperatur	wechselwarm	wechselwarm
Fortpflanzung/ Entwicklung	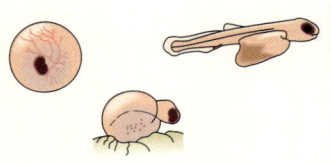 Befruchtung außerhalb des Körpers; aus Eiern entwickeln sich Larven	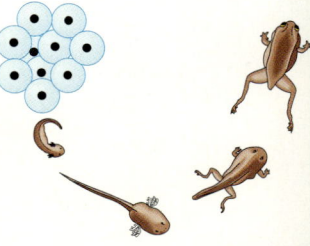 innere Befruchtung bei Schwanzlurchen, äußere bei Froschlurchen; aus Eiern entwickeln sich Larven

[1] Suche für jede Wirbeltierklasse fünf weitere Vertreter und stelle die besonderen Merkmale der einzelnen Klassen heraus.

Vielfalt und Ordnung in der Natur

Kriechtiere	Vögel	Säugetiere
kriechen	fliegen, laufen	laufen, springen, hüpfen
Lungenatmung	Lungenatmung	Lungenatmung
drüsenreiche Haut mit Hornschuppen	drüsenreiche Haut mit Federn	drüsenreiche Haut mit Haaren
wechselwarm	gleichwarm	gleichwarm
innere Befruchtung; Eier mit pergamentartiger Schale werden im Boden vergraben	innere Befruchtung; Eier mit harter Kalkschale werden ausgebrütet	innere Befruchtung; Embryo entwickelt sich im Mutterleib lebendgebärend; Jungen werden gesäugt

Vielfalt und Ordnung in der Natur

3.2 Übersicht über die wirbellosen Tiere

Vergleicht man verschiedene Tiere miteinander, so stellt man fest, dass manche von ihnen gleiche Merkmale im Körperbau haben. Solche gemeinsamen Merkmale verwendet man, um die Vielfalt der Tiere in übersichtliche Gruppen einzuteilen. Tiere, die in ihrem Grundbauplan übereinstimmen, werden zu einem **Stamm** zusammengefasst. Ist eines der Merkmale z.B. ein inneres Skelett mit Wirbelsäule, gehören die Tiere zum Stamm der Wirbeltiere. Die Tiere ohne Wirbelsäule, die **wirbellosen Tiere,** kann man in mehrere Stämme untergliedern.

Jeder Stamm wird noch weiter unterteilt. Zum Stamm der Gliederfüßer gehören beispielsweise so unterschiedliche Gruppen wie Spinnentiere und Insekten. Solche Untergruppen eines Stammes werden als **Klassen** bezeichnet. Auch die Klassen kann man weiter unterteilen, bei den Insekten etwa in Käfer, Schmetterlinge, Flöhe usw. Diese **Ordnungen** werden noch weiter in **Familien** und **Gattungen** untergliedert. Zu einer Gattung gehören meist mehrere **Arten.** So sind z.B. Admiral und Distelfalter zwei verschiedene Arten einer Gattung.

Stamm: Einzeller

Kennzeichen: Körper besteht nur aus einer Zelle; manche Arten sind autotroph, die meisten heterotroph, einige sind Parasiten

Klasse: Geißelträger (z.B. Euglena)

Klasse: Wurzelfüßer (z.B. Amöbe)

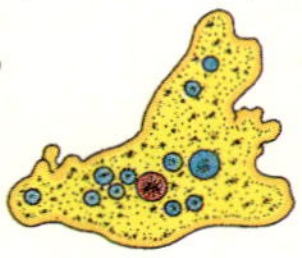

Klasse: Sporentierchen (z.B. Plasmodium)

Klasse: Wimpertierchen (z.B. Pantoffeltierchen)

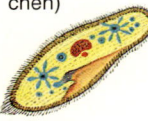

Stamm: Schwämme

Kennzeichen: einfach gebaute Vielzeller ohne innere Organe; fest sitzende Wassertiere, die ihre Nahrung durch Poren in den Körper einstrudeln

Hornschwämme (z.B. Badeschwamm)

Stamm: Nesseltiere

Kennzeichen: im Wasser lebende einfach gebaute Vielzeller ohne innere Organe; der becherförmige Körper hat nur eine Öffnung, die gleichzeitig Mund und After ist

Klasse: Hydratiere (z.B. Süßwasserpolyp)

Klasse: Schirmquallen (z.B. Ohrenqualle)

Klasse: Blumentiere (z.B. Seeanemone)

Stamm: Rundwürmer

Kennzeichen: ungegliederte drehrunde Würmer mit durchgehendem Darm; Rädertierchen mit großer Formenvielfalt

Klasse: Rädertiere

Klasse: Fadenwürmer (z.B. Trichine)

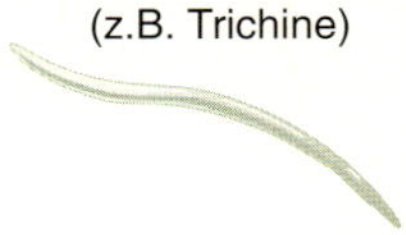

Stamm: Plattwürmer

Kennzeichen: abgeplatteter Körper; Darm mit nur einer Öffnung, die gleichzeitig Mund und After ist; Bandwürmer ohne Darm; viele Arten sind Parasiten

Klasse: Strudelwürmer (z.B. Alpenstrudelwurm)

Klasse: Saugwürmer (z.B. Leberegel)

Klasse: Bandwürmer (z.B. Schweinebandwurm)

Stamm: Stachelhäuter

Kennzeichen: Meerestiere mit einem unter der Haut liegenden Kalkskelett; Körper mit fünf Radialachsen

Klasse: Seesterne

Klasse: Seeigel

Vielfalt und Ordnung in der Natur

Stamm: Weichtiere

Kennzeichen: wenig gegliederter Körper; eine Hautfalte, der Mantel, scheidet eine äußere (Schnecken, Muscheln) oder innere Kalkschale (Kopffüßer) ab

Klasse: Schnecken (z.B. Weinbergschnecke)

Klasse: Muscheln (z.B. Miesmuschel)

Klasse: Kopffüßer (z.B. Gem. Tintenfisch)

Stamm: Ringelwürmer

Kennzeichen: lang gestreckter Körper in viele gleichartige Segmente gegliedert

Klasse: Vielborster (z.B. Seeringelwurm)

Klasse: Wenigborster (z.B. Regenwurm)

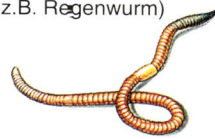

Stamm: Gliederfüßer

Kennzeichen: Körper aus unterschiedlichen Segmenten aufgebaut, die mehrere deutlich unterscheidbare Körperabschnitte bilden; Außenskelett aus Chitin; mehrere bis viele aus mehreren Gliedern bestehende Gliedmaßen zur Fortbewegung; mit Abstand artenreichster Tierstamm

Klasse: Spinnentiere (z.B. Kreuzspinne)

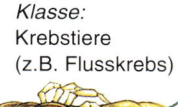

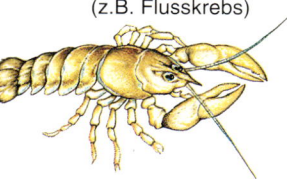

Klasse: Krebstiere (z.B. Flusskrebs)

Klasse: Insekten

Klasse: Tausendfüßer (z.B. Schnurfüßer)

Ordnung: Springschwänze

Ordnung: Fischchen

Ordnung: Termiten

Ordnung: Eintagsfliegen

Ordnung: Libellen

Ordnung: Hafte

Ordnung: Schaben

Ordnung: Steinfliegen

Ordnung: Ohrwürmer

Ordnung: Laubheuschrecken

Ordnung: Feldheuschrecken

Ordnung: Wanzen

Ordnung: Tierläuse

Ordnung: Pflanzenläuse

Ordnung: Flöhe

Ordnung: Köcherfliegen

Ordnung: Käfer

Ordnung: Hautflügler

Ordnung: Schmetterlinge

Ordnung: Zweiflügler

Vielfalt und Ordnung in der Natur

Prüfe dein Wissen

Vielfalt und Ordnung in der Natur

A1 Benenne die gekennzeichneten Teile der schematisch dargestellten Pflanzenzelle.

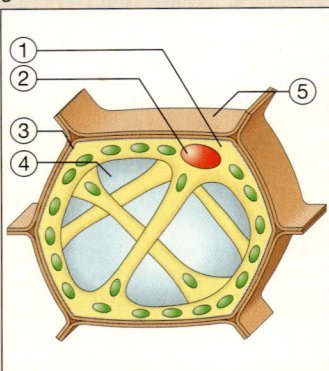

d) Wie nennt man solche Blätter?
e) Benenne die Blätter A und B mit den Fachausdrücken.

A4 Nenne vier Pflanzenabteilungen und jeweils einen Vertreter.

A7 Die folgenden vier Blütengrundrisse gehören zu vier Pflanzenfamilien. Wie heißen diese? Begründe deine Entscheidungen.

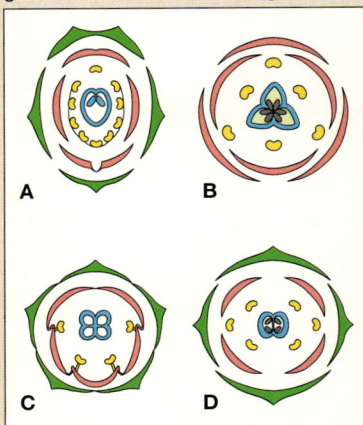

A2 Wodurch unterscheidet sich eine Pflanzenzelle von einer tierischen Zelle? Nenne zwei Merkmale.

A3 Laubblätter bilden verschiedene Formen aus.
a) Nenne die mit Ziffern gekennzeichneten Begriffe bei dem abgebildeten Blatt.
b) Wie bezeichnet man die Blattform?

c) Auch bei den folgend abgebildeten Blättern handelt es sich jeweils nur um ein Blatt. Nenne zu den Ziffern die entsprechenden Begriffe.

A5 Das Pflanzenreich lässt sich in verschiedene Gruppen unterteilen. Ordne die folgend genannten Begriffe einander zu:
Mohngewächse, Unterabteilung, Mohn, Sandmohn, Samenpflanzen, Klatschmohn, Bedecktsamer, Gattung, Schlafmohn, Familie, Saatmohn, Abteilung, Art.

A6 Du hast die beiden folgenden Pflanzen bestimmt.
a) Wie heißen diese?
b) Begründe deine Entscheidungen.

A8 Die Pflanzen ordnet man – anders als bei den Tieren – bestimmten Abteilungen zu. Eine solche Abteilung sind zum Beispiel die Samenpflanzen.

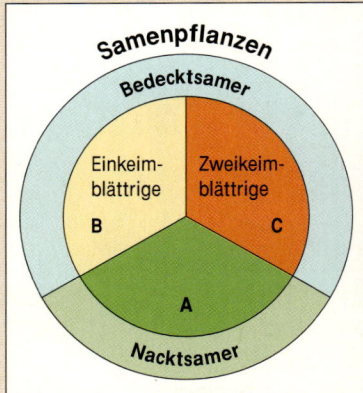

Zu welchen der drei Gruppen A, B und C gehören die folgend genannten Pflanzen: Feuerlilie, Eibe, Taubnessel, Kiefer, Gänseblümchen, Knäuelgras, Orchidee, Lärche, Taubnessel, Klatschmohn, Ginkgo, Roggen, Hundsrose, Mais? Begründe deine Entscheidungen.

A 9 Stängelquerschnitte verraten unter dem Mikroskop, zu welcher Pflanzengruppe die Pflanze gehört.

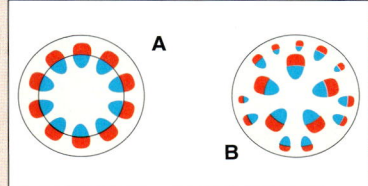

a) Was zeigen die Stängelquerschnitte in A und in B?
b) Welche Pflanzengruppe lässt sich der Abbildung A und welche der Abbildung B zuordnen? Begründe.
c) Ordne die folgenden Pflanzen den Stängelquerschnitten zu: Tulpe, Sonnenblume, Mais, Veilchen.

A 10 Das Tierreich lässt sich in verschiedene Gruppen unterteilen. Bringe die folgenden Begriffe in einen sinnvollen Zusammenhang: Familie, Raubtiere, Eisbär, Stamm, Säugetiere, Gattung, Ordnung, Bären, Wirbeltiere, Klasse, Großbären, Art.

A 11 Welche Wirbeltierklassen passen zu den folgenden Texten?
a) Sie atmen durch Lungen; sie besitzen eine drüsenreiche Haut, haben eine gleichwarme Körpertemperatur und der Embryo entwickelt sich im Mutterleib.
b) Sie atmen durch Lungen; sie besitzen eine drüsenreiche Haut, haben eine gleichwarme Körpertemperatur und der Embryo entwickelt sich außerhalb des Mutterleibes.

A 12 Körperbau von Wirbeltieren
Ordne die folgend abgebildeten Körperbedeckungen einzelnen Wirbeltierklassen zu. Beschreibe die Körperbedeckungen kurz.

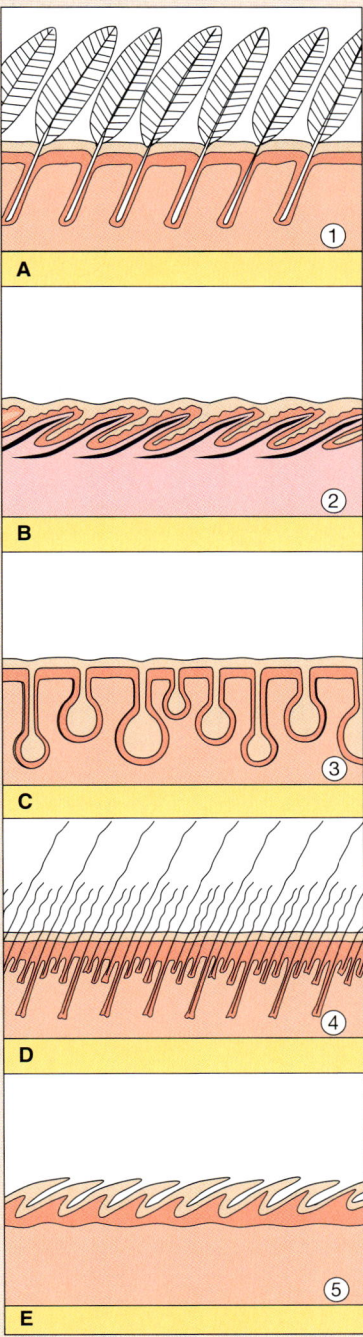

A 13 Suche von den folgend genannten Lebewesen solche aus, die zu den fünf Wirbeltierklassen gehören und ordne diese zu: Feuersalamander, Karpfen, Teichmolch, Wal, Tintenfisch, Sumpfschildkröte, Fledermaus, Sperling, Blindschleiche, Mensch, Heupferd, Delfin, Krokodil, Hecht

A 14 Nenne sechs Tierstämme, die zu den Wirbellosen gehören.

A 15 Wirbellose Tiere lassen sich ordnen. Ordne die folgend genannten Tierklassen entsprechenden Tierstämmen zu: Blumentiere, Insekten, Seesterne, Rädertiere, Schnecken, Vielborster, Tausendfüßer, Spinnentiere, Bandwürmer, Hornschwämme, Wimperntierchen, Hydratiere, Fadenwürmer, Kopffüßer, Wurzelfüßer, Schirmquallen, Krebstiere, Seeigel.

A 16 Ordne die folgenden Beschreibungen wirbelloser Tiere bestimmten Tierstämmen zu.
a) Meerestiere mit einem unter der Haut liegenden Kalkskelett; Körper mit fünf Symmetrieachsen
b) lang gestreckter Körper in viele gleichartige Segmente gegliedert
c) Wassertiere, die ihre Nahrung durch Poren in den Körper einstrudeln
d) Körper mit einem Außenskelett aus Chitin; dieser aus unterschiedlichen Segmenten
e) ihr Körper besteht aus nur einer Zelle
f) im Wasser lebende Tiere mit becherförmigem Körper ohne innere Organe.

Organismen in ihrer Umwelt

1 Die Erde aus dem Weltall.
A Ökosystem Wüste; **B** Ökosystem Laubwald

1 Nicht alle Lebensräume sind gleich

Eine Satellitenaufnahme der Erde zeigt ganz unterschiedliche Regionen. So lassen sich zum Beispiel Wüsten, Waldflächen, Meere und Hochgebirge erahnen. Alle diese belebten Gebiete der Erde gehören zur **Biosphäre.** Hier leben verschiedene Pflanzen und Tiere, die mit ihrer Umgebung in Beziehung stehen. Die Wechselbeziehungen zwischen Organismen und ihrer Umwelt untersucht die **Ökologie.** Sie erforscht auch die Umweltbedingungen, Nahrungsbeziehungen und Stoffkreisläufe in Lebensräumen.

In unserer Biosphäre finden sich die unterschiedlichsten Formen von Beziehungen zwischen Lebewesen. Die kleinste Einheit ist das **Individuum.** Hinter diesem Begriff verbirgt sich zum Beispiel ein Bakterium, eine Pflanze, ein Pilz oder eine Waldmaus. Eine Gruppe von Individuen derselben Art bildet eine **Population.** Sie kommt in einem abgegrenzten Gebiet, dem Lebensraum, vor. Ein Lebensraum, auch *Biotop* genannt, ist durch charakteristische Umweltfaktoren gekennzeichnet. Manche Standorte sind zum Beispiel ständig feucht, andere meist trocken. Einen Trockenrasen prägt ein sonniges und warmes Klima. Andere Lebensräume, wie ein Buchenwald, sind kühl und schattig. Solche Umwelteinflüsse, zu denen außer Feuchtigkeit, Licht und Wärme auch Wind und Bodenbeschaffenheit gehören, nennt man **abiotische Umweltfaktoren.** Die Böden eines Biotops unterscheiden sich in Struktur, Durchlüftung, Nährsalzgehalt und pH-Wert.

Im Lebensraum Wald kommen Populationen verschiedener Tier- und Pflanzenarten vor. Nicht nur für Waldmäuse,

2 Beziehungsebenen zwischen Lebewesen und ihrer Umwelt

Organismen in ihrer Umwelt

Rehe, Dachse und Füchse ist der Wald ein geeigneter Lebensraum. Auch viele Insekten- und Vogelarten leben dort. Sie bilden gemeinsam eine *Lebensgemeinschaft,* die **Biozönose.** Die Beziehungen zwischen den Mitgliedern einer Biozönose sind vielfältig. Eine Waldmaus ernährt sich unter anderem von Wurzeln und Beeren. Sie wird ihrerseits vom Fuchs oder Sperber gefressen. Es ergeben sich also verschiedene Nahrungsbeziehungen. Die Mitglieder einer Population konkurrieren in ihrem Lebensraum um Nahrung und Wohnplätze. Solche Beziehungen der Mitglieder einer Biozönose bezeichnet man als **biotische Umweltfaktoren.** Zu ihnen zählen neben Nahrungsbeziehungen und Konkurrenz auch Krankheitserreger, Parasiten und bei Blütenpflanzen deren Bestäuber.

Die Biozönose bildet zusammen mit den unbelebten Elementen, dem Biotop, ein **Ökosystem.** In unserem Beispiel ist das entsprechende Ökosystem der Laubmischwald. Ökosysteme unterscheiden sich in ihrer Größe und Artenvielfalt. Der tropische Regenwald ist ein sehr großes und artenreiches Ökosystem, ein Feld dagegen ein sehr kleines. In Feldern kommen relativ wenig verschiedene Tier- und Pflanzenarten vor.

Ökosysteme lassen sich auch in Landökosysteme und Wasserökosysteme einteilen. Zu den *Landökosystemen* zählen tropische Regenwälder, Nadel- und Laubwälder, Wiesen und Wüsten. *Wasserökosysteme* sind Ozeane, Seen, Teiche und Flüsse. Hier spielen andere abiotische Faktoren wie der Salzgehalt, die Wassertemperatur und vorhandene Strömungen eine Rolle.

Manche Ökosysteme wurden erst durch den Menschen geschaffen. Zu ihnen gehören Städte, Dörfer, Felder und die meisten Wiesen.

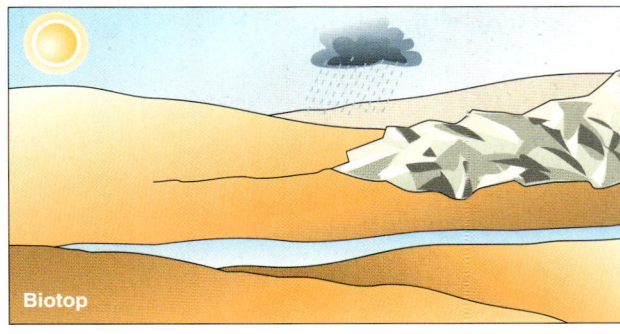

3 Biotop und Biozönose bilden ein Ökosystem

> In einem Lebensraum wirken unterschiedliche abiotische Faktoren wie Licht, Temperatur, Feuchtigkeit und Bodenbeschaffenheit. Ein Ökosystem ist eine Einheit, in der Biotop und Biozönose in Wechselbeziehung zueinander stehen. Man unterscheidet Land- und Wasserökosysteme.

1 Erkläre mithilfe der Abbildungen 2 und 3 die Begriffe Population, Biotop, Biozönose, Ökosystem und Biosphäre.
2 Nenne biotische und abiotische Umweltfaktoren, die auf eine Waldmaus wirken.
3 Nenne jeweils drei Beispiele für artenarme und artenreiche Ökosysteme.

Organismen in ihrer Umwelt

2 Ökosystem Wald

2.1 Wald ist nicht gleich Wald

Betrachte die Fotos auf diesen beiden Seiten. Sie zeigen ganz unterschiedliche Waldtypen.
Im *Buchenwald* ist es im Sommer angenehm kühl und schattig, im *Kiefernwald* ist es dagegen heller, wärmer und trockener. Vielleicht findest du hier Heidelbeeren oder Pfifferlinge. Ganz anders sieht es in einem *Erlenbruchwald* aus. In diesem Wald ist es kühl und etwas sumpfig, es riecht modrig und Mückenschwärme tanzen. Wie kommt es zu diesen unterschiedlichen Waldtypen?

Um diese Frage zu beantworten, müssen wir uns mit den Ansprüchen der einzelnen Baumarten an ihre Umwelt beschäftigen. Die schematische Darstellung zeigt uns die Verteilung der Baumarten vom Flachland bis zum Hochgebirge. Im Flachland findet man häufig *Rotbuchen*. Sie bilden ausgedehnte **Laubwälder**. Rotbuchen können auf verschiedenen **Bodenarten** wachsen, die jedoch nicht zu trocken sein dürfen. Sandige und trockene Böden werden vor allem von *Birken* und *Kiefern* besiedelt. Auf feuchten und humusreichen Böden wachsen neben Rotbuchen auch *Eichen*. Eichenwälder gehören ebenfalls zu den Laubwäldern.

Auch im Mittelgebirge wachsen häufig Buchen. Sie kamen früher meist gemeinsam mit *Tannen* vor. Von diesen **Mischwäldern** mit natürlichen Beständen an Laub- und Nadelbäumen sind nur wenige übrig geblieben. Die meisten wurden im Mittelalter gerodet. Statt der Mischwälder wurden Fichten- und Kiefernforsten als **Monokulturen** angelegt. Neben Buchen, Tannen und Fichten wachsen auch *Bergahorn und Bergulme* im Mittelgebirge.

In der Nähe von Wasserläufen und in Gebieten mit sehr hohem Grundwasserspiegel findet man ganz andere Baumarten. Hier stehen verschiedene *Weidenarten, Pappeln und Erlen,* die ständig nassen Boden und Überflutungen vertragen.

Betrachten wir die Bäume, die in Hochgebirgen wie den Alpen vorkommen. Ab 600 m Höhe trifft man wie im Mittelgebirge artenreiche Mischwälder an. Über 900 m wird der Boden steinig, die **Temperatur** niedriger und der Wind nimmt zu. Buchen findet man hier nicht mehr. Sie sind empfindlich gegen niedrige Tem-

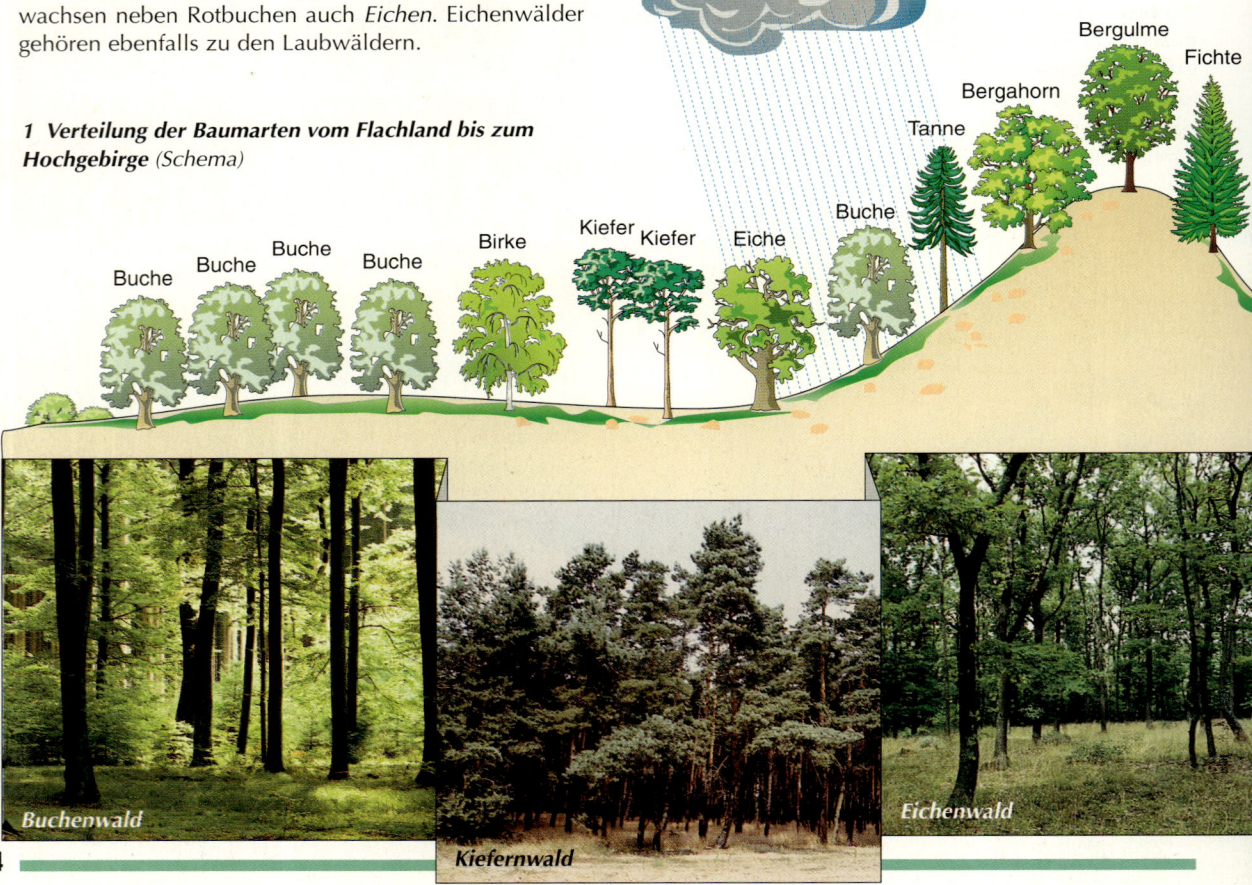

1 Verteilung der Baumarten vom Flachland bis zum Hochgebirge (Schema)

Buchenwald

Kiefernwald

Eichenwald

Organismen in ihrer Umwelt

peraturen. Nur noch wenige Laubbäume wie *Bergahorn* und *Bergulme* gedeihen in dieser Region, dafür findet man oft *Fichten,* die als Flachwurzler mit ihrem weitreichenden Wurzelsystem auf dem steinigen Boden ausreichend Halt finden.

Über 1000 m gerät man in einen dichten **Nadelwald,** der ausschließlich aus Nadelbäumen wie *Fichten* und *Lärchen* besteht.

Beim weiteren Anstieg erreicht man bei etwa 1500 m die Waldgrenze. Für fast alle Bäume wird es nun zu kalt und zu windig. Oberhalb dieser natürlichen Grenze kommen deshalb nur noch *Latschenkiefern* vor. Das ist eine besondere Kiefernart, die kriechend am Boden wächst und keine Bäume bildet. Man bezeichnet diese Vegetationszone auch als **Krummholzzone.**

Neben der Temperatur und der Bodenbeschaffenheit beeinflusst auch das **Licht** das Wachstum der Bäume. Es ist unentbehrlich für das Wachstum grüner Pflanzen, denn es liefert die Energie für die Fotosynthese.

Häufig lassen bestimmte Merkmale der einzelnen Baumarten auf ihren Bedarf an Licht schließen. Je dichter die Krone, desto besser kann der Baum das Licht ausnutzen. Fichten und Buchen sind Beispiele dafür. Bei Kiefern und Birken sind die Baumkronen weniger dicht. Sie brauchen viel Licht.

> Laubwald, Mischwald und Nadelwald sind unterschiedlich zusammengesetzt. Umweltfaktoren wie Boden, Temperatur, Wasser und Licht bestimmen das Vorkommen der einzelnen Baumarten.

1 Nenne Ansprüche der Rotbuche an ihren Lebensraum.
2 Beschreibe Bedingungen, mit denen Bäume im Hochgebirge zurechtkommen müssen.
3 Gib für die folgenden Baumarten jeweils zwei typische Lebensbedingungen an: Weide, Birke, Bergulme, Fichte und Latschenkiefer.

Fichtenwald

Latschenkiefern

bruchwald

Organismen in ihrer Umwelt

Pinnwand

DER TROPISCHE REGENWALD

Mit 23 Zentimetern hat der **Riesentukan** einen der größten Vogelschnäbel. Er frisst damit Früchte, Insekten und Eier.

Was ist ein tropischer Regenwald?

Tropische Regenwälder bilden den Kern des Tropenwaldgürtels entlang des Äquators. Durchschnittlich fallen hier bis zu 2 000 mm Regen im Jahr. Die Temperatur liegt im Tiefland das ganze Jahr über zwischen 23 ° und 28 °C.

Regenwälder zählen zu den artenreichsten Ökosystemen der Erde. Hier leben mehr als die Hälfte aller bekannten Tier- und Pflanzenarten, obwohl der Tropische Regenwald nur 7 % der Erde bedeckt. Trotz der Artenfülle findet man häufig nur wenige Lebewesen einer Art pro Fläche. Regenwälder sind störanfällige Ökosysteme. Bei der Aufforstung einer Fläche, auf der früher Regenwald gestanden hat, kann man nie wieder den artenreichen ursprünglichen Zustand herstellen.

Im Regenwald findet man viele **Orchideen**. Sie sind Aufsitzerpflanzen, das heißt, sie leben auf den Ästen von Bäumen. Ihre Wurzeln bilden ein dichtes Geflecht und verankern die Pflanzen in der Baumrinde. Auf jedem Regenwaldbaum leben bis zu 100 weitere Pflanzen. Außer von Orchideen werden die Bäume häufig von Moosen, Farnen und Bromelien besiedelt.

Der **Jaguar** ist das größte Raubtier des südamerikanischen Regenwaldes.

Schätzungen gehen davon aus, dass heute etwa 150 bis 300 Millionen Menschen im oder vom Tropenwald leben. Davon sind aber nur zwei Millionen **Ureinwohner**, die in viele kleine Völkerschaften aufgeteilt sind. Allein im Amazonasbecken Brasiliens gibt es über 200 verschiedene Völker mit eigener Sprache, Kultur und Wirtschaftsform. Eins davon sind die Yanomami. Sie sind vor allem Jäger und Sammler und betreiben Wanderfeldbau. Dazu legen sie Gärten im Regenwald an, die sie einige Jahre bewirtschaften und dann wieder dem Wald überlassen.

Organismen in ihrer Umwelt

Löcher im Grünen Gürtel

Die Vernichtung der Regenwälder schreitet in hohem Tempo voran. Durch die Abholzung verschwinden viele Tier- und Pflanzenarten. Wird der Raubbau am Regenwald nicht gestoppt, gibt es im Jahr 2050 keinen Quadratmeter Regenwald mehr und es verschwinden dann etwa 50 % aller Tier- und Pflanzenarten auf der Welt.

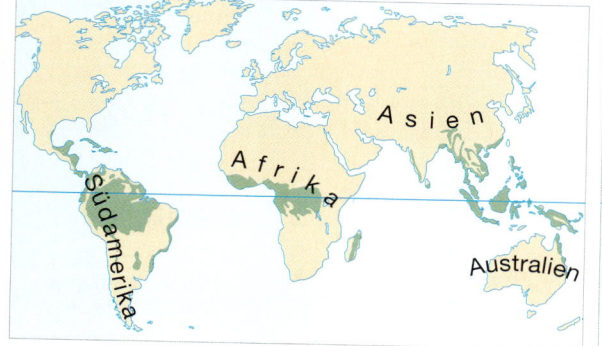

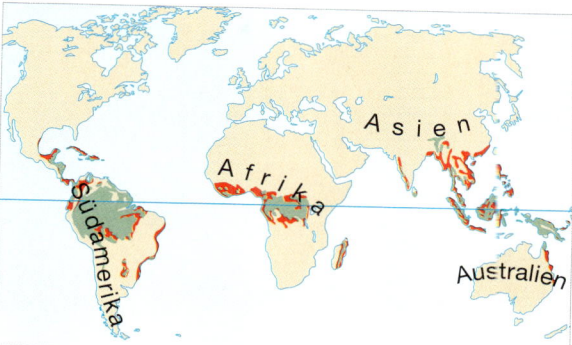

Tropische Regenwälder früher

Tropische Regenwälder heute

Formen der Zerstörung

Der Regenwald wird durch natürliche Brände und Brandrodungen bedroht. Holzeinschlag und Verkauf von Tropenhölzern führen ebenfalls zu weiteren Abholzungen. Siedler roden riesige Flächen, um für wenige Jahre Plantagen anzulegen oder Viehweiden zu gewinnen. Der Bergbau, das Anlegen von Staudämmen und Straßen zerstören ebenfalls große Regenwaldgebiete.

Regenwald in Zahlen

- In einem Regenwaldgebiet von 6 x 6 km fand man 750 Baumarten und 1 500 weitere Arten von Samenpflanzen, 400 Vogelarten, 150 Schmetterlingsarten, 160 Amphibien- und Reptilienarten.
- Auf einem einzigen Baum zählte man 54 Ameisenarten.
- In einem einzigen Fluss im Amazonasbecken leben über 700 Fischarten.
- 90 Pflanzenarten aus dem Regenwald werden gegenwärtig in der Medizin genutzt, z. B. das Tropische Immergrün gegen Blutkrebs. Man vermutet noch viele weitere Pflanzen mit Heilwirkung.
- Ein Kubikmeter Tropenholz wird in Ghana für 3 Euro verkauft und bringt auf dem europäischen Markt 1 800 Euro.
- Bereits 1980 war die Hälfte aller Tropenwälder weltweit abgeholzt. Jährlich werden 142 000 Quadratkilometer Tropenwald vernichtet.

1 Beschreibe die Umweltbedingungen in einem tropischen Regenwald.

2 Auf dem Boden eines Regenwalds ist es sehr schattig. Wie gelingt es z. B. Orchideen, sich ausreichend Licht zu verschaffen?

3 Der tropische Regenwald ist stark gefährdet. Nenne Ursachen und Auswirkungen.

Organismen in ihrer Umwelt

2.2 Der Mischwald ist in Stockwerke gegliedert

In einem Mischwald kann man an vielen Stellen von den Baumwipfeln bis zum Boden unterschiedliche Schichten oder „Stockwerke" erkennen.

Die Bäume in unseren Wäldern werden etwa 20 bis 30 Meter hoch. Sie bilden das obere Stockwerk, die **Baumschicht.** Zu dieser Schicht gehören zum Beispiel Stieleichen, Buchen, Fichten und Lärchen. Diese Schicht filtert das Licht und fängt starke Regengüsse ab.

Unterhalb dieser Schicht liegt die **Strauchschicht.** Die hier vorkommenden Sträucher werden meist 2 bis 6 m hoch. Zu diesem Stockwerk gehören auch Klettersträucher wie die Waldrebe, aber auch junge Bäume. Häufige Sträucher unserer Wälder sind Gemeine Hasel, Faulbaum und Holunder. Am Waldrand bildet diese Schicht einen Windschutz und schützt den Boden so vor Austrocknung.

Mischwälder weisen in der nun folgenden **Krautschicht** häufig viele Blütenpflanzen und Farne auf. Dort kann man im Frühjahr einen Blütenteppich aus verschiedenen Frühblühern wie Buschwindröschen, Leberblümchen und Maiglöckchen entdecken.

Im Sommer wachsen hier Pflanzen, die mit wenig Licht auskommen wie Sauerklee, Schattenblume und Springkraut. Auch Gräser gehören zu der bis zu einem Meter hohen Krautschicht.

Die **Moosschicht** ist je nach Waldtyp unterschiedlich stark ausgeprägt. Moose werden 10 bis 20 Zentimeter hoch. In dieser Schicht gedeihen zum Beispiel das Frauenhaarmoos und das Weißmoos. Im Herbst kann man in der Moosschicht auch die Fruchtkörper der Pilze sammeln.

Die darunter liegende **Wurzelschicht** ist von den Wurzeln verschiedener Pflanzen und den Pilzgeflechten durchzogen. Die Pflanzen nehmen hier Wasser und Mineralstoffe auf. Abgestorbene Pflanzen, heruntergefallene Äste, Blätter und Nadeln werden in diesem Bereich zersetzt. So entsteht neue mineralstoffreiche Humuserde.

> Der Mischwald ist in verschiedene Stockwerke gegliedert. Dazu gehören die Baum-, Strauch-, Kraut-, Moos- und Wurzelschicht. In jeder Schicht findet man typische Pflanzen.

1 Nenne je zwei Pflanzenarten, die in der Moos-, Kraut-, Strauch- und Baumschicht vorkommen, aber im Text nicht genannt werden. Nimm die Pinnwände zu Hilfe.

2 Am Waldrand findet man oft mehr Straucharten als im Waldesinneren. Erkläre.

1 Schichtung im Mischwald. *A* Foto; *B* Schema

Organismen in ihrer Umwelt

PFLANZEN DER STRAUCHSCHICHT

Pinnwand

① ② ③
④ ⑤ ⑥

A Gemeine Waldrebe
Größe: bis 10 m hoher klimmender Strauch
Blüten: weiß; blüht von Juni bis August
Früchte: klein, braun, federartig behaart
Blätter: gefiedert, aus 3 bis 5 Blättchen

B Kornelkirsche
Größe: 2 bis 5 m hoher Strauch
Blüten: gelb; blüht von Februar bis März
Früchte: rote Steinfrüchte
Blätter: eiförmig

C Zweigriffliger Weißdorn
Größe: bis 8 m hoher Strauch mit bedornten Zweigen
Blüten: weiß; blüht im Mai
Früchte: rote Steinfrucht
Blätter: vielgestaltig, drei- bis fünflappig

D Brombeere
Größe: 100 bis 200 cm hoher Strauch mit bestachelten Zweigen
Blüten: weiß; blüht von Mai bis August
Früchte: dunkelblau; essbar
Blätter: meist aus drei Blättern zusammengesetzt; Blattrand gesägt

E Faulbaum
Größe: 1 bis 4 m hoher Strauch
Blüten: weiß; blüht von Mai bis Juli
Früchte: schwarz, schwach giftig
Blätter: verkehrt eiförmig, ganzrandig

F Schwarzer Holunder
Größe: 5 bis 10 m hoher Strauch
Blüten: weiß; blüht von Mai bis Juni
Früchte: schwarze essbare Beeren
Blätter: gegenständig, unpaarig gefiedert

1 Ordne den Pflanzenbeschreibungen A bis F die entsprechenden Abbildungen zu.

2 Sammle Bilder von verschiedenen Pflanzen, die in der Strauchschicht vorkommen und gestalte eine eigene Pinnwand.

Organismen in ihrer Umwelt

1 Rotbuche. A Blütenstände; **B** geöffnete Frucht mit Samen (Bucheckern)

2.3 Die Rotbuche – ein Laubbaum

In einem Buchenwald herrscht auch an hellen Tagen ein grünliches Dämmerlicht. **Rotbuchen** nutzen das Sonnenlicht sehr gut aus. Sie haben dazu zwei Arten von Blättern entwickelt: Sonnenblätter und Schattenblätter. Die dickeren, dunkelgrünen, kleineren *Sonnenblätter* stehen im äußeren Bereich der Krone. Die dünneren, hellgrünen *Schattenblätter* befinden sich im inneren Bereich der Krone. Durch ihre großen Blattflächen können sie das geringere Sonnenlicht in diesem Bereich besser ausnutzen.

Da nur wenig Restlicht auf den Waldboden gelangt, wachsen hier meist nur wenige andere Pflanzenarten. Keimlingen der Buche genügt aber das wenige Licht.

Ende April erscheinen die ersten Blüten der Buche. Die männlichen Blüten hängen in Büscheln am Grund der Triebe. Die weiblichen Blüten stehen zu zweit am Ende der jungen Zweige. Die Buche ist also **getrenntgeschlechtlich** und **einhäusig**. Nach der Befruchtung entwickeln sich die dreikantigen Nüsschen, die *Bucheckern*. Sie sind durch einen stachligen Fruchtbecher geschützt. Im September platzen die reifen Früchte auf und die Bucheckern fallen heraus. Sie können im nächsten Frühjahr keimen.

Rotbuchen werden bis zu 50 Meter hoch. Sie sind mit einem großen flachen Wurzelteller in der Erde verankert. Bei uns werden sie etwa 150 Jahre alt.

> Die Rotbuche ist ein Laubbaum, der das Sonnenlicht besonders gut nutzen kann. Aus den befruchteten weiblichen Blüten entwickeln sich Bucheckern.

1 Stelle einen Steckbrief der Rotbuche auf.
2 Beschreibe die Entwicklung einer Buche mithilfe der Abbildung unten.

Jungpflanze — **Keimling** — **Früchte mit Samen**

Organismen in ihrer Umwelt

1 Waldkiefer. A Blütenstände; B Zapfen

2.4 Die Waldkiefer – ein Nadelbaum

In einem Kiefernwald sieht es ganz anders aus als in einem Buchenwald. Hier dringt das Sonnenlicht durch die lichten Kronen bis zum Boden und auf dem Waldboden wachsen einige Kräuter, Gräser und Moose. **Waldkiefern** haben schmale, nadelförmige Blätter. Die *Nadeln* verdunsten so wenig Wasser, dass sie der Baum auch im Winter behalten kann. Kiefern sind *immergrüne Nadelbäume.*

Herabgefallene Kiefernnadeln zersetzen sich nur langsam und bilden dabei Säuren. Auf einem solchen Boden können nur bestimmte Pflanzen wachsen, z. B. Heidelbeere und Heidekraut.

Im Mai blüht die Kiefer. Die männlichen *Blüten* sitzen am Grunde der Triebe, die zapfenförmigen weiblichen Blütenstände dagegen an deren Spitze. Sie enthalten die weiblichen Blüten. Auf der Samenschuppe der weiblichen Blüten liegen je zwei freie Samenanlagen. Man bezeichnet die Kiefer deshalb als **Nacktsamer.**

Der Wind trägt die Pollen auf die Samenanlagen. Nach der Befruchtung entwickeln sich eiförmige *Zapfen,* die bis zum Herbst des folgenden Jahres reifen. Im Frühjahr des dritten Jahres öffnen sie sich und die geflügelten *Samen* fallen heraus. Sie können an einem hellen Standort keimen. Sie wachsen schnell und bilden tiefe *Pfahlwurzeln* aus. Waldkiefern werden etwa 35 Meter hoch und können über hundert Jahre alt werden.

> Waldkiefern gehören zu den Nadelbäumen. Aus ihren Blütenständen entwickeln sich nach Bestäubung und Befruchtung Zapfen.

1 Stelle einen Steckbrief von der Waldkiefer auf.
2 Beschreibe die Entwicklung einer Waldkiefer mithilfe der Abbildung unten.

Samen — Keimling — Jungpflanze

Organismen in ihrer Umwelt

1 Laubwald im Frühjahrsaspekt

2.5 Der Laubwald im Jahresverlauf

Ein Frühjahrsfoto vom Laubwald zeigt ein vielfältiges Pflanzenkleid. Bei Fichten- und Kiefernmonokulturen sieht es dagegen viel eintöniger aus. Alle diese heimischen Wälder sind vom Menschen geprägte Wirtschaftswälder. Die Lebensgemeinschaften eines Laubwaldes haben sich jedoch weitgehend natürlich erhalten. Man bezeichnet solche Wälder als **naturnahe Ökosysteme.** Hier wachsen mehrere Baum- und Straucharten verschiedener Altersstufen nebeneinander. In der Krautschicht finden über 60 verschiedene Pflanzenarten einen Lebensraum.

Besonders eindrucksvoll ist der Laubwald zu Beginn des Frühjahrs. Jetzt ist der Waldboden von einem bunten Blütenteppich überzogen. Man findet weiß blühende *Märzenbecher* und *Buschwindröschen, Gelbe Windröschen* und *Scharbockskraut.* Daneben blühen *Blaustern* und *Lungenkraut.* In sehr artenreichen Laubwäldern wachsen auch *Aronstab* und *Schlüsselblume,* die unter Naturschutz stehen.
Wie gelingt es diesen Pflanzen, so kurz nach dem Winter auszutreiben und zu blühen? Die Sonne dringt in dieser Jahreszeit bis auf den Waldboden vor und erwärmt ihn. Die notwendigen Nährstoffe erhalten die Pflanzen aus besonderen *Speicherorganen.* Das Buschwindröschen hat zum Beispiel einen Erdspross. Märzenbecher und Blaustern besitzen Zwiebeln und das Scharbockskraut Wurzelknollen. Die Nährstoffreserven haben die Pflanzen bereits im vergangenen Frühjahr angelegt. Sie haben einen Vorsprung gegenüber anderen Pflanzen und können schon ab März

① Märzenbecher ⑤ Schlüsselblume ⑧ Goldnessel
② Buschwindröschen ⑥ Aronstab ⑨ Waldziest
③ Blaustern ⑦ Maiglöckchen
④ Lungenkraut

2 Lichtverhältnisse in einem Laubwald im Jahresverlauf (Schem.

austreiben und blühen. Als **Frühblüher** sind sie an die günstigen Lichtverhältnisse der Laubwälder im Frühjahr angepasst. Man nennt dieses Erscheinungsbild des Waldes auch **Frühjahrsaspekt**.
Im April beginnen Bäume und Sträucher auszutreiben. Während im März noch etwa 50 Prozent des Lichtes die Krautschicht erreicht, sind es im April nur noch circa 30 Prozent. Im Mai sind die Bäume dann vollständig belaubt. Eine Lichtmessung in der Krautschicht zeigt, dass nur noch etwa fünf Prozent Licht bis zum Boden durchdringt. Das Bild der Bodenvegetation ändert sich in diesen Monaten stark. Die Frühblüher haben Früchte gebildet. Bei vielen sterben die letzten oberirdischen Pflanzenteile ab. Die Speicherorgane ruhen bis zum nächsten Frühjahr im Boden.
Jetzt wachsen und blühen Pflanzen in der Krautschicht, die an schattige Verhältnisse angepasst sind. Zu diesen **Schattenpflanzen** gehören *Goldnessel, Waldziest, Waldsauerklee* und *Schattenblume.* Auch Moose, Farne und einige Gräser kommen mit diesen Bedingungen gut zurecht. Sie erreichen schon bei rela-

Organismen in ihrer Umwelt

| Juli | August | September | Oktober | November | Dezember |

☐ Lichtintensität

⑩ Waldsauerklee   ⑫ Immergrün
⑪ Schattenblümchen   ⑬ Efeu

3 Laubwald im Sommeraspekt

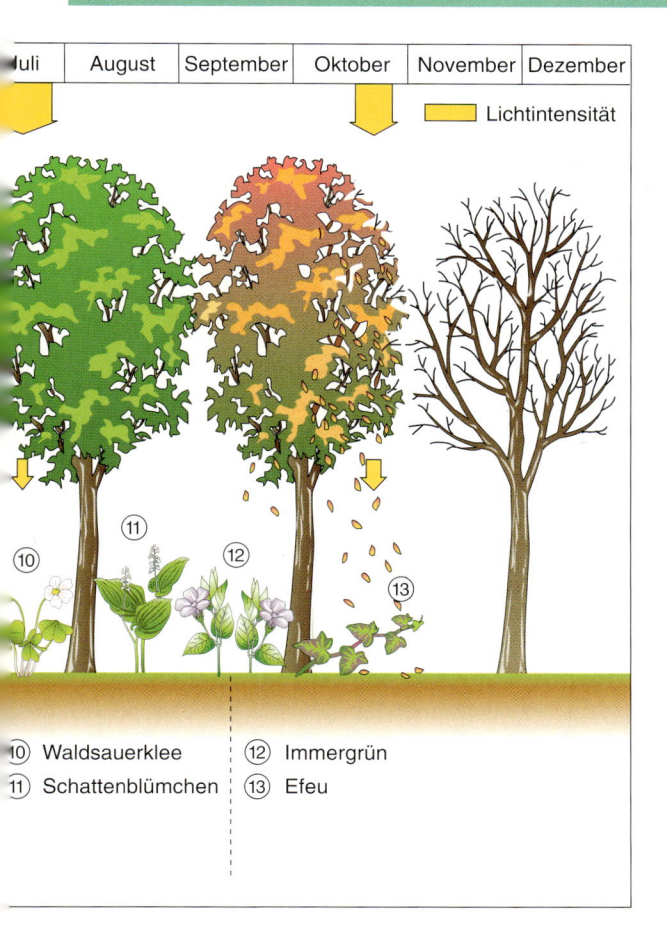

tiv geringen Lichtmengen ihr optimales Pflanzenwachstum. Viele Schattenpflanzen haben große Blätter, damit sie viel vom Restlicht einfangen können. Außerdem sind die Blätter relativ dünn, da das Sonnenlicht sonst nicht in tiefere Schichten eindringen könnte. Die Blätter der Schattenpflanzen sind durch den hohen Chlorophyllgehalt häufig dunkelgrün gefärbt. Eine weitere Anpassung an die geringe Lichtmenge am Waldboden ist die Anordnung der Blätter. Sie bilden ein *Blattmosaik*, sodass sie sich nicht gegenseitig bedecken. Man fasst alle diese Anpassungen der Bodenvegetation an den Lichtmangel als **Sommeraspekt** zusammen.

Im Herbst verfärbt sich das Laub der Bäume und Sträucher. Bei einer Rotbuche beginnt der Laubfall im September in den äußeren Kronenbereichen. Nun dringt wieder mehr Sonnenlicht auf den Waldboden. Viele Sommerblüher fruchten jetzt.
Es gibt auch einige wenige Pflanzen, die im Herbst blühen. Zu diesen **immergrünen Gewächsen** gehört der *Efeu,* dessen Blätter das ganze Jahr über grün sind. Er blüht im Oktober und fruchtet im November. Auch *Haselwurz* und *Immergrün* sind solche Gewächse. Sie haben derbe, lederartige Blätter und können so den Winter überdauern und das Licht im Frühjahr und im Herbst voll nutzen. Bei günstigen Temperaturen blüht das Immergrün im Herbst sogar zum zweiten Mal. Die oberirdischen Sprossteile der Sommerblüher sterben dagegen im Herbst ab.

Für die Bäume gibt es auch im Winter keine vollständige Ruhephase. Ab November kommt es bei Temperaturen über 0 °C zu einem verstärkten Wurzelwachstum. Möglich wird dies durch ein Zusammenleben der Baumwurzeln mit Pilzhyphen.

> In einem Laubwald herrschen je nach Jahreszeit unterschiedliche Lichtverhältnisse. Sie bestimmen Wachstum und Blütezeit von Pflanzen der Krautschicht. So tritt im Frühjahr der Frühjahrsaspekt mit vielen Frühblühern auf. Beim Sommeraspekt überwiegen dagegen die Schattenpflanzen.

1 Erkläre, wie sich die Lichtverhältnisse am Boden eines Laubwaldes im Jahresverlauf ändern.
2 Nenne Beispiele für Frühblüher im Laubwald und beschreibe ihre Anpassungen.
3 Nenne Beispiele für Schattenpflanzen. Erläutere Anpassungen an die Lichtverhältnisse.
4 Bei Fichten- und Kiefernwäldern gibt es keinen Frühjahrs- und Sommeraspekt. Erkläre.

Organismen in ihrer Umwelt

1 Moose. *A Frauenhaarmoos; B Moospolster überziehen den Waldboden*

2 Schema einer Moospflanze

2.6 Moose sind Wasserspeicher

Feuchte Waldböden sind meist von einer geschlossenen Moosdecke überzogen. Sie setzt sich aus verschiedenen Moosarten zusammen, die etwa zehn Zentimeter hohe Polster bilden. Regnet es im Wald, saugen diese Moospolster das Regenwasser wie ein Schwamm auf. Ein Teil des Wassers versickert später in den Waldboden. Der Rest verdunstet langsam und wird so an die Luft abgegeben. Im Wald ist es deshalb im Sommer kühler und feuchter als in seiner Umgebung. Moospolster bilden auch Kleinstlebensräume für Bodenorganismen wie Spinnen und Käfer.

Eine Laubmoospflanze ist einfach gebaut: An einem *Stämmchen* sitzen die *Moosblättchen,* in deren Achseln sich das Wasser hält. Die Pflanze besitzt dünne wurzelähnliche Zellschläuche, die *Rhizoide,* mit denen sie Halt im Boden findet. An den Moospolstern ragen zu bestimmten Jahreszeiten *Sporenträger* mit einer *Sporenkapsel* hervor. Es sind keine Blüten, sondern „Behälter", in denen sich Tausende winziger „Körnchen", die *Sporen,* entwickeln. Sind die Sporen reif, platzt die Sporenkapsel auf. Die leichten Sporen werden vom Wind weit verbreitet. Aus ihnen wachsen später neue Moospflanzen. Neben dieser *ungeschlechtlichen Fortpflanzung* können sich Moose auch geschlechtlich fortpflanzen.

> Moose sind Sporenpflanzen. Sie können große Mengen Regenwasser speichern und sind Lebensraum für viele Bodenorganismen.

3 Moose und Wasser.
A Auspressen eines Moospolsters;
B Wasserspeicherung zwischen den Blättchen (Schema)

1 Nenne drei Bedeutungen von Moosen für das Ökosystem Wald.
2 Wiege ein feuchtes Moospolster. Presse dann das Wasser heraus und wiege erneut. Bestimme den Anteil des gespeicherten Wassers am Gesamtgewicht.

Organismen in ihrer Umwelt

1 Farne im Wald. A Wurmfarn; B Schleier

2.7 Farne sind Sporenpflanzen

Große Farnbestände wie die des *Wurmfarns* findet man häufig in schattigen, feuchten Wäldern und an Bachufern. Sie erhöhen die Luftfeuchtigkeit durch die Verdunstung über ihre großen Blätter, die *Wedel*, und bieten Tieren Unterschlupf.

Farne gehören ebenso wie Moose zu den **Sporenpflanzen.** Schauen wir uns die Entwicklung eines Farns am Beispiel des Wurmfarns an. Auf der Unterseite der Farnblätter bilden sich im Sommer *Schleier* oder *Sori*. Sie bestehen aus mehreren *Sporenkapseln,* die aufplatzen, wenn die *Sporen* herangereift sind. Die Sporen fallen auf den Waldboden und können an feuchten Stellen auskeimen. Aus jeder Spore wächst ein fingernagelgroßes, herzförmiges Gebilde, der *Vorkeim.* Auf seiner Unterseite bilden sich in den männlichen Geschlechtsorganen begeißelte männliche Geschlechtszellen („Schwärmer"). In den weiblichen Geschlechtsorganen entstehen Eizellen. In einem Wassertropfen kann eine männliche Geschlechtszelle zur Eizelle schwimmen und beide verschmelzen dann miteinander. Aus der befruchteten Eizelle wächst eine neue Farnpflanze. Eine solche Entwicklung bezeichnet man auch als **Generationswechsel.** Die Sporen bildende Farnpflanze ist bei diesem Generationswechsel die *ungeschlechtliche Generation.* Ihr folgt die *geschlechtliche Generation* mit dem Vorkeim, auf dem sich die Geschlechtszellen bilden.

> Bei der Fortpflanzung der Farne erfolgt ein Generationswechsel zwischen ungeschlechtlicher und geschlechtlicher Generation. Die Farnpflanze ist die ungeschlechtliche Generation. Sie pflanzt sich durch Sporen fort.

2 Generationswechsel beim Wurmfarn. ① Farnpflanze, ② Freisetzen der Sporen, ③ auskeimende Spore, ④ Vorkeim von unten, ⑤ männliches Geschlechtsorgan mit Schwärmern, ⑥ schwimmender Schwärmer, ⑦ weibliches Geschlechtsorgan mit Eizelle, ⑧ junge Farnpflanze

1 Beschreibe die Entwicklung eines Wurmfarns. Benutze dazu die Abbildung 2.

Organismen in ihrer Umwelt

2.8 Zeigerpflanzen geben Hinweise auf den Standort

Im Auenwald finden wir viele für den Standort typische Pflanzen. An Gräben und Tümpeln wachsen zum Beispiel **Feuchtezeiger** wie *Schwarz-Erle*, *Grau-Erle* und *Flatterulme*. Auch *Sumpfsternmiere*, *Bitteres Schaumkraut* und *Bärlauch* zeigen einen feuchten Boden an.

Auenwälder haben einen hohen Grundwasserstand. Von Zeit zu Zeit werden sie vom Frühjahrshochwasser überschwemmt. Dabei erhält der Boden durch Schlammablagerungen neue Nährstoffe. Unter den abgelagerten Bodenschichten befinden sich kalkreiche Sedimente. Sie haben einen leicht basischen pH-Wert. Hier siedeln **Kalkzeiger** wie *Türkenbundlilie* und *Salomonssiegel*.

In Randbereichen und an Wegen sieht man in Auenwäldern häufig *Schwarzen Holunder* und *Zaungiersch*. Sie sind **Stickstoffzeiger** und weisen auf einen hohen Nitratgehalt im Boden hin.

Für Pflanzen spielen demnach die abiotischen Faktoren wie Wasser, Licht, Temperatur und Bodenbeschaffenheit eine große Rolle. Besonders die chemischen Eigenschaften des Bodens wie pH-Wert, Stickstoff- und Salzgehalt bestimmen das Bild der Vegetation. So findet man zum Beispiel auf nährsalzreichen, lehmigen Böden einen artenreichen Auenwald. Die Pflanzenarten, die hier gedeihen, besitzen unterschiedliche ökologische Potenzen. Manche Arten haben einen sehr engen *Toleranzbereich* für einen bestimmten Umweltfaktor. Ihr Vorkommen weist deshalb auf charakteristische Standortbedingungen hin. Man kann sie als **Zeigerpflanzen** nutzen.

Ganz anders als in einem Auenwald sieht es dagegen in einem lichten Kiefernwald aus. Hier findet man Zeigerpflanzen, die Licht, Trockenheit und kalkarme, saure Böden anzeigen. Hierzu gehören zum Beispiel Besenheide, Preisel- und Blaubeere.

> Zeigerpflanzen haben einen sehr engen Toleranzbereich für einen bestimmten Umweltfaktor. Ihr Vorkommen lässt auf bestimmte Umweltbedingungen wie Lichtangebot, Feuchtigkeit und Bodeneigenschaften schließen.

1 Stelle in einer Tabelle verschiedene Zeigerpflanzen zusammen. Nutze dazu auch die Pinnwand S. 47.

1 Zeigerpflanzen im Auenwald. **A** *Türkenbundlilie;* **B** *Bitteres Schaumkraut;* **C** *Schwarzer Holunder*

Organismen in ihrer Umwelt

Pinnwand

ZEIGERPFLANZEN

N	Stickstoffzeiger
●	Säurezeiger
●	Kalkzeiger
💧	Feuchtezeiger
✕	Trockenheitszeiger
☼	Lichtzeiger
●	Schattenzeiger
NaCl	Salzzeiger

Große Brennnessel
N

Kuhschelle
●

Heidekraut
● ☼

Trollblume
💧

Kanadische Goldrute
N ☼

Kleiner Sauerampfer
●

Acker-Rittersporn
●

Gemeiner Queller
NaCl

Karthäusernelke
✕ ☼

Giersch
N

Wald-Sauerklee
●

1 Nenne Stickstoffzeiger und beschreibe ihren Standort.

Organismen in ihrer Umwelt

2.9 Pilze leben im Waldboden

Bei feuchtem Herbstwetter „schießen" die Pilze aus dem Waldboden. Sammler gehen dann auf die Suche nach essbaren Pilzen wie *Steinpilz*, *Marone* und *Pfifferling*. Haben sie einen Pilz entdeckt, lösen sie ihn vorsichtig ab. Die meisten Pilze sind deutlich in *Stiel* und *Hut* gegliedert. Auf der Hutunterseite erkennt man bei manchen Pilzen Röhren. Man nennt diese Pilze deshalb **Röhrenpilze**. In den Röhren sitzen sehr viele *Sporen*, die vom Wind verbreitet werden.
Es gibt aber auch anders aussehende Hutunterseiten wie z.B. beim Fliegenpilz. Sie bestehen aus schmalen Blättern oder Lamellen. Solche Pilze gehören deshalb zu den Lamellen- oder **Blätterpilzen**. Unter den Blätterpilzen gibt es viele Giftpilze wie den *Panterpilz* oder den *Knollenblätterpilz*.

Doch ob Blätterpilz oder Röhrenpilz, was wir sehen, ist nur der *Fruchtkörper* des eigentlichen Pilzes.
Der größte Teil wächst als Fadengeflecht, auch *Myzel* genannt, im Boden. Es besteht aus dünnen weißen Fäden, den *Hyphen*. Mit den Hyphen nimmt der Pilz Wasser und Nährstoffe auf. Er ernährt sich von organischen Stoffen aus zersetzten Pflanzen- und Tierresten. Diese Nährstoffe nutzt er für die Bildung der Fruchtkörper. Bei feuchtwarmem Wetter wachsen diese innerhalb weniger Tage heran.

Neben solchen *Fäulnisbewohnern* oder *Saprophyten* gibt es auch Pilzarten, die als *Schmarotzer* oder Parasiten von einer Wirtspflanze leben und ihr Schaden zufügen.
Viele Pilze sucht man gezielt unter Bäumen. Unter Kiefern lassen sich z.B. Butterpilze und Maronen finden. Auch viele andere Pilzarten leben eng mit bestimmten Bäumen zusammen. Ihre Hyphen dringen in deren Wurzeln ein. Der Pilz erhält dabei vom Baum Nährstoffe. Dafür hilft er dem Baum, Wasser und gelöste Mineralstoffe aufzunehmen. Durch diese Verbindung haben beide Organismen einen Vorteil. Man sagt, sie leben in **Symbiose** miteinander. Die spezielle Symbioseform zwischen Pilz und Baum wird *Mykorrhiza* genannt.

> Pilze bestehen aus einem unterirdischen Myzel und einem oberirdischen Fruchtkörper. Viele Pilzarten leben in einer Symbiose mit Bäumen zusammen.

1 Beschreibe den Aufbau eines Hutpilzes mithilfe der Abbildung 1 A.
2 Erläutere die Symbiose zwischen Marone und Kiefer mithilfe der Abbildung 1 E.

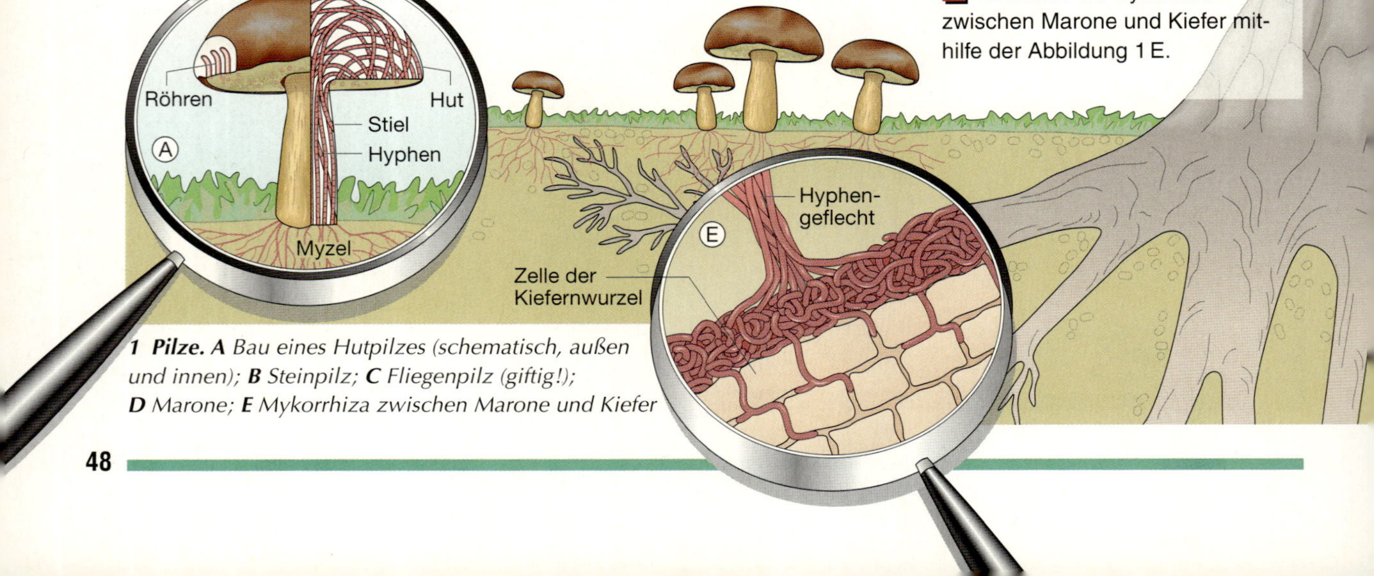

1 Pilze. A Bau eines Hutpilzes (schematisch, außen und innen); **B** Steinpilz; **C** Fliegenpilz (giftig!); **D** Marone; **E** Mykorrhiza zwischen Marone und Kiefer

Organismen in ihrer Umwelt

PILZE DES WALDES

Pinnwand

1 Pilzvergiftungen treten häufig auf, weil ein giftiger Pilz mit einem ähnlich aussehenden essbaren Pilz verwechselt wurde. Betrachte die Abbildungen auf dieser Pinnwand und der Seite 48 genau. Nenne dann jeweils die Pilze, die man leicht verwechseln könnte.

- 🍲 = essbar
- 🚫 = ungenießbar
- ☠️ = giftig
- 🌲 = kommt in Nadelwäldern vor
- 🍃 = kommt in Laubwäldern vor

Satanspilz

Hinweise zum Pilze sammeln:

- Unbekannte oder giftige Pilze dürfen nicht umgestoßen oder zertreten werden.
- Nimm nur Pilze mit, die du sicher kennst.
- Lege Pilze beim Sammeln in einen Korb, nicht in eine Tasche oder Plastiktüte.
- Lass deine gesammelten Pilze von einem erfahrenen Pilzkenner überprüfen.
- Putze die Pilze noch am selben Tag. Bereite sie spätestens am nächsten Tag zu.
- Reste von Pilzgerichten dürfen nicht noch einmal aufgewärmt werden. Ihr Verzehr könnte zu Vergiftungen führen.
- Suche einen Arzt auf, wenn sich nach einer Pilzmahlzeit Übelkeit oder Schmerzen einstellen.

Grüner Knollenblätterpilz

Panterpilz

Wald-Champignon

Gallenröhrling

Perlpilz

Organismen in ihrer Umwelt

Übung: Wald

V 1 Kleine Waldausstellung

Material: Rinde, Zweige, Blätter, Blüten oder Früchte; Bestimmungsbücher für Bäume und Sträucher; Zeichenkarton; Klebstoff
Durchführung: Sammle im Wald Material zu einem ausgewählten Baum oder Strauch. Klebe die einzelnen Teile auf den Karton und beschrifte sie.
Aufgabe: Gestalte zusammen mit den Collagen deiner Mitschüler und Mitschülerinnen eine Ausstellung.

V 2 Wald-Memory

Material: Rinde, Blätter, Blüten, Früchte von verschiedenen Bäumen und Sträuchern; Jogurtbecher
Durchführung: Sammle von Bäumen und Sträuchern Material für das Memory. Das Material sollte jeweils doppelt vorliegen. Für die spätere Zuordnung eignen sich z. B. Blatt/Blatt, Blatt/Frucht, Knospe/Blatt, Rinde/Blüte … Verteile die einzelnen Objekte unter die Jogurtbecher, ohne dass dies die Mitschüler sehen. – *Spiel:* Der erste Spieler deckt zwei Becher auf. Findet er ein passendes Paar, darf er weitermachen, sonst ist der Nächste an der Reihe. Wer am Schluss die meisten Paare hat, ist Sieger.
Aufgabe: Präge dir beim Spiel Merkmale der Bäume und Sträucher ein.

V 3 Einfache Bestandsaufnahmen im Wald

Material: Zeltpflöcke; Wäscheleinen; Bestimmungsbücher oder Tafeln für Waldpflanzen und Waldtiere
Durchführung: Stecke in einem Waldstück einen 2 m × 2 m großen Bereich ab. Verwende dazu die Pflöcke und Leinen. Bestimme in diesem Gebiet mithilfe der Bestimmungsbücher die vorkommenden Pflanzen. Achte dabei auch auf Tiere.
Aufgaben: a) Trage deine Ergebnisse in eine Tabelle ein:

Schicht	Pflanzen			Tiere		
Moosschicht	×	×	×	×	×	×
Krautschicht	×	×	×	×	×	×
Strauchschicht	×	×	×	×	×	×
Baumschicht	×	×	×	×	×	×

b) Wiederhole die Untersuchungen wenn möglich in einem anderen Waldtyp oder am Waldrand. Vergleiche dann beide Artenlisten miteinander. Nenne Gründe für die Unterschiede.

V 4 Bestimmung von Umweltfaktoren im Wald

Material: Luxmeter oder Belichtungsmesser vom Fotoapparat; Hygrometer; Thermometer; Bodenthermometer; Protokoll mit vorbereiteter Tabelle:

Standort	freie Fläche	Waldrand	im Wald
Temperatur	×	×	×
Bodentemperatur	×	×	×
Lichtwert	×	×	×
Luftfeuchtigkeit	×	×	×

Durchführung: Führe Lichtmessungen durch. Miss in etwa 1 m Höhe vom Boden bei gleicher Bedeckung des Himmels. Führe dann Temperaturmessungen durch und bestimme mit dem Hygrometer die Luftfeuchtigkeit. Gehe dabei vorsichtig mit den Messgeräten um. Stecke das Bodenthermometer etwa 10 cm tief in den Boden und stelle die Bodentemperatur fest.
Aufgabe: a) Ermittle an den oben genannten Standorten Messwerte für Luft- und Bodentemperatur, Helligkeit und Luftfeuchtigkeit und trage die Werte in die Tabelle ein.
b) Nenne Gründe für die unterschiedlichen Messergebnisse an den drei Standorten.

V 5 Sporenbilder von Pilzen

Material: verschiedene Hutpilze z. B. Marone und Champignon; Messer; Zeichenkarton; selbstklebende durchsichtige Folie
Durchführung: Schneide von einem Hutpilz den Stiel ab. Lege den Hut mit der Unterseite auf ein Blatt Zeichenkarton. Nimm den Hut am nächsten Tag vorsichtig vom Papier. Das entstandene Sporenbild kann mit der Folie überzogen werden.
Aufgabe: Stelle Sporenbilder verschiedener Pilze her. Vergleiche dann das Sporenbild eines Röhrenpilzes mit dem eines Blätterpilzes.

Reh   Wildschwein   Hase

Organismen in ihrer Umwelt

V 6 Bestimmung der Baumhöhe

Material: gerader Stock, ca. 1 Meter lang; Bandmaß; Stift; ein Helfer

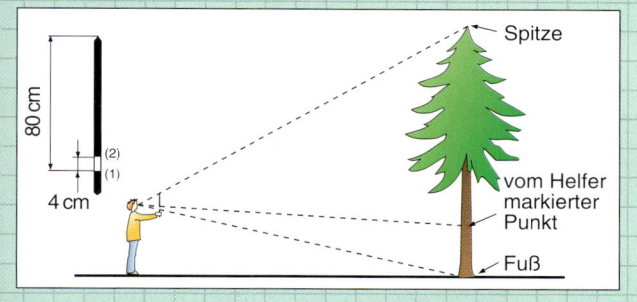

Durchführung: Miss von der Stockspitze 80 cm ab und markiere diese Stelle mit dem Stift (Markierung 1). 4 cm von diesem Punkt Richtung Stockspitze markierst du einen weiteren Punkt (2).
Strecke den Arm aus und halte den Stock senkrecht. Suche dir ein Stück vom Baum entfernt einen Standpunkt, von dem du genau über die Stockspitze die Baumspitze siehst und von Markierung 1 aus den Fuß des Baumes. Schaue nun an der Markierung 2 vorbei auf den Baumstamm. Lass den Helfer seinen Daumen genau auf die Stelle am Baum legen, auf die du schaust. Miss nun die Entfernung zwischen dieser Stelle und dem Fuß des Baumes.
Dieses Ergebnis musst du mit 20 malnehmen. Dann hast du die Höhe des Baumes ermittelt.
Aufgabe: Bestimme die Höhe verschiedener Bäume.

V 7 Spuren im Wald

Material: Gläser zum Sammeln; Zeichenmaterial oder Fotoapparat
Durchführung: Suche im Wald nach verschiedenen Spuren, die Tiere hinterlassen haben. Das können Fraßspuren, Trittspuren, Federn u. a. sein. Sammle die verschiedenen Dinge ein, zeichne oder fotografiere sie.
Aufgaben: a) Versuche mithilfe der Abbildungen herauszufinden, wer diese Spuren hinterlassen hat.
b) Ordne die abgebildeten Zapfen den Tieren richtig zu. Nutze dazu die folgenden Beschreibungen:
- *Eichhörnchen:* Die Schuppen werden von unten her nacheinander abgerissen. Am Zapfenende bleiben einige Schuppen stehen.
- *Waldmaus:* Gleichmäßig glatt abgenagter Zapfen. Am Zapfenende bleiben keine oder wenige Schuppen stehen.
- *Buntspecht:* Der Zapfen wird zerhackt, um an die Samen zu kommen.

Organismen in ihrer Umwelt

2.10 Tiere des Waldes

Wer früh am Morgen einen Waldspaziergang macht, wird vieles entdecken. Im Sommer beginnen die ersten Vögel schon kurz vor fünf Uhr zu singen. In der *Baumschicht* klopft ein Buntspecht. Er sucht nach Nahrung. Dabei legt er mit seinem langen, keilförmigen Meißelschnabel Larvengänge frei oder scheucht Insekten auf. Mit seiner Schleuderzunge kann er Käfer und Raupen harpunenartig aufspießen oder vom Stamm aufnehmen. Der Buntspecht lebt in einer selbst gezimmerten Brut- und Wohnhöhle. Hier zieht er auch seine Jungen auf. Grünspecht und Kleiber sind ebenfalls **Höhlenbrüter.**

Besonders gut lassen sich Höhlen im weichen, morschen Holz abgestorbener Baumstämme bauen. Löcher und Hohlräume in diesem *Totholz* bieten auch selten gewordenen Tieren Brut- oder Überwinterungsmöglichkeiten. Hier können zum Beispiel Fledermäuse, Hornissen, Waldkauz und Schwarzspecht Quartier beziehen. Totholz ist ebenfalls Lebensraum für Nacktschnecken, Laufkäfer, Asseln und Spinnen.

Plötzlich durchdringt der Schrei eines Eichelhähers den Morgen. Er warnt damit vor Gefahren, z. B. vor einem umherstreifenden Fuchs. Eichelhäher bauen ihre Nester oben in der Baumkrone. Sie sind **Kronenbrüter.** Vögel wie der Buchfink bauen ihr Nest als **Stammbrüter** direkt an den Stamm.

Amsel und Singdrossel bauen ihr Nest in der *Strauchschicht*. Sie gehören zu den **Buschbrütern.** Sie suchen in dieser Schicht auch nach Kleintieren und verzehren die Beeren

Kronenbrüter
z.B. Elster, Eichelhäher

Stammbrüter
z.B. Buchfink, Habicht

Höhlenbrüter
z.B. Buntspecht, Kleiber

Buschbrüter
z.B. Singdrossel, Amsel

Bodenbrüter
z.B. Nachtigall, Zilpzalp

1 Brutplätze verschiedener Vogelarten im Wald

2 Der Wald ist Lebensraum für viele Tiere. A Eichelhäher; **F** Baummarder; **G** Kleiber; **H** Dachs

Organismen in ihrer Umwelt

der Sträucher. Nachtigall und Zilpzalp dagegen sind **Bodenbrüter.** Jede Vogelart besetzt also einen bestimmten „Wohnort" im Wald. Auch bei der Nahrungssuche gehen sich die verschiedenen Arten aus dem Weg. Der Buntspecht sucht Insekten vorwiegend unter der Borke von Bäumen, der Kleiber am Stamm und die Blaumeise an den Zweigen. So vermeiden sie direkte Konkurrenz und können gemeinsam in einem Lebensraum existieren. Man bezeichnet diese Spezialisierung in den Umweltansprüchen als **ökologische Nische.**

Neben den Vögeln leben auch viele Säugetiere in den Schichten des Waldes. Der Baummarder z. B. bewohnt Baumhöhlen und jagt in der Baumschicht nach Beute. Größere Säugetiere leben am *Waldboden*. Sie sind häufig dämmerungs- oder nachtaktiv. Tagsüber halten sie sich versteckt und ruhen. Dazu gehören z. B. Fuchs, Dachs und Wildschwein. Der Fuchs jagt nach Mäusen, Kleintieren und Vögeln. Auch Aas und kranke Tiere werden gefressen. Das Jagdrevier eines Fuchses kann sich bis zu 8 km von seinem Bau entfernt erstrecken. Nur in der näheren Umgebung seines Baues wird nicht gejagt. Während der Fuchs schon bei Dämmerungsbeginn auf die Jagd geht, wartet der Dachs meist bis zur völligen Dunkelheit. Dann verlässt er seinen geräumigen Erdbau und sucht nach Insekten, Würmern, Schnecken und Mäusen. Auch Früchte und Pilze werden gefressen.

Das Wildschwein ist ein Allesfresser. Es ernährt sich von Wurzeln, Früchten, Kleintieren und Aas. Dabei wühlt es mit seinem Rüssel den Boden auf.

In der *Kraut-* und *Moosschicht* leben viele kleinere Tierarten. Hier findet man zum Beispiel verschiedene Schnecken, Spinnen, Käfer und Ameisen.

> Der Wald ist Lebensraum für viele Tierarten. Diese bevorzugen häufig eine bestimmte Schicht des Waldes. Durch die Spezialisierung auf bestimmte Nahrungsansprüche und Brutplätze wird Konkurrenz der Tiere untereinander vermieden.

1 Erkläre an einem Beispiel den Begriff ökologische Nische.

2 Totholz und Baumstümpfe sind ein begehrter Lebensraum. Erkläre.

3 Viele Tiere sind gut an die Lebensweise in einer bestimmten Waldschicht angepasst. Erkläre solche Anpassungen an einem selbst gewählten Beispiel.

4 Die Zeichnung zeigt einen Buntspecht bei verschiedenen Tätigkeiten an einem Baum. Benenne das jeweils dargestellte Verhalten.

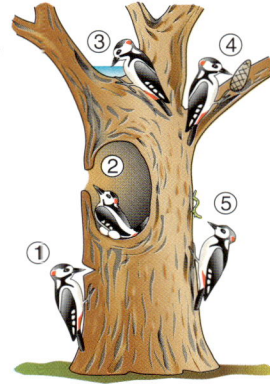

B Buntspecht; *C* Hornissen; *D* Waldmaus; *E* Nacktschnecke;

Organismen in ihrer Umwelt

2.11 Ameisen helfen dem Wald

Wenn man im Wald auf eine Ameise stößt, ist sie meist nicht allein. Dicht hintereinander laufen die Ameisen auf ganz bestimmten Bahnen, den *Ameisenstraßen*.

Folgen wir einer dicht bevölkerten Ameisenstraße. Sie führt uns zum *Hügelnest* der **Roten Waldameise**. Es wurde über einem Baumstumpf errichtet und ist fast einen Meter hoch. Der Bau führt mindestens ebenso tief in die Erde hinein. Baumaterial sind Nadeln, Ästchen, Halme und Rindenstücke. Diese werden aufeinander geschichtet. Das Innere ist von zahlreichen Gängen und Kammern durchzogen. Hier lebt das Ameisenvolk in einem **Tierstaat,** der bis zu 500 000 Einzeltiere zählen kann.

Im Ameisenstaat gibt es eine ausgeprägte Arbeitsteilung. Man findet unterschiedliche Formen von Ameisen, die an ihre jeweilige Aufgabe angepasst sind. Am zahlreichsten sind unfruchtbare Weibchen ohne Flügel, die **Arbeiterinnen.** Ein Ameisenvolk hat auch einige hundert fruchtbare Weibchen – die **Königinnen.** Im Juni kann man geflügelte Königinnen und ebenfalls geflügelte **Männchen** sehen. Sie paaren sich auf einem „Hochzeitsflug". Bei der Begattung erhält die Königin einen Spermienvorrat, der für ihre etwa 20-jährige Lebenszeit reicht. Nach der Paarung sterben die Männchen. Die Königinnen beißen sich die Flügel ab und kehren in ihr Nest zurück. Wird ein Volk zu groß, bilden sich Tochterkolonien, für die ein Teil der Arbeiterinnen ein neues Nest baut.

Die Arbeiterinnen übernehmen auch alle anderen Arbeiten im Ameisenstaat. Dabei hat jede eine bestimmte Aufgabe, die sie ein Leben lang durchführt. *Pflegerinnen* zum Beispiel versorgen Eier, Larven und Puppen. Ständig tragen sie die Ameisenbrut an Plätze mit günstigen Feuchtigkeits- und Temperaturverhältnissen. Junge Larven füttern sie mit ausgewürgten Drüsensekreten. *Sammlerinnen* erkunden die Umgebung, informieren sich gegenseitig über Nahrungsquellen und schleppen Beute heran. Dabei können sie Tiere ergreifen, töten und abtransportieren, die ein Vielfaches ihres Körpers wiegen. Am häufigsten werden Blätter fressende Raupen und Larven erbeutet. An einem Tag können viele Tausend Raupen im Nest verschwinden.

Beim Beuteerwerb arbeiten oft mehrere Sammlerinnen zusammen. Dazu verständigen sie sich mit der *Fühlersprache,* indem sie sich gegenseitig mit den Fühlern betasten. Neben den Sammlerinnen gibt es auch *Bauarbeiterinnen* im Ameisenstaat. Sie schleppen Baumaterial, reparieren Löcher, erweitern den Bau und sorgen auch für die Umschichtung des Nestmaterials. Innere Baustoffe werden an die Oberfläche zum Trocknen gebracht, wodurch ein schnelles Verrotten verhindert wird.

Wächterinnen verteidigen die Ein- und Ausgänge des Nestes. Sie haben besonders starke Kiefer-

1 Ameisennest. A Hochzeitsflug; **B** Arbeiterin mit Beute; **C** Arbeiterinnen umsorgen Larven und Puppen; **D** Honigtauernte in der Blattlauskolonie

Organismen in ihrer Umwelt

zangen. Naht ein größerer Angreifer, spritzen sie gleichzeitig mit dem Einsatz der Zangen aus ihren Hinterleibsdrüsen eine ätzende Flüssigkeit, die *Ameisensäure*. Trotz sehr guter Verteidigung haben auch Ameisen Fressfeinde wie Zaunkönig und Igel. Der Grünspecht zerstört dabei häufig einen Teil des Nestes. Auch der Mensch zerstört durch Unwissenheit manchmal Ameisennester, daher werden diese oft durch Drahtkörbe geschützt.

Ameisen spielen im Wald eine wichtige Rolle als **Schädlingsbekämpfer** und Verbreiter von Pflanzen. In einem Umkreis von 30 Metern um ein Ameisennest findet man kaum Schadinsekten. Darüber hinaus sammeln Ameisen bestimmte Früchte und Samen, die ein eiweißhaltiges Anhängsel besitzen. Sie transportieren diese und tragen so zu ihrer Verbreitung bei. Im Buchenwald kennt man etwa 45 Kräuter, die auf die Verbreitung durch Ameisen angewiesen sind. Aufgrund dieser wichtigen Aufgaben im Ökosystem Wald stehen die Roten Waldameisen unter Naturschutz.

Eine weitere wichtige Nahrungsquelle der Ameisen bilden die Ausscheidungen der Blattläuse. Blattläuse sind Pflanzensaft saugende Insekten, die einen zuckerhaltigen flüssigen Kot ausscheiden. Sie leben zum Beispiel in den Baumkronen der Kiefer. Hierher führen stark belaufene Ameisenstraßen. Die Ameise nähert sich einer Blattlaus und betastet ihr Hinterende, das daraufhin einen Tropfen „Honigtau" abgibt. Als Gegenleistung verteidigen die Ameisen ihre Futterlieferanten gegen Feinde. Es hat sich also zwischen Ameisen und Blattläusen eine **Symbiose** entwickelt.

> Ameisen leben in einem Tierstaat mit streng geregelter Arbeitsteilung. Sie vernichten Schadinsekten, verbreiten Früchte und Samen und dienen anderen Tieren als Nahrung.

1 Beschreibe einen Ameisenhaufen. Berichte über Form, Größe, Baumaterial und Bauort. Nutze dazu auch die Abbildung 1.
2 Erläutere die Bedeutung der Roten Waldameise im Ökosystem Wald.
3 Fertige eine Übersicht über die Mitglieder des Ameisenstaates an. Gib ihre Aufgaben an.
4 Begründe, warum Ameisen zur Gründung einer Tochterkolonie keine Männchen brauchen.

Organismen in ihrer Umwelt

Durchlüftung und Wasserversorgung des Bodens ermöglicht. Dadurch erhöht sich die Bodenfruchtbarkeit.

Die Zersetzung ist damit noch nicht beendet. Die Ausscheidungen werden von Einzellern und Bakterien weiter abgebaut. Ein Teil der organischen Reste wird dabei von Mikroorganismen wie Pilzen und Bakterien vollständig abgebaut. Es entstehen Wasser, Kohlenstoffdioxid und Mineralstoffe. Diese werden von den Pflanzen im Wald aufgenommen. Der Wald düngt sich also selbst.

> Bodenorganismen bauen Laub und andere organische Substanzen zu Humus ab. Dabei werden die Reste zunächst zerkleinert und dann von Mikroorganismen zersetzt.

1 Beschreibe die Humusbildung in einem Mischwald mithilfe der Abbildung 1.

2 Ein hoher Humusanteil verbessert die Bodenqualität. Begründe diese Aussage.

2.12 Leben im Waldboden

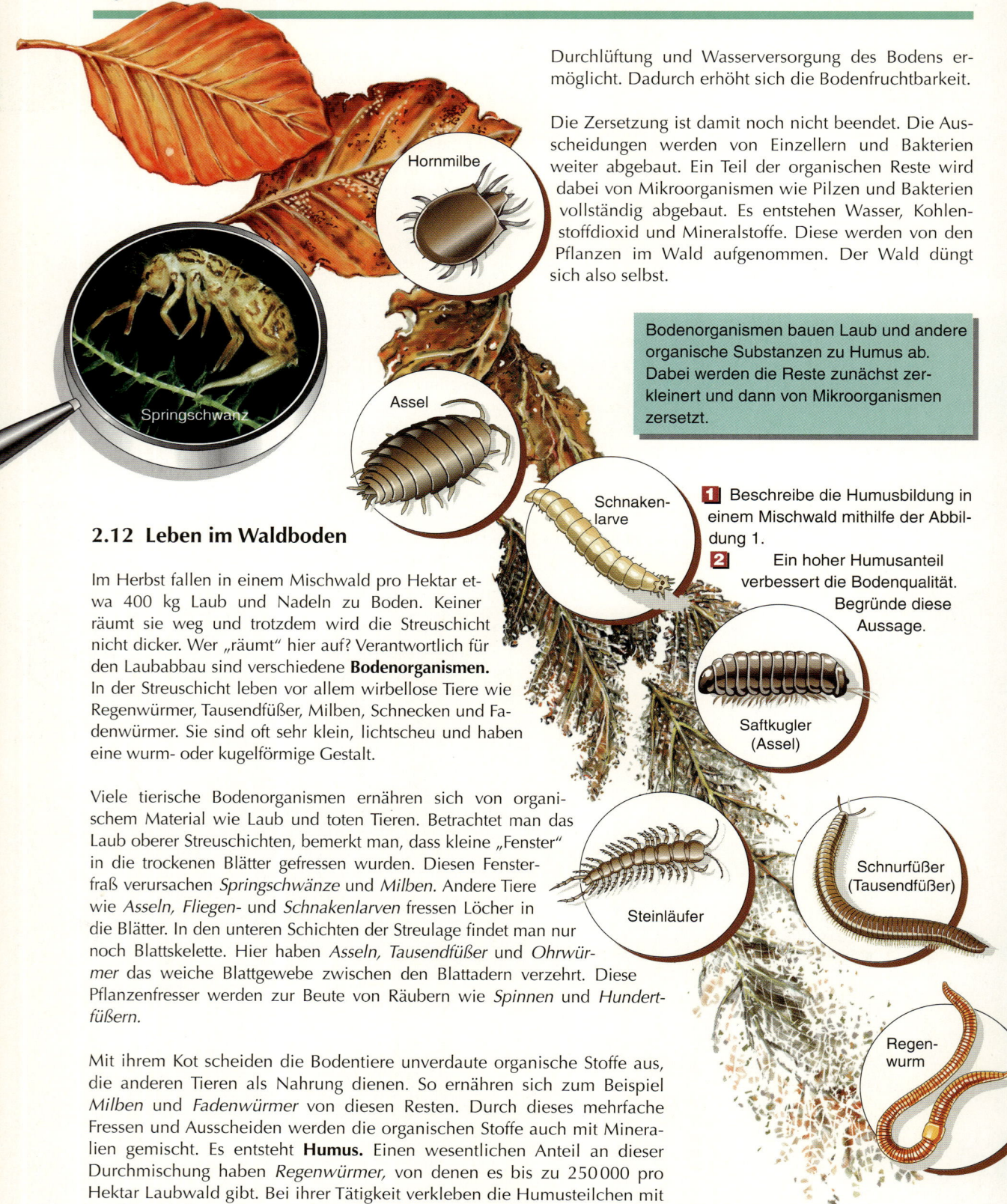

Im Herbst fallen in einem Mischwald pro Hektar etwa 400 kg Laub und Nadeln zu Boden. Keiner räumt sie weg und trotzdem wird die Streuschicht nicht dicker. Wer „räumt" hier auf? Verantwortlich für den Laubabbau sind verschiedene **Bodenorganismen.** In der Streuschicht leben vor allem wirbellose Tiere wie Regenwürmer, Tausendfüßer, Milben, Schnecken und Fadenwürmer. Sie sind oft sehr klein, lichtscheu und haben eine wurm- oder kugelförmige Gestalt.

Viele tierische Bodenorganismen ernähren sich von organischem Material wie Laub und toten Tieren. Betrachtet man das Laub oberer Streuschichten, bemerkt man, dass kleine „Fenster" in die trockenen Blätter gefressen wurden. Diesen Fensterfraß verursachen *Springschwänze* und *Milben*. Andere Tiere wie *Asseln*, *Fliegen-* und *Schnakenlarven* fressen Löcher in die Blätter. In den unteren Schichten der Streulage findet man nur noch Blattskelette. Hier haben *Asseln*, *Tausendfüßer* und *Ohrwürmer* das weiche Blattgewebe zwischen den Blattadern verzehrt. Diese Pflanzenfresser werden zur Beute von Räubern wie *Spinnen* und *Hundertfüßern*.

Mit ihrem Kot scheiden die Bodentiere unverdaute organische Stoffe aus, die anderen Tieren als Nahrung dienen. So ernähren sich zum Beispiel *Milben* und *Fadenwürmer* von diesen Resten. Durch dieses mehrfache Fressen und Ausscheiden werden die organischen Stoffe auch mit Mineralien gemischt. Es entsteht **Humus.** Einen wesentlichen Anteil an dieser Durchmischung haben *Regenwürmer*, von denen es bis zu 250 000 pro Hektar Laubwald gibt. Bei ihrer Tätigkeit verkleben die Humusteilchen mit Sand- und Tonkörnern. Es entsteht eine *Krümelstruktur*, die eine gute

1 Humusbildung

Organismen in ihrer Umwelt

Leben im Waldboden

Übung

V1 Zersetzung in der Streuschicht

Material: Plastiktüten; Zeitungspapier; dicke Bücher o. Ä. zum Beschweren; durchsichtige Selbstklebefolie; Zeichenkarton

Durchführung: *Im Wald:* Trage auf einer Fläche von 20×20 cm schichtweise die Laubstreu ab, bis die obere Bodenschicht erreicht ist. Entnimm aus jeder Schicht Blätter und verpacke sie in den Plastiktüten. *In der Klasse:* Suche Blätter mit verschiedenen Fraßspuren wie in der Abbildung heraus. Presse sie zwischen Zeitungspapier.

Aufgaben: a) Beschreibe die Schichten der Laubstreu.
b) Lege die gepressten Fraßbilder auf den Zeichenkarton und beschrifte. Klebe sie mit der Folie fest.
c) Nenne mögliche Verursacher der Fraßbilder.

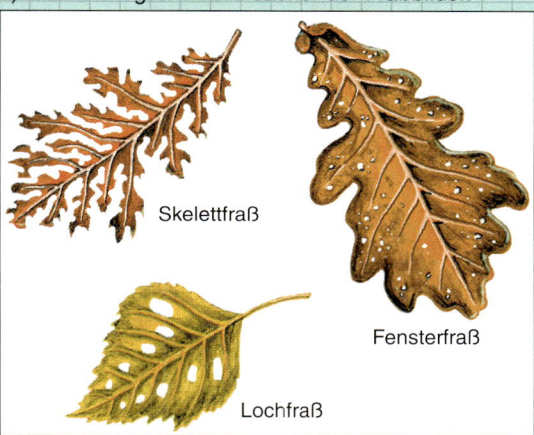

Skelettfraß
Fensterfraß
Lochfraß

V2 Bodenorganismen bauen Stoffe ab

Material: 2 Marmeladengläser; Filter- oder Löschpapier (Durchmesser etwa 3 cm); Sand- und Humusboden; Wasser

Durchführung: Fülle ein Marmeladenglas bis zur Hälfte mit Sandboden. Lege ein Stück Filter- oder Löschpapier darauf. Bedecke es mit 3 cm Sandboden. Verfahre genauso in dem zweiten Glas mit dem Humusboden. In beiden Gläsern muss man den Boden feucht halten.

Aufgaben: a) Notiere den Zustand der Filterpapiere nach 5, nach 10 und nach 15 Tagen. Achte darauf, dass das Papier jeweils wieder mit Erde bedeckt wird.
b) Erkläre deine Beobachtungen.

V3 Wer lebt in der Streuschicht?

Material: feuchte Laubstreu; große Petri- oder Fotoschale; Lupe oder Stereolupe; Fanggerät für kleine Bodentiere; Blockschälchen; Deckglas

Durchführung: Baue ein Fanggerät wie in der Abbildung. Breite einen Teil der Laubstreu in der Schale aus. Fange dann kleine Bodentiere durch Ansaugen mithilfe des Gerätes. Schütte die Tiere in ein Blockschälchen und decke es mit dem Deckglas ab.

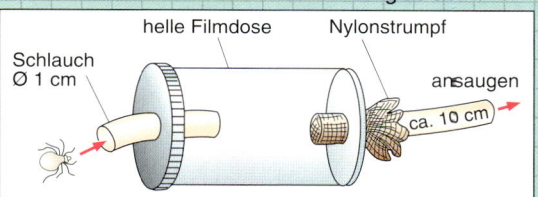

Schlauch Ø 1 cm — helle Filmdose — Nylonstrumpf — ansaugen — ca. 10 cm

Aufgabe: Betrachte und bestimme einige Bodentiere. Verwende dazu eine Lupe oder eine Stereolupe. Nimm für die Bestimmung die Abbildungen auf dieser Seite zu Hilfe.

V4 Untersuchung von Bodentieren

Material: feuchte Laubstreu; Fangvorrichtung für Bodentiere (siehe Abbildung); Lupe

Durchführung: Baue eine Fangvorrichtung wie in der Abbildung. Fülle dann die Laubstreu in den Trichter und beleuchte sie mit einer 100-Watt-Lampe wie dargestellt.

Lampe — 30 cm — Laubstreu — Küchensieb — Trichter mit Aluminiumfolie — Karton — Marmeladenglas — feuchtes Filtrierpapier

Aufgaben:
a) Kontrolliere das Fangglas nach 60 Minuten.
b) Welche Lebensbedingungen der Bodentiere ändern sich durch die Lampe? Beschreibe, wie sie darauf reagieren.
c) Betrachte und bestimme einige Bodentiere mithilfe von Lupe oder Stereolupe. Nimm die Abbildungen auf dieser Seite zu Hilfe.

Rote Waldameise 9–12 mm

Wolfsspinne 3–7 mm

Mistkäfer bis 20 mm

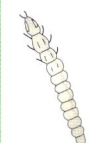

Käferlarve bis 25 mm

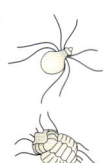

Milben bis 2 mm

Zwergfüßer ca. 8 mm

Borstenschwanz bis 20 mm

Fadenwürmer bis 10 mm

Mückenlarven ca. 3 mm

Organismen in ihrer Umwelt

2.13 Nahrungsbeziehungen im Wald

Eiche

An den jungen Blättern einer Eiche fressen hellgrüne Raupen. Man kann sogar das leise Rieseln herunterfallender Reste und Ausscheidungen hören. Es sind die Raupen des Eichenwicklers, eines Schmetterlings.

In diesem Augenblick landet eine Kohlmeise auf der Eiche. Sie hüpft den Ast entlang und sucht nach Beute. Sie erspäht die Raupen und frisst sie. Kohlmeisen selbst werden wiederum vom Waldkauz erbeutet und gefressen. Ordnet man die verschiedenen Lebewesen nach den Nahrungsbeziehungen, ergibt sich folgendes Bild: Eichenblatt → Raupe des Eichenwicklers → Kohlmeise → Waldkauz. Der Pfeil bedeutet dabei: „wird gefressen von". Diese Reihenfolge bezeichnet man als **Nahrungskette**.

Kohlmeisen fressen nicht nur Eichenwicklerraupen, sondern auch andere Insekten und Spinnen. Sie selbst werden von Greifvögeln wie Sperber und Habicht gejagt. Auch der Baummarder ernährt sich von verschiedenen Singvögeln. Jede Nahrungskette ist also an den einzelnen Gliedern mit weiteren Nahrungsketten verbunden. Es entsteht ein vielfältiges **Nahrungsnetz.** In ihm sind alle Tiere und Pflanzen des Ökosystems Wald direkt oder indirekt verknüpft.

Am Beginn jeder Nahrungskette steht immer eine grüne Pflanze. Pflanzen bauen mithilfe des Sonnenlichtes Traubenzucker auf, sie betreiben *Fotosynthese*. Dabei geben sie Sauerstoff ab, den die Tiere zum Atmen benötigen. Da sie Stoffe produzieren, bezeichnet man grüne Pflanzen auch als *Erzeuger* oder **Produzenten.** Sie bilden die Nahrungsgrundlage für alle Tiere. Tiere, die sich unmittelbar von Pflanzen ernähren, heißen *Verbraucher* oder **Konsumenten erster Ordnung.**

Von ihnen ernähren sich andere Waldbewohner. Kohlmeise und Laubsänger jagen zum Beispiel nach den Raupen. Tiere, die von den Konsumenten erster Ordnung leben, bezeichnet man als **Konsumenten zweiter Ordnung.** Sie selbst können

Blaumeise

Raupe des Eichenwicklers

Laubsänger

Sperber

Kohlmeise

wiederum von größeren Raubtieren und Greifvögeln gefressen werden. Diese **Endkonsumenten** bilden das Ende einer Nahrungskette.

Die Zuordnung der Tierarten zu den einzelnen Konsumentenordnungen ist nicht immer eindeutig. Sie kann mit dem Alter des Tieres und mit der Jahreszeit wechseln. Während die Kohlmeise zum Beispiel im Sommer nach Insekten jagt, ernährt sie sich im Winter bevorzugt von Samen.

Von Nahrungsglied zu Nahrungsglied werden in der Nahrungskette Stoffe weitergegeben. Dabei kann jedoch nur etwa ein Zehntel der aufgenommenen Nahrung zum Aufbau des eigenen Körpers verwendet werden. Der Rest wird für die Erzeugung von *Energie* für Wachstum, Bewegungen und Wärme gebraucht. Eine große Menge Pflanzen bilden deshalb die Nahrungsgrundlage für verhältnismäßig

Organismen in ihrer Umwelt

wenige Pflanzenfresser. Diese dienen noch weniger Fleischfressern als Nahrung. Auf einer bestimmten Waldfläche nimmt also die Anzahl der Konsumenten von Stufe zu Stufe ab. Diese Abnahme der Organismen von Stufe zu Stufe lässt sich als **Nahrungspyramide** darstellen. Anhand einer Nahrungspyramide kann man auch den Weg der Energie verfolgen.
Die Pflanzen wandeln die Lichtenergie in chemische Energie der von ihnen gebildeten Stoffe um. Etwa 90 % dieser chemischen Energie verwenden sie für sich selbst. Dabei entsteht Wärme, die an die Umgebung abgegeben wird. Diese Energie steht für die nächste Stufe nicht mehr zur Verfügung. An die Konsumenten 1. Ordnung werden nur die restlichen 10 % weitergegeben. Bei jeder weiteren Stufe gehen wieder ca. 10 % der jeweiligen Energiemenge in die höhere Stufe über. Diese Weitergabe von Energie bezeichnet man als **Energiefluss.** Zum Schluss steht keine Energie mehr zur Verfügung, der Energiefluss ist eine Art „Einbahnstraße".

Baummarder

Waldkauz

> Nahrungsbeziehungen lassen sich als Nahrungsketten darstellen, die miteinander verknüpft ein Nahrungsnetz bilden. In einer Nahrungskette nimmt die Anzahl der Lebewesen von Glied zu Glied ab. Dies wird als Nahrungspyramide dargestellt.

1 Stelle mit folgenden Pflanzen und Tieren ein Nahrungsnetz auf: Eichel, Sperber, Eichhörnchen, Baummarder, Buntspecht, Borkenkäfer, Fichte, Waldkauz, Kohlmeise, Fichtenspanner, Eichenblatt, Eichenwicklerraupe.

2 Ordne den in Aufgabe 1 genannten Pflanzen und Tieren die Begriffe Produzent, Konsument erster Ordnung, Konsument zweiter Ordnung und Endkonsument zu.

3 Erläutere die Nahrungspyramide in der Abbildung 1.

4 Beschreibe den Energiefluss im Wald mithilfe der Abbildung 2.

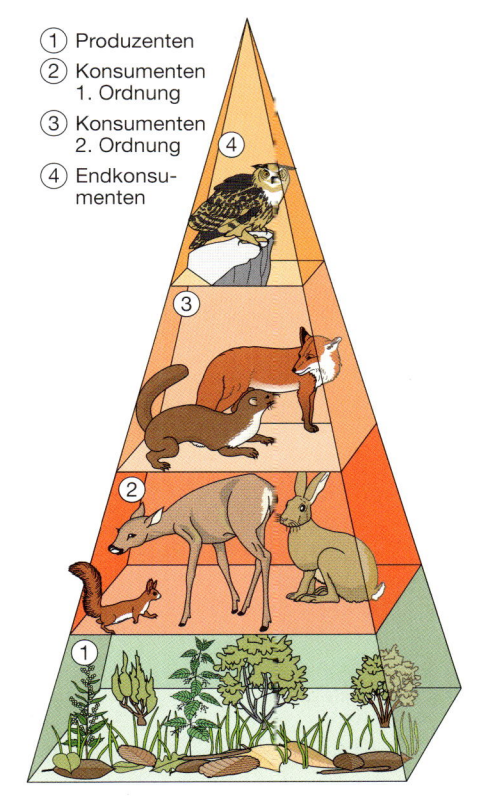

① Produzenten
② Konsumenten 1. Ordnung
③ Konsumenten 2. Ordnung
④ Endkonsumenten

1 Nahrungspyramide

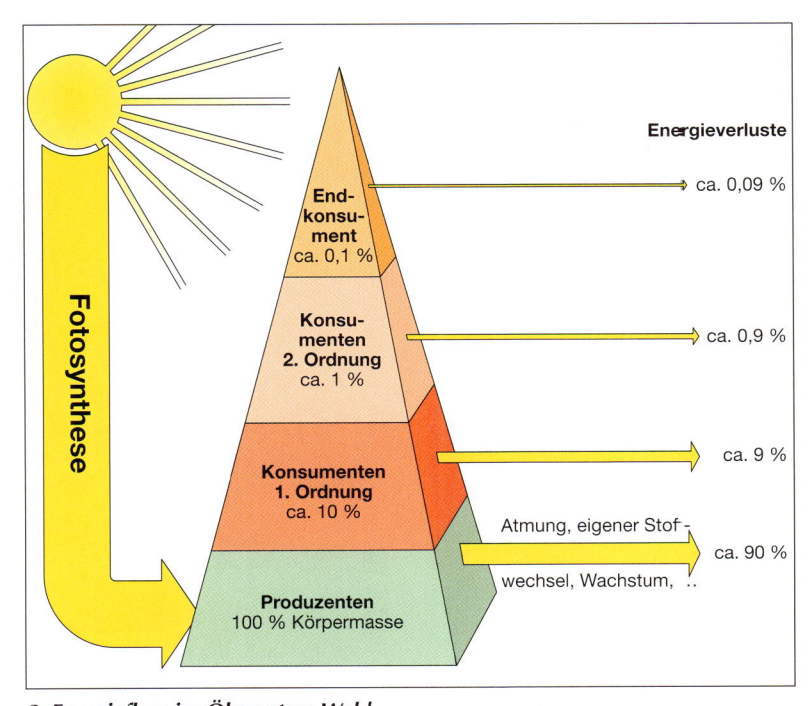

2 Energiefluss im Ökosystem Wald

- Endkonsument ca. 0,1 % → Energieverluste ca. 0,09 %
- Konsumenten 2. Ordnung ca. 1 % → ca. 0,9 %
- Konsumenten 1. Ordnung ca. 10 % → ca. 9 %
- Produzenten 100 % Körpermasse → Atmung, eigener Stoffwechsel, Wachstum, ... ca. 90 %

Fotosynthese

2.14 Leben auf Kosten eines Wirts

1 Mistel. A auf einem Laubbaum; B Längsschnitt von einem Ast (Schema)

Im Winter, wenn unsere Laubbäume keine Blätter mehr haben, fallen uns oft große grüne Büschel auf. Es sind *Misteln*. Sie wachsen auf Ästen und Zweigen anderer Pflanzen. Mit ihren zu Senkern umgewandelten Wurzeln dringen sie bis in die Wasserbahnen des Baumes oder Strauches vor und nehmen dort Wasser und Mineralsalze auf. Damit schädigen Misteln die Pflanzen, auf denen sie wachsen.

Lebewesen, die sich von einem anderen Lebewesen, ihrem **Wirt,** ernähren und ihn dabei schädigen, nennt man **Parasiten.** Da die Mistel aber grüne Laubblätter besitzt, kann sie durch Fotosynthese ihre organischen Stoffe selbst herstellen. Sie ist also ein **Halbparasit,** d. h. sie lebt nur teilweise auf Kosten ihres Wirts.

Vollparasiten wie die *Schuppenwurz* leben dagegen ausschließlich auf Kosten anderer. Mit ihren chlorophyllfreien Schuppenblättern betreibt das Braunwurzgewächs keine eigene Fotosynthese. Mit Saugwurzeln entzieht die Schuppenwurz ihren Wirten organische Stoffe. Die Pflanze schmarotzt auf den Wurzeln von Laubbäumen.

Doch nicht nur unter den Pflanzen gibt es Parasiten. Auch Tiere wie der *Fuchsbandwurm* schädigen ihre Wirte. Der Fuchsbandwurm ist ein **Innenparasit.** Er lebt im Darm von Füchsen und seine Eier können über Waldbeeren und Pilze auch in den Darm von Menschen gelangen. Geschlüpfte Larven bilden in der Leber große Blasen, die *Finnen*. Der Fuchsbandwurm kann für den Menschen lebensgefährlich werden.

Ein anderer Parasit ist die *Schlupfwespe*, ein Hautflügler. Sie legt ihre Eier meist in oder an die Puppen und Raupen anderer Insekten. Einige Schlupfwespen können sogar tiefer im Holz sitzende Puppen aufspüren und mit ihrem langen Legebohrer dort Eier ablegen. Dabei sondern sie ein Gifttröpfchen ab, das ihren Wirt lähmt. Das verhindert eine Abwehrreaktion des Wirtes. Schlupfwespen können sogar feststellen, ob eine Puppe „schon besetzt" ist, d. h. ob schon Eier abgelegt wurden. Während ihrer Entwicklung ernähren sich Schlupfwespenlarven von ihrem Wirt und töten ihn dabei. Oft bleibt nur die leere Chitinhülle der Wirtslarve zurück. Solche Parasiten heißen **Raubparasiten.**

2 Schlupfwespe

3 Schuppenwurz

> Parasiten sind Lebewesen, die zum einseitigen Vorteil des Einen und zum Nachteil des Anderen zusammen leben.

1 Erläutere den Begriff Parasit an einem Beispiel.
2 Suche weitere Beispiele für Parasitismus unter Nutzung anderer Informationsquellen, z. B. dem Internet.

Organismen in ihrer Umwelt

2.15 Leistungen des Waldes

Beim Wandern in Wäldern atmet man frische saubere Luft, begegnet verschiedenen Pflanzen und Tieren und freut sich an der Schönheit der Natur. Der Wald hat einen hohen **Erholungswert.** Holzstapel am Wegrand verraten eine weitere Funktion des Waldes. Er ist **Rohstofflieferant.** Aus Holz werden Bauholz, Fußböden, Treppen, Möbel, Papier und viele andere Produkte hergestellt.

Andere Leistungen des Waldes sind nicht so leicht zu erkennen. Wälder halten zum Beispiel den Boden fest. Bergwälder schützen so die Siedlungen vor Schlamm-, Geröll- oder Schneelawinen. Wälder an Steilhängen bezeichnet man deshalb als **Schutzwälder.**

Besonders wichtig ist die Bedeutung der Wälder für den Wasserhaushalt. Kronendach und Krautschicht eines Waldes fangen zum Beispiel 40% der Niederschläge ab. Das Wasser verdunstet langsam wieder und befeuchtet die Luft. Der Waldboden wirkt als **Wasserspeicher.** Durch die Schwammwirkung der Moosschicht versickert das Wasser langsam und wird dabei gefiltert. Es sammelt sich im Grundwasser. Im Frühjahr speichert der Waldboden viel Schmelzwasser und gibt es dann langsam wieder ab. Der Wald dient so dem **Hochwasserschutz.**

Waldflächen dienen auch der **Klimaverbesserung.** So steigt in Städten die warme, mit Schadstoffen verunreinigte Luft auf. Sie kühlt sich auf ihrem Weg über die Erde ab und sinkt in den Wald. Dabei filtern die Blätter der Bäume Staub und Schadstoffe aus der Luft. Kühle, angefeuchtete und gereinigte Luft fließt in die Stadt zurück.
Wälder sind ebenfalls ein guter **Wind-** und **Lärmschutz.**

> Wälder dienen der Erholung, liefern Holz und schützen vor Lawinen. Darüber hinaus verbessern sie das Klima und speichern und filtern Wasser.

1 Beschreibe mithilfe der Abbildung 1 verschiedene Leistungen des Waldes.
2 Erläutere mithilfe der Abbildung 2 die Funktion der Wälder im Wasserhaushalt.
3 Erläutere die Abbildung 3.
4 Notiere, was in eurem Haushalt alles aus Holz ist.

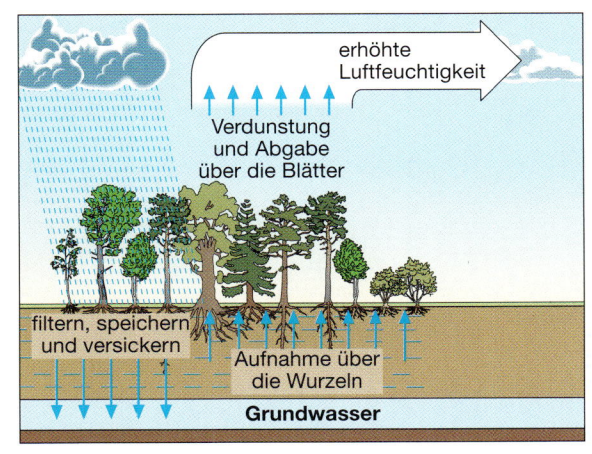

1 Leistungen des Waldes

2 Der Wald im Wasserhaushalt

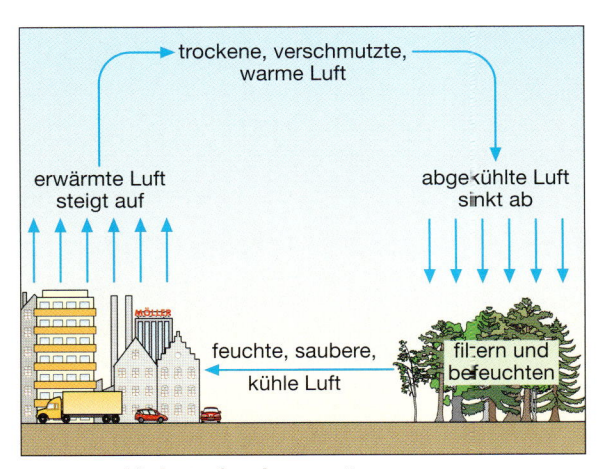

3 Der Wald als „Luftverbesserer"

Organismen in ihrer Umwelt

2.16 Der Wald ist in Gefahr

Wer in den Wald geht, sucht Entspannung und Erholung. Kaum jemand bemerkt jedoch, wie schlecht es unseren Wäldern geht. Nur noch jeder dritte Baum ist gesund. In Bergwäldern zeigen fast alle Bäume **Schadmerkmale**.

Woran erkennt man, dass ein Baum geschädigt ist? Betrachten wir die Fichte. Die Nadeln einer gesunden Fichte der *Schadstufe 0* sind dunkelgrün. An ihren Zweigen findet man die Nadeln der letzten 6 bis 7 Jahre. Die Fichte der *Schadstufe 1* trägt noch die Nadeln der letzten 4 bis 5 Jahre.

das „Waldsterben" sind **Luftschadstoffe** aus Haushalten, Verkehr und Industrie. *Schwefeldioxid* und *Stickstoffoxide* bilden mit Niederschlag Säuren, die die Blätter und Nadeln angreifen und den Boden versauern. Dadurch sterben die Feinwurzeln ab und der Baum kann schlechter Wasser aufnehmen. Außerdem wandern viele Bodenorganismen ab. Die Humusbildung ist gestört.

Das Gas *Ozon* schädigt den Baum ebenfalls. Es entsteht vor allem bei starker Sonneneinstrahlung aus Autoabgasen. Ozon greift die Spaltöffnungen der Blätter an. Dadurch wird der Gasaustausch gestört.

natürliche Stressfaktoren

UV-Strahlung

Klimafaktoren
hohe Temperaturen, Frost, Wassermangel

Schädlinge
Insekten, Pilze, Bakterien, Viren

durch den Menschen verursachte Stressfaktoren

Luftschadstoffe

Schwefeldioxid (SO_2)
Stickstoffoxide (NO_x)
Staub
Ozon
Schwermetalle

Ihre Krone ist lichter. Bei *Schadstufe 2* sind nur noch die Hälfte aller Nadeln vorhanden. Eine stark geschädigte Fichte der *Stufe 3* trägt nur noch Nadeln der letzten 2 bis 3 Jahre und ähnelt einem Skelett. Ihre Nadeln sind gelb bis braun. Neben diesen sichtbaren Schäden kommt es auch zu Veränderungen im Waldboden, zum Absterben der Wurzeln und zum Faulen des Baumkerns. Alle diese Erscheinungen bezeichnet man als **neuartige Waldschäden**. Hauptursache für

1 Neuartige Waldschäden. A Bergwald der Schadstufe 3 mit natürlichen und durch den Menschen verursachten Stressfaktoren; **B, C, D** Schadstufen 0, 1, 2 an der Fichte

Die geschädigten Bäume sind anfälliger für Sturm, Trockenheit, Frost, Schädlinge und Krankheiten. Sie sterben schließlich ab.

> Luftschadstoffe verursachen die neuartigen Waldschäden. Die Bäume verlieren Blätter, zeigen Wurzelschäden und Schädlingsbefall.

1 Erläutere Ursachen für das Waldsterben.

Organismen in ihrer Umwelt

BELASTUNGEN DES WALDES

Pinnwand

So entsteht saurer Regen

Transport → schweflige Säure, Salpetersäure
Schwefeldioxid, Stickoxide
→ Schädigung der Nadeln und Blätter
→ Versauerung des Bodens
→ Wurzelschädigung, Schädigung der Bodenorganismen

Schäden durch Wildverbiss

Rehe und Hirsche haben sich in den letzten 20 Jahren stark vermehrt. Dabei stieg die Zahl der Rehe in manchen Gebieten bis auf das Zehnfache. Rehe fressen besonders gern Knospen und Triebe junger Bäume. Dadurch entstehen jedes Jahr Verbissschäden in Millionenhöhe. Im Winter schälen Hirsche bei Nahrungsknappheit Baumrinde ab. An den beschädigten Stellen kann ein Pilz eindringen. Der Baum erkrankt dann an Rotfäule und wird zerstört.

1 Erläutere Ursachen und Folgen des sauren Regens mithilfe der Grafik.

2 Beschreibe den Zusammenhang zwischen saurem Regen und Befall eines Nadelwaldes mit Borkenkäfern.

Borkenkäfer: „Fressmaschinen" im Nadelwald

In jedem Wald gibt es Borkenkäfer. In den ersten warmen Apriltagen verlassen die Käfer Bodenstreu und Totholz, in denen sie überwintert haben.
Sie suchen neue Brutbäume. Dabei dringen sie vor allem in die Rinde kranker oder umgestürzter Fichten ein. Jedes Weibchen bohrt einen Brutgang, in dem Eier abgelegt werden und später die Larven aufwachsen. In einem natürlichen Mischwald nimmt die Zahl der Borkenkäfer nicht überhand. In einem reinen Fichtenforst können sie sich jedoch stark vermehren. Je mehr kranke Bäume sie vorfinden, desto stärker ist der Befall. Die Bäume sterben schließlich bei einem Massenbefall ab.

Borkenkäfer (2 - 5 mm)

Waldrodungen

Häufig werden Straßen, Schienenwege und Fernleitungen durch zusammenhängende Waldgebiete gelegt. Sie zerstückeln die Wälder. Die Vernetzung des Ökosystems wird unterbrochen. Die Restflächen sind oft zu klein, um zum Beispiel Staub und Schadstoffe zu filtern.

Organismen in ihrer Umwelt

3 Ökosystem See

3.1 Die Pflanzenzonen eines Sees

Ein See übt auf viele Menschen eine starke Anziehungskraft aus. Auf Streifzügen an seinem Ufer gibt es oft etwas Neues zu entdecken.

Ein natürlicher See hat an der vom Wind geschützten Seite meistens eine dichtbewachsene Uferzone. Im Dickicht der Pflanzen halten sich zahlreiche Tiere auf. Alle Pflanzen und Tiere, die hier leben, finden die Bedingungen vor, die sie zum Leben brauchen.

Geht man über einen Steg vom Land zum offenen Wasser, erkennt man, dass sich der Pflanzenbewuchs des Uferbereichs auf einer Strecke von wenigen Metern schnell ändert. Zuerst umsäumt ein schmaler Streifen von *Schwarzerlen* und *Weiden* das Ufer. Darunter wachsen gelb blühende *Sumpfdotterblumen* und der rote *Blutweiderich*. *Binsen* mit runden und *Seggen* mit dreikantigen Stängeln breiten sich hier aus. Die Pflanzen dieser **Erlenzone** vertragen ständig hohes Grundwasser oder zeitweise Überflutung.

Etwas weiter am flachen Uferrand, wo ständig Wasser steht, beginnt das **Röhricht.** Hier finden wir die gelbe *Wasserschwertlilie,* das *Pfeilkraut* und den *Froschlöffel.* Diese Sumpfpflanzen erhielten ihre Namen nach der Form ihrer Blätter, die an Schwerter, Pfeile und Löffel erinnern. Der Froschlöffel hat allerdings unterschiedliche Blattformen. Untergetauchte Blätter sehen ganz anders aus als Luftblätter. In dieser Zone wachsen auch *Rohrkolben* und *Schilf.* Sie kommen bis zu einer Wassertiefe von 1,5 m vor. Mit ihren verzweigten Wurzelstöcken sind sie fest im Schlamm verankert. Ihre hohen Halme sind heftigen Windstößen und Wellenschlägen ausgesetzt. Diesen Angriffen geben die elastischen Halme jedoch federnd nach und richten sich sofort wieder auf. Der röhrenförmige Stängelaufbau und die Knoten verleihen den Schilfhalmen die erforderliche Festigkeit und Biegsamkeit. Die schmalen, bandförmigen Blätter sind derb und äußerst reißfest. Sie flattern bei Sturm wie Fahnen zur windabgewandten Seite.

An das Röhricht schließt sich in stillen Buchten die **Schwimmblattzone** an. *Seerosen* mit weißen und *Teichrosen* mit gelben Blüten breiten sich hier aus.

1 Ein See und seine Bewohner.

① Teichrohrsänger, ② Libelle, ③ Teichhuhn, ④ Schwan, ⑤ Haubentaucher, ⑥ Stockente, ⑦ Wasserläufer, ⑧ Eisvogel, ⑨ Graureiher, ⑩ Wasserfrosch, ⑪ Kammolch, ⑫ Rückenschwimmer, ⑬ Hecht, ⑭ Plötze, ⑮ Libellenlarve, ⑯ Gelbrandkäfer mit Kaulquappe, ⑰ Teichmuscheln, ⑱ Schlammschnecke

Lange, biegsame Stiele stellen die Verbindung zu den kräftigen Erdstängeln her. Bei schwankendem Wasserstand können die elastischen Stiele jede Bewegung so ausgleichen, dass die Blätter und Blüten immer an der Oberfläche schwimmen.

Die gesamte Pflanze ist von Luftkanälen durchzogen. Dadurch werden die Erdstängel im sauerstoffarmen

Organismen in ihrer Umwelt

pflanzen, die ganz untergetaucht leben, breiten sich aus. In dieser **Tauchblattzone** kommen neben *Laichkräutern* auch *Tausendblatt, Wasserpest* und *Hornkraut* vor, deren Blätter meistens sehr klein sind. Sie besitzen keine Spaltöffnungen. Kohlenstoffdioxid und Sauerstoff werden über die Blattoberfläche ausgetauscht. Auch die notwendigen Mineralstoffe werden über die Blattoberfläche aus dem Wasser aufgenommen. Je nach Trübung können ab 5–10 m Tiefe auch Tauchpflanzen nicht mehr wachsen, weil das Sonnenlicht nicht mehr zur Fotosynthese ausreicht.

Man erkennt, dass sich durch unterschiedliche abiotische Faktoren in den einzelnen Zonen ganz bestimmte Pflanzengesellschaften ansiedeln. Diese Faktoren sind z.B. Wasserstand, Licht- und Windverhältnisse.

> Am Seeufer bilden sich verschiedene Pflanzenzonen aus. Vom Land zum Wasser folgen nacheinander: Erlenzone, Röhricht, Schwimmblattzone und Tauchblattzone. In ihnen sind die Pflanzen den unterschiedlichen Umweltbedingungen angepasst.

Erlenzone	Röhricht	Schwimmblattzone	Tauchblattzone
1 Weide 2 Erle 3 Segge 4 Blutweiderich	5 Wasserschwertlilie 6 Pfeilkraut 7 Froschlöffel 8 Rohrkolben 9 Schilf 10 Binse 11 Teichsimse	12 Wasserknöterich 13 Seerose 14 Teichrose	15 Wasserpest 16 Tausendblatt 17 Krauses Laichkraut 18 Hornblatt

2 Pflanzenzonen eines Sees (Schema)

Boden mit Luft versorgt. Über die Spaltöffnungen, die an der Blattoberseite liegen, stehen die Kanäle mit der Außenluft in Verbindung. Die tellergroßen Schwimmblätter enthalten luftgefüllte Hohlräume. Deshalb schwimmen sie wie eine Luftmatratze an der Wasseroberfläche. Während das Wasser von der Oberseite des Blattes an einer dünnen Wachsschicht abperlt, haftet es an der Unterseite. So wird verhindert, dass starke Winde und Wellen es umschlagen können.

Je tiefer das Wasser wird, um so mehr treten die Schwimmblattpflanzen zurück und andere Wasser-

1 Wie ist das Schilf den Wasserstands- und Windverhältnissen angepasst?
2 Wie sind die Pflanzen der Tauchblattzone an das Leben unter Wasser angepasst?
3 Welche Pflanzenarten findest du in der Abb. 1? Ordne sie den einzelnen Pflanzenzonen eines Sees zu.

Organismen in ihrer Umwelt

Pinnwand — ANGEPASSTHEIT VON WASSERPFLANZEN

Wasserhahnenfuß
Der Wasserhahnenfuß bildet zweierlei Blätter aus: Schwimmblätter (1) und Tauchblätter (2)

Seerose
Die Seerose ist mit biegsamen Stängeln an den schwankenden Wasserstand angepasst.

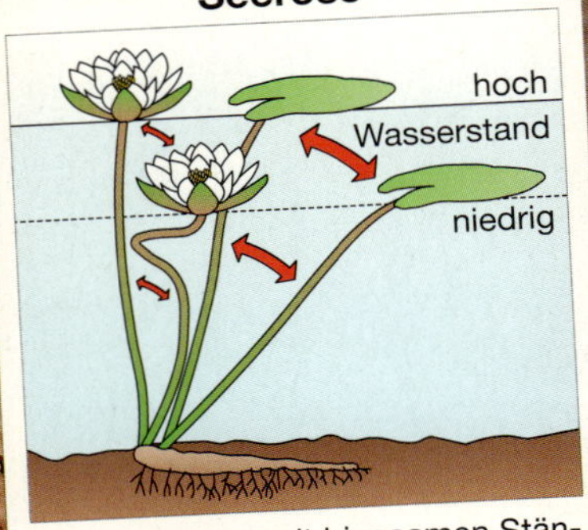

Froschlöffel
Landform — Sumpfform — Schwimmblattform — Tauchform

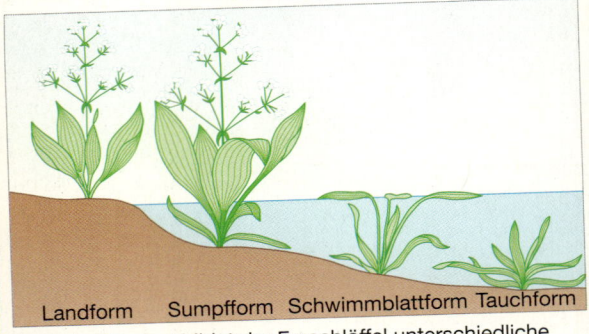

Je nach Standort bildet der Froschlöffel unterschiedliche Lebensformen aus.

Aufgaben

1. Erläutere, wie Froschlöffel, Seerose und Wasserhahnenfuß an ihre Umweltbedingungen angepasst sind.
2. Vergleiche die Lage der Spaltöffnungen auf den Land- und Schwimmblättern des Wasserknöterichs. Begründe.

Wasserknöterich
Aus einem im Boden kriechenden Wurzelstock wächst ein etwa 1 m langer Stängel mit langgestielten, lanzettlichen Blättern. Wasserknöterich wächst sowohl an Land als auch im Wasser. An der Wasseroberfläche bilden sich Schwimmblätter, die im Sommer von einer rosaroten Blütenähre überragt werden.

Wasserknöterich
Blatt einer Landpflanze — Schwimmblatt
Blattoberseite — Spaltöffnungen — Blattunterseite

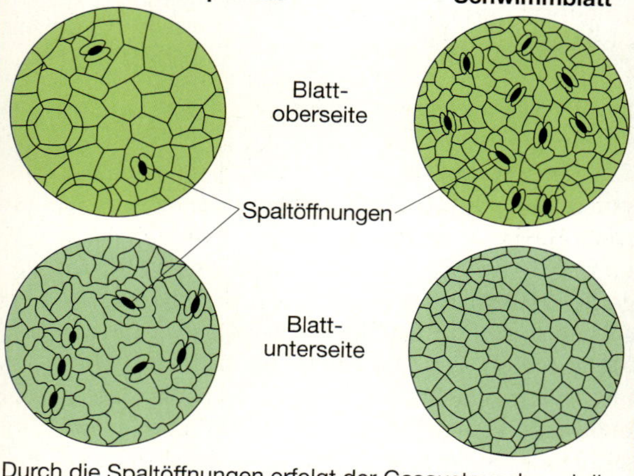

Durch die Spaltöffnungen erfolgt der Gasaustausch und die Abgabe von Wasserdampf.

Organismen in ihrer Umwelt

Wasserpflanzen

Übung

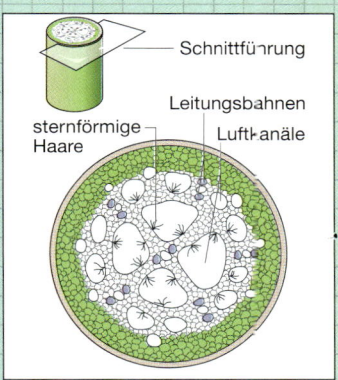

V 1 Untersuchung eines Schilfblattes

Material: 2 Pappstreifen (10 × 3 cm); Alleskleber; Nagel; Bindfaden; verschiedene Gewichtstücke; Schilfblatt (Vorsicht, scharfe Ränder!); Schreibmaterial

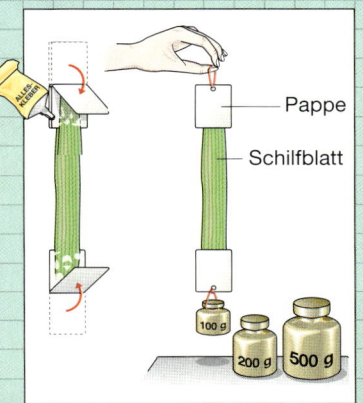

Durchführung: Falte beide Pappstreifen in der Mitte und bestreiche beide Innenseiten mit Alleskleber. Lege je ein Ende des Schilfblattes dazwischen und drücke es zusammen. Bohre mit dem Nagel in jeden Pappstreifen ein Loch und ziehe jeweils einen Bindfaden hindurch. Hänge nacheinander die Gewichte daran und hebe sie hoch.

Aufgaben: a) Stelle fest, welcher Belastung das Blatt standhält, ohne zu zerreißen.
b) An welche Umweltbedingung am See ist das Schilfblatt mit seiner Reißfestigkeit angepasst?

V 2 Leitung von Luft durch ein Seerosenblatt

Material: Große Schale; Wasser; sauberes Tuch; Nadel; Seerosenblatt; Zeichenmaterial

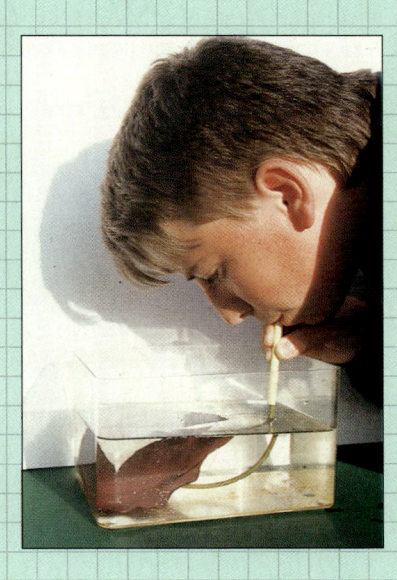

Durchführung: Besorge aus einem Gartenteich ein Seerosenblatt mit einem langen Stiel. Reinige das Endstück und puste kräftig Luft in den Stängel. Drücke dabei mit einer Hand das Blatt unter Wasser.
Steche Löcher in die Blattadern um den Weg der Luft zu verfolgen und wiederhole den Versuch.

Aufgaben: a) Beschreibe, was du bei beiden Versuchen beobachtest.
b) Zeichne ein Blatt mit Stiel und trage mit roter Farbe den Weg der Luft ein.
c) Erkläre, welche Bedeutung die Durchlüftung für die Pflanze hat.

V 3 Untersuchung eines Seerosenstängels

Material: Stiel einer Seerose; Rasierklinge mit Korkhalterung; Pinzette; Glas mit Wasser; Objektträger; Deckglas; Pipette; Lupe oder Mikroskop; Zeichenmaterial

Durchführung: Schneide eine möglichst dünne Scheibe vom Stiel ab. Betrachte sie durch die Lupe oder mikroskopiere sie bei schwacher Vergrößerung. Betrachte die Schnittfläche.

Aufgabe: Zeichne den Querschnitt und beschrifte ihn mithilfe der Abbildung.

A 4 Vermehrung des Schilfrohrs

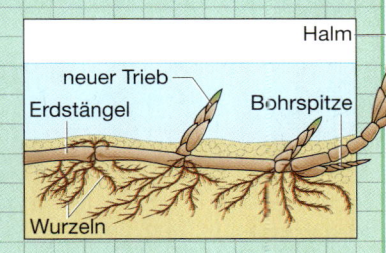

Schilf vermehrt sich ungeschlechtlich. Dabei breiten sich die Erdstängel waagerecht nach allen Richtungen im Erdreich aus. Die Ausläufer dringen mit ihren Bohrspitzen auch durch festen Boden. Der Erdstängel ist durch Knoten untergliedert, an denen Triebe austreten. Sie wachsen empor und bilden neue Halme. Die Wurzelbüschel verankern die Pflanzen im Untergrund.

Aufgabe: Erkläre, warum Schilfrohr in kurzer Zeit große Bestände bilden kann.

67

Organismen in ihrer Umwelt

3.2 Wasservögel sind den Zonen des Sees angepasst

An vielen Seen kann man **Stockenten** beobachten. Von Zeit zu Zeit tauchen sie Kopf und Vorderkörper ins Wasser, sodass der Schwanz fast senkrecht in die Höhe ragt. Dabei rudern sie mit den Füßen. Mit offenem Schnabel pflügen sie dann durch den Schlamm am Grund. Wenn sie den Schnabel schließen, wird der „Schmutz" mit dem Wasser hinausgedrückt. Die Nahrung bleibt zwischen den Hornleisten wie in einem Sieb hängen und wird verschluckt. Auf diese Weise suchen Stockenten z. B. nach Insektenlarven, Würmern, Schnecken und Teilen von Wasserpflanzen.

Eine andere Entenart, die **Reiherente,** kann dagegen ganz untertauchen. Sie sucht ihre Nahrung in größeren Tiefen und bleibt bis zu 40 Sekunden lang unter Wasser. Dabei erbeutet sie kleine Muscheln, Schnecken und Würmer.

Haubentaucher sind nicht nur geschickte Schwimmer, sondern auch ausgezeichnete Taucher. Sie gleiten bis zu 7 m Tiefe hinab. Die Flügel werden eng angelegt und beide Beine mit den Schwimmfüßen gleichzeitig bewegt. Ihre Beute sind kleine Fische, die sie mit dem spitzen Schnabel packen und ganz hinunterschlucken.

Die **Fluss-Seeschwalbe** jagt aus der Luft. Wenn sie einen Fisch erspäht, legt sie die Flügel eng an und schießt ins Wasser. Die Beute wird mit dem Schnabel festgehalten und im Flug verzehrt.

Vergleicht man den Nahrungserwerb der verschiedenen Wasservögel, dann wird man feststellen, dass sich die einzelnen Arten auf bestimmte Zonen im See spezialisiert haben. Man bezeichnet diese Spezialisierung als **ökologische Nische.** Dadurch ist es möglich, dass viele Arten auf engstem Raum nebeneinander leben können.

Wie die Nahrungsreviere sind auch die Nester der Vögel in den Pflanzenzonen unterschiedlich verteilt. Stockenten brüten an Land, Reiherenten auf kleinen Inseln und Haubentaucher bauen ein schwimmendes Nest am Rand des Röhrichts. Die Fluss-Seeschwalbe nistet an Ufern ohne Pflanzenbewuchs.

> Verschiedene Arten von Wasservögeln suchen in unterschiedlichen Bereichen Nahrung und Nistgelegenheiten, ohne sich Konkurrenz zu machen.

1 Nahrungssuche in verschiedenen Zonen des Sees. ① Stockente, ② Reiherente, ③ Fluss-Seeschwalbe, ④ Haubentaucher

1 Beschreibe, wie die einzelnen Vogelarten nach Nahrung suchen.
2 Wie ist es möglich, dass viele Vogelarten auf engem Raum zusammenleben können?

Organismen in ihrer Umwelt

Pinnwand

Ein ungebetener Gast

Ein **Teichrohrsänger** füttert einen jungen Kuckuck. In einem unbewachten Moment hat die Mutter des Kuckucks ihr farbgleiches Ei gegen ein Ei des Teichrohrsängers ausgetauscht. Nun wird der Jungkuckuck als „Adoptivkind" von den Teichrohrsängern aufgezogen, nachdem er die anderen Jungen aus dem Nest geworfen hat.

WASSERVÖGEL

Brutzeiten von Wasservögeln

	März	April	Mai	Juni	Juli
Stockente					
Lachmöwe					
Teichhuhn					
Rohrsänger					
Blesshuhn					
Rohrdommel					
Haubentaucher					

„Huckepack" bei Haubentauchern

Kleine Haubentaucher reisen auf dem Rücken ihrer Eltern übers Wasser. Haubentaucher brüten auf Seen mit langen, dichten Röhrichtgürteln. Die bevorzugten Gewässer haben eine Mindestgröße von etwa 10 ha und eine Wassertiefe von etwa 6 m.

1 Welche Aufgaben erfüllt das Schilf beim Nisten der Wasservögel?

2 In welcher Zeit sollten die Uferzonen von Menschen gemieden werden? Begründe.

3 Nenne Ansprüche der Haubentaucher an ihr Brutrevier.

Brutstätten von Wasservögeln

Erlenzone — **Röhricht** — **Schwimmblattzone**

Stockente — Lachmöwe — Teichhuhn — Rohrsänger — Blesshuhn — Rohrdommel — Haubentaucher

69

Organismen in ihrer Umwelt

3.3 Nahrungsbeziehungen im See

Im Wasser eines Sees schweben winzige Lebewesen, die man mit dem bloßen Auge nicht sieht. Untersuchen wir einen Tropfen davon mit dem Mikroskop, so entdecken wir jedoch zahlreiche Kleinlebewesen. Viele davon sind winzige *Algen,* die aus einer Zelle oder aus Zellkolonien bestehen. Da sie Chlorophyll enthalten, können sie ihre Nahrung mithilfe der Fotosynthese selbst erzeugen. Algen sind also wie alle Pflanzen von anderen Lebewesen völlig unabhängig.

Algen gehören zu den Hauptnahrungsquellen vieler Wassertiere. Von ihnen lebt z. B. der *Wasserfloh,* der in Sprüngen wie ein Floh durchs Wasser hüpft. Mit seinen blattartigen Füßchen am Bauch wirbelt dieser Kleinkrebs das Wasser auf und strudelt dabei Algen als Nahrung in seinen Mund.

Zwischen den Wasserpflanzen lauern *Libellenlarven,* die Wasserflöhe erbeuten und verzehren. Obwohl die Larven durch ihre Tarnfärbung kaum auffallen, werden sie von Fischen wie z. B. dem *Rotauge* entdeckt und gefressen. Aber auch dieser Fisch ist vor Feinden nicht sicher.

Er wird von einem Raubfisch wie dem *Hecht* gefangen. Algen, Wasserfloh, Libellenlarve, Rotauge und Hecht stehen in einer Nahrungsbeziehung zueinander. Da diese Lebewesen ähnlich wie die Glieder einer Kette zusammenhängen, spricht man von einer **Nahrungskette.** An ihrem Anfang stehen stets Pflanzen. Dann folgen Pflanzenfresser, die wiederum von Fleischfressern verzehrt werden.

In einem See oder Teich gibt es viele verschiedene Nahrungsketten. Ein Fisch wie das Rotauge lebt nicht nur von Libellenlarven, sondern frisst auch noch Wasserflöhe, Mückenlarven und andere Kleinlebewesen. Anderseits ist das Rotauge nicht nur ein Beutetier des Hechtes, sondern es wird auch vom Haubentaucher gefressen. Meistens hat ein Tier also mehrere Beutetiere, von denen es sich ernährt, und zugleich mehrere Feinde, die es verfolgen. Diese vielseitigen Wechselbeziehungen werden als **Nahrungsnetz** bezeichnet, weil die verschiedenen Nahrungsketten verknüpft sind wie die Fäden eines Netzes.

Solange sich die Lebensbedingungen in einem See nicht wesentlich ändern, erhält sich dieses Ökosystem weitgehend selbst. Die Grundlage bilden die Pflanzen. Algen stehen z. B. am Anfang einer Nahrungskette. Sie bauen mithilfe der Sonnenenergie aus Kohlenstoffdioxid, Wasser und Mineralstoffen die Pflanzenmasse auf. Sie stellen also aus leblosen oder anorganischen Stoffen organisches Pflanzenmaterial her. Die Pflanzen werden daher als *Erzeuger* oder **Produzenten** bezeichnet.

Tiere können sich ihre Nährstoffe nicht selbst herstellen. Sie sind auf andere Lebewesen angewiesen, von denen sie sich ernähren. Sie werden daher *Verbraucher* oder **Konsumenten** genannt. Die Pflanzenfresser unter ihnen benötigen für ihren Bedarf an Energie und

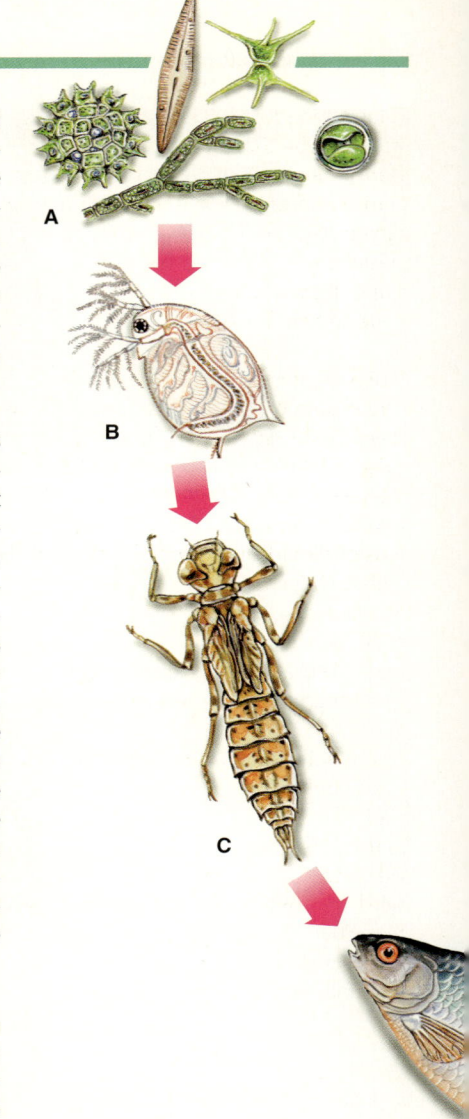

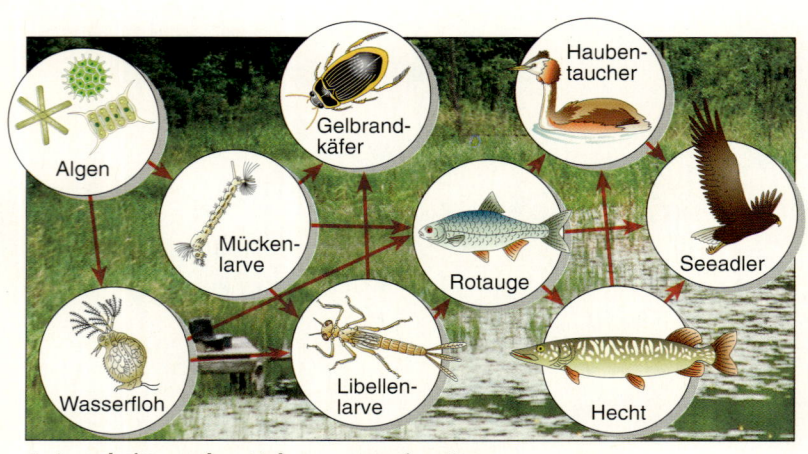

1 *Ausschnitt aus dem Nahrungsnetz eines Sees*

Organismen in ihrer Umwelt

Baustoffen pflanzliche Nährstoffe, die sie in körpereigene, tierische Stoffe umwandeln. Man bezeichnet sie als *Konsumenten erster Ordnung*. Von den Pflanzenfressern ernähren sich Fleischfresser wie z. B. die Libellenlarven. Sie sind *Konsumenten zweiter Ordnung*. Entsprechend ist die Plötze ein *Konsument dritter Ordnung*. Tiere wie den Hecht, die am Ende der Nahrungskette stehen, nennt man *Endkonsumenten*.

Doch nicht alle Lebewesen werden verzehrt. Unzählige Organismen sterben und sinken auf den Grund. Dort werden sie entweder von Abfallfressern aufgenommen oder direkt von Bakterien und Pilzen zersetzt. Diese *Zersetzer* oder **Destruenten** bauen die tierischen und pflanzlichen Reste ab und zerlegen sie in Wasser, Kohlenstoffdioxid und Mineralstoffe. Bei dieser natürlichen **Selbstreinigung** tragen also die Zersetzer dazu bei, das Gewässer sauber zu halten. In einem gesunden See stellt sich ein gleich bleibendes Verhältnis von Erzeugern, Verbrauchern und Zersetzern ein. Man bezeichnet dieses Verhältnis als **biologisches Gleichgewicht**.

Auch bei den lebenswichtigen Gasen wie Sauerstoff und Kohlenstoffdioxid verhält es sich ähnlich. Algen und Tauchblattpflanzen geben bei der Fotosynthese Sauerstoff ans Wasser ab. Alle tierischen Lebewesen brauchen dieses Gas zur Atmung. Kohlenstoffdioxid wird von Tieren und Bakterien ausgeschieden. Es wird von Pflanzen aufgenommen und bei der Fotosynthese zur Herstellung von Traubenzucker genutzt. So schließt sich der **Kreislauf der Stoffe**.

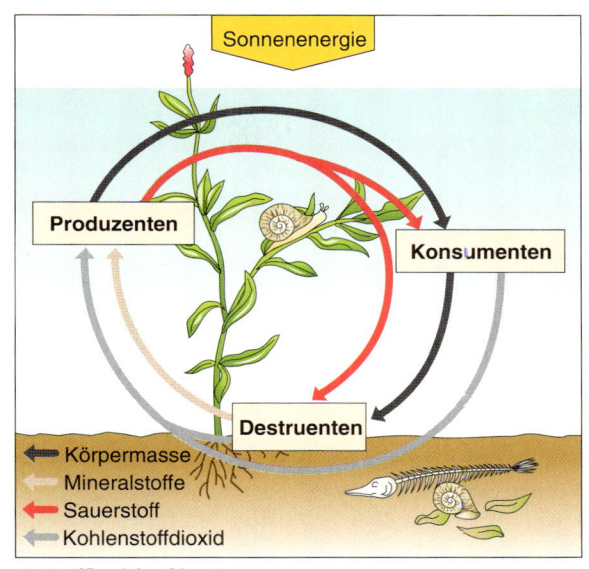

3 Stoffkreislauf im See

Pflanzen stehen am Anfang einer Nahrungskette, als weitere Glieder folgen Pflanzen- und Tierfresser. Die vielfältigen Nahrungsbeziehungen der Lebewesen untereinander werden als Nahrungsnetz bezeichnet. Zwischen Erzeugern, Verbrauchern und Zersetzern besteht ein Stoffkreislauf.

1 Erläutere, wie eine Nahrungskette im See aufgebaut ist.
2 Pflanzen stehen immer am Anfang einer Nahrungskette. Begründe diese Aussage.
3 Suche aus der Abbildung des Nahrungsnetzes mehrere Nahrungsketten heraus und schreibe sie auf.
4 Welche Aufgaben erfüllen die Zersetzer im Kreislauf der Stoffe?

2 Nahrungskette im See. **A** Algen; **B** Wasserfloh; **C** Libellenlarve; **D** Rotauge; **E** Hecht

Organismen in ihrer Umwelt

3.4 Belastungen eines Sees

Ein Blick auf eine Freizeitkarte zeigt, dass ein See viele Menschen anzieht. An seinen Ufern liegen Dörfer, Wochenendsiedlungen und Campingplätze. Ausflugslokale, Bootshäfen und Strandbäder sind zusätzliche Attraktionen. Es ist schön, an einem See zu leben oder dort seine Freizeit zu verbringen. Seen sind allerdings empfindliche Ökosysteme, die auf Eingriffe des Menschen reagieren. So führt die Nutzung dazu, dass die natürlichen Pflanzenzonen zerstört werden. Am Ufer verschwindet die Erlenzone durch Bebauung. Das Röhricht wird durch Bootsanleger und Badestellen zurückgedrängt. Dadurch wird vielen Tierarten die Lebensgrundlage entzogen. Sie finden keinen Schutz und keine Nahrung mehr. Besonders schwerwiegend ist die Zerstörung der Schilfgürtel, weil Schilf beträchtlich zur Selbstreinigung des Seewassers beiträgt.

An den zugänglichen Stellen drängen sich die Seebesucher. Sie zertreten oftmals die empfindlichen Bodenpflanzen und hinterlassen große Mengen Abfall. Manches davon wird achtlos ins Wasser geworfen oder am Ufer liegen gelassen, wo es die Landschaft verschandelt.

Dort, wo Strandbäder entstehen, werden Bäume und Sträucher der Uferbefestigung beseitigt und durch kahle Grasflächen ersetzt. Auch die Pflanzen der Uferzone vertragen den Badebetrieb nicht. Nach und nach verliert das Ufer seinen natürlichen Schutzsaum und ist damit dem Wind und Wellenschlag ausgesetzt. Der fruchtbare Boden wird weggespült und die Zugangsstellen zum See werden kahl und lebensfeindlich.

Auch Aktivitäten auf dem See wie Surfen, Segeln oder Boot fahren wirken sich nachteilig auf das Ökosystem aus. So werden Vögel beim Brüten oder der Aufzucht der Jungen gestört. Werden sie zu oft aufgescheucht, verlassen sie diesen Lebensraum. Auch Wasserpflanzen reagieren sehr empfindlich auf Beschädigungen durch Boote oder Surfbretter. Werden die Pflanzen geknickt oder abgebrochen, sterben sie häufig ab.

Nicht selten trifft man am Ufer auf Scharen von Stockenten. „Tierliebhaber" verursachen mit ihren Fütterungen diese Massenansammlungen, die dem See

1 Strandbad

2 Campingplatz am See

3 Abfälle im Wasser

5 Ausschnitt aus einer Freizeitkarte

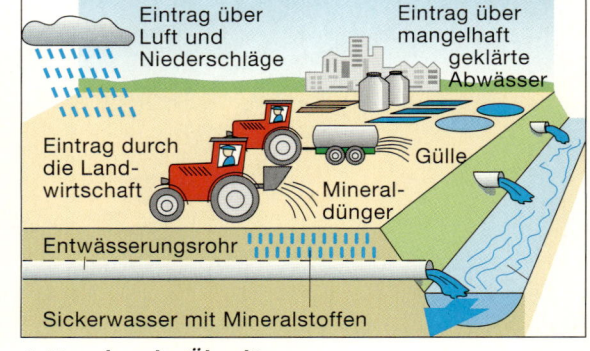

4 Ursachen der Überdüngung

Organismen in ihrer Umwelt

ebenfalls schaden. Futter, das nicht aufgenommen wird, sinkt auf den Grund und verfault. Zusätzlich wird das Wasser durch den vielen Kot belastet.

An das Seeufer grenzen Weiden, wo z. B. Rinder überall ungehindert zum Trinken ins Wasser gehen können. Hier werden die Uferpflanzen zertreten oder abgefressen.

Die Besiedlung der Ufer und der Ansturm der Touristen haben zur Folge, dass große Mengen Abwasser anfallen. Nicht alle Klärwerke sind in der Lage, Mineralstoffe wie Phosphat oder Nitrat ausreichend aus dem Abwasser zu entfernen. So gelangen sie über Zuflüsse ins Seewasser. Dieselben Stoffe werden durch Bäche von überdüngten Äckern und Weiden eingeschwemmt. Schließlich sammeln sich im See mehr Mineralstoffe an, als von den Wasserpflanzen aufgenommen werden können. Diese *Überdüngung* fördert insbesondere das Algenwachstum. Im Wasser treiben dann Fadenalgen wie grüne Wattebäusche oder die Oberfläche ist mit einem Schleim aus Blaualgen überzogen. Als Folge dieser *Algenblüte* dringt wenig Licht ins Wasser und die Tauchpflanzen gehen zugrunde. Auch die Algen sterben nach einiger Zeit ab und sinken zu Boden. Dort werden sie durch Bakterien zersetzt. Dabei wird viel Sauerstoff verbraucht, der den übrigen Lebewesen fehlt. Es entsteht mehr abgestorbene Tier- und Pflanzenmasse, als abgebaut werden kann. So bilden sich stinkender Faulschlamm und giftige Gase. Die Tier- und Pflanzenwelt verödet und das Leben im Wasser erlischt an *Sauerstoffmangel*. Man nennt dieses Seesterben: „Der See kippt um."

6 Fütterung von Wasservögeln

7 Rinder am Seeufer

8 Algenblüte

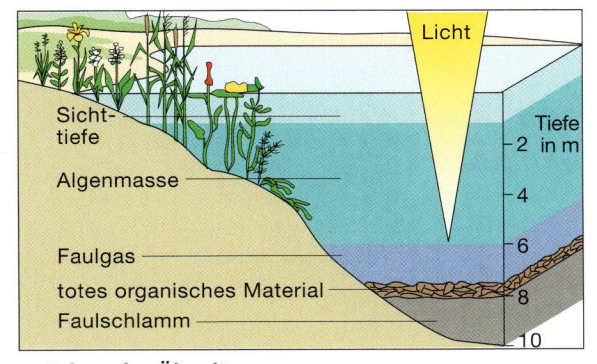

9 Folgen der Überdüngung

> Die Tier- und Pflanzenwelt der Seen wird durch Besiedlung, Wassersport und Weidevieh gefährdet. Der Eintrag häuslicher und landwirtschaftlicher Düngestoffe kann zu Sauerstoffmangel führen.

1 Beschreibe Auswirkungen, die starker Tourismus auf einen See hat.

2 Beschreibe Maßnahmen, wie ein belasteter See wieder gesunden kann.

Organismen in ihrer Umwelt

Übung — Wasseruntersuchung

V 1 Wasseruntersuchung mit den Sinnen

Material: Flaschen oder Gläser aus Weißglas; Aufkleber; Schreibmaterial

Durchführung: Fülle die Gefäße mit Wasserproben aus verschiedenen Gewässern und verschließe sie. Beschrifte die Aufkleber mit den Entnahmeorten. Halte ein weißes Blatt Papier hinter jedes Glas und untersuche auf Trübung und Färbung. Prüfe dann den Geruch. Ordne jeweils eine der genannten Eigenschaften der jeweiligen Wasserprobe zu. Trübung: klar, fast klar, trübe, stark getrübt. Färbung: farblos, grün, gelb, braun, grau. Geruch: geruchlos, frisch, modrig, faulig.

Aufgaben: a) Untersuche die Wasserproben und stelle ihre Eigenschaften fest.
b) Erkläre, worauf die gefundenen Eigenschaften zurückzuführen sind. *Hinweis:* Algen können das Wasser grün färben. Braune Schwebstoffe weisen auf Pflanzenreste oder Bodenteilchen hin. Faulige Gerüche werden durch die Zersetzung von Pflanzen und Tieren unter Sauerstoffabschluss verursacht.

V 2 Untersuchung auf pflanzliches Plankton

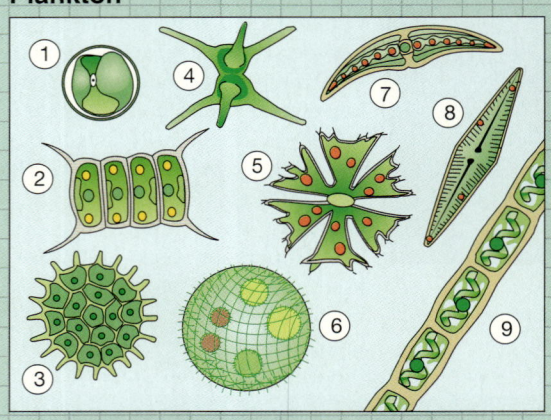

1 Pflanzliches Plankton. ① *Grüne Kugelalgen*, ② *Gürtelalge*, ③ *Zackenrädchen*, ④ *Dornenstern*, ⑤ *Strahlenstern*, ⑥ *Gitterkugel*, ⑦ *Mondalge*, ⑧ *Weberschiffchen*, ⑨ *Spiralbandalge*

Die winzigen Algen des pflanzlichen Planktons schweben im Wasser, wobei gezackte oder stachelige Fortsätze die Sinkgeschwindigkeit herabsetzen. Kieselalgen haben einen Panzer aus Kieselsäure.

Material: Kaffeefilter oder Filterpapier; Teelöffel; Mikroskop; Objektträger; Deckglas; Teich- oder Seewasser; Schreibmaterial

Durchführung: Gieße das Wasser durch den Filter. Entnimm mit dem Löffel aus dem Filtersatz etwas Wasser und bringe es auf den Objektträger. Lege ein Deckglas auf und mikroskopiere.

Aufgaben: a) Zeichne die Umrisse einiger Algen.
b) Woran erkennst du, dass Algen zu den Pflanzen gehören?
c) Das pflanzliche Plankton ist die Grundlage allen Lebens in den Gewässern. Begründe diese Aussage anhand der S. 71.

V 3 Bestimmung des Nitratgehaltes

Nitrat ist ein Mineralstoff, der als Dünger zur Stickstoffversorgung der Pflanzen dient. Er ist wasserlöslich und versickert bei Überdüngung ins Grundwasser.

Material: Dose mit Nitrat-Teststäbchen; verschraubbare Gläser; Wasserproben; Aufkleber; Schreibmaterial

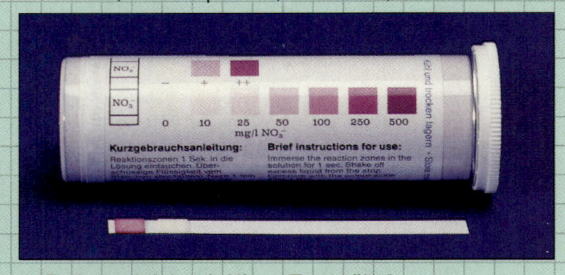

2 Farbvergleich mit Nitrat-Teststäbchen

Durchführung: Fülle die Gläser mit verschiedenen Wasserproben, z. B. aus einem See und seinen Zuflüssen. Beschrifte die Aufkleber mit der Entnahmestelle. Nimm ein Stäbchen aus der Dose und tauche es eine Sekunde ins Wasser. Vergleiche nach einer Minute die Färbung der unteren Testzone mit der Farbskala auf der Dose. Lies den entsprechenden Nitratgehalt des Wassers ab.

Aufgaben: a) Stelle die Nitratwerte der Wasserproben fest und notiere sie auf dem Aufkleber.
b) Beurteile die Nitratwerte. Beachte folgende Einstufung der Werte: 10 mg/l = hoch, 25 mg/l = außerordentlich hoch, 50–100 mg/l = belastet, >100 mg/l = stark belastet.
c) Welche Folgen kann die Belastung des Wassers mit Nitrat haben?

Organismen in ihrer Umwelt

Was wird aus dem Baggersee?

Streifzug durch die Sozialkunde

Sand und Kies sind wichtige Rohstoffe für den Bau von Straßen und Häusern. Doch bei ihrer Gewinnung entstehen riesige Löcher, die öden Mondlandschaften ähneln. Was soll mit einem solchen Baggerloch geschehen, das mit Wasser vollgelaufen ist?

Nach dem Gesetz ist der Verursacher der Naturzerstörung verpflichtet, das ursprüngliche Landschaftsbild wieder herzustellen. So kann er die Grube verfüllen und wieder Bäume anpflanzen. Diese Maßnahme wird als **Rekultivierung** bezeichnet. Es sind aber auch andere Nutzungsformen möglich. Oft prallen dabei die Wünsche unterschiedlicher Interessengruppen aufeinander.

Das **Amt für Naturschutz** will das Gebiet für den *Biotop-* und *Artenschutz* erhalten. Sich selbst überlassene Sandgruben besiedeln sich von allein. Nach einigen Jahren zeichnen sie sich oft durch eine Vielfalt an seltenen Pflanzen und Tieren aus.
Der **Angelverein** möchte das Baggerloch zu einem *Fischgewässer* mit naturnahen Ufern umgestalten und mit heimischen Fischarten besetzen.
Die **Bürgerinitiative** wünscht, dass das Gelände als *Naherholungsgebiet* hergerichtet wird. Sie plant, ein Strandbad mit einer Liegewiese anzulegen. Die Restflächen werden mit Laubbäumen bepflanzt. Rad- und Wanderwege sollen den Erholungssuchenden die Möglichkeit bieten, ihre Freizeit in einer möglichst ungestörten Natur zu verbringen.
Der **Sportklub** möchte das Gelände als *Moto-Cross-Piste* haben und auch als *Mountainbike-Parcours* mitbenutzen. Er sichert zu, dass keine Natur zerstört wird und die Lärmbelästigung sich in Grenzen hält.
Der **Verein Naturschutzbund** will das Baggerloch möglichst naturnah anlegen und daraus ein *Vogelschutzgebiet* entwickeln. Durch Wohngebiete und Straßenbau sind große Naturflächen verloren gegangen. Als Ausgleich könnte das Gebiet der Erhaltung von Tieren und Pflanzen dienen. Vögel finden dort auf dem Wasser, am Ufer und an den Sandwänden ideale Lebensräume.

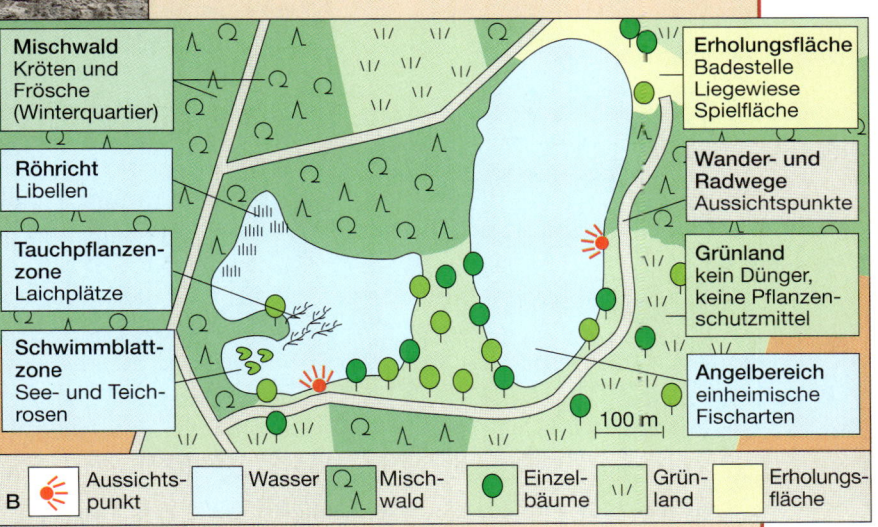

1 Kiesgrube. A Kiesabbau; B Plan zur Rekultivierung

Bildbeschriftungen zum Plan:
- **Mischwald** Kröten und Frösche (Winterquartier)
- **Röhricht** Libellen
- **Tauchpflanzenzone** Laichplätze
- **Schwimmblattzone** See- und Teichrosen
- **Erholungsfläche** Badestelle, Liegewiese, Spielfläche
- **Wander- und Radwege** Aussichtspunkte
- **Grünland** kein Dünger, keine Pflanzenschutzmittel
- **Angelbereich** einheimische Fischarten

Legende: Aussichtspunkt · Wasser · Mischwald · Einzelbäume · Grünland · Erholungsfläche

Der Rat der Stadt lädt alle interessierten Gruppen zu einer Bürgerversammlung ein. Er stellt seinen Plan vor und gibt allen die Gelegenheit, sich zu dem Vorhaben zu äußern.

1 Betrachte den Plan und stelle fest, welche Ziele verwirklicht werden sollen.
2 Zu welchen Konflikten kann der Plan führen?
3 Entwirf einen Plan nach deinen Vorstellungen.
4 Gestalte mit deiner Klasse eine Bürgerversammlung als Rollenspiel. Bildet Gruppen, die die Meinung der genannten Interessenten vertreten.

Organismen in ihrer Umwelt

4 Die Stadt – ein Ökosystem?

Abfallstoffen wie Abwasser, Abgase, Schutt und Müll an. Es entstehen auch Störungen durch Lärm, Verkehr und Beleuchtung rund um die Uhr. Schließlich müssen die erzeugten Industrieprodukte und Handelswaren aus der Stadt heraustransportiert werden. Im Unterschied zu anderen Ökosystemen ist die Stadt also nicht durch natürliche Stoffkreisläufe gekennzeichnet.

Dem Menschen aber bietet die Stadt viele Vorteile. Die Stadtbewohner schätzen die nahen Arbeitsplätze, das reichhaltige Warenangebot, kulturelle Veranstaltungen wie Konzerte, Theater und Kino sowie Sportveranstaltungen und andere Freizeitangebote. Die in Städten bestehende Verdichtung von Wohnungen, Arbeitsplätzen, Straßen, Versorgungsleitungen, Verkehrswegen und sonstigen Einrichtungen hat Folgen für Klima, Luft, Boden, Wasser und die Lebensbedingungen für Pflanzen und Tiere.

1 Ökosystem Stadt. A Dunstglocke; B Merkmale (Schema)

4.1 In der Stadt herrschen besondere Lebensbedingungen

Heute leben Millionen von Menschen in Städten. Aber alles, was in der Stadt anzutreffen ist, hat der Mensch für sich und sein Leben erst planen und bauen müssen. Die Stadt ist also ein vom Menschen für den Menschen geschaffenes **künstliches Ökosystem.** Was kennzeichnet dieses Ökosystem?
Städte sind Ballungsgebiete, in denen viele Menschen auf engem Raum ihren Lebensbereich haben. Sie finden dort Wohnung, Ausbildungs- und Arbeitsplätze. Für sie muss aber alles Lebensnotwendige aus naher oder ferner Umgebung herbeigeschafft werden, weil es an Ort und Stelle nicht vorhanden ist. Dazu zählen Lebensmittel, Wasser, Energie, Gebrauchsgüter und Baumaterial. Gleichzeitig fallen gewaltige Mengen an

Das **Klima** in der Stadt ist anders als das des Umlandes. Man sagt, Städte sind „Wärmeinseln". Die städtische Überwärmung entsteht dadurch, dass sich tagsüber Bauwerke und versiegelte Flächen stärker durch Sonneneinstrahlung aufheizen als bewachsene Freiflächen. Nachts geben diese Wärmespeicher die Wärme langsam wieder an die Umgebung ab. Besonders in windstillen Sommernächten kühlen Städte deshalb kaum ab. Außerdem fehlt frische und kühle Luft durch Bodenfeuchte oder verdunstendes Wasser aus den Blättern von Pflanzen. Im Winter beeinflussen Raumheizungen und Abwärme aus Geschäften, Fabriken und Kraftfahrzeugen das Stadtklima so stark, dass die Temperaturen meist einige Grad Celsius über denen des Umlandes liegen.
Auch die **Luftströme** in der Stadt unterscheiden sich von denen des Umlandes. Die erwärmten Luftmassen

Organismen in ihrer Umwelt

über dem Stadtzentrum steigen auf. Dadurch wird kühle Luft vom Stadtrand angesaugt. Diese Luftströmungen nehmen auf ihrem Weg Staub sowie Auto- und Schornsteinabgase auf. So kann über der Stadt eine Dunstglocke entstehen, die die Wärmeabstrahlung aus dem Stadtkern behindert.

Die Stadt wirkt sich auch auf *Winde* aus. Hohe Bauwerke können Windbewegungen abbremsen oder umlenken. In bestimmten Straßenschluchten kann dann Windstille herrschen, während an der nächsten Ecke ein heftiger Sturm durch die „Schlucht" fegt. Die unterschiedliche Erwärmung von Häuserfronten und Pflastersteinen bei bestimmter Sonneneinstrahlung kann dazu führen, dass auch hier schwache Luftströmungen entstehen.

Wo gebaut wird, muss **Boden** bewegt werden. Dabei wird er abgetragen, vermischt und andernorts aufgeschüttet. Dann schwindet meist der fruchtbare Mutter-

ihren Wurzeln nicht mehr daran gelangen können und vertrocknen. Die Folgen zeigen sich oft an den Pflanzen innerstädtischer Grünanlagen oder den Bäumen von Parks und Friedhöfen.

> Die Stadt ist ein von Menschen geschaffener künstlicher Lebensraum. Die besonderen Bedingungen in der Stadt beeinflussen Klima, Boden und Wasser.

1 Nenne Gründe, die für oder gegen ein Leben in der Stadt sprechen. Stelle gegenüber.
2 Beschreibe, wie sich das Stadtklima vom Umland unterscheidet.
3 Die Bebauung in der Stadt hat Einfluss auf die Windströmungen. Beschreibe an Beispielen.

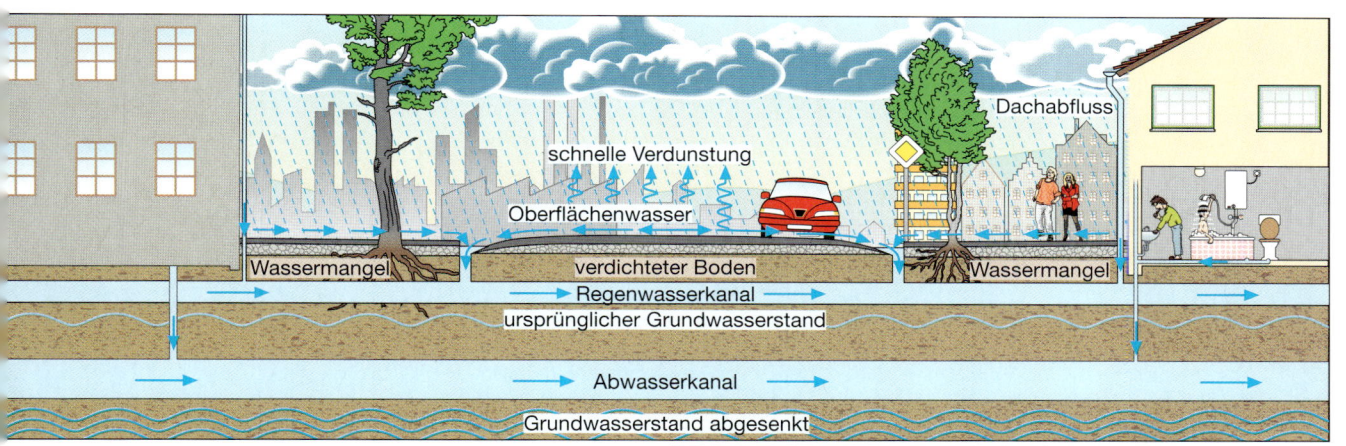

2 Wasserhaushalt der Innenstadt (Schema)

boden und zahlreiche Bodenlebewesen gehen zugrunde. Dort, wo Gebäude, Straßen und Wege entstehen, wird der Boden mit Asphalt, Platten oder Beton abgedeckt. Man sagt, der Boden wird *versiegelt*. Versiegelte Böden können von der Oberfläche kein Wasser mehr aufnehmen. Aber auch auf unversiegelten Flächen kann der Boden Schaden nehmen. Durch schwere Fahrzeuge, aber auch durch starken Fußgängerverkehr wird er förmlich zusammengepresst und verdichtet. Pflanzen können darauf kaum gedeihen. Das hat zur Folge, dass Niederschläge nicht versickern und Wasser nicht gespeichert wird.

Auf versiegelten oder verdichteten Böden gelangt das **Niederschlagswasser** also schnell in die Kanalisation und wird über Rohrsysteme rasch abgeführt anstatt zu versickern. Der ohnehin niedrige Grundwasserstand sinkt nach und nach so stark ab, dass Pflanzen mit

3 Versiegelte Flächen in der Stadt

Organismen in ihrer Umwelt

1 Pflasterritzen-Pflanzengesellschaft.
A Pflanzen siedeln in Ritzen; B Löwenzahn

Gelegentlich blüht zwischen den Ritzen von Pflastersteinen ein *Löwenzahn*. Diese Pflanze muss hier mit viel Licht und Wärme, aber wenig Feuchtigkeit zurechtkommen. Das Wasser fließt schnell ab, nur wenig versickert im Sand der Ritzen. Nach genauem Hinsehen entdeckt man zwischen den Pflasterritzen niedrig wachsende Pflanzenarten, die nur hier anzutreffen sind. Diese Pflanzen halten die Tritte der Fußgänger aus und können so überleben. Sie bilden die **Pflasterritzen-Pflanzengesellschaft**.

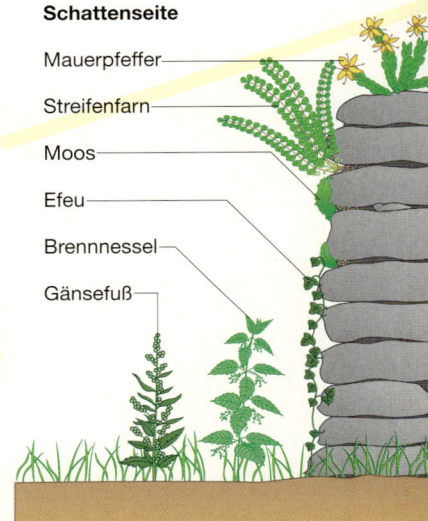

4.2 Pflanzengesellschaften in der Stadt

Wer die Natur genießen will, fährt hinaus ins Grüne. Dort erwartet man Vielfalt und Artenreichtum bei Pflanzen, nicht jedoch in der Stadt. Wie sollten sie bei dichtem Verkehr, belasteter Luft, extremer Erwärmung und Trockenheit, versiegelten und verdichteten Böden, raschem Wasserabfluss und enger Bebauung wachsen?

Klima-, Boden- und Wasserverhältnisse haben dazu geführt, dass sich die Stadtvegetation von der des Umlandes unterscheidet. Es ist jedoch überraschend, dass in der Stadt über 400 Pflanzenarten vorkommen. Das sind viel mehr als im angrenzenden Umland. Welche Gründe hat das?

Eine Stadt ist in eine Vielzahl verschiedener, wenn auch oft nur kleinräumiger Lebensbereiche gegliedert. In einem Industriegebiet z. B. bestehen andere Boden- und Klimaverhältnisse als in einem Park, einem Garten oder einem Wohnviertel. Nicht selten sind diese Bereiche nur wenige Quadratmeter groß. Oft ändern sich die Standortbedingungen von einem Meter zum anderen. Betrachten wir einmal solche Bereiche.

Schattenseite
- Mauerpfeffer
- Streifenfarn
- Moos
- Efeu
- Brennnessel
- Gänsefuß

3 Pflanzen an einer Mauer

2 Straßenrand-Pflanzengesellschaft.
A Artenvielfalt am Gehsteigrand; B Weißer Steinklee

Der Pflanzenbewuchs ändert sich jedoch am Rand von Pflasterungen. Der Boden ist hier aufgeschüttet, sandig-verfestigt und mineralstoffreich. Diese Stellen sind meist stark besonnt. Hier gedeihen Pflanzenarten wie der *Steinklee*. Diese Pflanzen gehören zur **Pflanzengesellschaft des Straßenrandes**.

Auch alte, verwitterte Mauern mit ausgeprägten Fugen besitzen eine eigene Pflanzenwelt, die **Mauer-Pflanzengesellschaft**. Der Boden vor der Mauer ist meist mineralstoffhaltig und feucht. Hier findet

Organismen in ihrer Umwelt

man z. B. *Brennnesseln* und *Giersch*. Trocken-heiß und mineralstoffarm ist dagegen die Mauerkrone. Diesen ungünstigen Lebensbedingungen ist z. B. der *Mauerpfeffer* angepasst. In seinen dickfleischigen Blättern kann er Wasser speichern. In den Fugen der sonnenbeschienenen Seite der Mauer siedeln das *Zimbelkraut* und die *Mauerraute*. Die kühl-feuchte Schattenseite bevorzugen der *Braune Streifenfarn, Efeu* und Moosarten.

Zu den pflanzenarmen Standorten der Stadt gehört das Schotterbett

Sonnenseite
Steinbrech
Zimbelkraut
Mauerraute
Giersch

4 Pflanzengesellschaft des Bahndamms.
A Artenarmer Standort; **B** Gemeiner Beifuß

den und Birken. Man kann also feststellen, dass die Unterschiede in Bebauung, Kleinklima, Boden und Bewässerung eine vielgestaltige Pflanzenwelt in der Stadt hervorgebracht haben. Oft haben sich Pflanzen verbreitet oder wurden angebaut, die sonst nur in Wüsten, in Steppen, auf Felsen, in Wäldern, an Seen oder auf Wiesen vorkommen. Dazu zählen viele Baumarten der Parks, z. B. die Rosskastanie.

Kleinlebensräume der Stadt sind durch Trockenheit oder Nässe, Mineralstoffmangel oder -reichtum, Hitze oder Kälte gekennzeichnet. Dies bietet zahlreichen Pflanzenarten mit unterschiedlichen Ansprüchen Ansiedlungsmöglichkeiten.

1 Betrachte die Abbildung 3. Nenne vier unterschiedliche Bereiche der Mauer und ordne ihnen die jeweiligen Standortbedingungen und die Pflanzen, die dort wachsen, zu.

von Gleisanlagen. Wassermangel, Humusarmut und Hitze wirken sich hier aus. Meist kommt nur eine Pflanzenart vor. Zu diesen **Pflanzengesellschaften des Bahndamms** gehört z. B. der *Beifuß*.

Viele Pflanzenarten findet man auf brachliegenden Industrieflächen. Der Boden ist hier mineralstoffreich und kann Regenwasser halten. Zunächst besiedeln krautige Pflanzen wie das *Weidenröschen* und verschiedene Gräserarten die Flächen. Nach einigen Jahren wachsen Holzgewächse wie Wei-

5 Industriebrache. A mehrjährige Holzgewächse; **B** Schmalblättriges Weidenröschen

Organismen in ihrer Umwelt

4.3 Grüne Inseln der Stadt

Von hohen Türmen oder dem Flugzeug aus wirken Städte faszinierend. Man erkennt Kirchen, markante Gebäude und Plätze; Straßen durchschneiden das Gebiet. Aber es fallen auch grüne Flächen auf. Einige liegen wie Inseln im Häusermeer; andere umspannen oder durchziehen wie Gürtel die Stadt. Es sind Grünanlagen. Dazu gehören Parks, Stadtwälder, Friedhöfe und Gärten. Parkanlagen können verschiedene Gesichter haben. In unmittelbarer Umgebung von alten Schlössern findet man häufig **Schloss-** oder **Zierparks** vergangener Epochen. Kurz geschorener Rasen, Blumen und Zierstrauchrabatten sowie gestutzte Hecken herrschen vor. Die Wege sind mit Steinen eingefasst und mit Kies ausgefüllt. Bäume bilden Alleen, wo auch Springbrunnen und steinerne Figuren ihren Platz haben. Zierparks müssen intensiv gepflegt werden und lassen der Natur wenig Spielraum.

1 Grünbereiche einer Großstadt

2 Zierpark

Stadtparks haben ein anderes Aussehen als Zierparks. Meist liegen diese öffentlichen Grünanlagen in der Nähe der Innenstadt und sind von städtischer Bebauung umgeben. Sie sind Ziel für Spaziergänger, Treffpunkt für Erholungssuchende oder Spielplatz für Kinder. Kurz gehaltene Rasenflächen und ein alter Baumbestand sind für sie typisch. Durch die Rasenflächen, die manchmal auch betreten und zum Liegen und Spielen genutzt werden dürfen, führen Spazierwege. Sitzbänke laden zum Ausruhen ein. Die Belastungen durch den täglichen Betrieb machen sich bemerkbar. Unruhe, Abfälle und gelegentliche Zerstörungen treten auf. Das wirkt sich auf die Tierwelt aus. Scheue Tiere leben hier nicht, dafür aber fast zahme Eichhörnchen und Spatzen, die das Futterangebot der Besucher gern annehmen. An Teichen lassen sich Wasservögel von den Besuchern „verwöhnen".

Mit zunehmender Entfernung vom Stadtgebiet treten parkartige Bereiche auf, die einen naturnahen Eindruck machen. Hier ist es ruhiger und ungestörter. Diese offenen **Stadtwälder** können sogar an die Artenvielfalt natürlicher Wälder heranreichen, wenn sich die Eingriffe des Menschen auf das Notwendige beschränken. Dies gilt besonders, wenn Gewässer mit Uferzonen diesen Bereich durchziehen. Buschwerk und Baumreihen bilden natürliche Hindernisse für Wege und sind Rückzugsgebiete für Tiere.
Neben vielen Singvogelarten leben hier auch Kleinsäuger wie Igel, Eichhörnchen und Wildkaninchen. Selbst Rehe und Füchse kommen vor.

Friedhöfe sind oftmals den Parks ähnlich. Ein wesentlicher Unterschied besteht aber in der Stille, die dort überwiegend herrscht. Neu angelegte Friedhöfe sind zunächst baumfrei; die Gräber werden von den Hinterbliebenen intensiv gepflegt. Niedrige Ziersträucher und Bodendecker herrschen vor.
Alte Friedhöfe weisen dagegen oft einen hohen Baumbestand auf. Die weitgehende Störungsfreiheit und ihre Vielgestaltigkeit haben dazu geführt, dass dort viele Singvogelarten leben und brüten.

Kleingärten werden durch Lauben und Häuschen sowie Blumenrabatten, Zierstrauchanpflanzungen und Gemüsebeete geprägt. In älteren Anlagen spielen auch Obstbäume und Hecken eine wichtige Rolle. Das Tierleben ist vielgestaltig. Es gibt typische Arten, die be-

3 Stadtpark

sonders die Kulturpflanzen zu ihrer Ernährung nutzen. Dazu gehören Wildkaninchen und viele Blüten besuchende Insekten. Aber auch Pflanzen fressende und Saft saugende Insekten vermehren sich hier oft massenhaft.

Grünanlagen werden heute in erster Linie als Orte der Erholung und der Ruhe geschätzt. Ihr Nutzen für die Stadt ist aber größer. Im Sommer, wenn die dort anzutreffenden Bäume und Sträucher belaubt sind, schirmen sie mit ihren Blättern den Verkehrslärm ab. Außerdem entsteht bei der Fotosynthese hier viel Sauerstoff, den wir zum Atmen benötigen. Aber gerade in dicht besiedelten Städten haben Grünflächen auch eine ganz wichtige Wirkung auf das Stadtklima. Bäume bremsen zum Beispiel starke Winde ab. An heißen Tagen mildert sich die Hitze, weil Baumkronen die direkte Sonneneinstrahlung abschirmen und so die Aufheizung der Umgebung dämpfen. Noch wichtiger ist der Abkühlungseffekt. Weil an heißen Tagen über die Blätter der Pflanzen besonders viel Wasser verdunstet, erhöht sich die Luftfeuchtigkeit in der Umgebung. Die entstehende Verdunstungskälte wird als erfrischende Abkühlung empfunden. Nicht zuletzt dienen Pflanzen als Staubfänger für in der Luft befindliche Schwebeteilchen. Grünanlagen tragen so erheblich zur Luftreinhaltung in der Stadt bei.

Heute sind die Einwohner einer Stadt meist froh, wenn ihre Stadt in den bebauten Zonen viele Grünflächen besitzt. Diese verschönern den Wohnort und steigern die Wohn- und Lebensqualität. Die dort vorkommenden Pflanzen und Tiere werden als ein Beitrag zum Erhalt der Natur im Stadtgebiet gesehen. Deshalb will man die Grünanlagen erhalten und die darin vorkommenden Pflanzen und Tiere schützen.

5 Alter Friedhof

4 Stadtwald

6 Kleingärten

> Zu den wichtigen Grünflächen einer Stadt gehören Parks, Stadtwälder, Friedhöfe und Gärten. Grünflächen wirken sich günstig auf das Stadtklima aus. Grün in der Stadt ist für das Wohlbefinden der Einwohner von Bedeutung.

1 Sieh in einem Stadtplan deines Heimatortes nach, welche Grünflächen es gibt. Ordne nach Parks, Stadtwäldern, Friedhöfen, Gartenkolonien, …

2 Zeichnet den Grundriss eines Parks eurer Stadt auf einen Bogen Karton. Hängt ihn im Klassenraum auf.

3 Erfasst die Bäume des Parks. Stellt die Namen mithilfe von bebilderten Bestimmungsbüchern fest.

4 Markiert die Laubbäume mit roten, die Nadelbäume mit gelben selbst klebenden Punkten im Parkgrundriss. Schreibt die Anfangsbuchstaben der vorhandenen Baumarten (Bu = Buche, Ki = Kiefer, …) daneben.

5 Geht im Stadtpark auf Tiersuche. Welche Tiere findet ihr? Listet auf.

6 Nehmt bebilderte Bestimmungsbücher und Ferngläser mit in den Park. Beobachtet und bestimmt Vögel. Markiert die einzelnen Vogelarten im Parkplan mit Farbpunkten und schreibt ihren Namen dazu.

7 Beschreibe Einflüsse von Grünanlagen auf das Klima einer Stadt.

8 Warum ist Grün in der Stadt so wichtig? Denke an Auswirkungen auf den Menschen. Berichte.

Organismen in ihrer Umwelt

1 Ungewöhnlicher Nistplatz (Hausrotschwanz)

4.4 Tiere in der Stadt

Tiere in der Großstadt? Kann man das in einer gepflasterten und zugebauten Umgebung erwarten? Tatsächlich leben viele Tiere in der Stadt. Biologen stellten in Berlin einmal über 150 frei lebende Wirbeltierarten fest.

Zuerst fallen in der Stadt die **Vögel** auf. Im Frühjahr hört man den Gesang der Amselmännchen, die auf Dachfirsten oder Antennen sitzen und so Weibchen anlocken. Amseln waren ursprünglich scheue Waldvögel. Ihr häufiges Auftreten in der Stadt zeigt jedoch, wie schnell Tiere ein neues Ökosystem besiedeln können. Tauben und Haussperlinge treten hier meist in Schwärmen auf. In der Nähe des Menschen finden sie reiche Futterquellen. Da ihnen hier meist natürliche Feinde fehlen, vermehren sie sich massenhaft. Gleiches gilt auch für die Wasservögel auf den Stadtteichen.

Die Stadt bietet über 100 Vogelarten Lebensmöglichkeiten. Sie ähneln denen ihres ursprünglichen Lebensraumes. Die Gebäude der Stadt mit Vorsprüngen, Nischen und Überbauungen begünstigen vor allem Felsebewohner unter ihnen. *Mehlschwalben, Mauersegler, Schleiereulen* und *Turmfalken* zählen dazu. Auch Stadttauben, die von den Felsentauben abstammen, übernachten und brüten an diesen „Kunstfelsen". *Haussperlinge* und *Hausrotschwanz* finden in Hohlräumen der Gebäude Unterschlupf.

Unter den verstädterten Tierarten gibt es auch Säugetiere. *Hausmaus* und *Wanderratte* sind weit verbreitet. Während sie früher Speicher plünderten, finden sie heute ein Überangebot an Nahrung im Abfall. Die Fähigkeit der anspruchslosen und lernfähigen Ratten, sich schnell neuen Bedingungen anzupassen, ermöglicht ihnen sogar ein Überleben in den lebensfeindlichen Abwasserkanälen der Städte. Man bezeichnet sie als **Siedlungsfolger.**

2 Wanderratten sind Siedlungsfolger

3 Gebäude sind Lebensbereiche vieler Sta
C Haussperling; **D** Mauersegler; **E** Mehl-

Organismen in ihrer Umwelt

4 Steinmarder bevorzugen Dachböden

Zu den Tierarten, die zugewandert sind, gehören auch Fledermäuse, Igel und Wildkaninchen. Fledermäuse halten sich tagsüber in Türmen oder Ruinen versteckt. Nachts beginnen sie ihre Jagd auf Insekten, die die Wärme der Stadt bevorzugen. Auch Igel als Insektenfresser finden nachts auf Straßen reichlich Nahrung. Allerdings leben sie in der motorisierten Umwelt des Menschen gefährlich. *Steinmarder* bewohnen oft Dachböden. Ihr nächtlicher Lärm verrät sie. Sie stellen Mäusen und Ratten nach, verzehren aber auch Eier und Früchte. Gelegentlich knabbern sie sogar die Bremsschläuche der Autos an. Wildkaninchen bevölkern nicht nur Parks und Gärten, sondern auch Grünbereiche zwischen Häuserblocks und Hinterhöfen.

Viele Tiere besiedeln die Wohnstätten des Menschen und sind „Plagegeister". Dazu gehören Milben, Würmer, Asseln, Motten, Flöhe und Läuse. Zu den häufigsten „Gästen" zählt die *Stubenfliege*. Sie nutzt Nahrungsreste des Menschen und wird durch Krabbeln auf der Haut lästig.

> Die Stadt bietet vielen Tierarten Lebensraum und Nahrung.
> Die Lebensbedingungen ähneln denen des ursprünglichen Lebensraumes.
> Zugewanderte Tierarten sind besonders anpassungsfähig.

1 Betrachte die Abb. 1. Welches natürliche Brutverhalten hat wohl zur Wahl dieses außergewöhnlichen Nistplatzes geführt?
2 Schreibe Tiere der Stadt auf. Ordne nach Säugetieren, Vögeln, Kriechtieren, Lurchen, Insekten...
3 Beschreibe an einem Beispiel, wie Tiere in der Stadt überleben können.

5 Stubenfliegen sind Plagegeister im Haus

gel. **A** Turmfalke; **B** Schleiereulen;
hwalbe; **F** Tauben

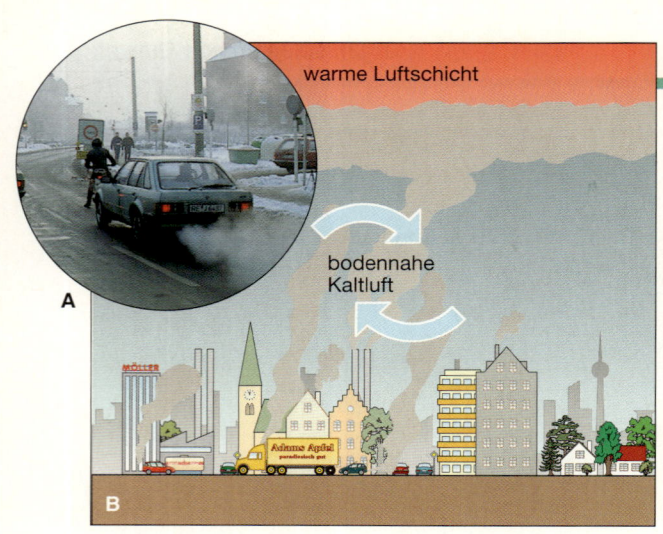

1 Wintersmog. A Autoabgase; **B** Entstehung von Smog (Schema)

5 Gefahren für unsere Lebensgrundlagen

5.1 Belastungen der Luft

Morgens auf dem Weg zur Schule wehen uns die Abgaswolken aus den Auspuffrohren des Verkehrs entgegen. Die Kraftfahrzeuge zählen neben Gebäudeheizungen, Industrieanlagen und Kraftwerken zu den größten Luftverschmutzern. Die wichtigsten Schadstoffe sind Schwefeldioxid (SO_2), Stickstoffoxide (NO_x) und Kohlenwasserstoffe (CKW). Meist findet eine Verdünnung der Luftschadstoffe durch eine Vermischung mit frischer Luft aus höheren Schichten statt. Im Winter dagegen kann der Luftaustausch unterbrochen werden. Bei besonderen Wetterlagen und an windstillen Tagen legt sich dann eine warme Luftschicht wie eine Glocke über die schadstoffhaltige, bodennahe Kaltluft. Rauch, Staub und Abgase sammeln sich darunter an und breiten sich wie ein grauer Schleier über der Stadt aus. Dieser Dunst wird als *Smog* bezeichnet. Der Begriff ist ein Kunstwort aus den englischen Wörtern smoke (Rauch) und fog (Nebel).

Beim **Wintersmog** können sich die Schadstoffgehalte in Bodennähe in bedenklichem Maße erhöhen, sodass unsere Gesundheit gefährdet ist. Die *Luftbelastungen* führen dann zu Herz- und Kreislaufbeschwerden sowie Atemwegserkrankungen. CKW können zusätzlich Krebs verursachen. In den letzten Jahren hat die Smoggefahr abgenommen. Dies ist z. B. auf schadstoffarme Autos und abgasverminderte Heizungs- und Industrieanlagen zurückzuführen.

Wenn es im Sommer so richtig heiß ist, hören wir manchmal aus dem Radio Durchsagen über Ozonwerte. Was hat das zu bedeuten? **Ozon** ist eine Sauerstoff-Form aus 3 Atomen (O_3), die in geringen Mengen als natürlicher Bestandteil der Luft vorkommt. Bei höheren Konzentrationen ist Ozon gesundheitsschädlich. Ozon wird nicht direkt aus Motoren und Heizungen ausgestoßen, sondern entsteht unter Einwirkung der Sonnenstrahlen aus Luftschadstoffen. Diese Vorläuferstoffe wie Stickstoffoxide und Kohlenwasserstoffe sind vor allem in den Autoabgasen enthalten.

Beim **Sommersmog** entsteht Ozon häufig in verkehrsreichen Ballungsgebieten und breitet sich dann über das Land aus. In Deutschland und den übrigen EU-Staaten wird die Luft an vielen Messstellen überwacht. Steigen die *Ozonwerte* in einer bestimmten Region über 180 Mikrogramm pro Kubikmeter Luft an, gibt es Ozonalarm. Autofahrer müssen mit Tempobeschränkungen rechnen. Nur so können Erkrankungen der Atemwege, Kopfschmerzen und Augenreizungen verhindert werden. Besonders gefährdet sind Jogger, Langstreckenläufer und Radfahrer. Auf jeden Fall sollten empfindliche Personen anstrengende Tätigkeiten im Freien vermeiden. Abgebaut wird das Ozon abends, wenn die Sonne nicht mehr scheint oder sich das Wetter ändert.

> Winter- und Sommersmog sind Auswirkungen der Luftverschmutzung, die durch Autos, Gebäudeheizungen, Industrie- und Kraftwerke verursacht werden.

1 Beschreibe die Unterschiede zwischen Winter- und Sommersmog.
2 Wie stehst du zu dem Vorschlag, autofreie Sonntage einzuführen? Begründe.

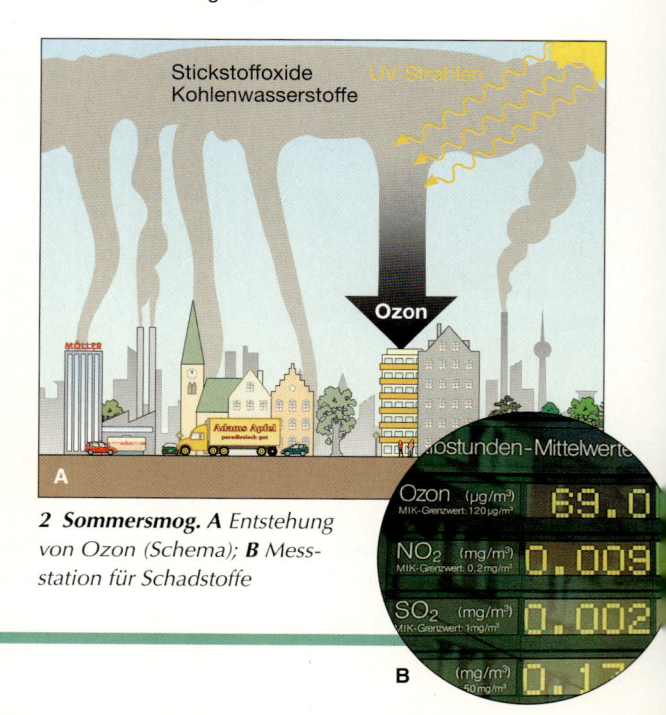

2 Sommersmog. A Entstehung von Ozon (Schema); **B** Messstation für Schadstoffe

Organismen in ihrer Umwelt

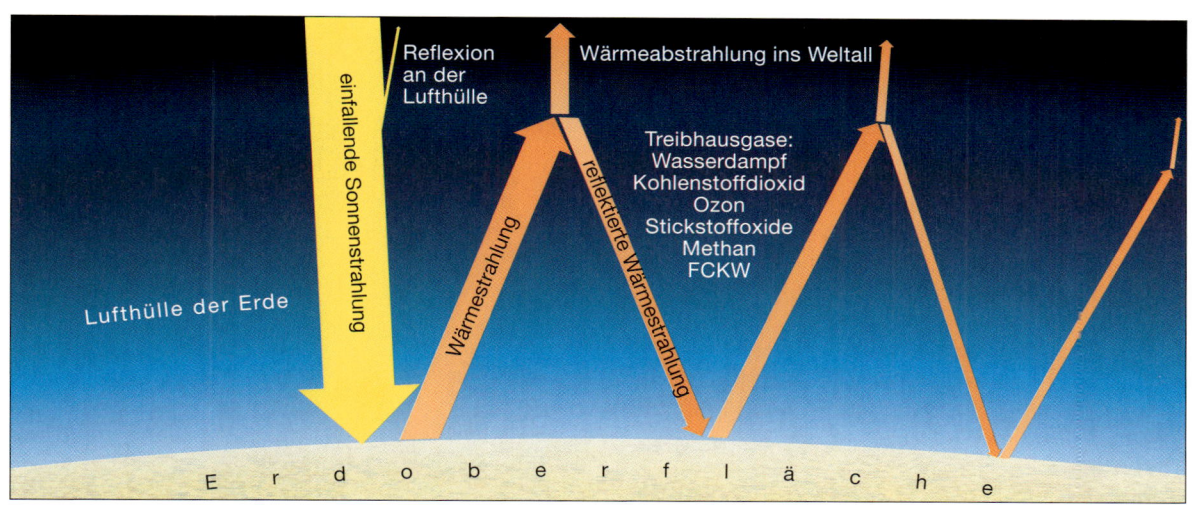

1 Treibhauseffekt (Schema)

5.2 Der Treibhauseffekt

In den Medien wird immer wieder davon berichtet, dass der Treibhauseffekt eine **Klimakatastrophe** auslösen und das Leben auf der Erde gefährden kann. Was ist unter dem Treibhauseffekt überhaupt zu verstehen?

Die Erde mit ihrer Atmosphäre kann mit einem Gewächshaus aus Glas verglichen werden. In einem Gewächshaus ist es immer wärmer als im Freien. Die Sonnenstrahlung gelangt fast ungehindert hinein und erwärmt Luft, Erde und Pflanzen im Gewächshaus. Die vom Gewächshausinneren abgestrahlte Wärme wird von den Glaswänden größtenteils reflektiert. Dadurch bleibt die Wärme „eingesperrt".

Die Erdatmosphäre mit ihrer spezifischen Gaszusammensetzung wirkt ähnlich wie die Glasscheiben eines Gewächshauses oder Treibhauses. Kohlenstoffdioxid ist eines der wichtigsten **Treibhausgase.** Daneben spielen Methan, Ozon, Stickstoffoxide, Wasserdampf und künstliche Gase wie FCKWs eine wichtige Rolle. Alle diese Treibhausgase lassen die Sonnenstrahlen bis zur Erdoberfläche durch. Allerdings bewirken sie auch, dass die Wärmestrahlung, die von der Erde zurückgestrahlt wird, nur langsam in den Weltraum entweicht.

Ohne diesen **natürlichen Treibhauseffekt** wäre es auf der Erde viel kälter und Lebewesen hätten keine Chance zum Überleben.

Seit Anfang des 19. Jahrhunderts hat sich durch die Verbrennung fossiler Rohstoffe wie Erdgas, Erdöl und Kohle die Konzentration an Kohlenstoffdioxid in der Luft deutlich erhöht. Dadurch verstärkt sich der Treibhauseffekt. Man spricht auch vom **zusätzlichen,** von uns Menschen verursachten **Treibhauseffekt.**

Viele Wissenschaftler gehen davon aus, dass sich deshalb in den nächsten Jahrzehnten die *Durchschnittstemperatur* auf der Erde deutlich erhöhen könnte.

Wird durch die mögliche Temperaturänderung auf der Erde Nordeuropa subtropisch? Schmilzt das Polareis? Werden Meeresströmungen umgelenkt? Dehnen sich die Wüsten weiter aus? Niemand kann heute mit Sicherheit sagen, welche Folgen die vorhergesagte Temperaturerhöhung auf der Erde haben wird.

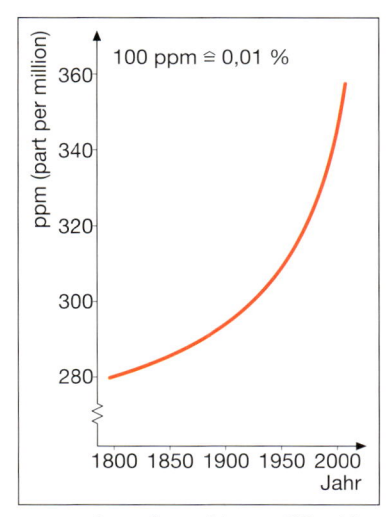

2 Zunahme der Kohlenstoffdioxid-Konzentration (Schema)

> Der natürliche Treibhauseffekt ermöglicht das Leben auf der Erde. Durch den von uns Menschen verursachten, zusätzlichen Treibhauseffekt wird das Leben auf der Erde bedroht.

🔲 Erläutere die Bedeutung der Treibhausgase für das Leben auf der Erde.

Organismen in ihrer Umwelt

5.3 Löcher im Ozonschutzschild der Erde

Bevor australische oder neuseeländische Jugendliche zum Strand gehen, cremen sie sich meist mit einem starken *Sonnenschutzmittel* ein. Zusätzlich tragen sie oft eine Kopfbedeckung und langärmelige Kleidung. Der Grund ist eine stark erhöhte **UV-Strahlung**, die bei ungeschützter Haut schmerzhaften Sonnenbrand und Hautkrebs verursachen kann. Auch Tiere und Pflanzen werden durch zu viel UV-Licht geschädigt.

Die erhöhte UV-Strahlung ist auf die teilweise Zerstörung der **Ozonschicht** zurückzuführen. Diese Schicht befindet sich in einer Höhe von 20 bis 50 Kilometern von der Erdoberfläche entfernt.

Ozon schützt uns, indem es selber zerstört wird: Trifft UV-Strahlung auf ein Ozonmolekül aus drei Sauerstoffatomen, so wird das Ozonmolekül in ein zweiatomiges Sauerstoffmolekül und ein aktives Sauerstoffatom gespalten. Ozon nimmt dadurch der Sonnenstrahlung den größten Teil ihrer zerstörerischen Energie. So wird über 90 Prozent der gefährlichen UV-Strahlung abgefangen und unschädlich gemacht. Normalerweise bildet sich Ozon immer wieder neu, wenn der Vorgang in der Ozonschicht nicht behindert wird.

Seit einigen Jahrzehnten ist bekannt, dass die Menge an Ozon in der Ozonschicht abnimmt. Vor allem über der Arktis und Antarktis ist die Ozonschicht stark ausgedünnt. Man spricht von einem **„Ozonloch"**, weil die Ozonkonzentration im Vergleich zu früher deutlich vermindert ist.

Als Ursache für die Zerstörung der Ozonschicht haben Wissenschaftler die aus Spraydosen und Kühlanlagen stammenden **FCKWs** ausgemacht. FCKWs bestehen aus Fluor-, Chlor-, Kohlenstoff- und Wasserstoffatomen. Gelangen die FCKWs in die Ozonschicht, so werden sie hier durch energiereiche UV-Strahlung gespalten. Die dabei frei werdenden aktiven *Chloratome* spalten Ozon und wandeln es in Sauerstoff um. Dadurch wird die Ozonmenge in der Ozonschicht geringer. Man schätzt, dass ein einziges aktives Chloratom über 100 000 Ozonmoleküle zerstören kann. Die FCKWs sind seit einigen Jahren in Deutschland verboten. Da FCKW-Moleküle sehr stabil sind, zerstören sie aber weiterhin die Ozonschicht.

Als „**Ozonkiller**" gelten nicht nur die FCKWs, sondern auch halogenhaltige Lösemittel, Feuerlöschmittel und Pestizide. Als weitere Ursache für den Ozonabbau werden Stickstoffoxide verantwortlich gemacht, die die gleiche Wirkung wie FCKWs haben. Diese Verbindungen entstehen durch mikrobiologische Prozesse im Boden. Auch bei Waldbränden, bei der Benzin-, Heizöl- und Kohleverbrennung sowie durch Überdüngung entstehen Stickstoffoxide.

1 Jugendliche am Strand

Stichwort
Ozon

Ozon ist ein farbloses, leicht süßlich riechendes, sehr reaktionsfähiges Gas. Jedes Ozonmolekül besteht aus drei Sauerstoffatomen. Durch UV-Strahlung werden Ozonmoleküle (O_3) in Sauerstoffmoleküle (O_2) und aktive Sauerstoffatome (O) gespalten.

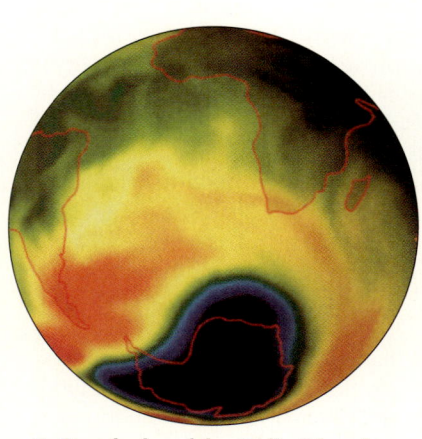

2 Ozonloch auf der Südhalbkugel

Die Ozonschicht in der Erdatmosphäre wirkt wie ein UV-Schutzschild. Durch „Ozonkiller" wird die Ozonschicht zerstört.

1 Beschreibe, wie durch die Ozonschicht das Leben auf der Erde geschützt wird.
2 Informiere dich im Internet über das Ozonloch und seine Veränderung in den vergangenen Jahrzehnten.

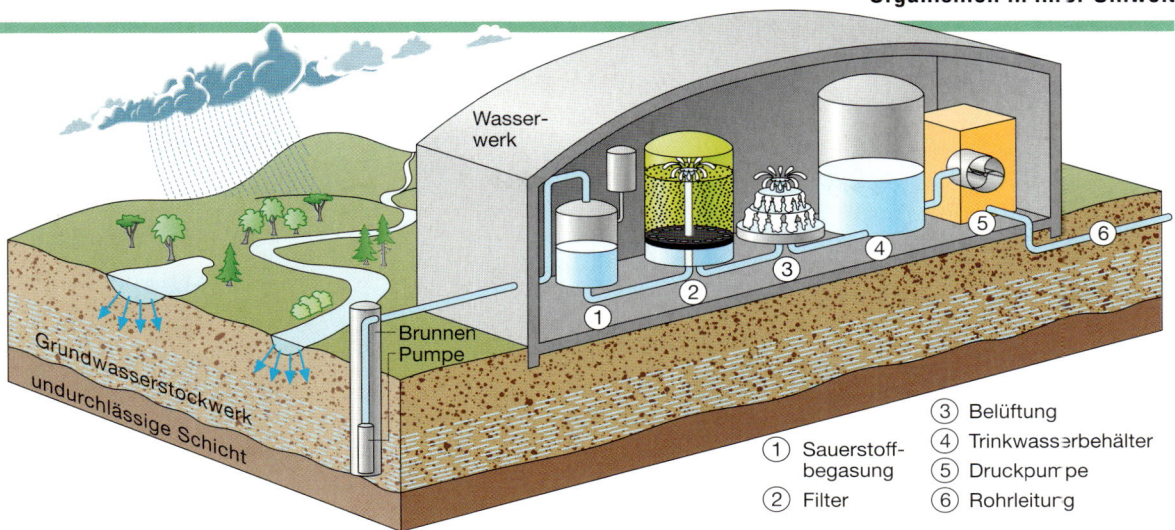

Organismen in ihrer Umwelt

① Sauerstoffbegasung
② Filter
③ Belüftung
④ Trinkwasserbehälter
⑤ Druckpumpe
⑥ Rohrleitung

1 Grundwasserbildung und Trinkwassergewinnung

5.4 Trinkwasser in Gefahr

Wir drehen einfach den Wasserhahn auf und haben meistens Wasser von guter Qualität. Wo kommt es her und wie wird die Qualität gesichert? Unser **Trinkwasser** wird größtenteils aus Talsperren und Grundwasser gewonnen. **Grundwasser** bildet sich aus Regenwasser oder Flusswasser, das als Uferfiltrat im Erdreich versickert. Dabei bilden die Bodenschichten einen natürlichen Filter und reinigen das Wasser. Wenn es auf eine wasserundurchlässige Schicht stößt, staut es sich darüber. In dieses *Grundwasserstockwerk* bohrt man tiefe Brunnen. Das Grundwasser wird hochgepumpt und im Wasserwerk aufbereitet. Dabei wird es mit Sauerstoff angereichert, um unerwünschte Stoffe auszuflocken. Wirkungsvolle Filter halten die Verunreinigungen zurück. Nach dem Belüften wird das Trinkwasser mit Hochdruckpumpen ins Rohrleitungsnetz abgegeben. Von dort gelangt es in unsere Häuser. Manchmal wird dem Trinkwasser auch Chlor zugesetzt, um Krankheitskeime zu beseitigen.

Bevor das Trinkwasser das Wasserwerk verlässt, wird es streng kontrolliert. Es muss hygienisch einwandfrei, klar, farb- und geruchlos sein. Für Schadstoffe sind Grenzwerte festgelegt. Damit wir auch in Zukunft einwandfreies Trinkwasser haben, muss die Verschmutzung des Grundwassers verhindert werden. Bisher sind schon einige Brunnen geschlossen worden, weil die Filterwirkung des Bodens erschöpft war und Gefahrstoffe wie Öl, Pflanzenschutz- und Düngemittel ins Grundwasser sickerten.

Die Einrichtung von **Wasserschutzgebieten** um Trinkwasserbrunnen herum sowie ein sparsamer Gebrauch helfen, die Zukunft unserer Trinkwasserversorgung zu sichern.

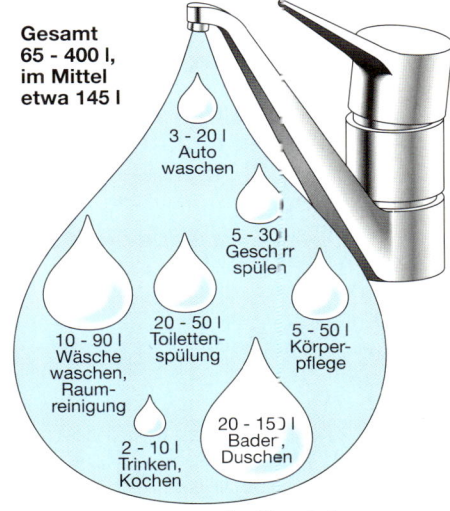

2 Wassernutzung im Haushalt (pro Kopf und Tag)
Gesamt 65 - 400 l, im Mittel etwa 145 l
- 3 - 20 l Auto waschen
- 5 - 30 l Geschirr spülen
- 10 - 90 l Wäsche waschen, Raumreinigung
- 20 - 50 l Toilettenspülung
- 5 - 50 l Körperpflege
- 2 - 10 l Trinken, Kochen
- 20 - 150 l Baden, Duschen

> Unser Trinkwasser wird größtenteils aus Grundwasser gewonnen. Das Grundwasser muss vor Verunreinigungen geschützt werden.

3 Gefahren für das Trinkwasser
- Verkehr/Unfälle: Öl, Benzin, Diesel, Chemikalien
- undichte Mülldeponien: Sickerwasser
- Wasser-Schutzgebiet
- undichte Abwasserkanäle: Schmutzwasser
- Landwirtschaft: Überdüngung mit Nitrat, Pflanzenschutzmittel

1 Beschreibe die Trinkwassergewinnung anhand der Abb. 1.
2 Nenne Gefahren für das Grundwasser.

Organismen in ihrer Umwelt

Große Heidelibelle (Gefährdungsgrad 4)

Arktische Smaragdlibelle (Gefährdungsgrad 3)

Späte Adonislibelle (Gefährdungsgrad 2)

Grüne Mosaikjungfer (Gefährdungsgrad 1)

Hauben-Azurjungfer (Gefährdungsgrad 0)

Weißstorchpaar

ROTE LISTE GEFÄHRDETER TIER- UND PFLANZENARTEN
Je nach Gefährdungsgrad werden gefährdeten Arten bestimmte Ziffern zugeordnet:
0 = ausgestorben oder verschollen;
1 = vom Aussterben bedroht;
2 = stark gefährdet;
3 = gefährdet;
4 = möglicherweise gefährdet.

1 Feuchtwiese

6 Wir schützen unsere Umwelt

6.1 Gefährdung von Pflanzen und Tieren

Unternimmt man an einem Frühlingstag eine Exkursion zu einer *Feuchtwiese*, leuchten schon von Weitem die gelben Blüten des *Scharfen Hahnenfußes* und des weiß bis rosa blühenden *Wiesenschaumkrauts*.
Man braucht aber viel Glück, um das seltene *Breitblättrige Knabenkraut* oder sogar die vom Aussterben bedrohte *Schachbrettblume* zu finden. Auch manche Libellenarten wie die *Mosaikjungfer* entdeckt man kaum. Nach *Weißstörchen*, die hier noch vor einigen Jahrzehnten ihrer Nahrungssuche nachgingen, hält man meist vergeblich Ausschau. Warum sind so viele der auf der Feuchtwiese vorkommenden Arten selten geworden?
Feuchtwiesen sind an einen hohen Grundwasserstand gebunden. An vielen Orten wurde dieser durch Entwässerung abgesenkt, um eine intensivere Bewirtschaftung oder Baumaßnahmen zu ermöglichen. Arten, die an feuchte Lebensräume gebunden sind, können nicht überleben. Bei Beweidung werden empfindliche Pflanzen durch Fraß oder Viehtritt geschädigt. Düngung fördert nur wenige, schnell wachsende Pflanzenarten, die andere Arten verdrängen. Nimmt die Zahl der Pflanzenarten ab, wird auch vielen Tierarten die Lebensgrundlage entzogen. So verschwinden mit den Feuchtwiesen Pflanzen- und Tierarten.
Am Beispiel des *Weißstorchs* erkennt man deutlich die negative Entwicklung des Brutbestandes. Die Zahl der Störche nimmt bei uns seit Jahrzehnten ständig ab. Durch fehlende Feuchwiesen finden die Vögel nicht mehr genügend Nahrung. Auf Wiesen und Feldern versprühte giftige Insektizide bedeuten eine zusätzliche Gefährdung der Störche. Nur durch Wiedervernässung von ehemaligen Feuchtgebieten und Schaffung geeigneter Lebensräume kann es vielleicht gelingen, den Weißstorch bei uns vor dem Aussterben zu retten.

In Deutschland und in angrenzenden Regionen sind viele Lebensräume bereits zerstört. Die Zerstörung lässt sich vor allem auf intensive Land- und Forstwirtschaft, dichte Wohnbesiedlung und Ausweitung von Industrien zurückführen. *Auen-* und *Bruchwälder* gingen durch Grundwasserabsenkung und Flussregulierungen zurück. An die Stelle *artenreicher Laubwälder* traten eintönige *Nadelholz-Monokulturen*.

Gefährdete Pflanzen und Tiere werden daher in der **Roten Liste** aufgeführt und durch Naturschutzgesetze geschützt.

> Viele Pflanzen- und Tierarten sind in ihrem Bestand durch intensive Landnutzung bedroht. Zur Erhaltung der Arten müssen deren Lebensräume geschützt werden.

1 Erläutere Abbildung 2.

Anzahl der Weißstorchpaare: 10000, 8000, 6000, 4000, 2000 — Jahr: 1930, 1945, 1960, 1975, 1990

2 Rückgang der Weißstorchpaare in Deutschland

Organismen in ihrer Umwelt

6.2 Menschen renaturieren und schützen ihre Umwelt

In der Vergangenheit wurden viele Wasserläufe begradigt und vertieft. Das Wasser fließt dadurch schneller. Auch das Hochwasser, das z.B. im Frühjahr nach der Schneeschmelze entsteht, läuft immer schneller und immer höher auf. Da es kaum noch Flußauen gibt, die das Wasser speichern und langsam wieder abgeben können, entstehen trotz hoher Deiche immer wieder verheerende Überschwemmungen.

Deshalb, und um ein naturnahes Landschaftsbild wieder herzustellen, werden Bäche und Flüsse teilweise wieder in ihren ursprünglichen Zustand zurückversetzt. Aber nicht nur Wasserläufe werden **renaturiert,** sondern zum Beispiel auch Kies- und Braunkohlegruben zu Teichen und Seen, abgetorfte Flächen durch Vernässung zu Mooren.

Um noch vorhandene naturnahe Gebiete zu erhalten, wurden diese unter besonderen Schutz gestellt. Diese Gebiete sind durch Schilder gekennzeichnet mit der Aufschrift **Naturschutzgebiet** oder **Landschaftsschutzgebiet.**
Ganz besonders strengen Bestimmungen unterliegen die verschiedenen **Nationalparke** in Deutschland. Es sind großräumige Naturlandschaften wie etwa das *Niedersächsische Wattenmeer* oder der *Hochharz*. In einem Nationalpark soll die Natur sich weitgehend selbst überlassen bleiben.

> Naturnahe Landschaften schützt der Mensch mit der Ausweisung von Naturschutzgebieten, Landschaftsschutzgebieten und Nationalparken.

1 Betrachte die Pinnwand auf S. 90. Wie wirken sich die Veränderungen auf die Tierwelt aus?

2 Im Nationalpark Wattenmeer.
A *Ruhezone;* B *Rotschenkel*

1 Renaturierung eines Bachlaufes

Organismen in ihrer Umwelt

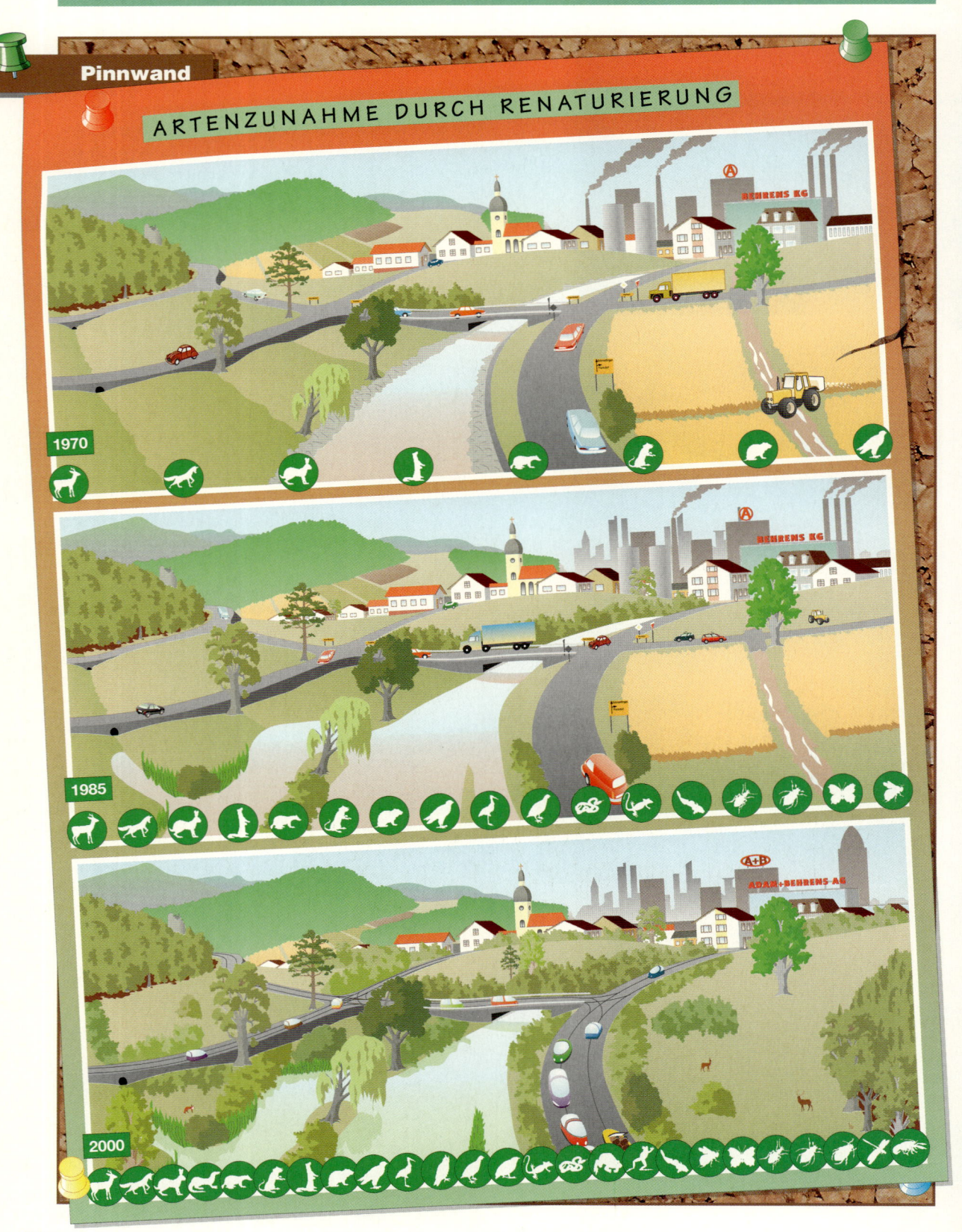

Pinnwand

ARTENZUNAHME DURCH RENATURIERUNG

1970

1985

2000

Organismen in ihrer Umwelt

Natur- und Landschaftsschutz

Streifzug durch die Politik

„Ein 7600 Hektar großes Gebiet in der Region des Hainich im Thüringer Becken bei Bad Langensalza ist als **Nationalpark** ausgewiesen worden. Dort gibt es ausgedehnte Laubmischwälder, die Lebensräume für seltene und gefährdete Arten wie die *Wildkatze* bieten. In Deutschland gibt es nun dreizehn Nationalparks." Dies war 1997 in den Tageszeitungen zu lesen. Was ist ein Nationalpark und wozu dient er?

Der erste Nationalpark der Welt wurde 1872 in den USA gegründet. Dort sollte die landschaftliche Schönheit des Yellowstone-Gebietes geschützt werden. Die Nationalparkidee wurde bald darauf von anderen Staaten aufgegriffen, so auch von Deutschland. Hier sind durch die zunehmende dichte Besiedlung naturnahe Lebensräume stark zurückgegangen. Als Folge davon sind viele Pflanzen- und Tierarten in ihrem Fortbestand gefährdet. Um sie zu schützen, reichen kleine Flächen nicht aus. Deshalb wurden bei uns Nationalparks geschaffen, die eine Fläche von mindestens 1000 Hektar umfassen. In diesen Gebieten soll die Natur sich weitgehend selbst überlassen bleiben. Land- und Forstwirtschaft, Fischerei und Tourismus müssen sich im gesamten Nationalpark dem Naturschutz unterordnen.

Der erste deutsche Nationalpark wurde 1969 im Bayerischen Wald gegründet. Hier konnte der zuvor fast ausgerottete *Luchs* wieder ausgewildert werden. Aber auch so einzigartige Landschaften wie die Sächsische Schweiz mit ihren Felsgebieten und unterschiedlichen Waldformen sowie die Berchtesgadener Alpen sind als Nationalpark ausgewiesen. Für viele Wasservögel haben die Wattenmeer-Nationalparks der Nordseeküste sowie die Nationalparks Vorpommersche Boddenlandschaft und Jasmund an der Ostseeküste besondere Bedeutung. So ist die Boddenlandschaft im Herbst Rastplatz für viele *Kraniche*.

Leider kommt es in allen Nationalparks immer wieder zu Interessenkonflikten zwischen Naturschutz, Tourismus und ansässiger Bevölkerung, die Einschränkungen in ihrer wirtschaftlichen Entfaltung hinnehmen muss.

Will man kleinere Gebiete wegen dort lebender seltener Tier- oder Pflanzenarten oder wegen ihrer Schönheit schützen, so kann man sie als **Naturschutzgebiete** ausweisen. Außer ordnungsgemäßer Land- und Forstwirtschaft und angeordneten Pflegemaßnahmen sind dort alle Eingriffe verboten, die zu einer Veränderung oder Störung des Gebiets führen. Pflanzen und Tiere dürfen nicht entfernt, beschädigt oder gestört werden.

Weniger strenge Regelungen gelten für **Landschaftsschutzgebiete.** Hier sollen Naturhaushalt und landschaftliche Schönheit erhalten werden – auch für die Erholung der Menschen.

1 Luchs

2 Nationalparks als Briefmarkenmotive. A Bayerischer Wald; B Sächsische Schweiz; C Vorpommersche Boddenlandschaft

3 Kraniche

1 Liste die hier erwähnten Nationalparks auf und suche sie auf einer Atlaskarte.

2 Informiere dich – z. B. im Internet – über einen Nationalpark und berichte.

Organismen in ihrer Umwelt

Streifzug durch die Sozialkunde

AGENDA 21 – ein Programm für das 21. Jahrhundert

Pro Sekunde werden drei neue Erdenbürger geboren. Wenn sich die Weltbevölkerung so weiterentwickelt, wird sich die Menschheit in 30–40 Jahren verdoppeln. Was bedeutet das für die Zukunft? Je mehr Menschen es auf der Erde gibt, desto mehr Boden, Trinkwasser, Nahrung, Rohstoffe und Energie werden für ihre Versorgung gebraucht. Damit steigen aber auch die Umweltbelastungen, die durch den Verbrauch dieser Lebensgrundlagen entstehen. Diese Bedrohung trifft alle Menschen dieser Erde. Der größte Teil der Umweltzerstörung wird jedoch durch die Industriestaaten verursacht. Im Jahre 1992 trafen sich deshalb in Rio de Janeiro zum ersten Mal in der Geschichte Regierungschefs und Vertreter aus 178 Staaten. Die Versammlung beschloss ein Programm, die **Agenda 21,** das im 21. Jahrhundert allen Menschen eine sichere und annehmbare Zukunft bringen soll. Dies ist jedoch nur möglich, wenn alle begreifen lernen, dass der Lebensraum Erde nur eine begrenzte Leistungsfähigkeit hat.

Bestimmte Naturgüter sind nicht in unendlichen Mengen vorhanden und deshalb nur innerhalb bestimmter Grenzen nutzbar. Nach Schätzung des World Energy Council reichen die Vorräte z. B. von Öl noch etwa 40, die von Erdgas 65 und diejenigen von Kohle 200 Jahre, wenn der Verbrauch so weitergeht wie bisher. Wir müssen also sparsamer damit umgehen, um auch den Generationen nach uns die Möglichkeit zu geben, sie zu nutzen. Der geringere Verbrauch an Öl, Gas und Kohle würde dazu beitragen, unsere Umwelt zu entlasten. Der Kohlenstoffdioxid-Ausstoß würde sinken und der Treibhauseffekt zurückgehen.

Dazu müssen Energiequellen erschlossen werden, die sich erneuern. Mit Strom aus Wind-, Wasser- und Sonnenkraft ist bereits ein Anfang gemacht. Der Leitgedanke der Agenda 21 wurde mit den Worten beschrieben: **Nachhaltige Entwicklung.** Das bedeutet, dass wir mit allen unseren Naturgütern schonend, umweltverträglich und zukunftssicher umgehen müssen. Kein Land der Erde mit seinen Menschen darf auf Kosten der Natur, anderer Länder sowie zukünftiger Generationen leben. Auch jeder Einzelne von uns kann durch sparsamen Verbrauch von Energie und Rohstoffen zu diesem Ziel beitragen.

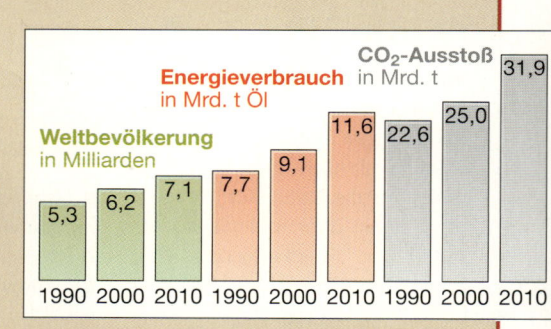

1 Weltweite Partnerschaft

Weltbevölkerung in Milliarden: 5,3 (1990); 6,2 (2000); 7,1 (2010)
Energieverbrauch in Mrd. t Öl: 7,7 (1990); 9,1 (2000); 11,6 (2010)
CO_2-**Ausstoß** in Mrd. t: 22,6 (1990); 25,0 (2000); 31,9 (2010)

2 Mögliche Entwicklung der Erde (2010: Prognose)

1 Begründe, warum eine weltweite Zusammenarbeit in Umwelt- und Entwicklungsfragen notwendig ist.

2 Betrachte die Abb. 2 und beschreibe, welche Probleme auf die Weltbevölkerung zukommen.

Organismen in ihrer Umwelt

Global denken – lokal handeln

Übung

A1 Wie lassen sich Heizkosten sparen und CO₂ vermindern?

Um einen Quadratmeter Wohnfläche jährlich auf 23 °C zu heizen, werden 20 l Heizöl oder 20 m³ Gas benötigt.

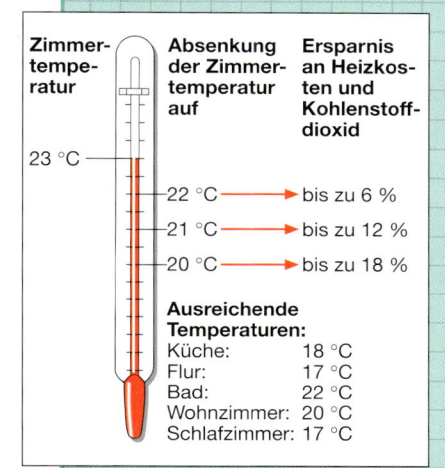

Zimmertemperatur	Absenkung der Zimmertemperatur auf	Ersparnis an Heizkosten und Kohlenstoffdioxid
23 °C	22 °C	bis zu 6 %
	21 °C	bis zu 12 %
	20 °C	bis zu 18 %

Ausreichende Temperaturen:
Küche: 18 °C
Flur: 17 °C
Bad: 22 °C
Wohnzimmer: 20 °C
Schlafzimmer: 17 °C

a) Berechne die Ersparnis an Brennstoffen für eine 100 m² große Wohnung, wenn die Zimmertemperatur um ein Grad gesenkt wird.
b) Ein Liter Heizöl erzeugt 2,6 kg und ein Kubikmeter Gas 2,0 kg CO_2. Berechne den Jahresausstoß an CO_2. Wie vermindert sich der CO_2-Ausstoß durch 1 °C Temperaturabsenkung bei 100 m² Wohnfläche?
c) Führe die Berechnungen von a und b am Beispiel eurer Wohnung durch.
d) Erkundige dich nach den Öl- oder Gaspreisen und errechne, wie viel Geld ihr bei einer Temperaturabsenkung von 1 °C oder 2 °C sparen könnt.
e) In welchem Zusammenhang steht diese Ersparnis mit der nachhaltigen Entwicklung?

V 2 Wie kann man den Wasserverbrauch senken?

Material: Wasseruhr

Durchführung: Lies den augenblicklichen Zählerstand ab. Wiederhole dies nach einer Woche.
Aufgaben: a) Stelle den Wasserverbrauch für eine Woche fest und berechne den durchschnittlichen Verbrauch für eine Person pro Tag.
b) Vergleiche diese Menge mit dem Durchschnittsverbrauch der Bundesrepublik von 145 l pro Person und Tag.
c) Für ein Vollbad in der Wanne benötigt man 150 l, für eine Sechs-Minuten-Dusche 50 l Wasser. Überlege, wie oft du im Monat badest? Wie viel Wasser könntest du sparen, wenn du dafür duschst?
d) Ein Tropfen aus dem Wasserhahn pro Sekunde füllt in einer Stunde bereits eine 0,7 l Flasche. Wie groß sind die verlorenen Wassermengen nach einem Tag, einer Woche, einem Monat?
e) Nenne weitere Maßnahmen, wie ihr Wasser zu Hause sparen könnt.
f) Welche Auswirkungen hat der sparsame Wasserverbrauch auf die Umwelt?

A 3 Was kann ich denn dafür?

„Die Mülldeponie verschmutzt Grundwasser und Luft – sollen die doch mal was dagegen tun!"
„Auf eine Dose Cola in der Pause kann ich nicht verzichten – oder soll ich etwa verdursten?"
„Was interessiert mich die Verpackung – auf den Inhalt kommt es an!"

Was hältst du von diesen Aussagen? Begründe.

A 4 Mach mit beim Gewässerschutz!

Betrachte die Karikaturen und schreibe zu jeder Abbildung eine Regel auf, wie man sich richtig verhalten soll.

Organismen in ihrer Umwelt

Prüfe dein Wissen

Organismen in ihrer Umwelt

A1 Erkläre *Ökosystem*, *Biotop* und *Biozönose*. Benutze die Begriffe „Lebensraum" und „Lebensgemeinschaft".

A2 Ökosysteme werden durch abiotische und biotische Umweltfaktoren geprägt.
a) Ordne die aufgeführten Beispiele nach abiotischen und biotischen Faktoren: Sand, Wildschwein, Hagebutte, Schatten, Kleiner Fuchs, Hitze, Humus, Klatschmohn, Bodenfeuchtigkeit, Trockenheit, Regenwurm.
b) Welche Beispiele gehören zum Ökosystem Laubwald?

A3 Nenne je zwei typische Baumarten des Laubwaldes und des Nadelwaldes.

A4 Ein Mischwald ist in verschiedene „Stockwerke" gegliedert.
a) Nenne die einzelnen Schichten.
b) Ordne die folgenden Pflanzen den entsprechenden Schichten zu: Buschwindröschen, Farn, Holunder, Stieleiche, Frauenhaarmoos, Jungbuche, Waldrebe, Fichte, Maiglöckchen, Knollenblätterpilz, Weißmoos, Springkraut, Lärche.

A5 Warum können Frühblüher im Laubwald gedeihen? Nenne zwei Gründe.

A6 Wie heißen die abgebildeten Frühblüher des Laubwaldes? Benenne die Speicherorgane und ordne sie den entsprechenden Pflanzen zu.

A7 Was ist eine Symbiose? Finde die richtige Erklärung heraus.
a) Ein Lebewesen hat Nutzen von dem Wirt, auf dem es lebt.
b) Nur der Wirt zieht Nutzen aus den ihn besiedelnden Lebewesen.
c) Eine Krankheit, die Waldpflanzen befällt.
d) Eine Lebensgemeinschaft zu gegenseitigem Nutzen.

A8 Ergänze die folgenden im Wald vorkommenden Nahrungsketten:
a) ? – Eichenwicklerraupe → ? → Waldkauz
b) Fichte → ? → Buntspecht → ?

A9 Wie heißen die Teile des Pilzes?

A10 Die Abbildungen zeigen den schematischen Bau einer Moos- und einer Farnpflanze.

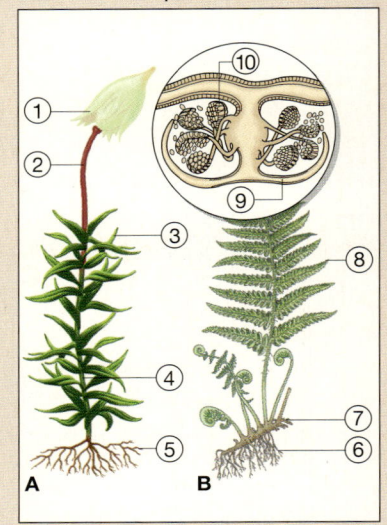

a) Benenne die gekennzeichneten Teile.
b) Begründe kurz, warum Moos- und Farnpflanzen zu den Sporenpflanzen gehören.

A11 Die Abbildungen zeigen verschiedene Stadien aus dem Generationswechsel eines Wurmfarnes.

Organismen in ihrer Umwelt

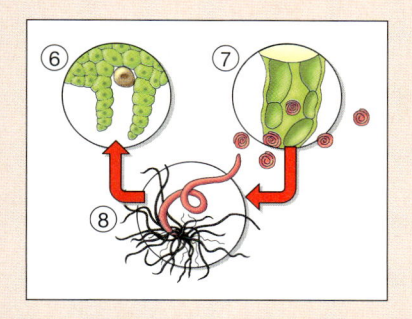

a) Benenne die dargestellten Stadien.
b) Ordne die Stadien in der richtigen Reihenfolge.

A 12 Die Abbildung zeigt schematisch die Beteiligten am Kreislauf der Stoffe im Wald. Es ist jedoch etwas durcheinander geraten.

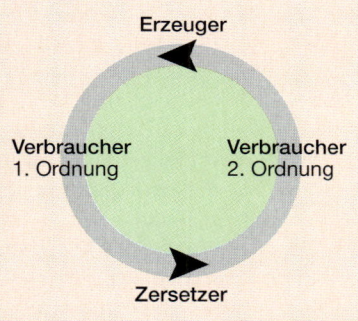

a) Berichtige die Schemazeichnung.
b) Ersetze die Begriffe der Schemazeichnung durch entsprechende biologische Fachausdrücke.
c) Nenne zu jeder Gruppe drei Arten.

A 13 Nenne mindestens fünf Leistungen des Waldes für Mensch und Umwelt.

A 14 Stelle mindestens vier Forderungen zur ökologischen Waldentwicklung auf.

A 15 An einem See folgen vom Land zum Wasser verschiedene Zonen aufeinander.
a) Zähle sie der Reihe nach auf.
b) Ordne die aufgeführten Pflanzen den richtigen Zonen zu: Tausendblatt, Teichrose, Rohrkolben, Sumpfdotterblume, Pfeilkraut, Weide, Wasserpest, Seerose, Froschlöffel, Wasserschwertlilie, Hornkraut.

A 16 Ergänze die im See vorkommenden Nahrungsketten.
a) Algen → ? → Libellenlarven → ? → Hecht
b) ? – Mückenlarve → ? → Haubentaucher

A 17 An einem See leben verschiedenartige Wasservögel.

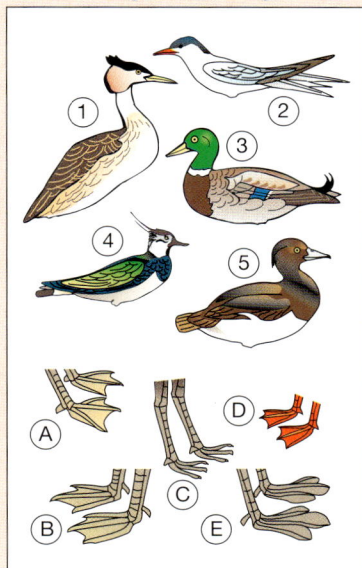

a) Nenne die abgebildeten Vögel.
b) Ordne ihnen ihre Füße zu.
c) Ein Vogel und ein Paar Füße gehören nicht dazu. Finde sie heraus.

A 18 Welche Stichworte kennzeichnen Städte?
Ballungsraum, Kälteinsel, Verkehr, Sauerstoffreichtum, Versorgungsleitungen, Windstille, viele Bodenlebewesen, Abwärme, Versiegelung, Dunstglocke, geringe Temperaturschwankungen, schnelle Abkühlung

A 19 Welche Aussagen über Pflanzen in der Stadt treffen zu?
a) Städte sind artenarm.
b) In der Stadt gibt es viele eingebürgerte Pflanzenarten.
c) In der Stadt gibt es nur eingebürgerte Pflanzenarten.
d) Das grüne Stadtumland ist artenreich.
e) In der Stadt findet man Pflanzenarten mit unterschiedlichen Ansprüchen in enger Nachbarschaft.

A 20 Was trifft auf Tiere in der Stadt zu?
a) Sie sind Nahrungsspezialisten.
b) Sie sind anpassungsfähig.
c) Sie sind Lebensraumspezialisten.
d) Sie können vorhandene Lebensmöglichkeiten gut nutzen.

A 21 Mit Wasser soll man sparsam umgehen. Ein 4-Personen-Haushalt hat einen jährlichen Durchschnittsverbrauch von 219 000 Liter. Handelt es sich dabei um einen
a) sparsamen Verbrauch;
b) durchschnittlichen Verbrauch;
c) verschwenderischen Verbrauch?

Fortpflanzung und Entwicklung des Menschen

1 Graffiti

2 Träumen und Schwärmen

1 Erwachsen werden

1.1 Willst du mit mir gehen?

Alex weiß nicht, was mit ihm los ist. Seit Miriam vor einigen Wochen in seine Straße gezogen ist, kann er nur noch an sie denken. Wenn er sie sieht, werden seine Knie ganz weich und in seinem Bauch fühlt er ein ganz komisches Kribbeln. Bis vor kurzem noch hatte er alle Mädchen ziemlich albern gefunden. Er und seine Freunde übertrafen sich gegenseitig mit dummen Sprüchen, wenn die Mädchen in seiner Klasse mal wieder eine Party veranstalten wollten.

Aber jetzt ist alles ganz anders. Stundenlang kann er davon träumen, wie es wäre, mit Miriam zu tanzen und dabei ihren Körper zu spüren. Selbst im Unterricht kann er sich nur noch schwer konzentrieren. Er sieht Miriam zwischen den Mathematikaufgaben und beim Vokabeln lernen. Sie ist einfach überall.

Klar, Alex ist verliebt. Der Begriff „Liebe" steht für ein zärtliches schönes Gefühl, das man für einen anderen Menschen empfindet. Kinder lieben ihre Eltern, ihre Geschwister oder Großeltern. Manchmal kann man dieses Gefühl aber auch für ein Haustier oder ein besonderes Spielzeug empfinden.

Was in der **Pubertät** neu hinzukommt ist, dass Liebe jetzt etwas mit **Sexualität** zu tun hat. Wer verliebt ist, möchte den anderen anfassen und streicheln und ihm so zu verstehen geben, dass man für ihn da ist. Man möchte mit dem anderen Zärtlichkeiten austauschen, ihn küssen und vielleicht sogar mit ihm schlafen. Zu Beginn der Pubertät kann man solche Gefühle auch für jemand empfinden, den man nur aus der Ferne kennt. Das kann

3 Stundenlanges Telefonieren

Fortpflanzung und Entwicklung des Menschen

Wenn Beziehungen zerbrechen, ist das häufig sehr schmerzhaft, zumindest für einen von beiden. Es ist dann gut, wenn man Freunde und Freundinnen oder auch Eltern hat, mit denen man über alles reden kann. Nach einiger Zeit wird auch der größte Schmerz kleiner und man verliebt sich wieder neu.

> In der Pubertät entwickeln sich intensive Gefühle für das andere Geschlecht. Beziehungen sollten geprägt sein durch das gegenseitige Respektieren von Erwartungen.

1 Welche Möglichkeiten kennst du, mit einem Mädchen oder einem Jungen Kontakt aufzunehmen?
2 Was gehört für dich zu einer guten Beziehung? Erkläre.
3 Nenne Eigenschaften die für dich im Hinblick auf einen Freund oder eine Freundin besonders wichtig sind.

ein Popstar oder ein Sport-Ass oder auch jemand aus der Nachbarschaft sein. Es macht dann Spaß, mit der besten Freundin oder einem Freund stundenlang über den umschwärmten Menschen zu sprechen und gemeinsam zu träumen.

Wenn man älter wird, möchte man echte Beziehungen eingehen. Manchmal trifft man ein Mädchen oder einen Jungen und ist total begeistert. Man möchte sie oder ihn gern näher kennen lernen, doch das ist gar nicht so leicht. Man kann ja nicht einfach hingehen und sagen, was man fühlt. Was wäre, wenn nun der andere darüber lachen würde? Mädchen erwarten auch heute noch häufig, dass Jungen den ersten Schritt tun. Doch gerade dieser erste Schritt ist besonders schwierig. Wer sich in einer solchen Situation befindet, egal ob Junge oder Mädchen, muss wissen, dass Ablehnungen sehr weh tun können. Sie sollten deshalb nie gemein sein oder den anderen vor den Freunden oder Freundinnen bloßstellen.

Wenn nun ein Junge und ein Mädchen „miteinander gehen"; was heißt das eigentlich? Erwartungen an eine Beziehung können so verschieden sein wie die Gründe, warum zwei Menschen zusammen sind. Wichtig ist, viel miteinander zu reden, um die Erwartungen und Einstellungen des anderen kennen zu lernen.
Beide sollten deutlich sagen, was sie möchten oder nicht möchten und die Vorstellungen des anderen dann auch respektieren. Wer etwas tut, nur um die Erwartungen des anderen zu erfüllen, wird leicht selbst unzufrieden und das kann sehr schnell zu Enttäuschungen und zum Ende einer Beziehung führen.

4 *Schwierige Kontaktaufnahme*

Fortpflanzung und Entwicklung des Menschen

1.2 Partnerschaft und Verantwortung

Julia und Tim kennen sich schon seit der fünften Klasse, die sie gemeinsam besuchten.
Lange interessierte sich Julia nicht für die „Jungs" in ihrer Klasse, sie fand sie viel zu albern und kindisch. Tim und seine Mitschüler hatten große Freude daran, ihre Mitschülerinnen zu ärgern. Es amüsierte die „Jungs", wie „zickig" die „Mädchen" reagierten.

Angefangen hat alles in der achten Klasse. Julia und Tim nahmen gemeinsam an der Umwelt-AG der Schule teil. Durch Zufall wurden sie zur Bearbeitung des gleichen Themas eingeteilt. Sie trafen sich sowohl bei Julia als auch bei Tim zu Hause um ihr Projekt auszuarbeiten.
So lernten sie sich von einer anderen Seite kennen und entdeckten, dass sie die gleichen Hobbies hatten. Zuerst waren sie häufig mit ihrer Clique unterwegs. Doch dann wurde bei beiden der Wunsch stärker, mehr Zeit zu zweit zu verbringen. Es hatte „gefunkt". Julia und Tim *verliebten* sich. Das erste Jahr verflog wie im Rausch. Beide waren meist „gut drauf", das Leben machte einfach Spaß. Im Lauf der Zeit wurde ihnen bewusst, wie viel sie einander bedeuteten. Sie *vertrauten* sich gegenseitig auch in schwierigen Situationen und konnten sich das Leben ohne den anderen nicht mehr vorstellen. Sie beschlossen zusammenzuziehen und *heirateten* mit dem Einverständnis ihrer Familien nach Beendigung ihrer Berufsausbildung. Jetzt überlegen Tim und Julia, wie ihre weitere Lebensplanung aussehen soll.

Am Beispiel von Julia und Tim kann man erkennen wie sich aus anfänglicher Verliebtheit Liebe entwickelte. Zuerst wollten beide möglichst oft alleine miteinander sein. Bei gemeinsamen Unternehmungen und beim Austausch von Zärtlichkeiten hatten sie das Gefühl, über den Wolken zu schweben. Nach und nach wurde

1 Paarbeziehung.
A Zärtlichkeit;
B gemeinsame Unternehmungen;
C Freunde und Freundinnen;
D Familie;
E Auseinandersetzung;
F Sehnsucht und Versöhnung;
G Trennung

Fortpflanzung und Entwicklung des Menschen

dieses rauschhafte Gefühl seltener. Dafür entwickelte sich ein intensives Gefühl der **Liebe** und Zusammengehörigkeit, das auf gegenseitiger Achtung und Vertrauen beruhte.

Vertrauen und **Achtung** sind Grundlagen für eine gute Beziehung. Wenn zwei Menschen mit eigenen Vorstellungen und ganz bestimmten Verhaltensweisen dauerhaft zusammenleben wollen, kommt es hin und wieder zu Konflikten und manchmal auch zu einem ernsthaften Streit. Man erkennt dann, dass der Partner nicht dem Idealbild entspricht, das man sich von ihm gemacht hat. Doch gerade dann ist es wichtig, sich gegenseitig als Menschen mit Fehlern und Schwächen zu akzeptieren.

Wenn Konflikte entstehen, hilft es, miteinander zu reden, um sich über die eigenen Vorstellungen und die des Partners klar zu werden. Meist lassen sich dann Kompromisse finden, die von beiden getragen werden können. Beim Streiten sollten beide Partner darauf achten, die Gefühle des anderen nicht mutwillig zu verletzen, weder durch Worte noch durch körperliche Übergriffe. Auf dieser Basis wird nicht jeder ernsthafte Streit gleich der Anlass für eine Trennung sein. Sollte es trotzdem zu einer Trennung oder Scheidung kommen, müssen auch dann alle Beteiligten darauf achten, sich gegenseitig nicht zu verletzen.

Für eine gute Beziehung ist es natürlich besonders wichtig, wie die beiden Partner miteinander umgehen. Aber auch außenstehende Menschen wie Familienmitglieder, Freunde oder Arbeitskollegen beeinflussen eine Partnerschaft. Es ist sehr schön, wenn der jeweils andere Partner dort freundlich aufgenommen wird.
Dies ist gerade in Familien nicht immer einfach, besonders wenn die Familien verschiedenen Kulturkreisen angehören. Das ist zum Beispiel der Fall, wenn eine junge Muslimin einen deutschen Mann heiraten möchte.

Die freundliche Aufnahme ist auch dann besonders schwierig, wenn gleichgeschlechtliche Partner zusammenleben. Immer häufiger erkennen Männer, dass sie lieber mit einem Mann, und Frauen, dass sie lieber mit einer Frau leben wollen. Man spricht dann von *homosexuellen Beziehungen*.
Gerade in solchen Fällen ist es bedeutsam, dass sich die Familien und die Freunde offen und tolerant zeigen.

Wenn sich ein Paar entschließt, gemeinsam zu leben, müssen viele Gesichtspunkte bedacht werden. Es sollte zum Beispiel geklärt werden, ob das Paar Kinder haben möchte und wie sie anschließend betreut werden sollen. Dann sollten die beruflichen Pläne der Partner aufeinander abgestimmt werden. Auch in diesem Bereich kann es zu schwierigen Situationen, beispielsweise durch Arbeitslosigkeit, kommen. Alle diese Entscheidungen müssen verantwortlich und gleichberechtigt getroffen werden, wenn eine Beziehung Bestand haben soll.

> Vertrauen und gegenseitige Achtung sind die Grundlagen einer stabilen Beziehung. Alle Entscheidungen müssen verantwortlich und gleichberechtigt getroffen werden.

1 Betrachte die Bilder 1A–G. Beschreibe die einzelnen Situationen. Wie könnten sich die betroffenen Personen fühlen?

2 Nenne Beispiele für Entscheidungen, die ein Paar gemeinsam treffen muss.

Fortpflanzung und Entwicklung des Menschen

Pinnwand

LIEBE UND SEXUALITÄT

Liebe Tina,

seit wir miteinander gehen, bin ich total glücklich. Ich finde, du bist das tollste Mädchen der Welt. Gestern habe ich dich in der Fußgängerzone mit Sven gesehen. Ihr seid vor der Eisdiele gestanden und habt miteinander geredet und gelacht! Zum Abschied habt ihr euch sogar Küsschen gegeben! Ich habe mich nicht getraut zu euch hinzugehen. Es tat so weh. Ich bin seitdem total durcheinander! Ist jetzt alles zu Ende? Bitte antworte mir!

Dein Sebastian

1 Wie würdest du Sebastians Brief beantworten?

2 Befrage türkische Mitschüler und Mitschülerinnen, wie sich die Beziehung zwischen Mann und Frau im Islam gestaltet.

„Ein Gespräch mit einer Hamburger Muslimin…"

special: Frau Amin, ich darf Ihnen nicht die Hand geben?
Amin: Nein, das geht nicht.
special: Das ist doch absurd.
Amin: Das ist mein Glaube, und das ist überhaupt nicht absurd. Zwischen Nichtverheirateten darf es keine Berührung geben.
special: Aber sie hatten doch sicherlich mal einen Freund, den Sie berührt, mit dem Sie geschmust haben.
Amin: Ich war schon mal verliebt. Das war schön. Aber ich habe noch nie geküsst, und ich bin froh darüber. Ich hatte ein Angebot zum Heiraten, und wir haben uns näher kennengelernt – ohne körperlich in Berührung zu kommen; ich habe ihm auch nicht die Hand gegeben. Sex ist nicht nötig, es gibt auch geistige Zärtlichkeit. Und dann haben wir gemerkt, wir passen doch nicht zusammen. Wenn wir nun miteinander geschlafen, kurzfristig Gefühle füreinander entwickelt hätten – furchtbar.

aus:
Liebe. Ein Gefühl wird erforscht, Spiegel special 5/1995

Erste Erfahrungen

Viele Jungen entdecken schon lange bevor sie sich für Mädchen interessieren, dass sie beim Streicheln ihres Penis zum Orgasmus kommen können. Man spricht dann von Selbstbefriedigung. Auch Mädchen können sich selbst befriedigen, indem sie ihre Geschlechtsorgane und dabei besonders den Kitzler reiben und streicheln. Selbstbefriedigung ist nicht schädlich. Man kann dabei seinen Körper kennenlernen.

Was meinst du dazu?

- Wenn sich zwei Menschen lieben, verstehen sie sich ohne Worte.
- Ein Junge, der mit seinen sexuellen Erlebnissen angibt, ist ein toller Kerl und wird häufig bewundert.
- Ein Mädchen, das von sexuellen Abenteuern erzählt, ist „leicht zu haben" und wird deshalb häufig verachtet.
- Wenn zwei miteinander schlafen, ist das der Beweis dafür, dass sie sich lieben.

Fortpflanzung und Entwicklung des Menschen

UNANGENEHME SITUATIONEN

Pinnwand

Jan hat noch keine Freundin gehabt. Seine Klassenkameraden hänseln ihn in der letzten Zeit immer häufiger damit, er wäre wohl schwul. In der großen Pause sagt Mirko zu ihm: „Heute nach dem Unterricht zeigen wir dir, wie man mit Mädchen umgeht."

Marks Clique trifft sich im Billardcafé. Mädchen sind heute nicht dabei. Die Jungen reden über ihre Freundinnen. Da sagt einer der Clique: „Ich mach' mit den Mädchen was ich will. Die tun immer nur so blöd. Wenn die ‚Nein' sagen, meinen sie doch sowieso ‚Ja'. Da muss man sich einfach durchsetzen."

Offener Brief an die Klasse 8a!

Eigentlich bin ich ganz gerne in dieser Klasse. Neulich allerdings war ich ziemlich enttäuscht von euch. Ihr erinnert euch: Christian versuchte in der großen Pause, mich zu küssen. Er hat mich sehr grob festgehalten und gegen die Schulwand gedrückt. Viele von euch haben zugeschaut. Ihr habt gesehen, wie ich mich gewehrt habe. Und was habt ihr gemacht? Ihr habt gelacht oder Christian sogar noch angefeuert. Vielleicht war das alles für euch besonders witzig, für mich war es schlimm! Warum hat mir niemand von euch geholfen? Ich habe zur Zeit gar keine Lust mehr in die Schule zu gehen.

Kathrin

1 Wähle eine der Situationen, die auf den Pinnzetteln dargestellt sind. Wie würdest du dich verhalten?

2 Berichte über eine dir unangenehme Situation und wie du dich verhalten hast.

Monika und Aishe steigen um 21.30 Uhr in die Straßenbahn, um nach Hause zu fahren. Im gleichen Wagen sitzen vier junge Männer, die sofort anfangen, blöde Bemerkungen zu machen. Die beiden haben den Verdacht, dass die vier schon ganz schön betrunken sind.

Im Treppenhaus begegnet Anna ihrem Nachbarn. Als er sie sieht, pfeift er und sagt: „Na, Schätzchen, wo willst du denn so alleine hin?"

Simone sitzt mit ihrem Freund auf einer versteckten Parkbank. Er beginnt, sie an der Brust zu streicheln. Sie möchte das nicht, hat aber Angst, ihm das zu sagen. Sie könnte ihn ja verlieren...

Fortpflanzung und Entwicklung des Menschen

Das Körperwachstum beschleunigt sich. Arme und Beine werden länger.

Die Haut verändert sich. Pickel können entstehen. Die Haare müssen öfter gewaschen werden.

Hüften und Oberschenkel werden runder. Das Becken wird breiter.

Eierstöcke und Gebärmutter nehmen ihre Funktion auf. Die erste Menstruation setzt ein.

Das Gesicht bekommt erwachsene Züge.

Achselhaare beginnen zu wachsen.

Die Brüste wachsen. Die Brustwarzen werden größer.

Schweißdrüsen werden aktiver.

Die Schamhaare wachsen. Sie werden dichter und lockiger.

1 Mädchen in der Pubertät

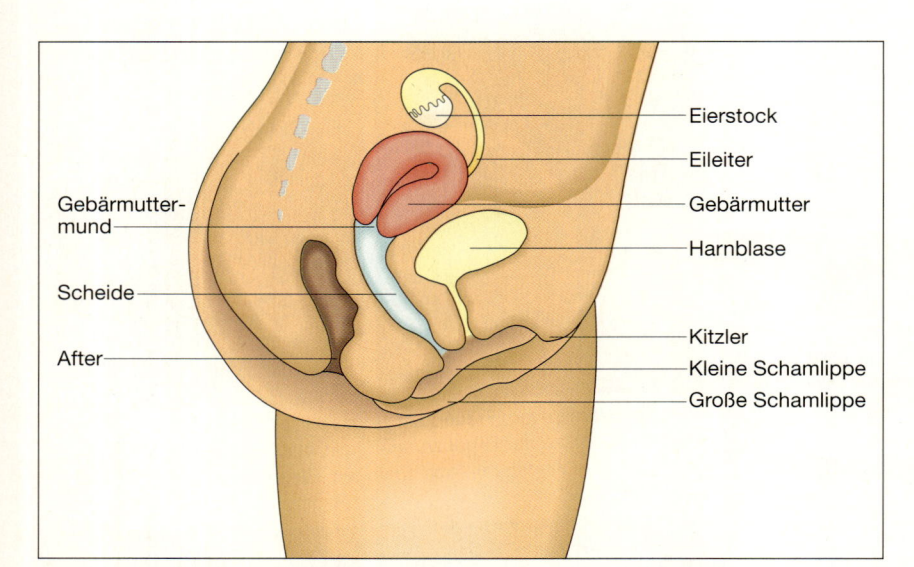

Eierstock
Eileiter
Gebärmutter
Harnblase
Kitzler
Kleine Schamlippe
Große Schamlippe

Gebärmuttermund
Scheide
After

2 Weibliche Geschlechtsorgane

2 Die Entwicklung zur Frau

2.1 Veränderungen in der Pubertät

Während der Pubertät verändert sich der Körper von Mädchen sehr stark. Mädchen bemerken dies zuerst an ihrer Figur. Etwa ab dem 11. Lebensjahr entwickeln sich die *sekundären Geschlechtsmerkmale*. Die Brüste wachsen, das Becken wird breiter und in den Achselhöhlen und im Schambereich zeigen sich die ersten Haare. Aber auch im Körper verändert sich einiges. Die *weiblichen Geschlechtsorgane*, die bereits seit der Geburt vorhanden sind, wachsen und nehmen ihre Funktion auf. In den Eierstöcken reift die erste Eizelle heran. Mädchen bemerken dies an der ersten Menstruation oder Regelblutung, die irgendwann zwischen dem 9. und dem 16. Lebensjahr einsetzt.

Alle diese Veränderungen werden durch *Hormone* ausgelöst, die in verschiedenen *Hormondrüsen* gebildet werden. Im menschlichen Körper gibt es sehr viele verschiedene dieser Botenstoffe, die alle ganz unterschiedliche Aufgaben haben. Ihre Bildung wird über das Gehirn gesteuert. Wenn nun der Körper am Ende der Kindheit ein bestimmtes Wachstumsstadium erreicht hat, erfolgt vom Gehirn der Befehl, verstärkt *Geschlechtshormone* zu bilden. Wann dieser Zeitpunkt erreicht ist, ist jedoch von Mensch zu Mensch verschieden. Zwei gleichaltrige Mädchen können sich deshalb auf ganz verschiedenen Entwicklungsstufen befinden.

In der Pubertät entwickelt sich aber nicht nur der Körper. Auch die Art zu fühlen und die Umgebung zu sehen verändert sich im Vergleich zur Kindheit grundlegend.

Fortpflanzung und Entwicklung des Menschen

Wenn sich Mädchen im Spiegel betrachten, so sind sie häufig sehr unzufrieden. Nichts ist so, wie man es gerne hätte. Der Körper ist vollkommen verändert und man macht sich Gedanken, was für eine Frau man später vielleicht einmal sein wird.

Viele Mädchen haben in diesem Alter große Probleme mit ihren Eltern. Diese haben häufig ganz andere Vorstellungen hinsichtlich des Freundeskreises, des Aussehens oder der Kleidung. Manche Mädchen haben vielleicht auch das Gefühl, Jungen gegenüber benachteiligt zu sein. Jungen haben oft viel mehr Freiheiten. Dies kommt daher, dass Mädchen von ihren Eltern immer noch stärker behütet werden als Jungen.

Aber egal wie viele Freiheiten man als Mädchen hat, es ist für alle Mädchen wichtig, besonders gut auf sich selbst zu achten. Gerade im Bereich der Sexualität sollte man zu allem nein sagen, was man nicht selbst tun möchte. Wenn man sich durch Bemerkungen, Blicke, Berührungen und Angebote belästigt fühlt, hat man das Recht, sie energisch und deutlich abzuwehren. Auch nahe stehende Menschen haben kein Recht, ein Mädchen auf diese Weise zu beleidigen oder zu missbrauchen.

> In der Pubertät finden neben der Ausprägung von Geschlechtsmerkmalen auch seelische Veränderungen statt. Die Veränderungen werden durch Hormone ausgelöst. Im Bereich der Sexualität ist es für Mädchen besonders wichtig, auf die eigenen Bedürfnisse und Gefühle zu achten und Belästigungen deutlich abzuwehren.

1 Beschreibe die Veränderungen eines Mädchens in der Pubertät. Was löst sie aus?
2 Nenne Streitanlässe in der Familie. Welche betreffen eher Jungen, welche eher Mädchen?
3 Betrachte Abb. 4. Gib den Inhalt der Bildergeschichte wieder. Wie würdest du dich in einer ähnlichen Situation verhalten?
4 Welche Möglichkeiten haben Mädchen, sich in Belästigungssituationen deutlich ablehnend zu verhalten?

3 Unzufrieden mit dem Aussehen

4 Partystress

Fortpflanzung und Entwicklung des Menschen

1 Menstruation. A Martina mit Bauchschmerzen im Bett; B Anna beim Tanzen

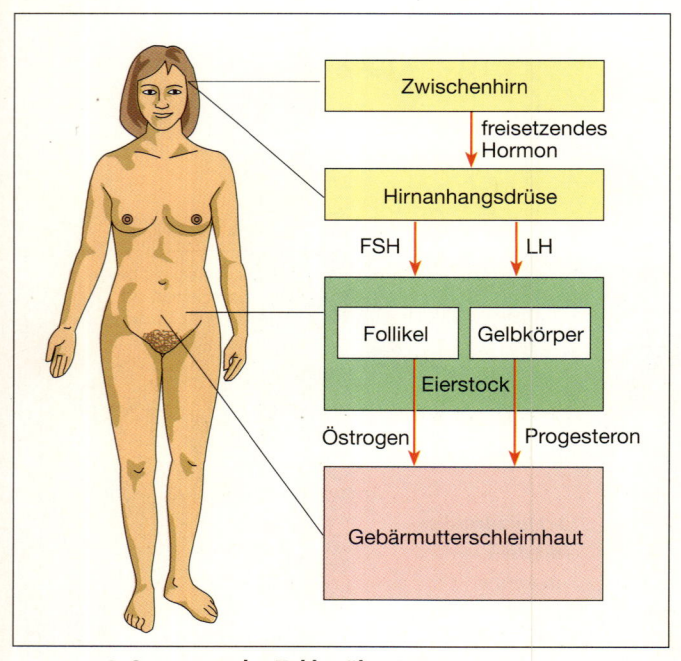

2 Steuerung des Zyklus über Hormone

2.2 Die Menstruation

Martina hat „ihre Tage". Sie leidet mit dem Einsetzen ihrer *Regelblutung* immer unter starken Bauchschmerzen und zieht sich dann am liebsten mit einer Wärmflasche in ihr Bett zurück. Für Anna kommt das nicht infrage. Auch während ihrer Regelblutung versäumt sie nie die Jazztanzgruppe. Tanzen macht ihr einfach zu viel Spaß. Martina und Anna verhalten sich während ihrer etwa alle vier Wochen auftretenden Regelblutung ganz verschieden. Beide wissen jedoch genau, was ihnen gut tut und verhalten sich entsprechend.

Die Regelblutung oder **Menstruation** ist ein Anzeichen dafür, dass ein Mädchen nun ein Kind bekommen kann. Wenn ein Mädchen geboren wird, befinden sich bereits 300 000 bis 400 000 Eianlagen in den Eierstöcken. Diese Anlagen müssen aber noch reifen. Von der Pubertät bis zum Alter von ungefähr 50 Jahren reift etwa alle vier Wochen in einem *Eibläschen* eine befruchtungsfähige *Eizelle* heran. Wird eine Eizelle nicht befruchtet, löst sie sich auf und es kommt zur Regelblutung. Dieser Vorgang wiederholt sich regelmäßig 400- bis 500-mal im Leben einer Frau.

Der **weibliche Zyklus** beginnt am ersten Tag mit der Regelblutung. Sie dauert 3 bis 5 Tage. Durch ein Hormon des Zwischenhirns wird die Hirnanhangsdrüse angeregt, ihrerseits Hormone freizusetzen. Über das Blut gelangt das *follikelstimulierende Hormon (FSH)* in den Eierstock und regt dort die Eireifung an. Während die Eizelle heranreift, wird im Eibläschen (Follikel) *Östrogen* gebildet. Östrogen ist ebenfalls ein Hormon. Es ist zuständig für die Ausprägung der weiblichen Geschlechtsmerkmale. Darüber hinaus bewirkt es, dass die Gebärmutterschleimhaut in der Gebärmutter aufgebaut wird. Außerdem regt es die Hirnanhangsdrüse an, ein weiteres Hormon freizusetzen: das *luteinisierende Hormon (LH)*. Dieses Hormon bewirkt, dass etwa am 14. Tag der **Eisprung** stattfindet. Das Eibläschen reißt auf. Die nun reife Eizelle verlässt den Eierstock und wird von der Trichteröffnung des Eileiters aufgenommen.

Während die Eizelle durch den Eileiter in die Gebärmutter wandert, wandelt sich die im Eierstock zurückgebliebene Eihülle in den Gelbkörper um. Der Name kommt von der gelben Farbe der Eihülle. Der Gelbkörper bildet jetzt ein weiteres Hormon: das *Progesteron* oder *Gelbkörperhormon*. Dieses Hormon bewirkt, dass die Gebärmutterschleimhaut stark durchblutet wird und eine befruchtete Eizelle aufnehmen könnte. Wird die Eizelle nicht befruchtet, bildet sich der Gelbkörper zurück und es wird kein Progesteron mehr produziert. Dadurch beginnt sich die Gebärmutter-

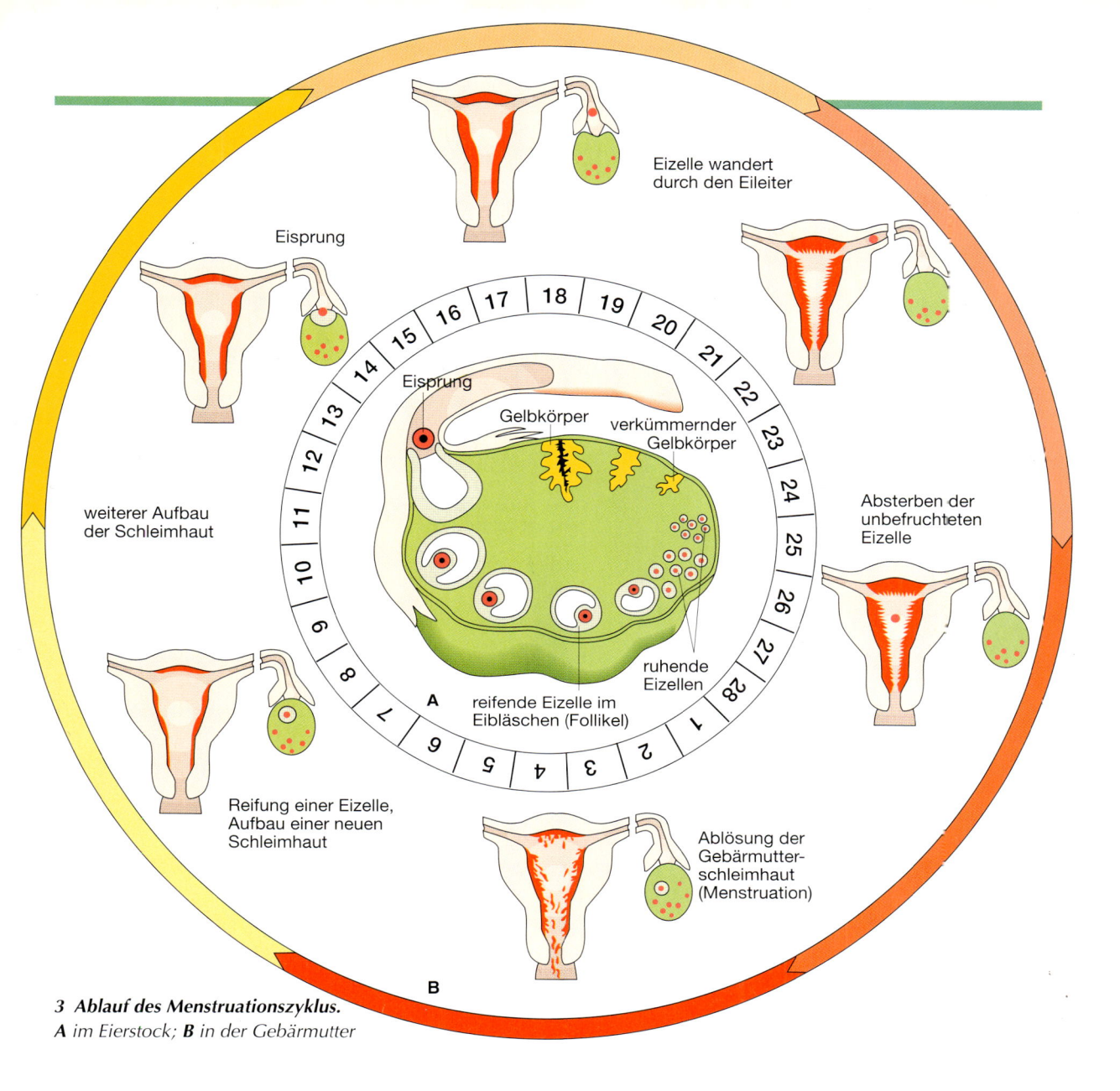

3 Ablauf des Menstruationszyklus.
A im Eierstock; B in der Gebärmutter

Diagramm-Beschriftungen (im Uhrzeigersinn):
- Eisprung
- Eizelle wandert durch den Eileiter
- Absterben der unbefruchteten Eizelle
- Ablösung der Gebärmutterschleimhaut (Menstruation)
- Reifung einer Eizelle, Aufbau einer neuen Schleimhaut
- weiterer Aufbau der Schleimhaut

Innen (A im Eierstock):
- Eisprung
- Gelbkörper
- verkümmernder Gelbkörper
- ruhende Eizellen
- reifende Eizelle im Eibläschen (Follikel)

---

schleimhaut in der letzten Woche des Zyklus von der Gebärmutterwand abzulösen. Die Regelblutung setzt ein und ein neuer Zyklus beginnt.

Während einer Schwangerschaft bleibt die Menstruation aus. Nicht jedes Ausbleiben der Regelblutung muss allerdings auf eine Schwangerschaft hindeuten. Starke seelische oder körperliche Belastungen, Krankheiten oder auch Klimaveränderungen auf Reisen können das Zusammenwirken der Hormone stören und den Menstruationszyklus durcheinander bringen. Bei jungen Mädchen ist der Zyklus häufig ebenfalls noch unregelmäßig. Es dauert einige Zeit, bis sich der persönliche Rhythmus eingependelt hat. Er kann auch kürzer oder länger als 28 Tage sein.

> Während eines Zyklus reift eine Eizelle in einem Eierstock heran und es kommt zum Eisprung. Wird die Eizelle nicht befruchtet, kommt es zur Menstruation. Der Menstruationszyklus wird über Hormone gesteuert.

1 Erläutere den Ablauf des Menstruationszyklus anhand der Abbildung 3.
2 Schreibe alle Hormone auf, die im Lehrbuchtext genannt werden. Gib an, wo sie gebildet werden und beschreibe, welche Wirkung sie haben.
3 Beschreibe, welche Einflüsse sich störend auf den Menstruationszyklus auswirken können.

Fortpflanzung und Entwicklung des Menschen

Das Körperwachstum beschleunigt sich. Arme und Beine werden länger.

Die Haut verändert sich. Pickel können entstehen.

Schweißdrüsen werden aktiver.

Brust und Schultern werden im Vergleich zur Hüfte breiter.

Auf Brust, Armen und Beinen werden die Haare dichter.

Das Gesicht wird kantiger.

Die ersten Barthaare wachsen.

Der Kehlkopf wächst. Die Stimmbänder werden länger. Die Stimme wird tiefer.

Achselhaare beginnen zu wachsen.

Penis, Hoden und Hodensack werden größer.

Die Geschlechtsorgane nehmen ihre Funktion auf. Es kommt zum ersten Samenerguss.

Die Schamhaare wachsen.

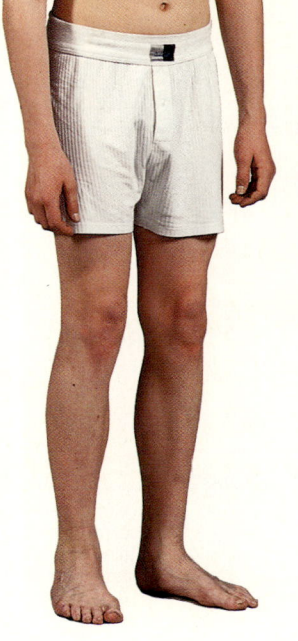

1 Junge in der Pubertät

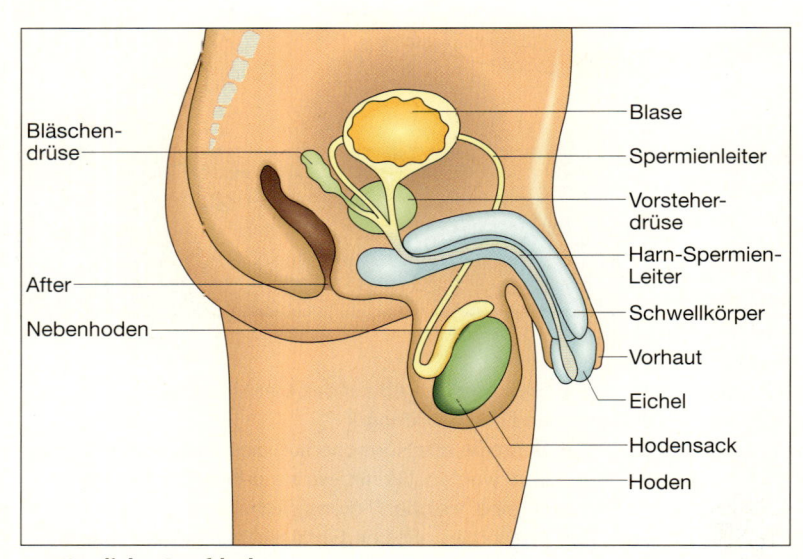

2 Männliche Geschlechtsorgane

Bläschendrüse
After
Nebenhoden
Blase
Spermienleiter
Vorsteherdrüse
Harn-Spermien-Leiter
Schwellkörper
Vorhaut
Eichel
Hodensack
Hoden

3 Die Entwicklung zum Mann

3.1 Aus Jungen werden Männer

In der Pubertät verändert sich auch der Körper von Jungen. Die *Geschlechtsorgane,* die bereits seit der Geburt vorhanden sind, wachsen und nehmen ihre Funktion auf. Jungen bemerken die Veränderungen meist etwas später als Mädchen. Irgendwann im Alter zwischen 10 und 14 Jahren sehen sie, dass sich ihre Hoden vergrößern und dass der Hodensack dunkler und faltiger wird. Einige Zeit später beginnt auch der Penis zu wachsen. In den Hoden bilden sich die ersten männlichen Geschlechtszellen, die **Spermien.** Sie werden in den Nebenhoden gespeichert. Wenn sich dort sehr viele Spermien angesammelt haben, kann es bei Jungen zu einem nächtlichen Spermienerguss kommen. Solche Spermienergüsse sind ein Zeichen dafür, dass ein Junge ab jetzt zeugungsfähig ist. Alle diese Veränderungen werden durch *Geschlechtshormone* ausgelöst.

Geschlechtshormone sind auch dafür verantwortlich, dass sich die *sekundären männlichen Geschlechtsmerkmale* herausbilden. Das Gesicht von Jungen wird kantiger und auf der Oberlippe zeigt sich der erste Bartflaum. In den Achselhöhlen und im Schambereich wachsen ebenfalls Haare. Die Körperbehaarung auf Armen, Beinen und der Brust entwickelt sich erst später. Nach und nach verändert sich auch die Figur. Die Muskulatur nimmt zu und Schultern und Brust werden breiter. Das Becken bleibt schmal. Während der Wachstumsphase wächst auch der Kehlkopf, wodurch die Stimmbänder länger werden. Dies führt zum

Fortpflanzung und Entwicklung des Menschen

Stimmbruch. Während des Stimmbruchs schlägt die hohe Kinderstimme beim Sprechen und Singen immer wieder in die tiefere Männerstimme um. Die männliche Stimme bildet sich allmählich heraus. Spätestens jetzt bemerken alle Personen im Umfeld eines Jungen, dass aus ihm langsam ein Mann wird.

Während der Pubertät haben Jungen zum Teil große Probleme mit ihrer Sexualität. Schon als Kind versteift sich ihr Penis hin und wieder. Man spricht dann von einer *Erektion*. Die Schwellkörper füllen sich dabei mit Blut und der Penis richtet sich auf. In der Pubertät werden solche Erektionen häufiger. Manchmal genügt schon die Reibung der Hose oder eine gefüllte Blase. Normalerweise entsteht eine Erektion allerdings durch den Anblick eines Mädchens, das einem Jungen gefällt, durch sexuelle Fantasien oder die Berührung des Penis. Den Umgang mit Erektionen muss ein Junge erst lernen. Manchmal entstehen sie zu ganz „unpassenden" Zeitpunkten und können sehr peinlich sein. Manchen Jungen hilft es dann, wenn sie sich auf etwas völlig anderes konzentrieren.

Genau wie Mädchen sind auch viele Jungen in diesem Alter mit ihrem Körper unzufrieden. Wenn sie sich mit anderen vergleichen, stellen sie fest, dass diese mehr Barthaare haben oder viel größer und stärker sind als sie selbst. Solche Unterschiede sind selbst unter gleichaltrigen Jungen ganz normal. Erst im Alter zwischen 18 und 20 Jahren haben Jungen ihre endgültige Körpergröße und Figur erreicht. Eine häufige Sorge scheint auch zu sein, dass der Penis nicht groß genug ist. Beim Duschen nach dem Sport oder Schwimmen werden weniger weit entwickelte Jungen deshalb oft ausgelacht. Ein solches Verhalten ist unfair. Männlichkeit hat nichts mit der Größe des Penis zu tun.

Auch in ihrem Verhalten sind Jungen dieses Alters sehr unsicher. Einige wollen besonders männlich wirken und versuchen, mit starken Übertreibungen über ihre Erlebnisse mit Mädchen zu imponieren. Sie fordern die anderen immer wieder zu Vergleichen und Wettkämpfen heraus. Wer dabei nicht mitmachen möchte, sollte das deutlich sagen. Man ist kein Feigling, wenn man keine Lust auf Raufereien oder Mutproben hat. Im Gegenteil, meist erfordert es mehr Mut, eine von der Mehrheit abweichende Meinung beizubehalten und sich nicht provozieren zu lassen.

3 Unzufrieden mit dem eigenen Aussehen

4 Der Körper reagiert

In der Pubertät prägen sich die sekundären Geschlechtsmerkmale aus. Auch das Verhalten von Jungen verändert sich. Die Veränderungen werden durch Hormone ausgelöst.

1 Beschreibe die Veränderungen eines Jungen in der Pubertät.
2 Beschreibe Gemeinsamkeiten und Unterschiede der Veränderungen bei Jungen und Mädchen während der Pubertät.

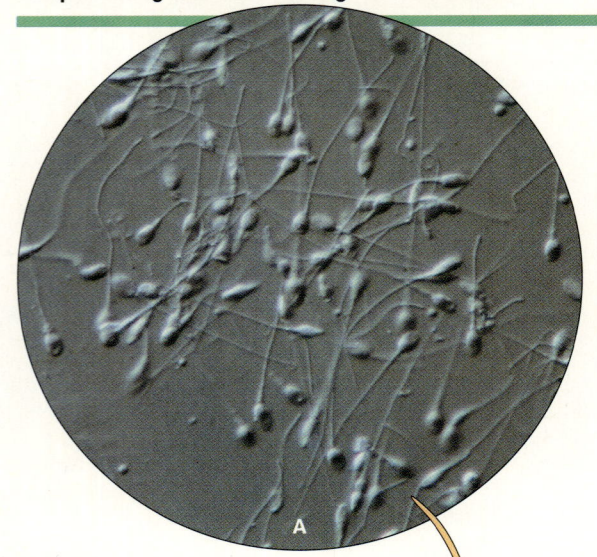

Fortpflanzung und Entwicklung des Menschen

1 Spermien. A mikroskopische Aufnahme; **B** Schema eines Spermiums

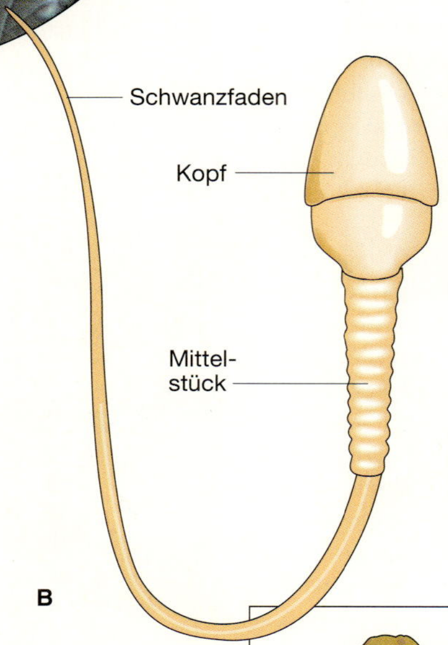

3.2 Hormone steuern die Bildung der Spermien

Jungen erkennen an ihrem ersten *Spermienerguss,* dass ihre Geschlechtsorgane die Funktion aufgenommen haben. Ein Spermienerguss besteht aus etwa 4 ml Spermienflüssigkeit oder *Sperma.* Darin befinden sich neben Flüssigkeiten aus verschiedenen Drüsen bis zu 400 Millionen **Spermien.** Betrachtet man Spermien unter dem Mikroskop, so stellt man fest, dass jede aus Kopf, Mittelstück und Schwanzfaden besteht. Im Kopf befindet sich der Zellkern mit den Erbanlagen. Das Mittelteil enthält Zellbestandteile, mit deren Hilfe Energie für die Fortbewegung freigesetzt wird. Mithilfe des Schwanzfadens bewegt sich das Spermium schlängelnd vorwärts.

Die Spermien werden in den Hoden gebildet. Es dauert mehr als zwei Monate, bis sich aus Vorstufen reife Spermien entwickeln. Ihre Entwicklung wird über Hormone gesteuert. Genau wie im weiblichen Körper regt das Zwischenhirn die Hirnanhangsdrüse über ein *freisetzendes Hormon* an, zwei verschiedene Hormone freizusetzen. Das *follikelstimulierende Hormon (FSH)* beeinflusst direkt die Reifung der Spermien. Das *luteinisierende Hormon (LH)* wirkt auf bestimmte Zellen in den Hoden ein. Diese produzieren daraufhin das männliche Keimdrüsenhormon, das *Testosteron.* Auch dieses Hormon trägt zur Reifung der Spermien bei. Es ist darüber hinaus verantwortlich für die Ausprägung der männlichen Geschlechtsmerkmale. Bei Männern entwickeln sich ab der Pubertät bis ins hohe Alter ohne Unterbrechung neue Spermien.

Die Spermienproduktion ist sehr anfällig gegenüber äußeren Einflüssen. Werden die Hoden durch Schläge oder Quetschungen, zum Beispiel bei Sportunfällen, verletzt, führt dies zu starken Schmerzen. Als Folge können sich missgebildete Spermien entwickeln. Auch Umweltgifte, Drogen oder Medikamente beeinflussen die Reifung der Spermien. Kinderkrankheiten wie Mumps können bei Jungen zu Hodenentzündungen führen und müssen deshalb sorgfältig ausgeheilt werden, um nicht dauernde Unfruchtbarkeit zur Folge zu haben.

> Spermien bestehen aus Kopf, Mittelstück und Schwanzfaden. Von der Pubertät bis ins hohe Alter werden ununterbrochen neue Spermien produziert. Ihre Bildung wird über Hormone gesteuert.

1 Erkläre anhand der Abb. 2 die hormonelle Regulation der Spermienbildung.

2 Nenne äußere Einflüsse, durch die die Spermienproduktion gestört werden kann.

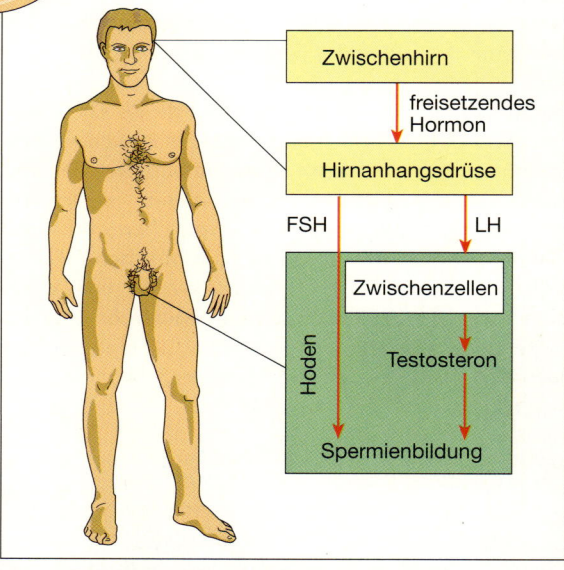

2 Regulation der Spermienbildung

Fortpflanzung und Entwicklung des Menschen

4 Familienplanung

Maik und Svenja leben mit ihren Eltern und ihrer Oma in einem Haus am Stadtrand. Ihr Vater arbeitet in einer Bank. Ihre Mutter arbeitet halbtags.
Sebastian lebt seit der Scheidung seiner Eltern allein mit seiner Mutter. Sie arbeitet ganztägig in einer Apotheke. Seinen Vater sieht er einmal im Monat am Wochenende.
Es gibt heute ganz unterschiedliche Formen des Zusammenlebens. Normalerweise leben Kinder in Familien mit Vater und Mutter. Daneben gibt es jedoch immer mehr allein erziehende Mütter und Väter. Aber auch die Anzahl der kinderlosen Paare und der allein lebenden Männer und Frauen nimmt ständig zu. Je nach Zusammensetzung einer Familie oder Lebensgemeinschaft gestalten sich die Aufgaben der einzelnen Mitglieder.
Wenn sich ein junges Paar heute entschließt zusammenzuleben, müssen die beiden darüber reden, wie die Lebensplanung der Frau und des Mannes aussieht. Sie sollten sich einigen, ob und zu welchem Zeitpunkt sie Kinder haben möchten. Kinder bedeuten eine Bereicherung des Lebens. Man muss bei der Planung aber bedenken, dass Kinder viel Zeit und Kraft fordern und auch viel Geld kosten.

Die Methoden der **Empfängnisverhütung** helfen, den Zeitpunkt des „Kinderkriegens" nicht dem Zufall zu überlassen. Welche Methode für ein Paar die geeignete ist, sollten die beiden zusammen entscheiden. Wichtig ist dabei die Sicherheit des gewählten Verhütungsmittels. Auch die richtige Art der Anwendung und die Gesundheitsverträglichkeit müssen vorher geklärt werden. Wenn sich Paare nicht sicher sind, welches Mittel geeignet ist, gibt es Beratungsstellen, bei denen man sich Informationen über Verhütungsmethoden besorgen kann. Auch die Frauenärztin oder der Frauenarzt geben Auskunft. Noch immer gibt es Paare, die sich aufs „Aufpassen" verlassen. Man meint damit den unterbrochenen Geschlechtsverkehr, bei dem der Mann das Glied vor dem Spermienerguss aus der Scheide der Frau zieht. Diese Methode ist keine Methode der Empfängnisverhütung! Schon vor dem Spermienerguss kann vom Mann unbemerkt etwas Sperma aus der Harn-Spermien-Röhre austreten und es reicht ein Spermium, um eine Schwangerschaft zu verursachen.

> Bei der Planung einer Familie müssen die Lebensplanungen von Mann und Frau aufeinander abgestimmt werden.

1 Familie mit zwei Kindern

2 Lebensformen in Deutschland (2000)

	Ehepaare ohne Kinder	25%
	allein lebende Frauen	21%
	allein lebende Männer	15%
	Ehepaare mit 1 Kind	11,5%
	Ehepaare mit 2 Kindern	10%
	allein Erziehende mit Kindern	8%
	nicht eheliche Lebensgemeinschaften, Wohngemeinschaften mit Kindern	6%
	Ehepaare mit 3 und mehr Kindern	3,5%

3 Allein erziehende Mutter

1 Beschreibe deine Zukunftsvorstellungen. Vergleiche sie mit denen deiner Mitschülerinnen und Mitschüler.
2 Nenne Gründe, warum es bei uns in Deutschland immer weniger Familien mit 3 und mehr Kindern gibt.
3 Beschreibe verschiedene Methoden der Empfängnisverhütung. Nimm die Pinnwand auf S. 110 zu Hilfe.
4 Nenne Beratungsstellen, bei denen du dich über empfängnisverhütende Methoden informieren kannst.

Fortpflanzung und Entwicklung des Menschen

Pinnwand

VERHÜTUNGSMITTEL

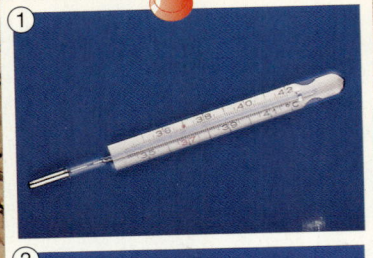

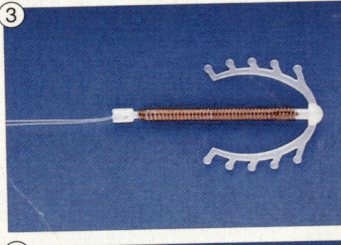

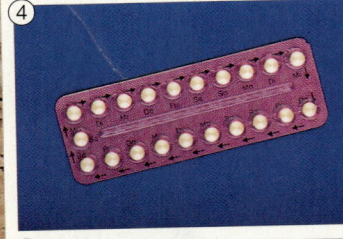

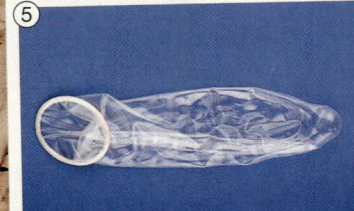

Zwei Partner, die sich lieben, haben das Bedürfnis, sich auch körperlich sehr nahe zu sein. Da ein Geschlechtsverkehr zu einer Schwangerschaft führen kann, ergibt sich daraus eine besondere Verantwortung. Es ist möglich, durch die Anwendung von Verhütungsmitteln eine unerwünschte Schwangerschaft zu verhindern.

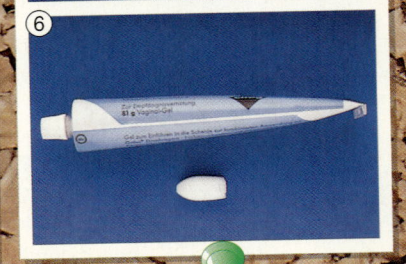

A ★ Muttermundkappe ★ ★
eine Kappe, die auf den Eingang der Gebärmutter gesetzt wird und das Eindringen der Spermien in die Gebärmutter verhindert; keine Nebenwirkungen, aber in der Anwendung unsicher

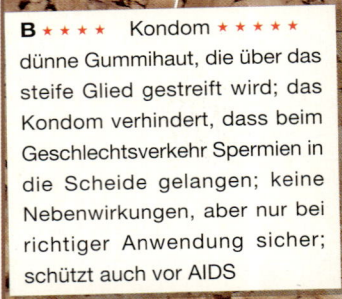

B ★ ★ ★ ★ Kondom ★ ★ ★ ★ ★
dünne Gummihaut, die über das steife Glied gestreift wird; das Kondom verhindert, dass beim Geschlechtsverkehr Spermien in die Scheide gelangen; keine Nebenwirkungen, aber nur bei richtiger Anwendung sicher; schützt auch vor AIDS

C ★ Natürliche Methode ★ ★
Die Körpertemperatur wird jeden Tag vor dem Aufstehen gemessen; aus dem Verlauf der Temperaturkurve im Menstruationskalender kann abgelesen werden, wann ungefähr ein Eisprung erfolgte; diese Methode ist sehr unsicher.

D ★ ★ Chemische Mittel ★ ★
Zäpfchen und Salben werden erst kurz vor dem Geschlechtsverkehr in die Scheide eingeführt; sie enthalten spermientötende Substanzen; im Allgemeinen ohne Nebenwirkungen, aber sehr unsicher in der Anwendung.

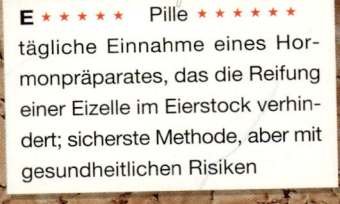

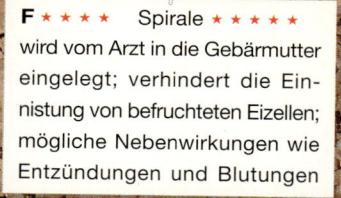

E ★ ★ ★ ★ ★ Pille ★ ★ ★ ★ ★ ★
tägliche Einnahme eines Hormonpräparates, das die Reifung einer Eizelle im Eierstock verhindert; sicherste Methode, aber mit gesundheitlichen Risiken

F ★ ★ ★ ★ Spirale ★ ★ ★ ★ ★
wird vom Arzt in die Gebärmutter eingelegt; verhindert die Einnistung von befruchteten Eizellen; mögliche Nebenwirkungen wie Entzündungen und Blutungen

1 Ordne die Informationszettel den Abbildungen zu.

Fortpflanzung und Entwicklung des Menschen

GESCHLECHTSKRANKHEITEN

Pinnwand

Geschlechtskrankheiten

Geschlechtskrankheiten sind Infektionskrankheiten, die meist durch Intimkontakt mit einer infizierten Person übertragen werden. Zu den Erregern gehören Bakterien, Viren, Hefepilze oder einzellige Lebewesen wie Geißeltierchen. Im Körper befallen sie zuerst die Geschlechtsorgane. Manchmal greift die Infektion auch auf andere Organe über. Einige Krankheiten wie Herpes oder bestimmte Scheidenentzündungen können auch durch Kontakt mit Händen, unsauberen Toiletten oder in Schwimmbädern übertragen werden. Die Verwendung von Kondomen bei Intimkontakten und eine regelmäßige Körperpflege verringern die Gefahr einer Infektion.

Syphilis (Lues)

Erreger: Bakterien
Infektion: durch Sexualkontakte
Inkubationszeit: drei bis sechs Wochen
Symptome: Im ersten Stadium bildet sich an der Infektionsstelle ein kleines Geschwür, das eine ansteckende Flüssigkeit absondert. Das zweite Stadium beginnt nach etwa zwei Monaten. Der gesamte Körper ist mit juckendem Ausschlag überzogen. Häufig treten auch Müdigkeit, Kopfschmerzen, Fieber und geschwollene Lymphknoten auf. Alle Symptome verschwinden wieder. Im dritten Stadium, das erst nach mehreren Jahren eintreten kann, werden die inneren Organe und das Nervensystem geschädigt. Ohne Behandlung führt eine Syphilisinfektion zum Tod.
Behandlung: mit Antibiotika

Anzahl der Tripperkrankungen in Deutschland

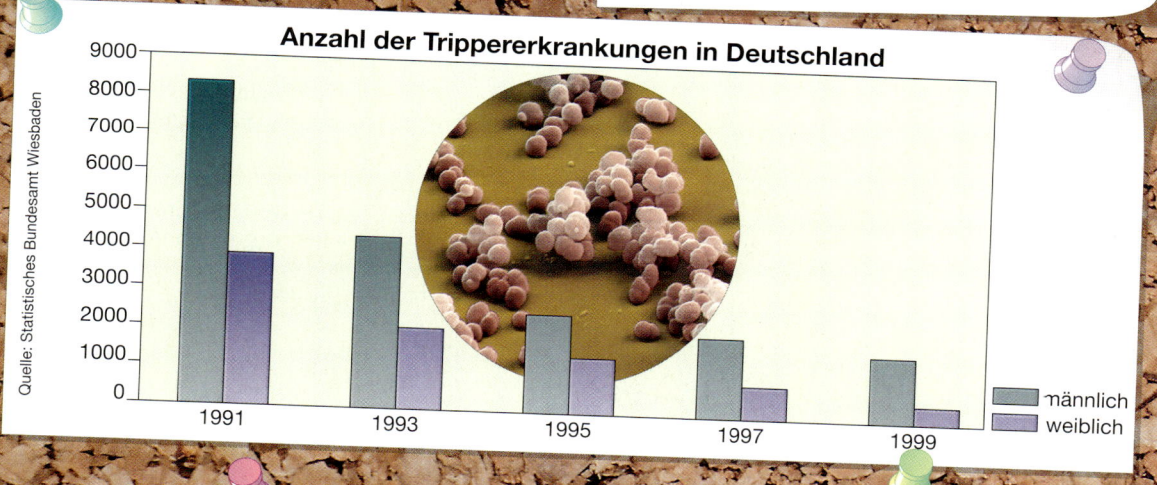

Quelle: Statistisches Bundesamt Wiesbaden

männlich / weiblich

Tripper (Gonorrhö)

Erreger: Bakterien (Gonokokken)
Infektion: durch Geschlechtsverkehr
Inkubationszeit: zwei bis sieben Tage
Symptome: Jucken in der Harnröhre, eitriger Ausfluss, Brennen beim Wasserlassen
Behandlung: mit Antibiotika

Trichomoniasis

Erreger: einzellige Lebewesen (Geißeltierchen)
Infektion: auf Toiletten, in der Sauna, durch Geschlechtsverkehr
Inkubationszeit: einige Tage
Symptome: Brennen und Juckreiz in der Scheide der Frau oder in der Harnröhre beim Mann
Behandlung: mit Antibiotika (in Tablettenform)

Herpes genitalis

Erreger: Viren
Infektion: durch Geschlechtsverkehr
Inkubationszeit: ein bis drei Wochen
Symptome: Hautausschlag mit Bläschenbildung an den Geschlechtsorganen, Fieber, Kopfschmerzen
Behandlung: mit Antibiotika oder mit speziellen Salben, die gegen Viren wirken

1. Erreger, die durch Intimkontakt übertragen werden und eine Infektion auslösen können, sind unter anderem auch HI-Viren. Sie können zu AIDS führen.
   a) Wodurch unterscheidet sich eine AIDS-Erkrankung von anderen Infektionserkrankungen?
   b) Welche Regeln muss man beachten, um eine Ansteckung mit HIV zu vermeiden?
2. Welche Informationen entnimmst du der Grafik „Anzahl der Trippererkrankungen in Deutschland"?

1 Weg der befruchteten Eizelle bis zur Einnistung

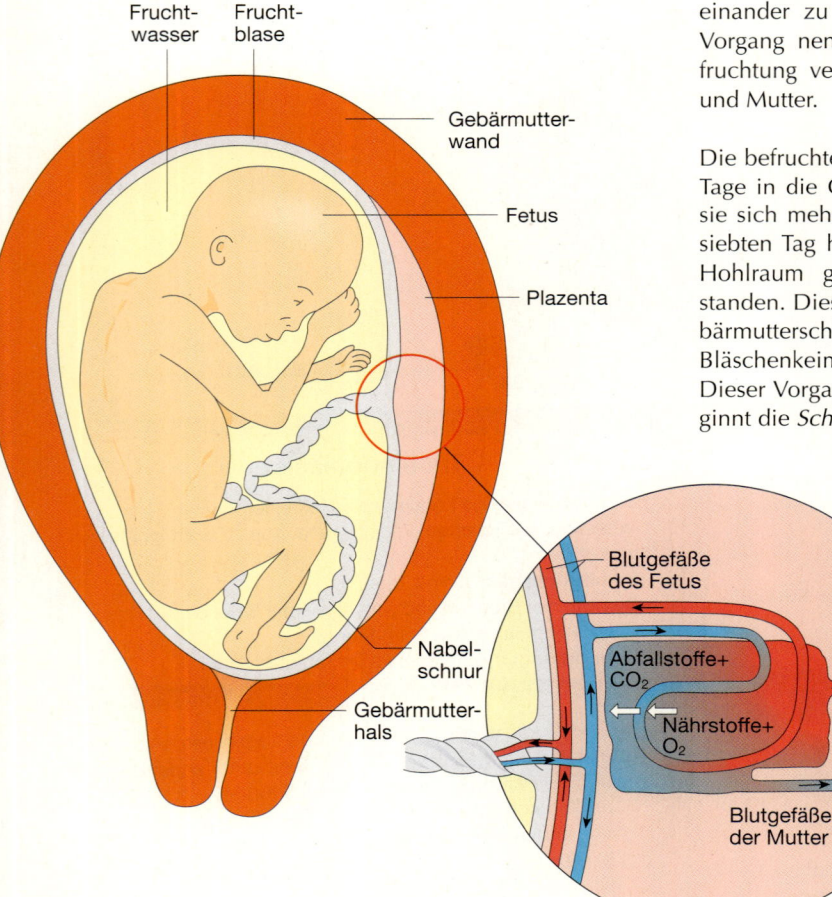

2 Fetus in der Gebärmutter

3 Plazenta (Ausschnitt)

5 Schwangerschaft und Geburt

5.1 Befruchtung und Keimentwicklung

Wenn sich Paare ein Kind wünschen, warten sie oft gespannt auf das Einsetzen der nächsten Regelblutung. Bleibt sie aus, kann das ein Zeichen dafür sein, dass während des vorangegangenen Monatszyklus eine Befruchtung stattgefunden hat.

Ein Kind entsteht, wenn die Spermien eines Mannes über die Scheide und die Gebärmutter in den Eileiter einer Frau gelangen und dort auf eine reife Eizelle stoßen. Die Wahrscheinlichkeit, dass dieser Fall eintritt, ist um die Zeit des Eisprungs besonders groß. Das erste Spermium, das die Eizelle berührt, durchdringt mit dem Kopf die äußere Zellhaut der Eizelle. Diese wird dann für weitere Spermien undurchdringlich. Im Inneren der Eizelle wandern die beiden Zellkerne aufeinander zu und verschmelzen miteinander. Diesen Vorgang nennt man **Befruchtung.** Während der Befruchtung vermischen sich die Erbanlagen von Vater und Mutter.

Die befruchtete Eizelle wandert während der nächsten Tage in die Gebärmutter. Auf ihrem Weg dorthin teilt sie sich mehrfach und wird zum *Zellhaufen*. Bis zum siebten Tag hat sich in der Mitte des Zellhaufens ein Hohlraum gebildet. Es ist ein *Bläschenkeim* entstanden. Dieser setzt sich in der gut durchbluteten Gebärmutterschleimhaut fest. Dabei wachsen Zellen des Bläschenkeims in die Gebärmutterschleimhaut ein. Dieser Vorgang wird **Einnistung** genannt. Mit ihm beginnt die *Schwangerschaft*.

Aus einer befruchteten Eizelle entwickelt sich normalerweise ein **Embryo.** Manchmal trennen sich die Zellen im Zweizellstadium jedoch vollständig voneinander, sodass aus jeder der beiden Zellen je ein Embryo hervorgeht. So entstehen eineiige *Zwillinge*. Zweieiige Zwillinge entwickeln sich, wenn in der Gebärmutter gleichzeitig zwei befruchtete Eizellen heranwachsen.

In der ersten Schwangerschaftswoche entwickelt der Bläschenkeim verschiedene Zellschichten. Aus ihnen entstehen nach und nach die einzelnen

Fortpflanzung und Entwicklung des Menschen

Organe. In der 4. Woche schlägt bereits das Herz. Nach 8–9 Wochen ist der Embryo schon ca. 4 cm groß und als menschliches Wesen zu erkennen. Alle Organe sind angelegt. Der Embryo schwimmt in der mit Fruchtwasser gefüllten Fruchtblase. Sie schützt ihn vor Erschütterungen. Er macht bereits erste Bewegungen.

Die werdende Mutter kann diese Bewegungen allerdings noch nicht fühlen. Als erstes Anzeichen der Schwangerschaft bemerkt sie das Ausbleiben der Menstruation. Bereits wenige Tage danach kann sie mithilfe eines Schwangerschaftstests feststellen, ob sie schwanger ist oder nicht. Der Test reagiert auf ein Hormon, das der Körper der Frau jetzt produziert. Häufige morgendliche Übelkeit kann ebenfalls ein Anzeichen für eine Schwangerschaft sein.

Eine Schwangerschaft dauert durchschnittlich 280 Tage. Während dieser Zeit wird das heranwachsende Kind über die *Plazenta* versorgt. Sie ist ein mit zahlreichen Blutgefäßen ausgestattetes Gewebe, das die Verbindung zwischen der Schwangeren und dem Embryo herstellt. Der Embryo ist über die **Nabelschnur** mit der Plazenta verbunden. In der Plazenta liegen die Blutgefäße der werdenden Mutter dicht neben den Blutgefäßen der Nabelschnur. Über die Gefäßwände findet der Stoffaustausch zwischen dem mütterlichen und dem kindlichen Blut statt. Durch die Arterien der Nabelschnur wird der Embryo mit Sauerstoff und Nährstoffen aus dem Blut der Schwangeren versorgt. Venen leiten die Abbauprodukte des Stoffwechsels zurück zur Plazenta.

Ab dem vierten Schwangerschaftsmonat wird das heranwachsende Kind **Fetus** genannt. Der Fetus wächst jetzt sehr schnell. Am Ende des vierten Monats ist er bereits 16 cm groß und etwa 150 g schwer. Während des fünften und sechsten Schwangerschaftsmonats bilden sich die Organe und die Muskulatur weiter aus. Die Schwangere nimmt jetzt die Bewegungen des Kindes deutlich wahr. Im achten und neunten Monat nimmt der Fetus weiter an Größe zu. Dadurch werden die inneren Organe der Frau stark zusammengedrückt. Dies kann zu häufigem Harndrang, Atemnot oder Gleichgewichtsstörungen führen. Gegen Ende des neunten Monats wiegt der Fetus zwischen 3 und 4 kg. Er hat sich mit dem Kopf nach unten gedreht und ist zur Geburt bereit.

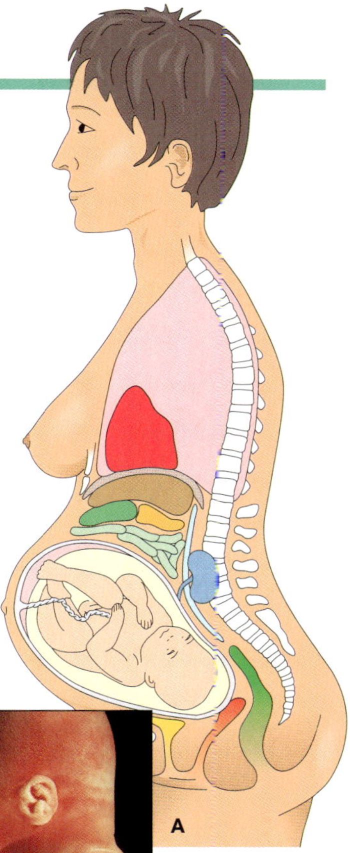

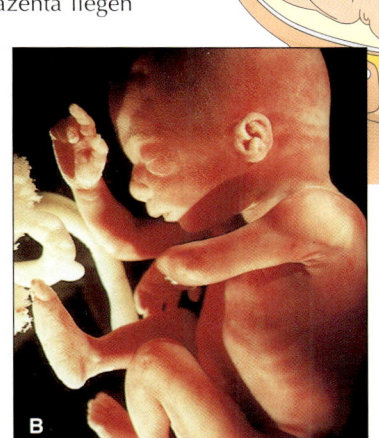

4 Fetus kurz vor der Geburt. *A im Körper der Mutter (Schema); B Foto.*

> Bei der Befruchtung verschmelzen die Zellkerne eines Spermiums und einer Eizelle. Mit der Einnistung des Bläschenkeims beginnt die Schwangerschaft. Sie dauert durchschnittlich 280 Tage.

1 Erläutere die Tabelle in Abb. 5. Worin unterscheidet sich z. B. die Entwicklung der Sexualorgane von der Entwicklung der anderen Organe?

Monat	1.	2.	3.	4.	5.	6.	7.	8.	9.	10.
Körpergewicht in g		6	12	41	175	500	800	1300	2300	2900	3500
Körperlänge in cm	1	4	9	16	25	30	35	40	45	51
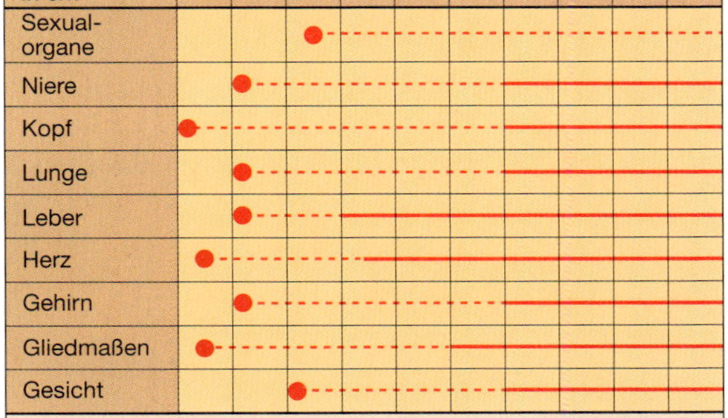 Sexualorgane				●						
Niere		●								
Kopf	●									
Lunge		●								
Leber		●								
Herz	●									
Gehirn		●								
Gliedmaßen	●									
Gesicht			●							

- - - - - Beginn der Entwicklung und weitere Ausprägung
——— voll entwickelt vorliegende Organe

5 Embryonalentwicklung

Fortpflanzung und Entwicklung des Menschen

5.2 Die Geburt

Eine Geburt ist für die Eltern und für das Kind ein einschneidendes Ereignis. Viele Paare bereiten sich deshalb in Geburtsvorbereitungskursen auf diesen Tag gründlich vor. Die werdenden Eltern wissen dann, was sie tun können, damit die Geburt gut verläuft.

Die Geburt eines Kindes kündigt sich am Ende der Schwangerschaft durch Wehen an. Wehen sind krampfartige Schmerzen, die durch Hormone ausgelöst werden. Dabei zieht sich der Gebärmuttermuskel in regelmäßigen Abständen von oben nach unten zusammen. Anfangs kommen die Wehen in Abständen von etwa 20 bis 30 Minuten.
Spätestens wenn die Wehen alle zehn Minuten kommen, sollte man in die Klinik fahren. Dort prüft die Hebamme, wie weit sich der Muttermund bereits geöffnet hat. Die Hebamme begleitet eine Frau während der gesamten Geburt. Eine Ärztin oder ein Arzt untersucht noch einmal, ob mit Mutter und Kind alles in Ordnung ist. Während dieser ersten Phase der Geburt, der so genannten **Eröffnungsphase,** weitet sich die Öffnung des Muttermunds bis auf etwa 10 cm. Der Kopf des Kindes wird dabei durch die Muskelbewegungen immer tiefer in das Becken gedrückt. Irgendwann während dieser Phase platzt die Fruchtblase und die Frau verliert das Fruchtwasser.

Die zweite Phase, die **Austreibungsphase,** beginnt, wenn der Muttermund ganz geöffnet ist. Durch starke und rasch aufeinander folgende *Presswehen* wird das Kind durch den Geburtskanal nach außen gedrückt. Wenn der Kopf geboren ist, folgt der Körper relativ leicht nach. Sofort nach der Geburt erfolgt der erste Schrei des Neugeborenen. Mit diesem Schrei entfalten sich die Lungen und das Kind beginnt selbstständig zu atmen. Anschließend durchtrennt man die Nabelschnur. Dieser Vorgang heißt *Abnabelung*.

In der **Nachgeburtsphase** löst sich die Plazenta von der Gebärmutterwand und wird zusammen mit der leeren Fruchtblase ausgestoßen.
Nach der Geburt wird das Kind auf den Bauch der Mutter gelegt. Nun können sich Vater und Mutter mit ihm vertraut machen. Der Säugling ist jetzt auf die Fürsorge von Mutter und Vater angewiesen.

> Eine Geburt gliedert sich in die Eröffnungs-, die Austreibungs- und die Nachgeburtsphase.

1 Beschreibe die Phasen einer Geburt anhand der Abbildung 1 A–D.

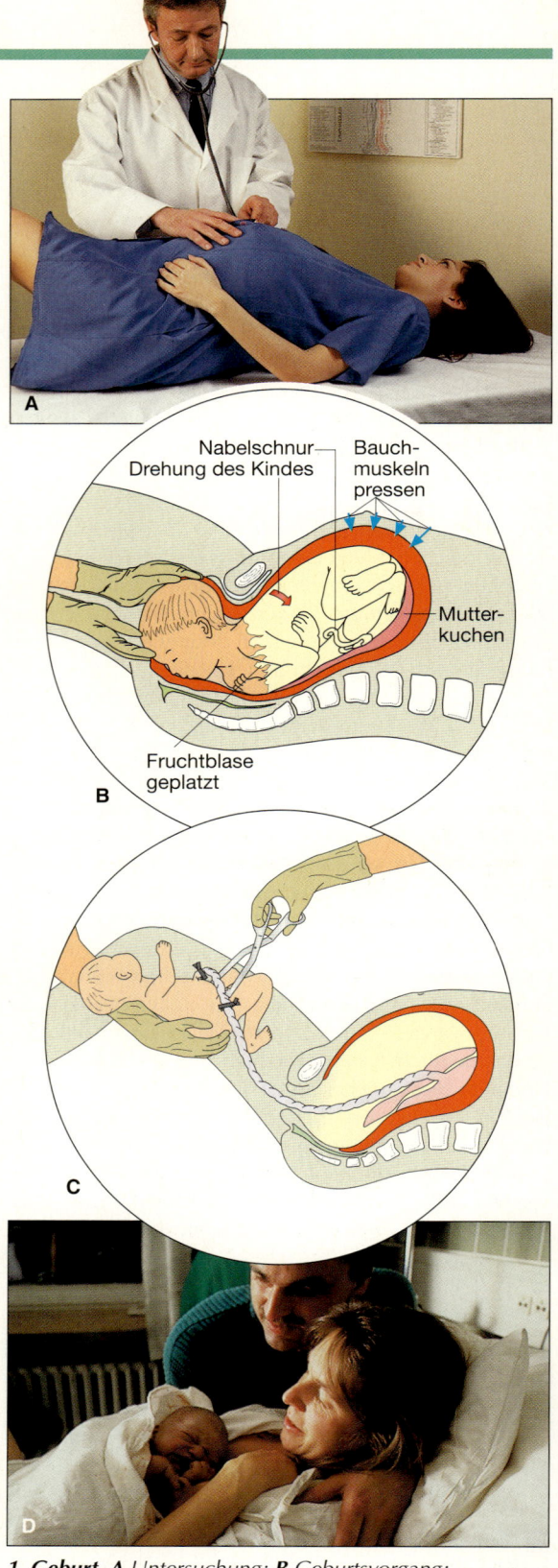

1 Geburt. A Untersuchung; B Geburtsvorgang; C Abnabelung; D Eltern und Kind nach der Geburt

Fortpflanzung und Entwicklung des Menschen

Gesundheit für Mutter und Kind

Streifzug durch die Medizin

Wenn eine Frau bemerkt, dass sie schwanger ist, sollte sie sich einen Termin bei einem Arzt oder einer Ärztin geben lassen. Über regelmäßige Vorsorgeuntersuchungen wird während der gesamten Schwangerschaft die Gesundheit von Mutter und Kind überwacht.
Eine schwangere Frau kann aber auch selbst zur Gesundheit ihres Kindes und zu ihrem eigenen Wohlbefinden beitragen.

Ernährung

Alle Nahrungsmittel, die zu einer gesunden Ernährung gehören, sind während einer Schwangerschaft besonders wichtig. Viel frisches Obst, Salate und Gemüse, Milch- und Vollkornprodukte decken den Bedarf an Vitaminen und Mineralstoffen.

Sport

Eine schwangere Frau sollte keine Sportarten ausüben, die mit Stößen und Erschütterungen verbunden sind. Auch Leistungssport und hartes Training können dem werdenden Kind schaden. Spazieren gehen, Fahrrad fahren oder Schwimmen halten dagegen den Kreislauf in Schwung. Dadurch wird das werdende Kind besonders gut mit Sauerstoff versorgt. Übungen zur Entspannung tragen zum Wohlbefinden bei und bereiten die Geburt vor.

Medikamente

Alle Medikamente, die eine schwangere Frau zu sich nimmt, müssen mit dem Arzt oder der Ärztin besprochen werden. Auch Medikamente, die man ohne Rezept erhält wie Kopfschmerztabletten, Schlaftabletten oder Abführmittel, können das ungeborene Kind schädigen.

Alkohol

Alkohol gelangt über die Plazenta in den Kreislauf des ungeborenen Kindes. Deshalb sollten schwangere Frauen während der Schwangerschaft möglichst ganz auf Alkohol verzichten. Besonders schädlich ist Alkohol in den ersten drei Schwangerschaftsmonaten. Alkohol kann körperliche oder geistige Entwicklungsschäden bei Embryonen hervorrufen, die nicht wieder gutzumachen sind.

Rauchen

Wenn Nikotin in den Blutkreislauf einer schwangeren Frau gelangt, verengen sich ihre Blutgefäße. Dadurch kann die Sauerstoffversorgung des Babys gestört werden. Kinder von Raucherinnen neigen deshalb zu Untergewicht und Entwicklungsstörungen.

Reisen

Eine schwangere Frau sollte besser keine größeren Reisen unternehmen. Langes Sitzen während der Anreise oder hohe Temperaturen im Urlaubsland können den Kreislauf belasten. Ungewohnte Speisen oder mangelnde Hygiene stellen ein zusätzliches Risiko dar.

1 Beschreibe Verhaltensweisen der Mutter, die zu einer gesunden Entwicklung des heranwachsenden Kindes beitragen.

2 Wie kann der Vater zu einer gesunden Entwicklung des ungeborenen Kindes beitragen?

Fortpflanzung und Entwicklung des Menschen

5.3 Die Entwicklung eines Kindes

Nach der Geburt ist die liebevolle Zuwendung der Eltern sehr wichtig für das Kind. Zwischen der Mutter oder einer anderen festen **Bezugsperson** und dem Kind entwickelt sich so allmählich eine lebenswichtige Bindung. Es weiß, dass es sich auf die Bezugsperson verlassen kann. Auf dieser Grundlage kann sich ein Kind körperlich, seelisch und geistig gesund entwickeln. Darüber hinaus sind die Erfahrungen, die ein Kleinkind in den ersten Lebensjahren macht, eine wichtige Grundlage für seine spätere Entwicklung.

A Während der ersten drei Monate schläft ein Säugling 14 bis 18 Stunden am Tag. Er braucht alle paar Stunden Nahrung. Muttermilch enthält alle Nähr- und Abwehrstoffe für eine gesunde Entwicklung.

B Gegen Ende des 1. Lebensjahres beginnen Kinder erste Worte zu sprechen und zu krabbeln. Sie können sich an Möbeln aufrichten und an der Hand gehen.

C Während des 2. Jahres gelingt es Kindern, alleine mit dem Löffel zu essen und aus Tassen zu trinken. Sie lernen viele neue Wörter und bilden einfache Sätze. Bilderbücher werden mit Interesse betrachtet.

D Gegen Ende des 3. Jahres sind alle Milchzähne vorhanden. Kinder spielen jetzt gern und viel. Sie lernen dadurch ihre Umwelt kennen und testen ihre Möglichkeiten. Je mehr Anregungen Kinder bekommen, desto besser entwickelt sich ihr Gehirn.

E Bis zum 6. Lebensjahr umfasst der Wortschatz etwa 2000 Wörter. Kinder bewegen sich geschickt. Die meisten können schon Rad fahren. Der Zahnwechsel vom Milchgebiss zum bleibenden Gebiss beginnt.

Ab dem 7. Lebensjahr gehen die meisten Kinder zur Grundschule. Sie sind an allem interessiert, was in ihrer Umgebung passiert. Mit zunehmendem Alter setzen sie sich mit ihrer Umwelt auseinander.

> Eine vertrauensvolle Beziehung zu den Eltern und viele Anregungen und Kontakte sind die Grundlagen für die gesunde Entwicklung eines Kindes.

1 Zähle auf, was ein Kind können muss, wenn es in die Schule kommt.
2 Begründe, warum zahlreiche Kontakte wichtig für die Entwicklung eines Kindes sind.

1 Entwicklung eines Kindes

Fortpflanzung und Entwicklung des Menschen

Künstliche Befruchtung

Streifzug durch die Medizin

Viele Paare wünschen sich ein Baby. Aber es klappt nicht. Schnell sind die Fragen da: An wem liegt es? Machen wir etwas verkehrt? Etwa jedes siebente Paar in Deutschland ist ungewollt kinderlos.

Fortpflanzungsstörungen gibt es beim Mann und bei der Frau. Sie sind in der Regel nicht angeboren, sondern erworben. Ursachen können unter anderem Umweltbelastungen, Stress oder vorausgegangene Infektionen der Geschlechtsorgane sein.

Störungen bei der Frau sind z. B. Fehlbildung von Eierstöcken, Eileitern oder Gebärmutter sowie hormonelle Störungen, z. B. bei der Eizellreifung.

Störungen beim Mann können sein z. B. bakterielle Verunreinigungen der Spermaflüssigkeit, Tumore an den Hoden, zu wenig oder fehlgebildete Spermien durch gestörte oder fehlende Hodenfunktion (z. B. infolge von Mumps).

Die moderne Medizin bietet vielfältige Möglichkeiten, um diesen Paaren zu helfen. Sind z. B. die Eileiter nicht durchlässig oder entfernt, wird die **IVF – In-vitro-Fertilisation** (lateinisch: in vitro = im Glas, Fertilisation = Fruchtbarmachung), kurz Reagenzglasbefruchtung, angewendet. Hierbei werden die Eizellen der Frau außerhalb des Körpers mit den Spermazellen vom Mann zusammengebracht.

Die IVF-Behandlung umfasst sieben Phasen. Zuerst werden die Eierstöcke angeregt, mehrere Eizellen zu bilden. Mithilfe von Ultraschall überwacht ein Arzt die Eireifung und bestimmt den günstigsten Zeitpunkt zur Gewinnung der Eizellen. Mit Medikamenten löst man den Eisprung aus. Durch einen operativen Eingriff werden dann die Eizellen entnommen. Parallel gewinnt man die Spermien. Die beweglichen Spermien werden nach 2 bis 6 Stunden zu den Eizellen gegeben, die in einer Kulturflüssigkeit schwimmen. Jetzt verbleiben sie 24 Stunden in einem Wärmeschrank. Ist die Befruchtung erfolgt, werden maximal drei Embryonen in die Gebärmutter übertragen. Nur jede vierte bis fünfte Embryonenübertragung führt zu einer Schwangerschaft. Im Embryonenschutzgesetz vom 26.10.1990 hat die Bundesregierung den gewissenhaften Umgang mit entstehendem menschlichem Leben klar geregelt. Es gehört zu den weltweit klarsten Gesetzen rund um die IVF-Behandlung. So ist beispielsweise festgelegt, dass in der IVF-Behandlung nur ausgebildete Ärzte arbeiten dürfen.

Verboten ist die wissentliche Befruchtung von mehr als drei Eizellen, die Ei- und Spermienspende an Dritte sowie die Leihmutterschaft. Während in einigen Ländern die Experimente mit Embryonen zum Teil erlaubt sind, sind sie bei uns streng verboten.

Alle persönlichen Daten, die während der künstlichen Befruchtung benötigt werden, unterliegen dem Datenschutzgesetz.

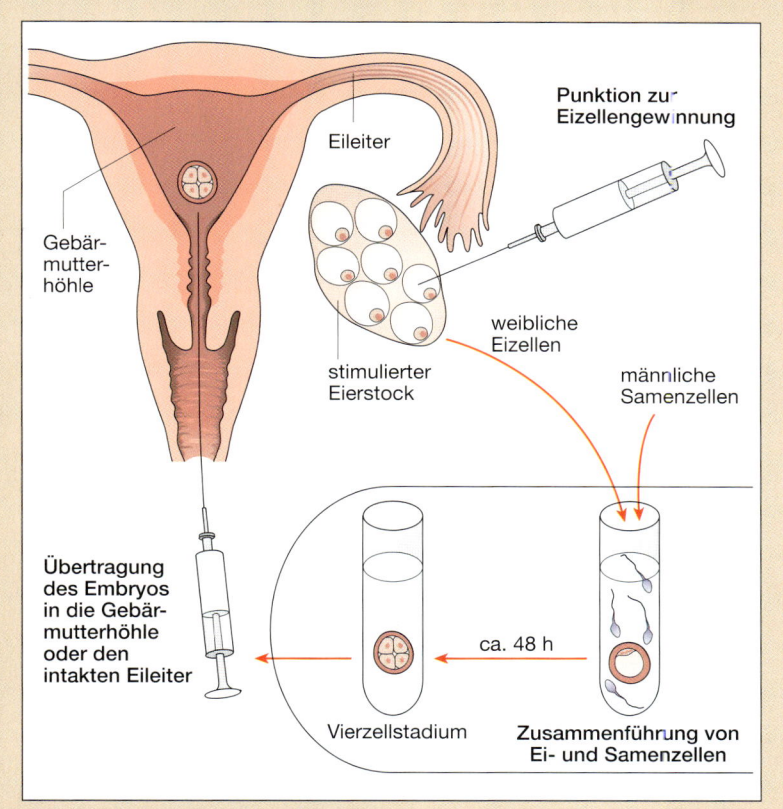

1 Die IVF-Behandlung im Überblick

Fortpflanzung und Entwicklung des Menschen

Streifzug durch die Sozialkunde

Schwanger – was nun?

Julia (14) geht in die 8. Klasse der Realschule und ist seit einem Jahr mit Michael (16) befreundet. Nach dem Schulabschluss möchte Julia auf das Wirtschaftsgymnasium, um dort das Abitur zu machen. Michael macht eine Lehre als Informationselektroniker. Die beiden mögen sich sehr und schlafen deshalb auch miteinander. Über eine gemeinsame Zukunft haben sie sich allerdings bisher noch keine Gedanken gemacht. Nachdem Julias Regelblutung ausgeblieben ist, bringt ein Schwangerschaftstest Gewissheit: Julia ist schwanger. Die beiden sind nun in einer schwierigen Situation. Wer kann ihnen helfen?

Schutz des ungeborenen Lebens

Eine Schwangerschafts-Konfliktberatung in einer anerkannten Beratungsstelle kann einer schwangeren Frau und ihrem Partner helfen, sich trotz schwieriger äußerer Umstände für ein Kind zu entscheiden. Es werden dort die Zukunftspläne des Paares besprochen und wie diese auch mit einem Kind verwirklicht werden können. Aber auch das Lebensrecht des ungeborenen Kindes wird dabei diskutiert. Ungeborenes Leben ist menschliches Leben von Anfang an. Es steht unter dem besonderen Schutz des Staates. Auch in der christlichen Religion ist das menschliche Leben besonders geschützt. Das 5. Gebot lautet: Du sollst nicht töten! Ein Paar ist deshalb aufgefordert, für das eigene Tun und damit für das sich entwickelnde Kind Verantwortung zu übernehmen.

Beratungsstellen klären über alle Hilfen und Rechtsansprüche auf, die die Schwangerschaft und das Leben mit dem Kind erleichtern. Dazu gehören finanzielle Hilfen wie das Mutterschaftsgeld oder das Erziehungsgeld. Aber auch Informationen über mögliche Hilfen bei der Kinderbetreuung oder arbeitszeitliche Regelungen werden dort besprochen.

1 Schwierige Entscheidung

§ 218

Nach § 218 des Strafgesetzbuches und der Neuregelung des Schwangeren- und Familienhilfeänderungsgesetzes aus dem Jahr 1995 gelten folgende Bestimmungen: Der Abbruch einer Schwangerschaft, eine so genannte Abtreibung, ist gesetzwidrig. Trotzdem kann eine Frau die Schwangerschaft abbrechen lassen. Sie geht dann als Erstes zu einem Arzt oder einer Ärztin, die ihr die Schwangerschaft bestätigt. Anschließend lässt sie sich in einer anerkannten Beratungsstelle beraten. Sie erhält dort Informationen über Hilfen für Mutter und Kind. Auch die Folgen eines Abbruchs werden dort diskutiert. Die Beratungsstelle gibt der schwangeren Frau eine schriftliche Bestätigung über die Durchführung des Beratungsgesprächs. Mit diesem Beratungsnachweis kann sie nun zu einem Arzt oder einer Ärztin gehen, wo der Abbruch durchgeführt wird. Seit der Empfängnis dürfen allerdings nicht mehr als 12 Wochen vergangen sein. Wenn die Schwangere vergewaltigt worden ist, steht ein Schwangerschaftsabbruch in Einklang mit dem Gesetz. Dies gilt auch, wenn die körperliche oder seelische Gesundheit der Frau durch die Schwangerschaft bedroht ist.

Fortpflanzung und Entwicklung des Menschen

Prüfe dein Wissen

A1 Zeichne eine Tabelle mit den Spalten **Mann** und **Frau**. Fertige jeweils zwei Unterspalten **Geschlechtsorgane** und **sekundäre Geschlechtsmerkmale** an. Trage folgende Begriffe richtig ein:
Bartwuchs, Eierstöcke, Brüste, breite Schultern, Gebärmutter, Penis, schmale Schultern, breite Hüften, Scheide, Hoden, tiefe Stimme, schmale Hüften.

A2 Entscheide welche Aussagen richtig sind:
a) Wenn ein Mädchen geboren wird, befinden sich 300 bis 400 Eianlagen in den Eierstöcken.
b) Ab der Pubertät reift in den Eierstöcken einer Frau lebenslang alle vier Wochen eine Eizelle heran.
c) Der Menstruationszyklus wird über Hormone gesteuert.
d) Während einer Schwangerschaft bleibt die Menstruation aus.

A3 Die Abbildung zeigt einen Vorgang während des Menstruationszyklus.

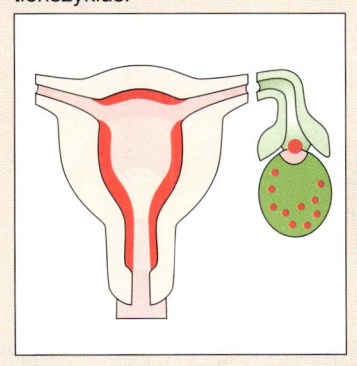

a) Wie heißt dieser Vorgang?
b) Beschreibe den Vorgang. Benutze dazu folgende Begriffe: Eierstock, Eireifung, Eibläschen, Eizelle, Eileiter

A4 Die Abbildung zeigt ein Spermium.

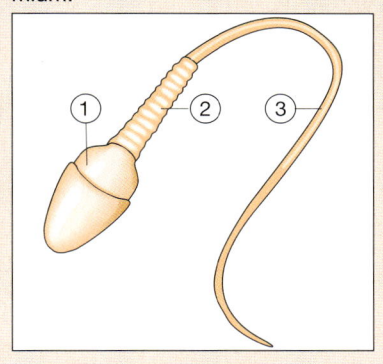

a) Benenne die drei Abschnitte, aus denen ein Spermium besteht.
b) Nenne die Aufgabe jedes Abschnittes.

A5 Entscheide welche Aussagen richtig sind:
a) Ein Spermienerguss besteht aus etwa 4 ml Spermienflüssigkeit.
b) Die Entwicklung der Spermien wird über Hormone gesteuert.
c) Ab der Pubertät bis zu einem Alter von etwa 50 Jahren entwickeln sich in den Hoden eines Mannes Spermien.
d) Die Spermienproduktion ist sehr anfällig gegenüber äußeren Einflüssen.

A6 Auf der Abbildung siehst du ein Verhütungsmittel.

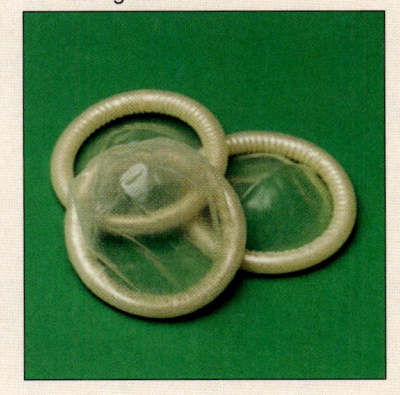

a) Wie heißt das Verhütungsmittel?
b) Wie wird es benutzt?
c) Neben der Empfängnisverhütung hat das Verhütungsmittel noch eine andere Funktion. Nenne sie.

A7 Auf der Abbildung siehst du einen bestimmten Vorgang in der Entwicklung des Kindes im Mutterleib.

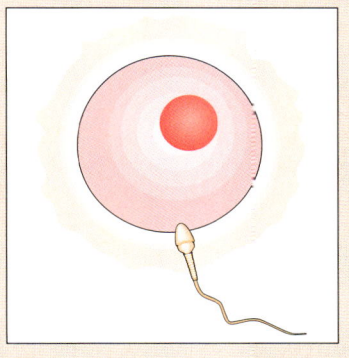

a) Um welchen Vorgang handelt es sich?
b) Beschreibe den Vorgang und benutze dazu folgende Begriffe: Spermien, Eizelle, Zellkerne, Erbanlagen.

A8 Das Verhalten der werdenden Mutter beeinflusst die Entwicklung des ungeborenen Kindes. Schreibe auf, welche der folgenden Verhaltensweisen sich günstig und welche sich ungünstig auf das Kind auswirken können:
a) Einnahme von Medikamenten,
b) Rauchen während der Schwangerschaft,
c) Schwimmen,
d) Seilhüpfen,
e) Essen von frischem Obst und Gemüse,
f) Reisen,
g) Alkoholgenuss.

Atmungs- und Kreislauforgane

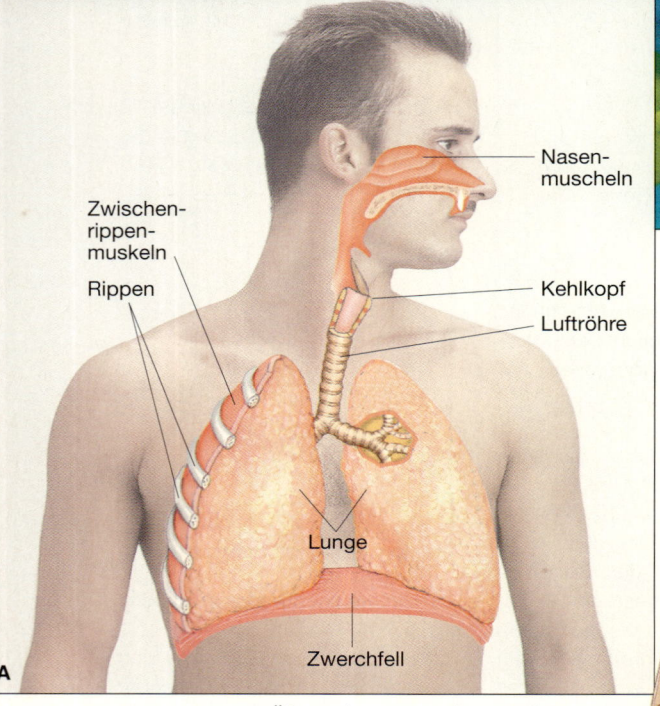

1 Taucherin an einem Korallenriff

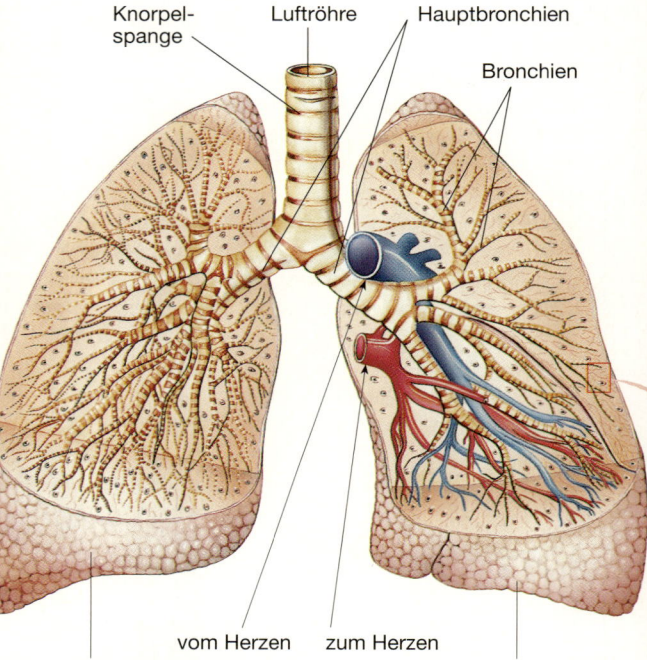

2 Atemorgane. A Übersicht; **B** Bronchien und Lungenflügel; **C** Endbronchien mit Lungenbläschen; **D** Schleimhaut mit Flimmerhärchen

1 Atmung

1.1 Wie wir atmen

Ein Taucher betrachtet die farbige Schönheit eines Korallenriffes. Ohne die Luft, die er in der Flasche auf seinem Rücken mit sich führt, könnte er nur wenige Minuten unter Wasser bleiben. Der Mensch braucht ständig Luft zum Leben.
Beim Atmen strömt die Luft durch die beiden **Nasenlöcher** in ein verzweigtes System von *Nasenmuscheln* und *Nebenhöhlen*, die in unseren hohlen Oberkiefer- und Stirnknochen liegen. Die Wände dieser Höhlen sind mit einer feuchten *Schleimhaut* ausgekleidet. In der Schleimhaut der Nasenmuscheln liegen die *Riechzellen*. Die Schleimhaut wärmt die Einatemluft auf Körpertemperatur vor und befeuchtet sie. Außerdem bleiben an ihrem wässrigen Schleim Staub, Bakterien und Viren haften. Größere Verunreinigungen werden von Haaren im Nasenraum abgefangen.
Über den **Rachen,** wo sich Nasen- und Mundraum vereinigen, gelangt die Luft zum **Kehlkopf.** Er trennt

Atmungs- und Kreislauforgane

Speiseröhre und **Luftröhre.** Die Luftröhre teilt sich in die beiden **Hauptbronchien.** Jede versorgt einen der **Lungenflügel.** Luftröhre und Bronchien besitzen Versteifungen aus Knorpel, damit sie sich beim heftigen Einatmen nicht durch den Unterdruck verschließen. Diese *Knorpelspangen* kann man an der Kehle ertasten.

Die Bronchien verzweigen sich in der Lunge in immer kleinere Atemkanälchen. Alle diese Atemwege sind mit einer Schleimhaut mit *Flimmerhärchen* ausgekleidet. Wie auf einem Fließband werden winzige Verunreinigungen und Krankheitserreger, die im Nasen- und Rachenraum noch nicht ausgefiltert wurden, von den Flimmerhärchen zum Kehlkopf transportiert, wo sie hinuntergeschluckt werden. Im Magen tötet die Magensäure alle Krankheitserreger ab.

Die Atemkanälchen enden in Trauben aus winzigen **Lungenbläschen.** Sie besitzen Wände, die so dünn sind wie die von Seifenblasen. Durch sie werden Sauerstoff und Kohlenstoffdioxid ausgetauscht. Außen ist die Lunge vom *Lungenfell* umhüllt. Zwischen ihm und dem *Rippenfell*, das den Brustkorb auskleidet, befindet sich ein flüssigkeitsgefüllter Spalt. Dadurch kann sich die Lunge beim Atmen im Brustraum verschieben.

Bei der Atmung wird Luft abwechselnd eingesogen und ausgestoßen. Dies bewirkt vor allem das **Zwerchfell,** eine dünne Muskelmembran, die unterhalb der Lunge quer durch den Bauchraum gespannt ist. Es trennt den Brustkorb mit Lunge und Herz vom Bauchraum mit Magen, Darm und anderen Organen. Ist das Zwerchfell entspannt, bildet es eine Kuppel, die vom unteren Ende der Rippen bis hoch in die Herzgegend reicht. Der Innenraum des Brustkorbs, den die Lunge ausfüllt, ist dann klein. Dies ist der Zustand beim Ausatmen. Spannt sich das Zwerchfell, wird es flach und das Volumen des Brustkorbs vergrößert sich. Dabei entsteht ein Unterdruck und wir atmen ein. Gleichzeitig werden die Bauchorgane nach unten gedrängt und die Bauchwand wölbt sich vor. Deshalb nennt man diese Form der Atmung auch **Bauchatmung.** Erschlafft das Zwerchfell, verkleinern sich Brustraum und Lungenvolumen. Dabei erhöht sich der Druck und wir atmen wieder aus.

Solche Atembewegungen entstehen auch durch Ausdehnung des Brustkorbs. Bei dieser **Brustatmung** heben Zwischenrippenmuskeln das Brustbein und die Rippen an. Dadurch dehnt sich der Brustkorb nach vorne und zur Seite. Er vergrößert sein Volumen und Luft strömt ein. Erschlaffen die Zwischenrippenmuskeln wieder, verringert sich das Volumen des Brustkorbs: Wir atmen aus.

Bei großen Anstrengungen verstärken alle Muskeln des Oberkörpers die Atembewegungen. Das trifft auch für das *Husten* und *Niesen* zu, mit dem wir Fremdkörper aus den Atemwegen entfernen.

> Die Atemluft gelangt durch Nase, Rachen, Kehlkopf, Luftröhre und Bronchien in die Lunge. Zwerchfell und Zwischenrippenmuskeln bewirken durch Vergrößerung und Verkleinerung des Lungenvolumens die Atembewegungen.

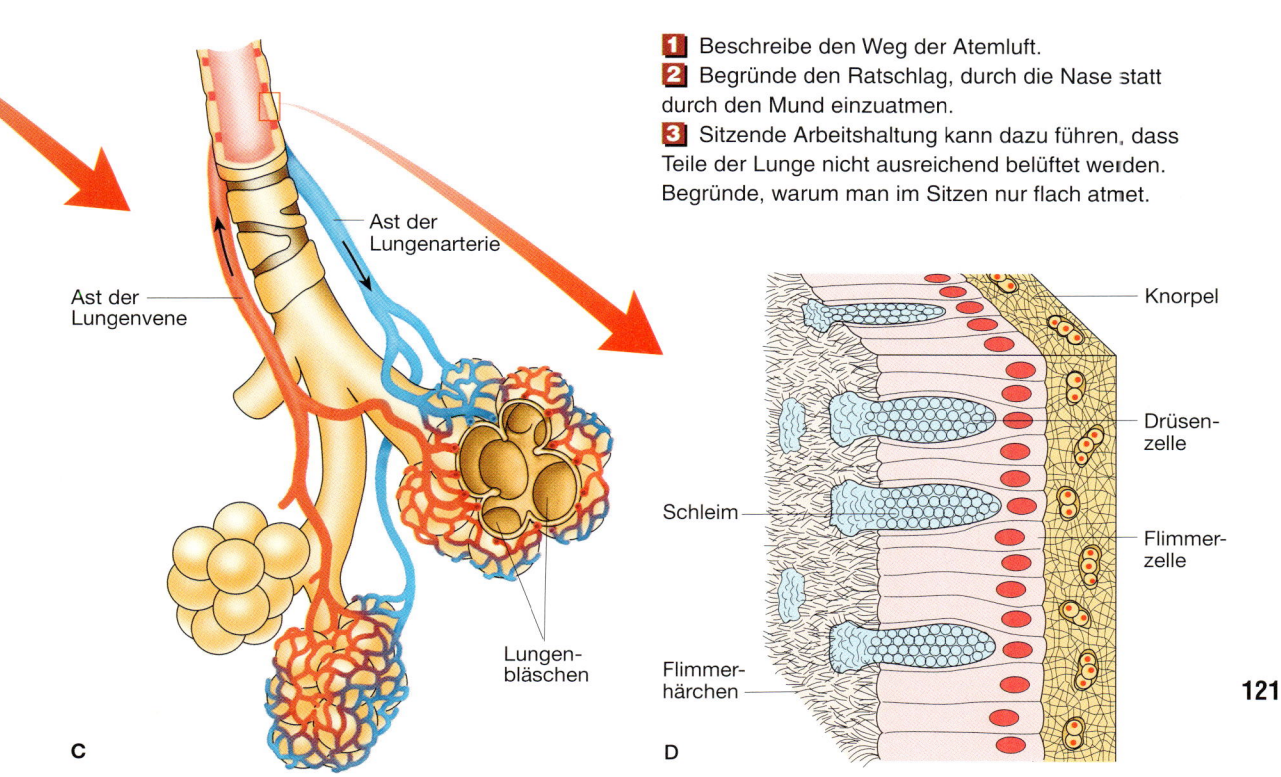

1 Beschreibe den Weg der Atemluft.
2 Begründe den Ratschlag, durch die Nase statt durch den Mund einzuatmen.
3 Sitzende Arbeitshaltung kann dazu führen, dass Teile der Lunge nicht ausreichend belüftet werden. Begründe, warum man im Sitzen nur flach atmet.

C

Ast der Lungenvene
Ast der Lungenarterie
Lungenbläschen

D

Knorpel
Drüsenzelle
Schleim
Flimmerzelle
Flimmerhärchen

Atmungs- und Kreislauforgane

1.2 Der Gasaustausch

Alle Zellen unseres Körpers brauchen Sauerstoff zur Energieerzeugung, besonders die Muskel- und Gehirnzellen. Beim Einatmen saugen wir Luft in die Lungen, der dort ein Teil des Sauerstoffs entzogen wird. Gleichzeitig wird Kohlenstoffdioxid in die Luft abgegeben, die anschließend wieder ausgeatmet wird. Die Einatmungsluft enthält fast 21 % Sauerstoff, die Ausatmungsluft nur noch 17 %. Dafür steigt der Anteil von Kohlenstoffdioxid von 0,03 % in der Einatemluft auf 4 % beim Ausatmen. Die Funktion der Lunge besteht

A

2 Transport der Atemgase. *A* Lungenvene; *B* Körperarterie; *C* Körpervene; *D* Lungenarterie

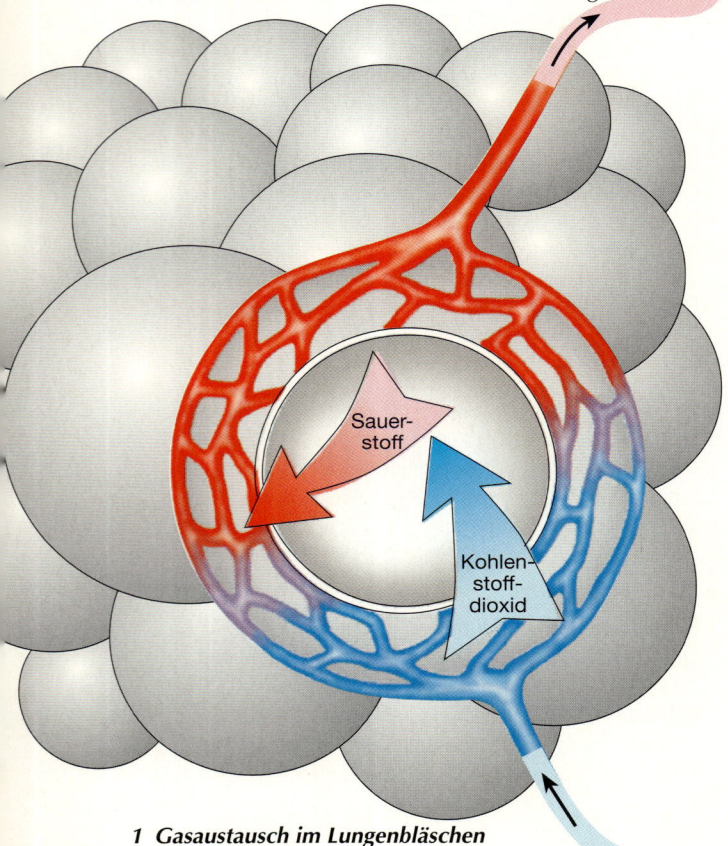

1 Gasaustausch im Lungenbläschen

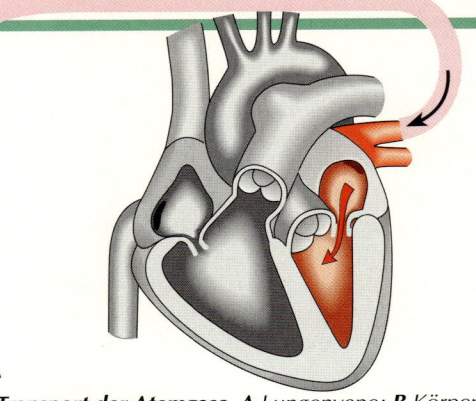

also darin, Gase auszutauschen. Wie funktioniert dieser **Gasaustausch?** Die Wände der **Lungenbläschen** sind hauchdünn. Ebenso dünn sind die Wände der haarfeinen Blutgefäße, der **Blutkapillaren**, die die Bläschen umgeben. Die Sauerstoff- und Kohlenstoffdioxid-Moleküle können durch sie hindurchtreten. Damit dies gleichzeitig Milliarden von Molekülen tun, muss die *Grenzfläche* zwischen der Luft und dem Blut sehr groß sein. Dies wird durch die große Anzahl von ca. 300 Millionen Lungenbläschen mit einem Durchmesser von $1/4$ mm erreicht. Dadurch beträgt die innere Oberfläche der Lunge etwa 100 m^2. Die Oberfläche der Blutkapillaren, die die Lungenbläschen umspinnen, ist sogar so groß wie ein Fußballfeld.

Der Antrieb für den Gasaustausch ist der *Konzentrationsunterschied* der Atemgase zwischen Lungenbläschen und Blut. Beim Einatmen gelangt sauerstoffreiche Luft in die Lungenbläschen. Das vorbeiströmende Blut kommt aus den Körpergeweben und ist sauerstoffarm.

Zum Ausgleich dieses Konzentrationsgefälles wandern Teilchen von der hohen Konzentration zur niedrigen. Man nennt diese Erscheinung **Diffusion**. Sauerstoffmoleküle treten deshalb aus den Lungenbläschen in das Blut über. Kommt dieses sauerstoffreiche Blut nun in einen Muskel, der viel Sauerstoff verbraucht hat, so gelangt der Sauerstoff aus demselben Grund aus dem Blut in die Muskelzellen.

In diesen Muskelzellen entsteht bei der Energieerzeugung Kohlenstoffdioxid als Abfallstoff. Es liegt also hier in hoher Konzentration vor. Deshalb geht es in kohlenstoffdioxidarmes Blut über. Anschließend gibt das so mit Kohlenstoffdioxid angereicherte Blut diesen Stoff in die Lungenbläschen ab, weil dort die Kohlenstoffdioxid-Konzentration gering ist. Beim Ausatmen verlässt es unseren Körper.

Die **Energiegewinnung** in den Körperzellen bezeichnet man als **Zellatmung**. Dieser wichtige Stoffwechsel-

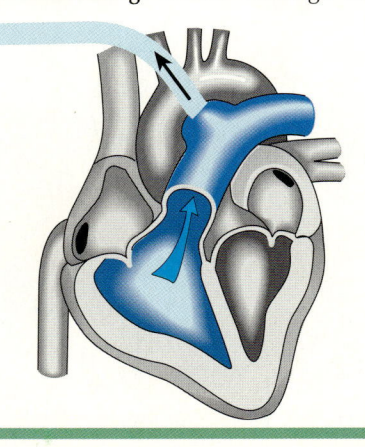

D

Atmungs- und Kreislauforgane

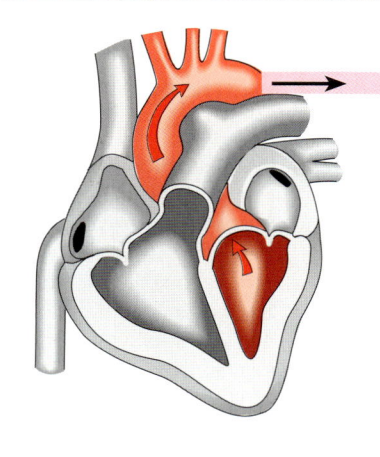

Der Sauerstoff der Luft gelangt durch die Wände der Lungenbläschen ins Blut und wird in den Zellen für die Energieerzeugung gebraucht. Dabei bildet sich Kohlenstoffdioxid, das vom Blut in die Lunge transportiert und ausgeatmet wird. Die Funktion der Lunge ist also der Gasaustausch.

B

vorgang gewinnt mithilfe von Sauerstoff Energie aus Zucker und anderen Nährstoffen. Diese Energie brauchen wir für alle Lebensvorgänge, auch für die Atembewegungen selbst.

Der Transport der Atemgase erfolgt im Blutplasma und gebunden an den Farbstoff *Hämoglobin* in den roten Blutkörperchen. Seine Eisenatome binden Sauerstoffmoleküle und geben sie bei Bedarf wieder ab. Hämoglobin entzieht der Einatmungsluft ein Viertel ihres Sauerstoffanteils. Kohlenstoffdioxid wird ebenfalls vor allem von den roten Blutkörperchen transportiert. Daneben findet man dieses Gas aber auch im Blutplasma.

Kinder bis zum zehnten Lebensjahr atmen 20- bis 25-mal in der Minute, Erwachsene dagegen etwa 16- bis 20-mal. Bei Anstrengungen steigt der Sauerstoffbedarf. Wir erhöhen die *Atemfrequenz*, d. h. wir atmen häufiger. Außerdem atmen wir tiefer, indem wir den Brustkorb stärker dehnen. Dadurch steigt das *Atemvolumen*. Der Bedarf an Atemluft beträgt in Ruhe etwa 8 l pro Minute. Schon beim Spazierengehen brauchen wir etwa 14 l, während bei Höchstleistungen bis zu 140 l Luft pro Minute ein- und ausgeatmet werden. Das Gewebe, das durch Anstrengung am sauerstoffärmsten ist, bekommt aus dem Blut jetzt auch am meisten Sauerstoff, da hier der Konzentrationsunterschied am größten ist.

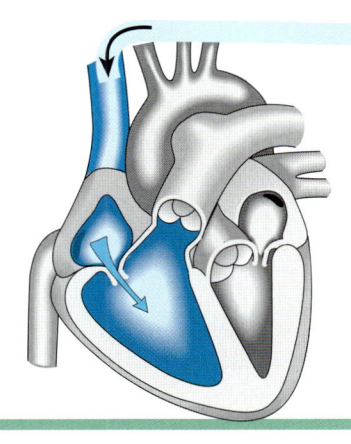

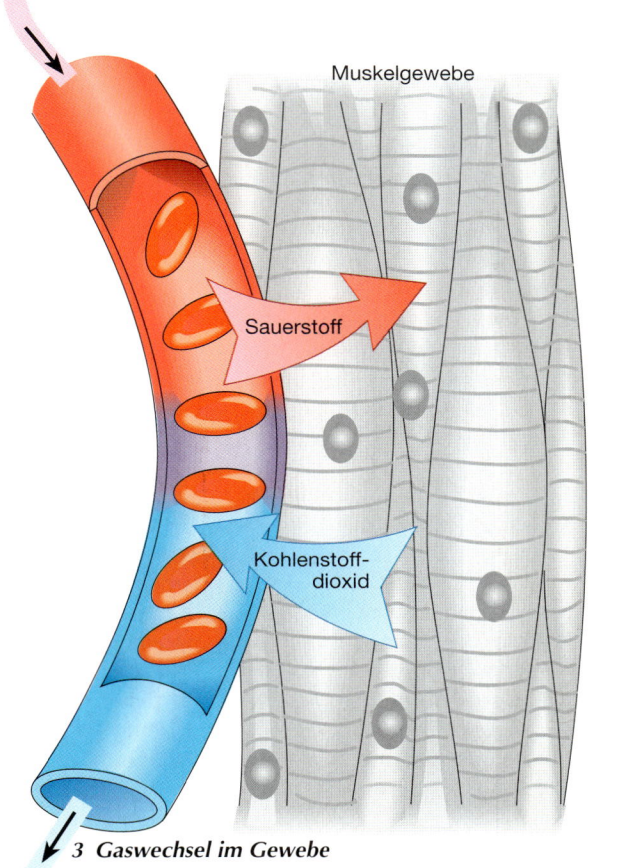

3 Gaswechsel im Gewebe

C

1 Beschreibe anhand der Abbildungen den Weg des Sauerstoffs im Körper. Was bedeuten die Farben Rot und Blau?

2 Erkläre, warum ein Ertrunkener bei der Atemspende (Mund-Nase-Beatmung) nicht erstickt, obwohl er dabei nur Ausatmungsluft erhält.

3 Menschen, die in großen Höhen leben, wo die Luft sauerstoffarm ist (z. B. in Peru und im Himalaja), besitzen mehr rote Blutkörperchen als wir. Erkläre dies mit der Funktion von Hämoglobin.

4 Kohlenstoffmonooxid entsteht bei unvollständiger Verbrennung, z. B. in Motoren und beim Rauchen. Hämoglobin bindet Kohlenstoffmonooxid besser als Sauerstoff, gibt es aber nur schwer wieder ab. Erkläre, warum man durch Motorabgase ersticken kann.

Atmungs- und Kreislauforgane

Streifzug durch die Medizin

Erkrankungen der Atemwege

Schnupfen ist eine typische Krankheit der kalten Jahreszeit. Da die Luft in geheizten Räumen trocken ist, trocknet die Nasenschleimhaut leicht aus. Krankheitserreger haben bessere Chancen, in die Zellen der Schleimhäute einzudringen, wenn diese nicht mehr durch ihre wässrige Schleimschicht geschützt sind. Sind Zellen infiziert, wird die Nasenschleimhaut stark durchblutet. Das hat eine doppelte Wirkung: Zum einen kann sie mehr Flüssigkeit ausscheiden, um Erreger wegzuschwemmen. Zum anderen werden nun viele weiße Blutkörperchen herantransportiert, die Krankheitserreger aufsuchen und vernichten. Bei starker Durchblutung schwillt die Schleimhaut an. Die Nase ist „verstopft" und „läuft".

Schnupfen kann auch durch eine **Allergie** hervorgerufen werden. Viele Menschen haben Allergien z. B. gegen Pollenkörner, Katzenhaare oder Hausstaub. Diese Fremdkörper werden von der Nasenschleimhaut in einer Überreaktion abgewehrt. Oft tränen dabei auch die Augen.

1 Schnupfen

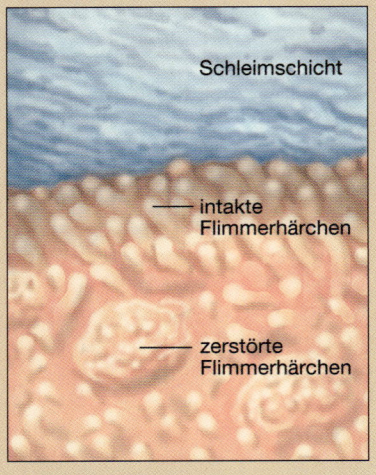

2 Bronchien eines Rauchers
(Schleimschicht über zerstörten Flimmerhärchen)

Unangenehmer als Schnupfen ist **Husten**. Meist husten wir, um kleine Schleimansammlungen zu entfernen, die die Flimmerhärchen alleine nicht nach oben zum Kehlkopf wegtransportieren können. Dieser Schleim ist ein Nährboden für Bakterien. Wird er nicht durch Husten entfernt, kommt es zu **Bronchitis**, einer Entzündung der Bronchien. Ihre Wände schwellen dabei an. Dadurch werden sie eng und wir „bekommen keine Luft". Raucher haben häufig eine **chronische Bronchitis**, weil Nikotin und Kohlenstoffmonooxid die Flimmerhärchen vergiften, sodass sie den Schleim nicht mehr abtransportieren können. Er kann nur noch durch Husten entfernt werden. Man nennt ihn *Raucherhusten*.

Husten tritt auch auf, wenn Fremdkörper aus der Luftröhre entfernt werden müssen. Beim *Verschlucken* sind dies kleine Nahrungsteilchen. Aber auch Staub, Rauch und giftige Gase, z. B. Ozon oder Abgase aus Verkehr und Industrie, reizen die Schleimhäute und können zu Husten und Bronchitis führen. Bei langer Einwirkung können sie **Lungenkrebs** verursachen.

Alle Atemwege sind von Muskelfasern umsponnen. Wenn sie sich verkrampfen und zusammenziehen, sind die Atemkanäle verengt. Dieses **Asthma** kann lebensbedrohlich sein, weil nur noch wenig Luft in die Lungenbläschen kommt. Asthma wird wie Schnupfen häufig durch eine *Allergie* ausgelöst.

1 Erkläre, wie es zur „verstopften" und zur „laufenden" Nase kommt.

2 Vergleiche die Abbildung 2 mit der Abbildung 1 D auf S. 121. Beschreibe und erkläre die Veränderungen.

3 Beschreibe die Wirkungen des Zigarettenrauchs auf die Atemwege.

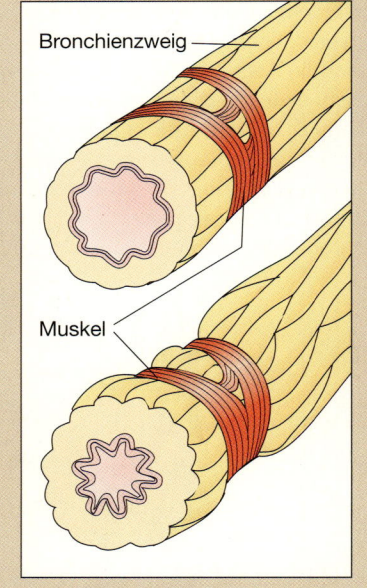

2 Asthma

Atmungs- und Kreislauforgane

Atmung

Übung

V1 Brust- und Bauchatmung

Durchführung: Lege die gespreizten Hände so auf den Brustkorb, dass sich die Fingerspitzen in der Mitte berühren. Atme tief ein und aus und beobachte die Fingerspitzen. Atme danach so ein, dass die Hände **nicht** bewegt werden. Beobachte dabei Bauch und Brustkorb.
Aufgaben: a) Beschreibe, welche Muskelbewegungen das Einatmen bewirken.
b) Begründe, warum sich bei der Bauchatmung der Bauch bewegt.

V2 Nachweis von Kohlenstoffdioxid (Lehrerversuch)

Hinweis: Kalkwasser ist ein Nachweisreagenz für Kohlenstoffdioxid.
Material: Gaswaschflasche mit „Kalkwasser" (Calciumhydroxid-Lösung), *ätzend*; Gummischlauch

Durchführung: Ausatmungsluft wird vorsichtig durch eine Gaswaschflasche gepustet, die Kalkwasser enthält.
Aufgabe: Beschreibe und erkläre die Veränderungen.

V3 Untersuchung der Schweinelunge

Material: frische Schweinelunge vom Metzger; Becherglas mit Wasser; Pinzette; Schere; Lupe
Durchführung: Suche Verzweigungen der Atemkanälchen. Schneide anschließend kleine Stückchen aus der Lunge. Lasse ein Stückchen Lunge auf das Wasser fallen.
Aufgaben: a) Beschreibe die Lunge (Farbe, Strukturen) und untersuche sie mit der Lupe.
b) Beschreibe und erkläre das Verhalten des Lungengewebes im Wasser.

V4 Messung des Atemvolumens

Material: Spirometer
Durchführung: Atmet eure maximale Atemmenge ins Spirometer. Notiert die Werte.
Aufgaben: a) Trage in eine Tabelle ein: Name, Atemvolumen, Körpergröße, Sportart.
b) Untersuche, ob ein Zusammenhang zwischen Atemvolumen und Körpergröße besteht.
c) Untersuche, ob ein Zusammenhang zwischen Atemvolumen und sportlicher Betätigung besteht.
d) Erkläre, warum das gemessene Atemvolumen nicht das gesamte Lungenvolumen ist.

A5 Darstellung von Atembewegungen

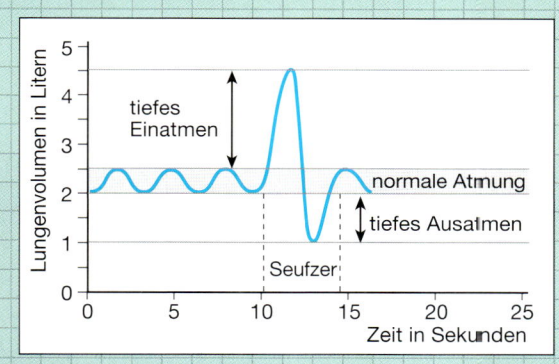

a) Erkläre den Kurvenverlauf. Wie viel Luft atmet man maximal ein und aus?
b) Auch beim tiefsten Ausatmen bleibt noch Luft in der Lunge. Beschreibe, wo sich diese Restluft aufhält.

A6 Oberflächenvergrößerung

Als *Prinzip der Oberflächenvergrößerung* bezeichnet man die Tatsache, dass dasselbe Volumen eine viel größere Oberfläche besitzt, wenn es in kleine Teilvolumen unterteilt wird.
a) Du sollst 10 Tafeln Schokolade in Geschenkpapier einwickeln. Berechne, wie viel Papier du mindestens brauchst, wenn du die Tafeln einzeln, beziehungsweise alle 10 gemeinsam verpackst. Eine Tafel ist 5 cm breit, 10 cm lang und 1 cm hoch.
b) Beschreibe, wie dieses Prinzip auf den Bau der Lunge anzuwenden ist.

Atmungs- und Kreislauforgane

1 Zigarettenwerbung
2 Auf einer Party wird oft geraucht
3 Gesundheitsschäden durch das Rauchen. **A** *Banderole mit Angaben zum Giftgehalt;* **B** *Warnung vor Gesundheitsschäden;* **C** *mögliche Schäden durch Rauchen*

1.3 Rauchen – eine Gefahr für die Gesundheit

Die obige Werbeanzeige zeigt ein Mädchen, das lässig eine brennende Zigarette hält. Freude, Jugend und Schönheit, Freiheit und Abenteuer sind Ziele, die mit dem Rauchen verknüpft werden. *Zigarettenwerbung* ist mit dafür verantwortlich, dass jeder dritte Jugendliche im Alter zwischen 13 und 16 Jahren raucht. Andere rauchen, weil es „in" ist. Manche meinen, dass Rauchen sie entspannt, munter macht und das Hungergefühl dämpft.
Was ist so gefährlich am Rauchen, dass auf jeder Zigarettenpackung die wichtigsten **Giftstoffe** und ihre Menge im Tabak aufgeführt sind?
Das Nervengift **Nikotin,** auf der Banderole mit N abgekürzt, ist eine von über 10 000 schädlichen Substanzen des Tabakrauchs. Eingeatmet bewirkt es, dass sich die Blutgefäße verengen. Die Durchblutung der Organe wird gestört. Außerdem ist Nikotin der Stoff im Tabak, der abhängig macht.
Um die Organe trotz der verengten Blutgefäße mit ausreichend Blut zu versorgen, muss das Herz schneller und kräftiger schlagen. Diese Überlastung kann zu schwerwiegenden *Herzerkrankungen* führen. Ein weiteres Gift im Zigarettenrauch ist das **Kohlenstoffmonoxid.** Es behindert den lebenswichtigen Sauerstofftransport der Roten Blutkörperchen und verstärkt so die Durchblutungsstörungen. Bei manchen Rauchern macht sich dies durch leichten Schwindel oder Übelkeit bemerkbar.
Der Buchstabe K auf der Banderole steht für **Kondensat.** Hiermit sind die **Teerstoffe** im Zigarettenrauch gemeint. Beim Einatmen lagern sich diese in den Atemwegen ab. Sie behindern nicht nur die Selbstreinigung der Atemwege durch die Flimmerhärchen, sondern können auch *Krebs* verursachen.

> Tabakrauch enthält gefährliche Gifte, die zu ernsthaften Krankheiten führen können.

1 Nenne Gründe, weshalb Menschen rauchen.
2 Begründe, weshalb Rauchen gesundheitsschädlich ist.

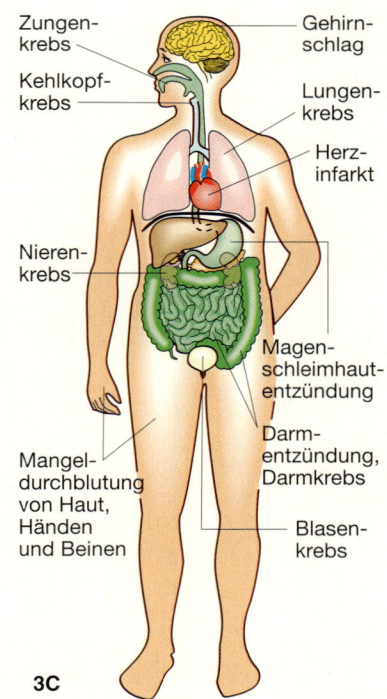

Atmungs- und Kreislauforgane

Gefahren des Rauchens

Übung

V 1 Ist im Zigarettenrauch wirklich Teer?

Material: Petrischale; Zigaretten; Streichhölzer; dünne Glasrohrstücke (Länge 5–8 cm); 2 durchbohrte Gummi- oder Kunststoffstopfen; Schlauchstücke; Glasrohr (Länge ca. 20 cm; Weite ca. 1–2 cm); Glycerin; Gummi-Saugpumpe; Watte; Schere

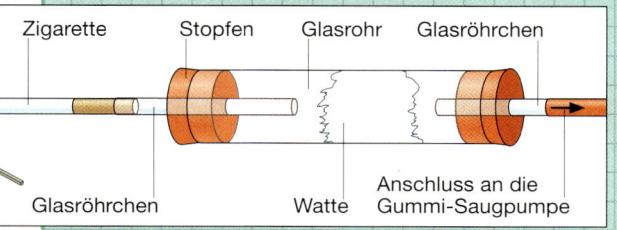

Durchführung: Baue gemäß der obigen Abbildung die Versuchsapparatur zusammen. Gib vor dem Zusammenbauen auf die Glasrohrenden einige Tropfen Glycerin, damit die Gummistücke auf dem Glas besser verschiebbar sind. Bringe die Apparatur nun unter den Gasabzug und schalte die Abzugsanlage ein. Stecke eine brennende Filterzigarette auf das Glasrohr und sauge mit der Handpumpe langsam Rauch durch die Versuchsapparatur.
Aufgaben: a) Notiere deine Beobachtungen.
b) Baue die Versuchsapparatur auseinander und rieche an der Watte aus der Apparatur. Erkläre.
c) Wiederhole den Versuch mit Zigaretten anderer Herstellermarken (mit und ohne Filter).

A 2 Forscher schlagen Alarm: Nikotinspuren im Kinderblut

Forscher in New York untersuchten das Blut von gesunden Kindern, deren Mütter oder Väter ca. 10 Zigaretten täglich in Anwesenheit ihrer Kinder rauchen. Man fand im Kinderblut hohe Konzentrationen von Stoffwechselprodukten des Nikotins und des Teerkondensats. Diese Stoffe gelten als Krebserreger und fördern die Entstehung von Asthma. Seit langem ist bekannt, dass Neugeborene von Raucherinnen ein geringeres Geburtsgewicht haben und später unter Entwicklungsstörungen leiden.

Wie sollten sich Raucher und Raucherinnen deiner Meinung nach verhalten, damit sich Kinder gesund entwickeln können?

A 3 Zigarettenwerbung

Ich gehe meilenweit für…

Frohen Herzens genießen!

Der Geschmack von Freiheit und Abenteuer!

NATURREIN – VOLLER WÜRZE!

Schlank – rassig – zart!

Ich rauche gern!

a) Was soll der Leser mit den abgebildeten Werbeaussagen verbinden?
b) In der Zigarettenwerbung werden oft junge, gesunde Menschen bei sportlicher Betätigung abgebildet. Zeige Widersprüche zwischen den Werbeaussagen und den tatsächlichen Folgen des Rauchens auf.

A 4 Argumente gegen das Rauchen

Schüler haben eine Antiraucherkollage angefertigt. Vervollständige die Aussage „Ich rauche nicht, weil…" mit möglichst vielen Argumenten. Fertigt selbst eine Collage an.

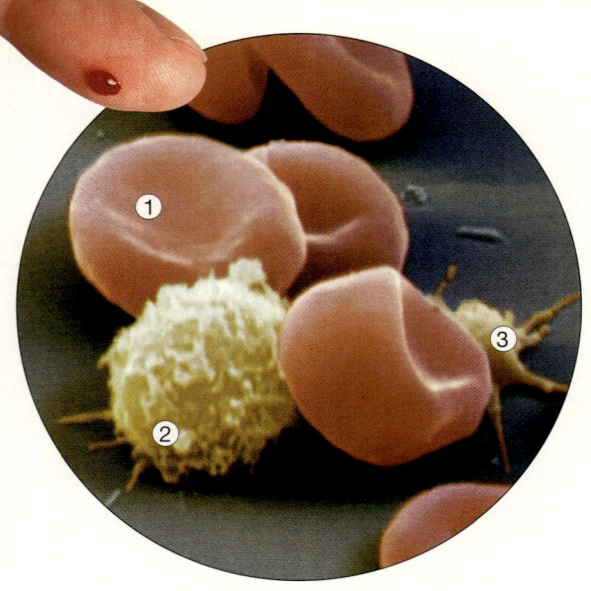

Atmungs- und Kreislauforgane

1 Blutbestandteile. ① rote Blutkörperchen, ② weißes Blutkörperchen, ③ Blutplättchen

reichen, verändern sie ihre Form und zwängen sich durch die Zellzwischenräume der Gefäßwände.
Für den Transport der Blutzellen sorgt die *Blutflüssigkeit*. Sie transportiert außerdem Nährstoffe, Kohlenstoffdioxid und Abfallstoffe und bringt Botenstoffe, die *Hormone*, an ihre Zielorte. Das Blut verteilt auch die *Körperwärme* gleichmäßig.

> Blut besteht aus Flüssigkeit und aus Blutzellen. Es transportiert die Atemgase, Nährstoffe sowie Abfallstoffe und verteilt Hormone und Körperwärme gleichmäßig. Es ist außerdem an der Abwehr von Krankheitserregern beteiligt.

1 Nenne die Aufgaben des Blutes.
2 Bei Krankheitsverdacht stellt der Arzt oft die Menge der weißen Blutkörperchen fest. Sie steigt bei Infektionskrankheiten bis zum Fünffachen des Normalen an. Erkläre dies mit ihrer Funktion.
3 Erkläre den Vorgang der Blutgerinnung mithilfe der Abb. 2 und des Textes.

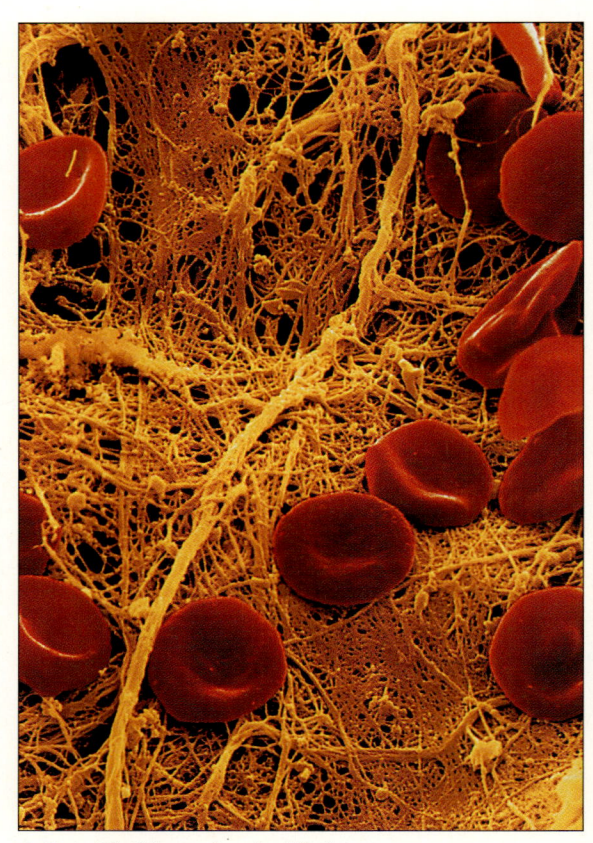

2 Blut und Blutkreislauf

2.1 Blut erfüllt unterschiedliche Aufgaben

„Aua!" – Marc hat sich beim Basteln mit der Schere in den Daumen gestochen. Er beobachtet, wie der rote Blutstropfen langsam aus der Wunde quillt und heruntertropft. Bis er endlich ein Heftpflaster gefunden hat, ist auf der Wunde schon eine weiche Kruste entstanden. Blut ist also nicht nur eine Flüssigkeit, sondern es enthält feste Bestandteile, die *Blutzellen*.
Eine Gruppe dieser Blutzellen, die **Blutplättchen,** lösen die *Blutgerinnung* aus: Sie zerfallen bei Berührung der Wundränder und scheiden ein Enzym aus, das über mehrere Zwischenstufen aus dem gelösten Fibrinogen das fadenartige feste Eiweiß *Fibrin* werden lässt. In seinem Geflecht bleiben andere Blutzellen, die **roten Blutkörperchen,** hängen. Ihre Hauptaufgabe ist der Transport von Sauerstoff zu den Gewebezellen.
Das Fibrin mit den eingelagerten Blutzellen verschließt die Wunde. Außerdem verengen sich die Adern im Finger und verringern so den Blutzufluss.
Durch eine Wunde können Bakterien, Viren oder Gifte in den Körper eindringen. Sie werden von der dritten Gruppe Blutzellen, den **weißen Blutkörperchen,** bekämpft. Diese patrouillieren ständig in den Adern auf der Jagd nach Fremdkörpern. Finden sie Bakterien, bilden sie lange Auswüchse, fangen, umschlingen und verdauen sie. Um Krankheitserreger außerhalb der Blutgefäße zu er-

2 Rote Blutkörperchen im Fibrinnetz

Atmungs- und Kreislauforgane

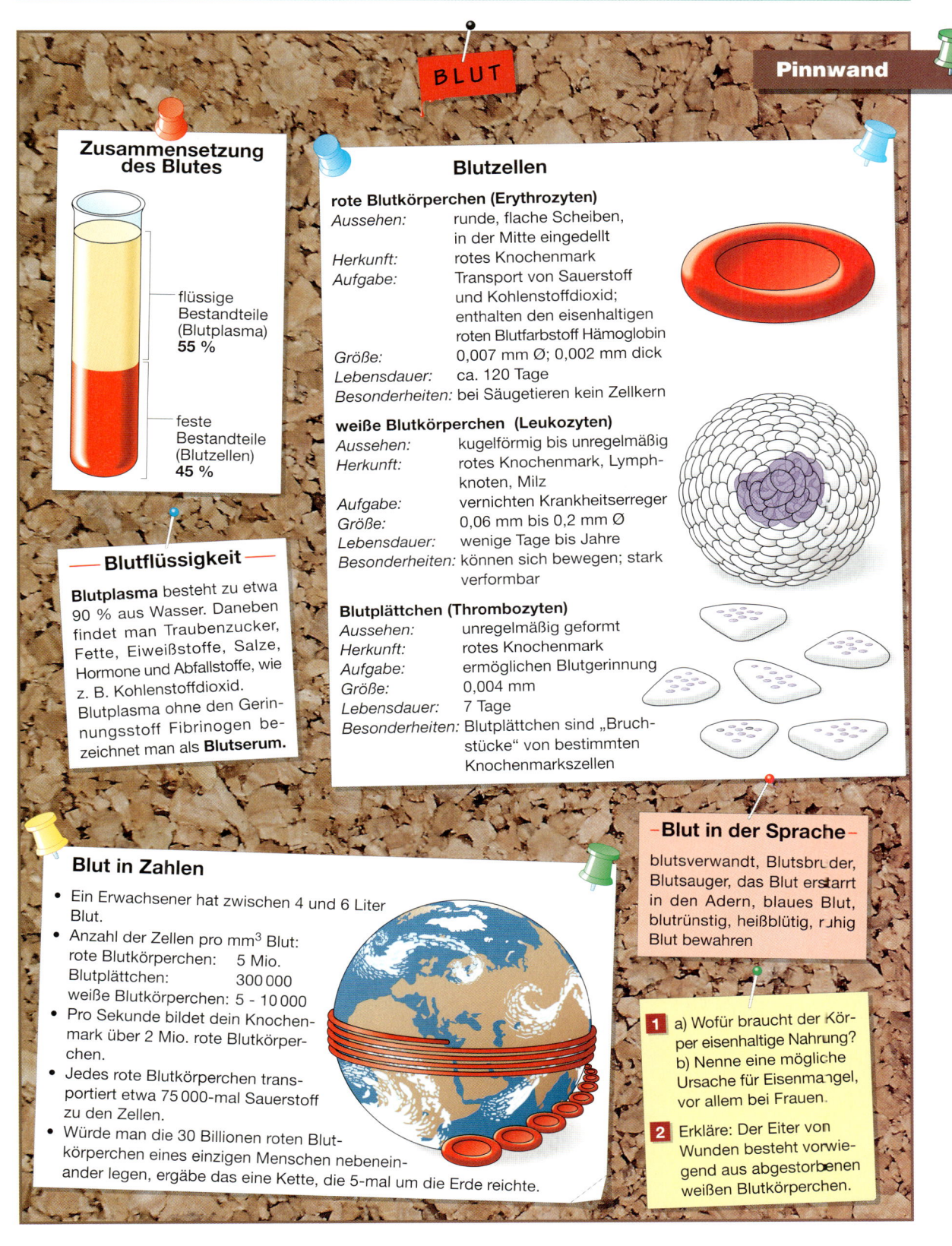

Pinnwand

BLUT

Zusammensetzung des Blutes

- flüssige Bestandteile (Blutplasma) **55 %**
- feste Bestandteile (Blutzellen) **45 %**

Blutzellen

rote Blutkörperchen (Erythrozyten)
- *Aussehen:* runde, flache Scheiben, in der Mitte eingedellt
- *Herkunft:* rotes Knochenmark
- *Aufgabe:* Transport von Sauerstoff und Kohlenstoffdioxid; enthalten den eisenhaltigen roten Blutfarbstoff Hämoglobin
- *Größe:* 0,007 mm Ø; 0,002 mm dick
- *Lebensdauer:* ca. 120 Tage
- *Besonderheiten:* bei Säugetieren kein Zellkern

weiße Blutkörperchen (Leukozyten)
- *Aussehen:* kugelförmig bis unregelmäßig
- *Herkunft:* rotes Knochenmark, Lymphknoten, Milz
- *Aufgabe:* vernichten Krankheitserreger
- *Größe:* 0,06 mm bis 0,2 mm Ø
- *Lebensdauer:* wenige Tage bis Jahre
- *Besonderheiten:* können sich bewegen; stark verformbar

Blutplättchen (Thrombozyten)
- *Aussehen:* unregelmäßig geformt
- *Herkunft:* rotes Knochenmark
- *Aufgabe:* ermöglichen Blutgerinnung
- *Größe:* 0,004 mm
- *Lebensdauer:* 7 Tage
- *Besonderheiten:* Blutplättchen sind „Bruchstücke" von bestimmten Knochenmarkszellen

Blutflüssigkeit

Blutplasma besteht zu etwa 90 % aus Wasser. Daneben findet man Traubenzucker, Fette, Eiweißstoffe, Salze, Hormone und Abfallstoffe, wie z. B. Kohlenstoffdioxid. Blutplasma ohne den Gerinnungsstoff Fibrinogen bezeichnet man als **Blutserum**.

Blut in Zahlen

- Ein Erwachsener hat zwischen 4 und 6 Liter Blut.
- Anzahl der Zellen pro mm^3 Blut:
  rote Blutkörperchen: 5 Mio.
  Blutplättchen: 300 000
  weiße Blutkörperchen: 5 - 10 000
- Pro Sekunde bildet dein Knochenmark über 2 Mio. rote Blutkörperchen.
- Jedes rote Blutkörperchen transportiert etwa 75 000-mal Sauerstoff zu den Zellen.
- Würde man die 30 Billionen roten Blutkörperchen eines einzigen Menschen nebeneinander legen, ergäbe das eine Kette, die 5-mal um die Erde reichte.

Blut in der Sprache

blutsverwandt, Blutsbruder, Blutsauger, das Blut erstarrt in den Adern, blaues Blut, blutrünstig, heißblütig, ruhig Blut bewahren

1 a) Wofür braucht der Körper eisenhaltige Nahrung?
b) Nenne eine mögliche Ursache für Eisenmangel, vor allem bei Frauen.

2 Erkläre: Der Eiter von Wunden besteht vorwiegend aus abgestorbenen weißen Blutkörperchen.

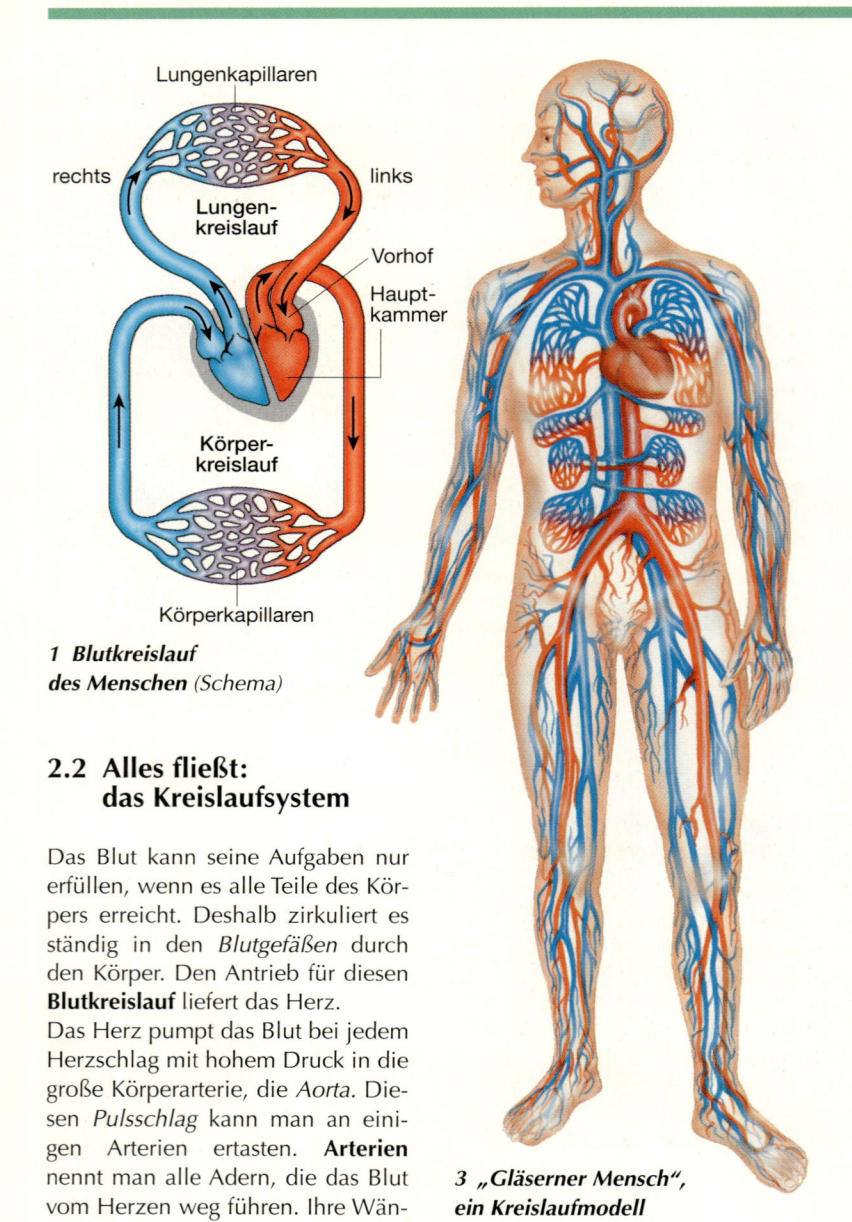

Atmungs- und Kreislauforgane

1 Blutkreislauf des Menschen (Schema)

2.2 Alles fließt: das Kreislaufsystem

Das Blut kann seine Aufgaben nur erfüllen, wenn es alle Teile des Körpers erreicht. Deshalb zirkuliert es ständig in den *Blutgefäßen* durch den Körper. Den Antrieb für diesen **Blutkreislauf** liefert das Herz.

Das Herz pumpt das Blut bei jedem Herzschlag mit hohem Druck in die große Körperarterie, die *Aorta*. Diesen *Pulsschlag* kann man an einigen Arterien ertasten. **Arterien** nennt man alle Adern, die das Blut vom Herzen weg führen. Ihre Wände besitzen eine kräftige Muskelschicht. Zusätzlich sind sie innen und außen mit einer elastischen Haut überzogen. Sie halten den hohen Blutdruck aus und pressen das Blut durch ihre Elastizität weiter.

Die Arterien verzweigen sich immer mehr bis in die haarfeinen **Kapillaren**. Durch ihre hauchdünnen Wände findet ein Stoffaustausch mit den Körperzellen statt. Dabei werden Sauerstoff und Nährstoffe in das umgebende Gewebe abgegeben. Gleichzeitig werden Kohlenstoffdioxid und Abfallstoffe von den Kapillaren aufgenommen.

Die Kapillaren vereinigen sich wieder zu größeren Blutgefäßen, den **Venen**. Ihre dünnen Wände haben nur wenige Muskeln. Sie besitzen viele *Venenklappen* als Ventile, die verhindern, dass das Blut nach dem Herzschlag wieder zurückfließt. Dadurch kann das Blut in den Beinvenen sogar „bergauf" transportiert werden. Arterien oder Muskeln helfen dabei mit, indem sie auf die Venen drücken und dadurch das Blut weiterbefördern.

Wenn das Blut durch die *Hohlvene* wieder ins Herz transportiert wird, ist der *Körperkreislauf* geschlossen. Das Blut durchläuft nun einen zweiten Kreislauf, den *Lungenkreislauf*. Es wird durch die *Lungenarterie* in die Lunge gepumpt. Dort gibt es Kohlenstoffdioxid ab und nimmt Sauerstoff auf. Nach der Rückkehr zum Herz durch die *Lungenvene* ist dieser **doppelte Blutkreislauf** geschlossen.

Weil das Blut ständig im Körper

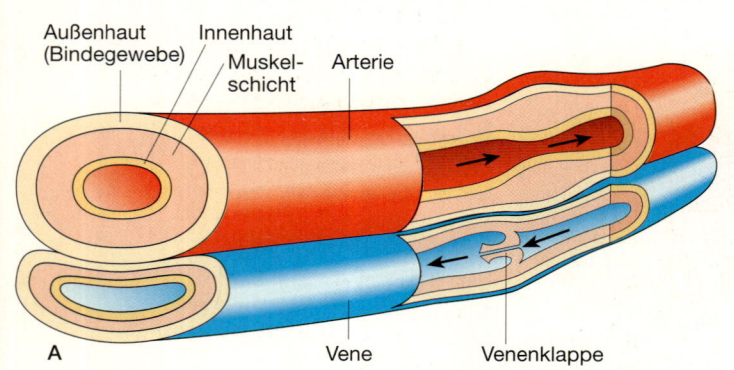

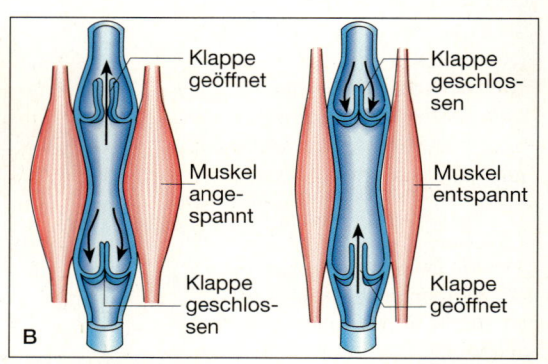

3 „Gläserner Mensch", ein Kreislaufmodell

2 Bluttransport in den Venen. A durch eine benachbarte Arterie; **B** durch Muskeln

Atmungs- und Kreislauforgane

kreisen muss, schlägt unser **Herz** ohne Unterbrechung das ganze Leben lang. In jeder Minute pumpt es dabei die gesamte Blutmenge durch den Körper. Wie funktioniert diese außergewöhnliche Pumpe?
Das Herz ist ein faustgroßer, hohler Muskel, der durch die *Herzscheidewand* in zwei Hälften geteilt ist. In jeder Herzhälfte befinden sich eine *Hauptkammer* und

A

ein *Vorhof*. Zwischen Vorhof und Hauptkammer wirken *Segelklappen* als Ventile, vor den Arterien erfüllen *Taschenklappen* diese Funktion.
Wenn das Herz „schlägt", ziehen sich die Hauptkammern zusammen und pressen das Blut in die Körper- und Lungenarterien.
Die Segelklappen sind dabei geschlossen und verhindern, dass das Blut in die Vorhöfe zurückgedrückt wird. Gleichzeitig saugen die Vorhöfe Blut aus den Körper- und Lungenvenen an. Diesen Arbeitstakt des Herzens bezeichnet man als *Systole*.
Wenn die beiden Hauptkammern geleert sind, entspannt sich das Herz. Dabei füllen sich die Kammern wieder, weil nun das Blut aus den Vorhöfen durch die Segelklappen in die Hauptkammern strömt. Gleichzeitig schließen sich die Taschenklappen, sodass das Blut nicht

mehr aus den Arterien in die Hauptkammern zurückfließen kann. Dieser Arbeitstakt wird *Diastole* genannt.
Systole und Diastole – Zusammenziehen der Kammern und Erschlaffung – wiederholen sich unaufhörlich. Um diese Arbeit leisten zu können, müssen die Herzmuskeln besonders gut mit Blut versorgt werden. Das ist die Aufgabe der *Herzkranzgefäße*.
Herzmuskelzellen erzeugen bei ihrer Tätigkeit schwache elektrische Impulse. Mit Elektroden auf der Haut kann man diese Impulse aufnehmen. Sie werden als Herzerregungskurve aufgezeichnet. Dieses

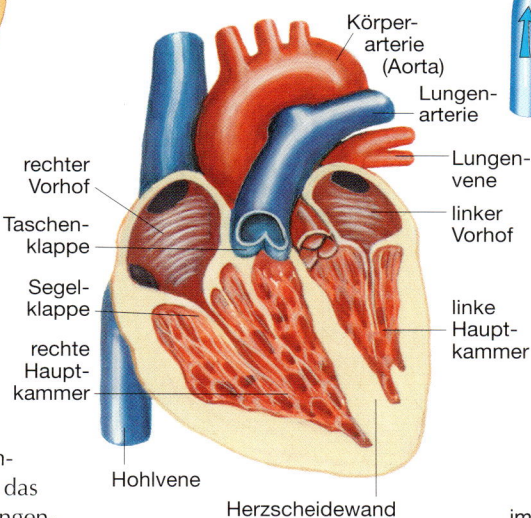

- Körperarterie (Aorta)
- Lungenarterie
- rechter Vorhof
- Taschenklappe
- Segelklappe
- rechte Hauptkammer
- Hohlvene
- Lungenvene
- linker Vorhof
- linke Hauptkammer
- Herzscheidewand

4 Bau des Herzens

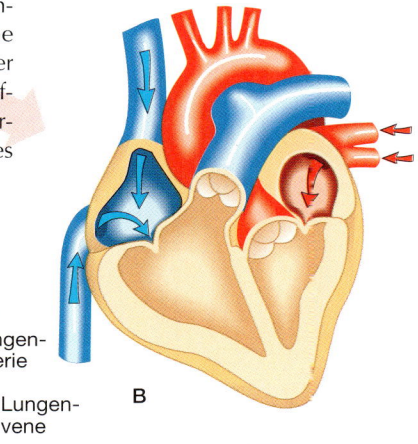

C

Elektrokardiogramm (EKG) lässt bestimmte Funktionsstörungen des Herzens erkennen.

> Das Blut wird vom Herz durch den Körper- und Lungenkreislauf gepumpt. Dabei fließt es durch die Arterien in die Kapillaren und kehrt durch die Venen zum Herzen zurück.

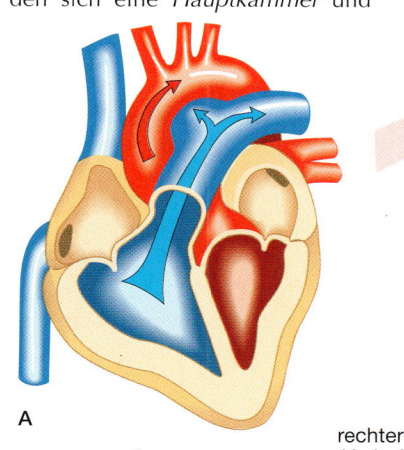

B

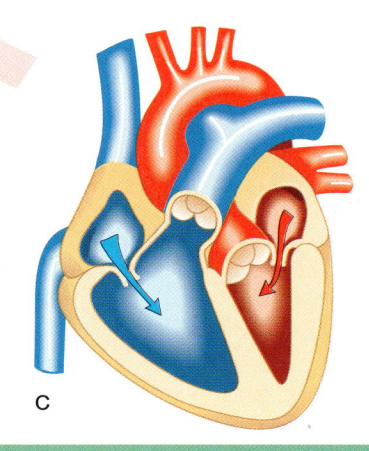

1 In welchen Blutgefäßen des Körper- und Lungenkreislaufs ist das Blut reich an Sauerstoff, in welchen reich an Kohlenstoffdioxid?
2 Fast alle Adern, die man äußerlich sehen kann, sind Venen. Die Arterien verlaufen tiefer im Körper. Erkläre, welchen Vorteil dies hat.
3 Erkläre den Namen „Schlagader" für Arterien.
4 Auf den Bildern von Kreislauf und Herz ist rechts und links vertauscht. Erkläre.
5 Der „gläserne Mensch" ist ein Modell. Was ist dabei anders als beim tatsächlichen Kreislauf?

5 Wie das Herz arbeitet.
A *Hauptkammerleerung;*
B *Erschlaffung;*
C *Vorhofleerung;*
⇒ ⇒ *Blutströme*

131

Atmungs- und Kreislauforgane

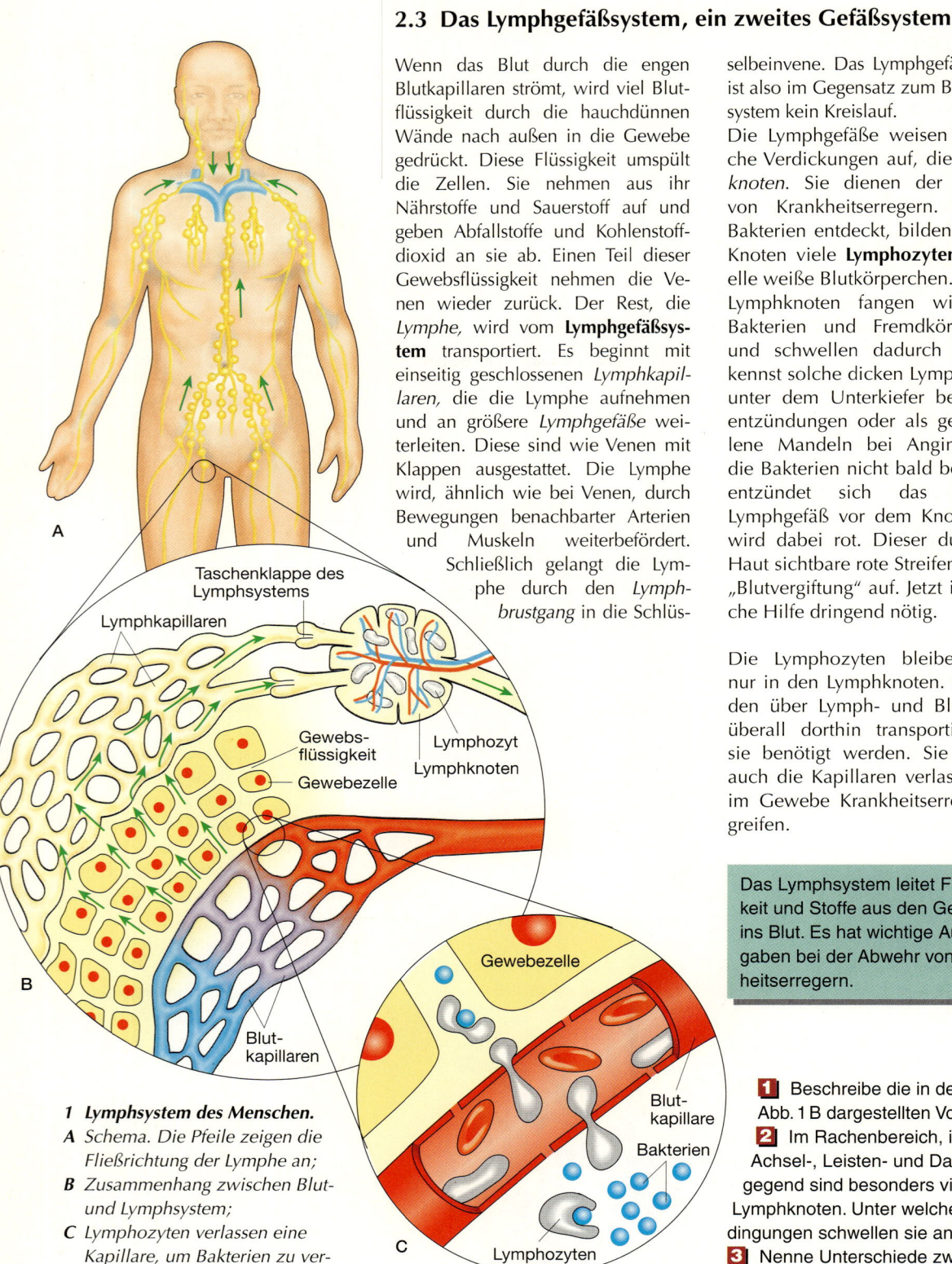

2.3 Das Lymphgefäßsystem, ein zweites Gefäßsystem

Wenn das Blut durch die engen Blutkapillaren strömt, wird viel Blutflüssigkeit durch die hauchdünnen Wände nach außen in die Gewebe gedrückt. Diese Flüssigkeit umspült die Zellen. Sie nehmen aus ihr Nährstoffe und Sauerstoff auf und geben Abfallstoffe und Kohlenstoffdioxid an sie ab. Einen Teil dieser Gewebsflüssigkeit nehmen die Venen wieder zurück. Der Rest, die *Lymphe*, wird vom **Lymphgefäßsystem** transportiert. Es beginnt mit einseitig geschlossenen *Lymphkapillaren*, die die Lymphe aufnehmen und an größere *Lymphgefäße* weiterleiten. Diese sind wie Venen mit Klappen ausgestattet. Die Lymphe wird, ähnlich wie bei Venen, durch Bewegungen benachbarter Arterien und Muskeln weiterbefördert. Schließlich gelangt die Lymphe durch den *Lymphbrustgang* in die Schlüsselbeinvene. Das Lymphgefäßsystem ist also im Gegensatz zum Blutgefäßsystem kein Kreislauf.

Die Lymphgefäße weisen zahlreiche Verdickungen auf, die *Lymphknoten*. Sie dienen der Abwehr von Krankheitserregern. Werden Bakterien entdeckt, bilden sich im Knoten viele **Lymphozyten,** spezielle weiße Blutkörperchen.

Lymphknoten fangen wie Filter Bakterien und Fremdkörper auf und schwellen dadurch an. Du kennst solche dicken Lymphknoten unter dem Unterkiefer bei Zahnentzündungen oder als geschwollene Mandeln bei Angina. Sind die Bakterien nicht bald bekämpft, entzündet sich das gestaute Lymphgefäß vor dem Knoten und wird dabei rot. Dieser durch die Haut sichtbare rote Streifen tritt bei „Blutvergiftung" auf. Jetzt ist ärztliche Hilfe dringend nötig.

Die Lymphozyten bleiben nicht nur in den Lymphknoten. Sie werden über Lymph- und Blutgefäße überall dorthin transportiert, wo sie benötigt werden. Sie können auch die Kapillaren verlassen und im Gewebe Krankheitserreger angreifen.

> Das Lymphsystem leitet Flüssigkeit und Stoffe aus den Geweben ins Blut. Es hat wichtige Aufgaben bei der Abwehr von Krankheitserregern.

1 Lymphsystem des Menschen.
A *Schema. Die Pfeile zeigen die Fließrichtung der Lymphe an;*
B *Zusammenhang zwischen Blut- und Lymphsystem;*
C *Lymphozyten verlassen eine Kapillare, um Bakterien zu vernichten.*

1 Beschreibe die in der Abb. 1 B dargestellten Vorgänge.
2 Im Rachenbereich, in der Achsel-, Leisten- und Darmgegend sind besonders viele Lymphknoten. Unter welchen Bedingungen schwellen sie an?
3 Nenne Unterschiede zwischen Lymph- und Blutgefäßsystem.

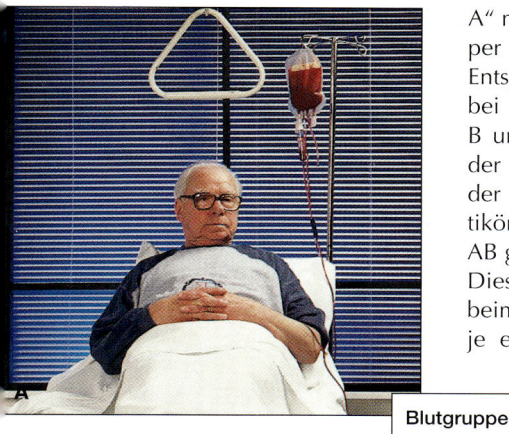

Atmungs- und Kreislauforgane

2.4 Auf die Blutgruppe kommt es an!

Bei Verkehrsunfällen verlieren Verletzte oft so viel Blut, dass sie dafür Ersatz brauchen. Auch bei Operationen und zur Behandlung einiger Krankheiten sind **Blutübertragungen,** auch *Bluttransfusionen* genannt, nötig. Organisationen wie das Rote Kreuz rufen deshalb immer wieder zur *Blutspende* auf.

Bevor gespendetes Blut verwendet wird, muss man es gründlich untersuchen. Denn wenn das Spenderblut nicht zum Empfängerblut passt, verklumpt es. Das ist lebensgefährlich, weil der entstehende Blutpfropf Kapillaren verstopfen kann.

Wie kommt es dazu? Man unterscheidet beim Menschen vier **Blutgruppen:** A, B, AB und 0 (Null). Die Oberfläche der roten Blutkörperchen hat bei jeder Blutgruppe ein anderes Muster, das man *Antigen* nennt. Es gibt Blutkörperchen mit Antigen A, solche mit Antigen B, mit beiden oder mit gar keinem – entsprechend den Blutgruppen A, B, AB oder 0.

Im Blutplasma sind spezielle *Antikörper* vorhanden, die auf fremdes Blut reagieren. Sie verkleben die Blutkörperchen miteinander. Dabei reagiert der Antikörper „Anti-A" mit dem Antigen A, der Antikörper „Anti-B" mit dem Antigen B. Entsprechend findet man „Anti-A" bei Menschen mit der Blutgruppe B und „Anti-B" bei Menschen mit der Blutgruppe A. Menschen mit der Blutgruppe 0 haben beide Antikörper, solche mit der Blutgruppe AB gar keinen.

Diese Eigenschaft macht man sich beim *Blutgruppentest* zunutze. Zu je einem Blutstropfen tropft man Anti-A und Anti-B. Die Art der Verklumpung zeigt die Blutgruppe an.

Vor einer Blutübertragung muss noch eine weitere Bluteigenschaft getestet werden, der **Rhesusfaktor.** Die meisten Menschen besitzen auf der Oberfläche ihrer roten Blutkörperchen den Rhesusfaktor: Sie sind „Rhesus-positiv" (Rh). Bei rh-negativen Personen fehlt er. Kommt ihr Blut mit Rh-positivem Blut in Kontakt, können Antikörper dagegen entstehen. Bei einem erneuten Kontakt mit Rh-positivem Blut können die roten Blutkörperchen zerstört werden.

Gespendetes Blut wird auch auf Krankheitserreger untersucht. Deshalb ist die Gefahr, durch eine Blutübertragung an AIDS oder Hepatitis zu erkranken, relativ gering.

Man unterscheidet beim Menschen die vier Blutgruppen A, B, AB und 0. Bei Blutübertragungen müssen die Blutgruppen übereinstimmen, sonst kann das Blut verklumpen.

1 Nur selten wird heute noch „Vollblut" übertragen. Oft wird nur Blutplasma benötigt. Welches Spenderplasma verträgt sich mit welchem Empfängerblut? Fertige eine Tabelle an!

2 Bei einem Test verklumpt Probe 1 mit Lösung „Anti-A" und mit Lösung „Anti-B", Probe 2 mit keiner der beiden. Um welche Blutgruppen handelt es sich?

1 Blutgruppenverträglichkeit.
A Blutübertragung; **B** Merkmale der Blutgruppen; **C** Verträglichkeit und Verklumpung; **D** Blutgruppenbestimmung

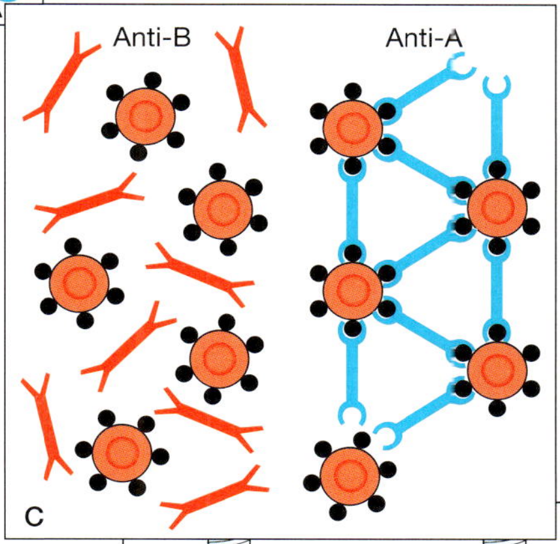

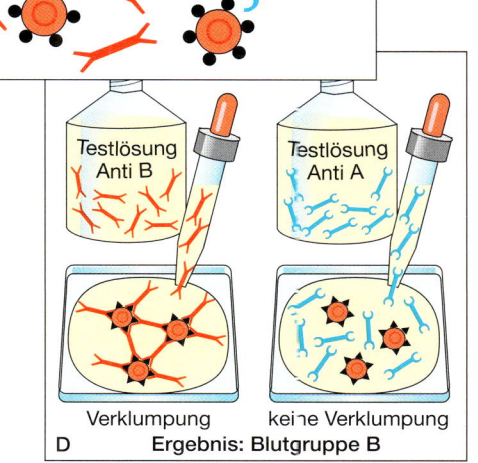

Blutgruppe	rote Blutkörperchen mit Antigenen	Antikörper im Serum
A Antigene A = ●		Anti-B
B Antigene B = ▲		Anti-A
AB Antigene AB = ●▲		keine
0 keine Antigene		Anti-B, Anti-A

B

C

D Verklumpung | keine Verklumpung
Ergebnis: Blutgruppe B

Atmungs- und Kreislauforgane

Übung: Untersuchung von Blut und Blutkreislauf

V 1 Blut mikroskopieren

Wegen Infektionsgefahr ist es verboten, menschliches Blut in der Schule zu untersuchen.
Material: Tierblut vom Metzger oder Schlachthof, das ungerinnbar gemacht wurde; Mikroskop; 2 Objektträger; 1 Deckgläschen; Glasstab

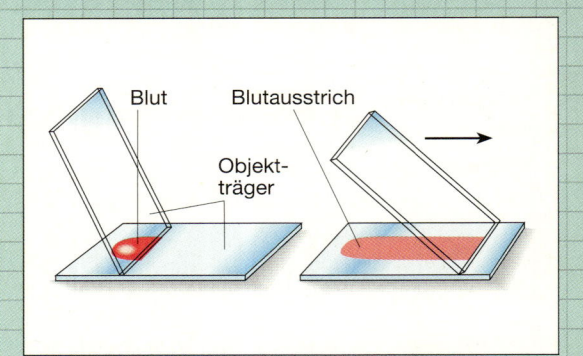

Durchführung: Gib mit dem Glasstab einen Tropfen Blut auf die linke Seite des Objektträgers. Stelle den zweiten Objektträger wie in der Abbildung gezeigt so an den Blutstropfen, dass er am Rand verläuft. Schiebe den Objektträger nach rechts. Bedecke den Blutausstrich mit einem Deckgläschen.
Aufgaben: a) Mikroskopiere. Beginne mit der kleinsten Vergrößerung. Verändere bei jeder Vergrößerung auch die Blende, bis du die Blutzellen erkennen kannst. Beschreibe deine Beobachtungen. Um welche Blutzellen handelt es sich? Begründe.
b) Zeichne deine Beobachtung bei der stärksten Vergrößerungen.

V 2 Arterien oder Venen?

Material: Uhr
Durchführung: Streife die Kleidung an den Armen hoch, sodass die Unterarme frei sind. Stelle dich aufrecht hin. Strecke den einen Arm ungefähr eine Minute lang nach oben und lasse den anderen locker herunter hängen.
Aufgaben: a) Vergleiche die Hautfarbe der beiden Arme und erkläre den Unterschied.
b) Beschreibe, wo die Blutgefäße am deutlichsten hervortreten.
c) Um welche Blutgefäße handelt es sich? Begründe.

V 3 Puls fühlen und messen

Material: Uhr mit Sekundenzeiger
Durchführung: Fühle am Hals oder am Handgelenk den Puls wie in den Abbildungen gezeigt.

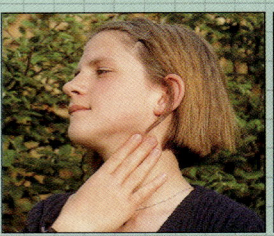

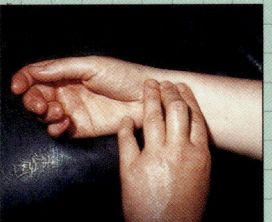

Aufgaben: a) Zähle die Pulsschläge in 15 s und multipliziere mit 4. Dies ergibt den Puls pro Minute.
b) Miss deinen Puls in Ruhe und bei Belastung: im Sitzen und nach 20 Kniebeugen.
c) Miss nach der Belastung noch 5-mal im Minutenabstand. Stelle die Werte grafisch dar.
d) Vergleiche die Werte mit Jugendlichen in deiner Klasse, die viel Sport treiben und solchen, die weniger trainiert sind. Erläutere die Unterschiede.

A 4 Bau eines Rinderherzens

Die Abbildung zeigt einen Längsschnitt durch ein Rinderherz. Benenne die Teile und gib ihre Aufgabe an.

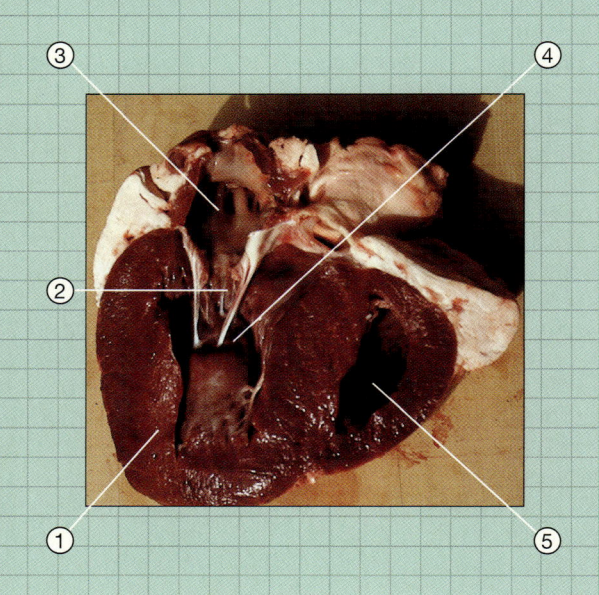

Atmungs- und Kreislauforgane

Blutdruck

Streifzug durch die Medizin

- Manschette aufgeblasen
- Arterie gestaut
- kein Puls hörbar

- Manschette langsam entlüftet
- Arterie beginnt sich zu füllen
- Puls wird hörbar

- Manschette weiter entlüftet
- Blut fließt wieder ungehindert
- Pulsgeräusch verschwindet

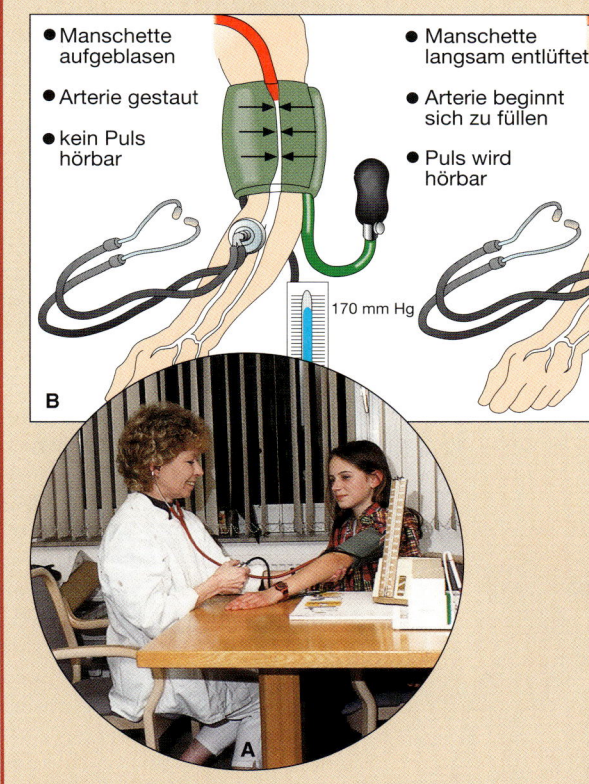

170 mm Hg — 120 mm Hg — 70 mm Hg

1 Blutdruckmessung. A Arztpraxis; **B** Schema

Anja möchte an einem Tauchkurs teilnehmen. Dazu braucht sie eine Tauglichkeitsbescheinigung. Bei der Untersuchung misst die Ärztin auch den **Blutdruck.** Sie legt die Blutdruck-Manschette um Anjas Oberarm und pumpt sie mit dem Blasebalg stark auf. Nun nimmt sie das Stethoskop, steckt die Ohrhörer in die Ohren und hält die Membran in Anjas Ellenbeuge. Mit dem Stethoskop kann man den Pulsschlag hören.

Am Anfang hört die Ärztin noch nichts, weil die Manschette die Arterien so fest zusammendrückt, dass kein Blut fließt. Nun senkt sie durch Öffnen des Ventils an der Manschette den Druck ab. Sobald man Pulsschläge hört, liest man eine Zahl am Druckanzeiger ab. Dies ist der **systolische Wert.** Mit diesem Druck presst das Herz das Blut in die Arterien. Der Blutdruck reicht bei diesem Wert gerade aus, um den Manschettendruck zu überwinden.

Sinkt der Manschettendruck weiter ab, hört das Pulsgeräusch wieder auf. An diesem **diastolischen** Wert fließt das Blut wieder ungestört durch die Ader. Dieser Wert zeigt den Blutdruck bei entspanntem Herzen an.

Bei modernen Geräten übernimmt ein Mikrofon in der Manschette die Rolle des Stethoskops und die Blutdruckwerte werden digital angezeigt.

Der Blutdruck wird in Millimeter Quecksilbersäule (mm Hg) gemessen. Bei Jugendlichen misst man Mittelwerte von 100–110 mm Hg (systolischer Wert) zu 70–75 mm Hg (diastolischer Wert). Der Blutdruck schwankt im Laufe des Tages etwas: Beim Schlafen fällt er ab, beim Sport steigt er an. Dauerhafter **Bluthochdruck** jedoch kann allen Organen schaden, vor allem Herz, Gehirn und Nieren. Zu **niedriger Blutdruck** bewirkt, dass die Organe nicht ausreichend versorgt werden.

Mit dem Alter steigt der Blutdruck etwas an, weil die Blutgefäße nicht mehr so elastisch sind.

„100 zu 70. Sehr gute Werte!", sagt die Ärztin. Anja ist froh. Der Tauchkurs kann beginnen.

1 Vielen Menschen wird schwindlig, wenn sie rasch aufstehen. Dann bekommt das Gehirn zu wenig Blut. Erkläre, wie das mit dem Blutdruck zusammenhängt.

2 Nikotin bewirkt, dass das Gehirn Adern verengt. Wie wirkt sich das auf den Blutdruck aus?

3 Gefahr bewirkt Pulsbeschleunigung und höheren Blutdruck in Gehirn und Muskeln. Welchen biologischen Sinn hat das? Denke z. B. an die Situation eines Steinzeitmenschen, der von einem Löwen angegriffen wird.

Atmungs- und Kreislauforgane

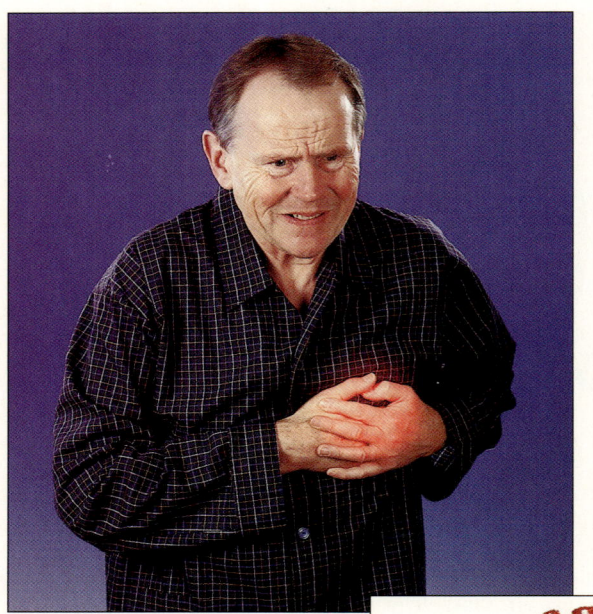

1 Herzinfarkt?

2.5 Herz- und Kreislauferkrankungen

Herr Müller sitzt gemütlich beim Fernsehen. Wie schön, dass er nach so einem stressigen Tag bei einem spannenden Fußballspiel mit Bier und Chips mal wieder richtig entspannen kann. Doch plötzlich hat er einen unsagbar heftigen, stechenden Schmerz hinter dem Brustbein. Das Atmen fällt ihm schwer. Angstvoll ruft er seine Frau. Sie weiß sofort, ab jetzt zählt jede Minute. Beruhigend redet sie auf ihren Mann ein und wählt gleichzeitig die Nummer des Notdienstes. Danach öffnet Frau Müller das Fenster und beengende Kleidungsstücke ihres Mannes zur Erleichterung von Atmung und Kreislauf. Ob er einen Herzinfarkt hat? Das lässt sich erst im Krankenhaus feststellen.

So plötzlich diese Krankheit für einen Betroffenen auch auftritt, ihre Ursachen haben sich über Jahre hinweg entwickelt. Die Innenwände von Arterien sind normalerweise glatt und geschmeidig. Mit zunehmendem Alter bilden fettartige Stoffe, z. B. Cholesterin und andere Substanzen, Ablagerungen an den Gefäßinnenwänden. Dadurch werden die Arterienwände immer unelastischer, dicker und rauer. So können Stoffe noch schneller „hängen" bleiben. Der zunehmend geringere Durchmesser verlangsamt den Blutfluss. Man nennt diesen Prozess *Arterienverkalkung* oder **Arteriosklerose**. Sind davon Herzkranzgefäße betroffen, kann es vorkommen, dass der Herzmuskel *vorübergehend* nicht genügend Sauerstoff erhält. Entstehen dabei starke Schmerzen in der Brust, spricht man von einem **Angina-pectoris-Anfall**.

Bei einem **Herzinfarkt** wird ein Herzkranzgefäß sogar völlig verschlossen. Einzelne Muskelpartien des Herzens erhalten plötzlich *dauerhaft* überhaupt keinen Sauerstoff mehr und sterben ab. Im Frühstadium eines Infarktes kommt es häufig zu lebensbedrohlichen Komplikationen. Wie schlimm die Folgen eines Infarktes werden, hängt von der Größe und Bedeutung der abgestorbenen Muskelpartie ab.

Manchmal gibt es schon vorher deutliche Anzeichen, die man ernst nehmen sollte. Bei z. B. länger andauernden oder immer wiederkehrenden Herzschmerzen kann die Herztätigkeit durch ein **E**lektro**k**ardio**g**ramm **(EKG)** überprüft werden. Stellt man eine ausgedehnte Arteriosklerose fest, wird eine *Bypass-Operation* vorgenommen. Verengte Herzkranzgefäße werden dabei mit einer „Umleitung" (Bypass) versehen. Dazu wird meist mit einer Vene aus dem Bein das „verstopfte" Gefäß überbrückt. Geringere Engpässe in Herzkranzgefäßen lassen sich auch durch einen Ballon weiten. Er wird mit

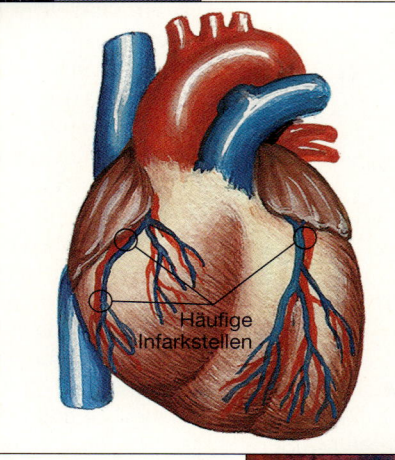

2 Häufige Infarktstellen

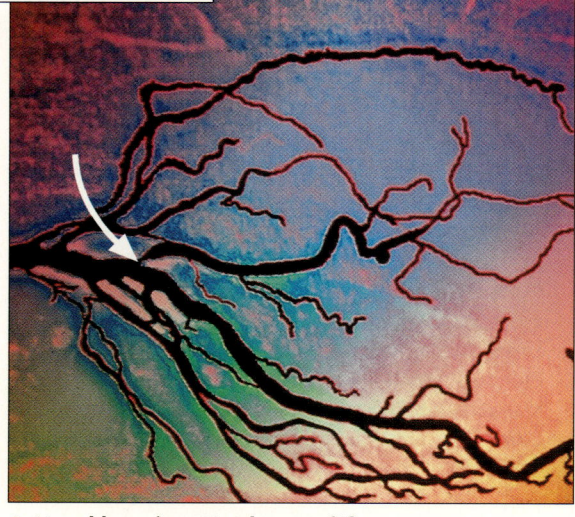

3 Verschluss eines Herzkranzgefäßes

Atmungs- und Kreislauforgane

einem Endoskop über die Armarterie bis zum Bereich der Ablagerungen geschoben und gefüllt. Dieses Verfahren heißt *Ballondilatation*. Ein Endoskop, das mit moderner Lasertechnik ausgerüstet ist, kann die Ablagerungen in Gefäßen auch schmelzen und absaugen. Aber trotz aller Fortschritte bei der Behandlung sollte man nicht vergessen, dass das Entstehen eines Herzinfarktes durch die eigene Lebensweise beeinflusst wird. Neben einigen Risikofaktoren, die leider nicht veränderbar sind, wie z.B. erbliche Belastung oder Zuckerkrankheit, gibt es viele, die beeinflussbar sind. Dazu gehören Bluthochdruck, hoher Cholesterinspiegel, Rauchen, Übergewicht und Stress.

Wenn der *Blutdruck* dauernd zu hoch ist, bewirkt der ständige Druck auf die Arterienwände, dass ihre Muskulatur sich entsprechend verstärkt. Die Gefäßwände werden dadurch noch dicker und starrer und der Gefäßdurchmesser noch geringer. Je enger die Gefäße werden, umso mehr steigt der Blutdruck weiter an und umso schneller setzen sich neue Ablagerungen an den Gefäßinnenwänden fest. *Rauchen* verengt u.a. die Blutgefäße, beschleunigt den Herzschlag und erhöht somit den Blutdruck. Eine Belastung für das Herz ist *Übergewicht*. Durch ständig höheren Sauerstoffbedarf muss der Kreislauf viel mehr leisten. Außerdem ist die Gefahr, an Bluthochdruck zu leiden, bei Übergewichtigen doppelt so groß wie bei Normalgewichtigen.

Um die Arbeit der Herzmuskelzellen zu koordinieren und anzuregen, besitzt das Herz eine „Steuerzentrale", den *Sinusknoten*. Er steht über ein verzweigtes Netz von Nerven mit allen Teilen des Herzens in Verbindung. Vom Körper erhält er Anweisungen, wie schnell das Herz schlagen soll. Entsprechend häufig schickt der Sinusknoten einen kleinen Stromstoß durch das Netz und die Herzmuskelfasern ziehen sich zusammen. Wird an einer Stelle die Weiterleitung unterbrochen oder verzögert, dann ist die Abfolge der Herzschläge gestört. Man spricht von **Herzrhythmusstörungen.** Sie können lebensbedrohlich sein. Oft helfen schon bestimmte Medikamente bei ihrer Behandlung.

In schweren Fällen muss ein kleines, elektronisch gesteuertes Gerät, der **Herzschrittmacher,** die Funktion des Sinusknotens übernehmen. Er wird über eine Sonde mit dem Herzen verbunden und am Brustkorb unter die Haut gepflanzt. Dort kann er von außen eingestellt und überwacht werden. Moderne Herzschrittmacher reagieren auf Körpersignale und beschleunigen automatisch den Herzrhythmus, wenn man sich bewegt. Allerdings können sie nicht unterscheiden, ob ein Mensch z.B. durch das Rütteln der Straßenbahn oder anstrengendes Treppensteigen so heftig bewegt wird. Darum erhöht sich der Herzschlag auch, obwohl man ganz ruhig in einer Straßenbahn sitzt.

Starke Magnetfelder können die Programmierung eines Herzschrittmachers verändern. Deshalb müssen Menschen, die so ein Gerät tragen, bestimmte Gefahrenquellen meiden. Dazu gehören Starkstromanlagen, Rundfunksender oder Flughafensicherheitsschleusen. Aber auch defekte Haushaltsgeräte wie die Mikrowelle können Störungen am Schrittmacher hervorrufen.

5 Herzschrittmacher

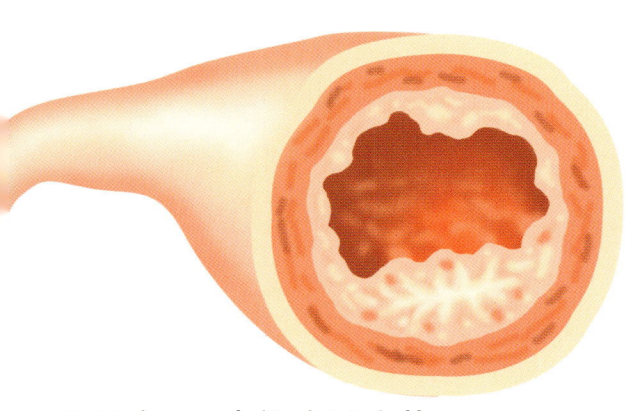

4 Arterienquerschnitt mit Arteriosklerose

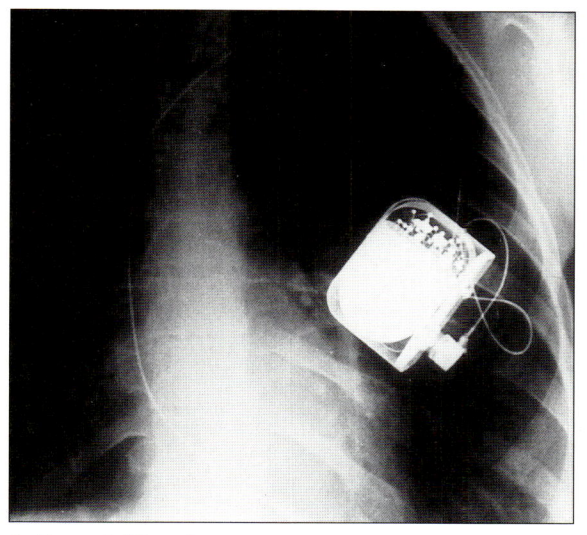

> Viele Herz-Kreislauferkrankungen werden auch durch ungesunde Lebensführung verursacht und sind somit vermeidbar.

1 Weshalb erfordert das Befinden des Herrn Müller den Einsatz eines Notarztwagens?
2 Leite aus dem Text Regeln zur Vorbeugung eines Herzinfarktes ab.

Atmungs- und Kreislauforgane

Streifzug durch die Medizin

Erste Hilfe

Wahrscheinlich bist auch du schon einmal gestürzt und hast dir eine Platzwunde zugezogen. Wenn die Haut aufplatzt, werden zahlreiche feine Blutgefäße, die *Kapillaren,* durchtrennt. Das austretende Blut ist mittelrot und tropft mehr oder weniger stark aus der Wunde. Meist hilft hier schon ein **Pflaster.** Es verhindert, dass Krankheitserreger in die Wunde eindringen können. Außerdem zieht das Pflaster die Wundränder zusammen.

Ist die Verletzung tiefer, können auch größere Blutgefäße betroffen sein.

Aus einer verletzten *Vene* fließt ein gleichmäßiger, dunkelroter Blutstrom. Um ihn zu stoppen, legt man einen **Druckverband** an. Zunächst deckt man dazu die Wunde mit einer Mullkompresse ab. Nach 2 bis 3 Bindengängen wickelt man mit der Mullbinde genau über der Wunde einen Gegenstand, z. B. ein Verbandpäckchen, fest mit ein. Die offene Stelle im Blutgefäß wird dadurch zusammengedrückt und es kann kaum noch Blut austreten.

Wird eine *Arterie* verletzt, spritzt hellrotes Blut im Rhythmus des Herzschlages heraus. Hierbei entsteht ein hoher Blutverlust. Das bedeutet Lebensgefahr. Deshalb ist es wichtig, so schnell wie möglich einen Druckverband anzulegen. Sollte er den Blutstrom noch nicht stoppen (Verbandmaterial blutet durch), wird ein zweiter Druckverband über den ersten gesetzt.

Nach jeder Erstversorgung stark blutender Wunden ist unbedingt für ärztliche Behandlung zu sorgen. Dazu ruft man, je nach Stärke der Verletzung, den Notdienst oder Hausarzt.

Ein hoher Blutverlust, starke Schmerzen, Unfälle und Katastrophen können zu einem *Schock* führen. Dabei ist das Fassungsvermögen der Blutgefäße größer als die darin fließende Blutmenge. Das Blut kann nicht mehr richtig transportiert werden. Lebenswichtige Organe im Kopf und Rumpf werden immer weniger mit Sauerstoff versorgt. Durch das **Hochlagern der Beine** fließt Blut zurück in den Körper. So kann man eine Verschlimmerung des Zustandes verhindern.

Bekommt das Gehirn nicht genügend Sauerstoff, wird man *bewusstlos*. Der Verletzte muss dann in die **stabile Seitenlage** gebracht werden, damit er nicht erstickt.

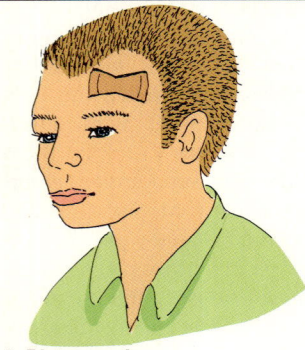

1 Platzwunde

2 Schocklagerung

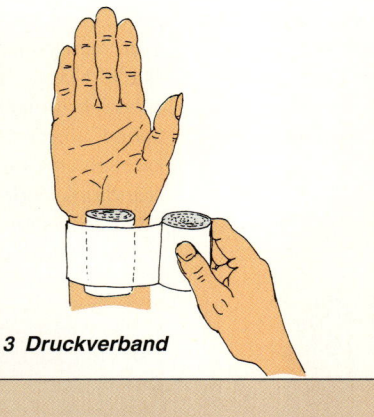

3 Druckverband

4 Stabile Seitenlage

☎ NOTRUF 112
- Wo ist es passiert?
- Was ist passiert?
- Wie viel Verletzte?
- Welche Verletzungen?
- Warte auf Rückfragen!

Atmungs- und Kreislauforgane

Prüfe dein Wissen

A 1 Benenne die Ziffern in der Abbildung der Lunge.

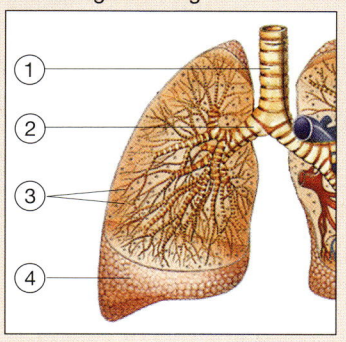

A 2 Welche Aussagen zur Atmung treffen zu?
a) Die Einatmungsluft enthält fast 21 % Sauerstoff.
b) Die Ausatmungsluft enthält weniger Kohlenstoffdioxid als die Einatmungsluft.
c) Beim Einatmen gelangt sauerstoffreiche Luft in die Lungenbläschen.
d) Sauerstoffmoleküle aus dem Blut treten in die Luft über.

A 3 Welche Arten der Atmung werden in den Abbildungen als Modell dargestellt. Beschreibe kurz.

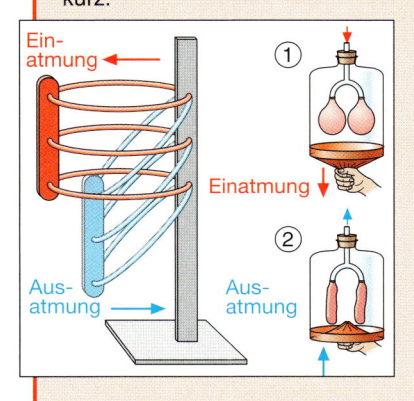

A 4 Nenne verschiedene Erkrankungen der Atmungswege.

A 5 Benenne Schäden, die durch das Rauchen verursacht werden.

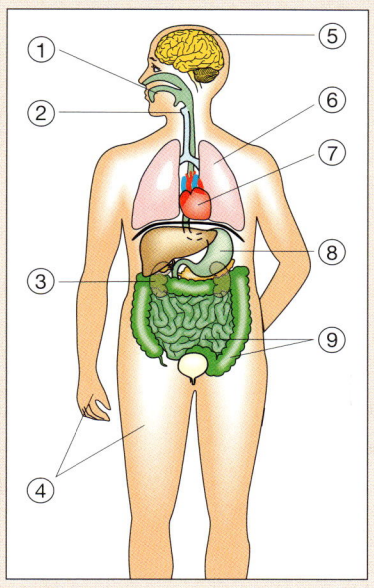

A 6 Nenne die Aufgaben von roten Blutkörperchen, weißen Blutkörperchen und Blutplättchen.

A 7 Der Mensch enthält ca. 5 bis 6 Liter Blut in seinem Körper.
a) Nenne den jeweiligen Anteil an festen und flüssigen Stoffen in %.
b) Welche der aufgelisteten Blutbestandteile findet man im Serum? Wasser, rote Blutkörperchen, Traubenzucker, Blutplättchen, Fibrinogen, Kochsalz, Hormone, Protein, weiße Blutkörperchen, Kohlenstoffdioxid

A 8 Entscheide, welche Aussagen zutreffen:
a) In den Venen fließt das Blut zum Herzen.
b) Das Blut in allen Venen ist sauerstoffarm.
c) In allen Arterien fließt das Blut vom Herzen weg.
d) In allen Arterien fließt sauerstoffreies Blut.

A 9 Die Abbildung zeigt einen Längsschnitt durch das menschliche Herz.

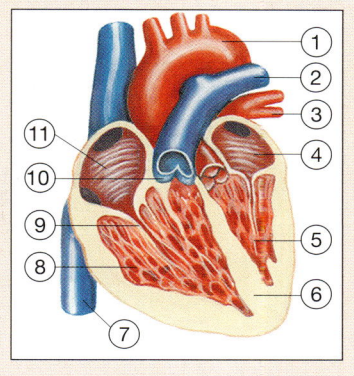

a) Benenne die mit Ziffern bezeichneten Teile.
b) In welcher Hauptkammer befindet sich sauerstoffreiches bzw. kohlenstoffdioxidreiches Blut?

A 10 a) Zähle die vier Blutgruppen des AB0-Systems auf.
b) Nenne die jeweils zugehörigen Antikörper und Antigene.

A 11 Nenne vier Organe des Lymphsystems.

A 12 Welche der folgenden Aussagen treffen zu?
a) Das Lymphsystem und das Blutgefäßsystem sind nicht miteinander verbunden.
b) Das Lymphsystem durchzieht als eigenes Gefäßnetz den gesamten Körper.
c) Die Lymphe ist ein Teil des Blutplasmas.
d) Die Lymphe entstammt der Gewebsflüssigkeit.

Körpereigene Abwehr

1 Schmuddelwetter – erhöhtes Schnupfen- oder Grипperisiko. **A** auf dem Sportplatz; **B** Entschuldigungsschreiben

An Frau
Silke Tesing
– Klassenlehrerin der Klasse R8b –

Freiburg, den 17.02.

Grippe - Erkrankung unserer Tochter
Tanja Bühler vom 12.02. bis 16.02. 2001

Sehr geehrte Frau Tesing,

unsere Tochter hatte von Montag bis Donnerstag einen grippalen Infekt mit Kopfschmerzen, Husten, Schüttelfrost und Fieber. Tanja konnte deshalb ab Montagnachmittag die Schule nicht besuchen. Seit heute früh geht es Tanja so weit gut, dass sie wieder zum Unterricht kommen kann.
Ich bitte das Fehlen von Tanja in den letzten Tagen zu entschuldigen.

Mit freundlichen Grüssen

U. Bühler

2 Infektionswege

1 Infektionskrankheiten

1.1 Was ist eine Infektionskrankheit?

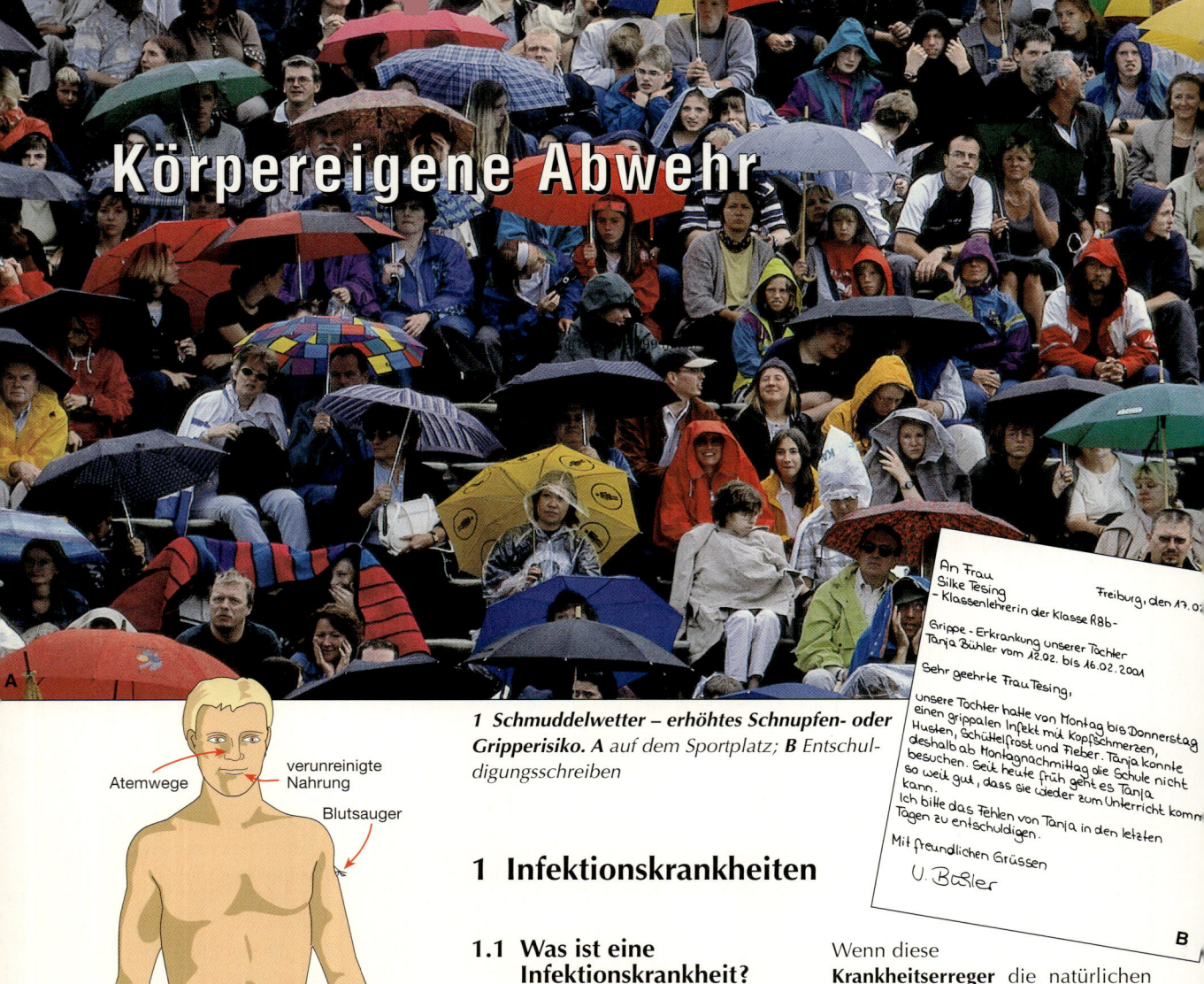

Am Sonntag war Tanja bei einer Sportveranstaltung auf dem Sportplatz. Alle schimpften über das „Schmuddelwetter". Auch Tanja hatte mit sonnigem Wetter gerechnet und war zu dünn angezogen. Während der Veranstaltung fror sie. Am Sonntagabend fühlte sich Tanja müde, matt und musste öfter niesen. „Hast du dir einen Schnupfen geholt?", fragte sie ihr Bruder. Ansteckende Krankheiten, zum Beispiel Schnupfen oder Grippe, sind **Infektionskrankheiten.** Als Krankheitserreger kommen Mikroorganismen wie *Bakterien, Viren* oder *Pilze* in Frage. Auch tierische *Einzeller* und *Würmer* sind manchmal die Ursache für ansteckende Krankheiten.

Wenn diese **Krankheitserreger** die natürlichen Schutzeinrichtungen unseres Körpers überwinden und in den Körper eindringen, können sie eine **Infektion** verursachen. Die Wege, auf denen Krankheitserreger in den Körper gelangen, sind sehr unterschiedlich.
Ein häufiger **Infektionsweg** verläuft über die *Atemwege*. Dies ist beispielsweise bei *Grippe* oder *Schnupfen* der Fall. Auch über die *Nahrung* nehmen wir unbemerkt Krankheitserreger auf. Andere Krankheitserreger wie beispielsweise die Larven des Pärchenegels, die in Afrika und Südamerika im Süßwasser leben, dringen durch die Haut in den Körper ein. Der Pärchenegel ist der Erreger der weit verbreiteten Tropenkrankheit *Bilharziose*.

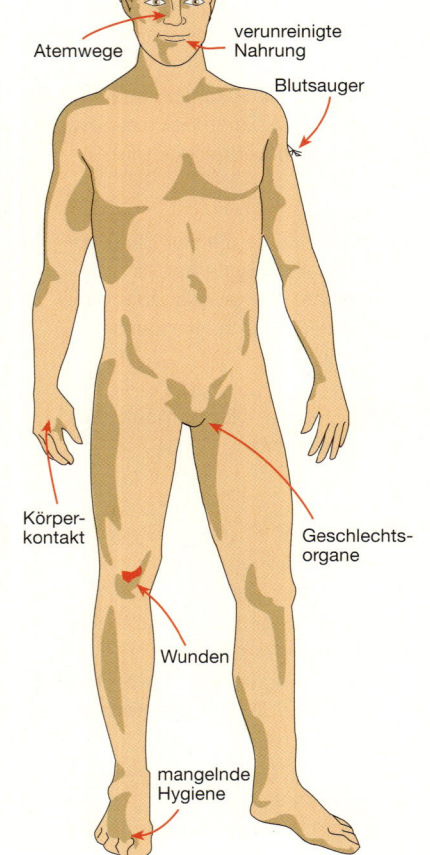

Körpereigene Abwehr

Mikroskopisch kleine Pilze gelangen über die Haut in den Körper. Sie können zum Beispiel lästigen **Fußpilz** verursachen.
Besonders anfällig für Fußpilz sind feuchte Körperstellen wie die Zehenzwischenräume. Die Pilzfäden, auch *Hyphen* genannt, wachsen in der Haut.
Mit Fußpilz kannst du dich in Schwimmbädern leicht infizieren, weil du dort mit pilzhaltigen Hautschuppen in Berührung kommst.

Tanja hat mit Fußpilz keine Probleme. Etwas anderes macht ihr nach dem Besuch der Sportveranstaltung Sorgen! Als sie am Montagnachmittag von der Schule nach Hause kommt, fühlt sie sich sehr schlecht. Sie hat Kopf- und Gliederschmerzen, keinen Appetit, *Fieber* von 39,5 °C und friert – typische Symptome einer Grippe. Tanja legt sich sofort ins Bett. Sie hat sich vermutlich am Sonntag beim Besuch der Sportveranstaltung bei einem der vielen Zuschauer angesteckt.
Zwischen der Infektion und dem Ausbruch der Krankheit liegt die **Inkubationszeit,** während der sich die Krankheitserreger im Körper stark vermehren und schließlich zum Ausbruch der Krankheit führen.

Stichwort
Mikroorganismen

Mikroorganismen sind Kleinstlebewesen, die nur mit dem Mikroskop zu erkennen sind. Zu ihnen gehören Bakterien, pflanzliche und tierische Einzeller sowie einige Pilze.

Der Arzt verordnet Tanja strenge Bettruhe. Er empfiehlt ihr, mindestens drei Tage nicht zur Schule zu gehen, um sich zu schonen und die Mitschüler nicht zu infizieren. Während der folgenden Tage hat der Körper Zeit, die *Krankheitserreger* unschädlich zu machen. Von Tag zu Tag geht es Tanja besser. Die typischen Grippesymptome klingen ab und sie kann wieder zur Schule gehen.

> Infektionskrankheiten werden durch Erreger wie Bakterien, Viren, Pilze und tierische Einzeller verursacht. Zwischen der Infektion und dem Auftreten der Krankheitssymptome liegt die Inkubationszeit.

1 Beschreibe einige Infektionswege. Benutze dazu Abbildung 2.
2 Welche Erreger können Infektionskrankheiten auslösen? Berichte.

3 Verlauf einer Infektionskrankheit.
A *Infektion;* **B** *Erkrankung;* **C** *Genesung*

Körpereigene Abwehr

Pinnwand — INFEKTIONSKRANKHEITEN UND ERREGER

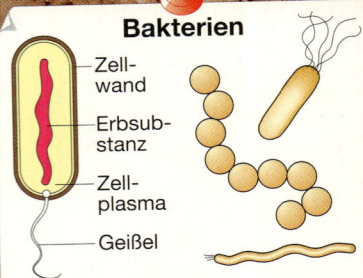

Bakterien

- Zellwand
- Erbsubstanz
- Zellplasma
- Geißel

Bakterien sind kleine einzellige Lebewesen, die gerade noch mit dem Lichtmikroskop zu erkennen sind. Sie sind durch eine feste Zellwand nach außen begrenzt. Im Innern befindet sich die Erbsubstanz. Je nach ihrer Form unterscheidet man Stäbchen-, Kugel- oder Schraubenbakterien voneinander. Zur Fortbewegung dienen häufig fadenförmige Geißeln. Unter günstigen Umweltbedingungen verdoppelt sich die Anzahl der Bakterien alle 20 bis 30 Minuten. Krankheiten wie Keuchhusten, Wundstarrkrampf (Tetanus), Tuberkulose oder Scharlach werden durch Bakterien hervorgerufen. Bakterien können aber auch nützlich sein, z. B. bei der Herstellung von Jogurt und bestimmten Brotsorten.

Viren

- Eiweißhülle
- Erbgut

Paramyxovirus (Mumps)
Poliovirus (Kinderlähmung)
Influenzavirus (Grippe)
Herpesvirus

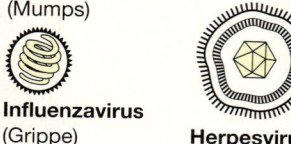

Viren sind mit nur 0,00002 mm Länge viel kleiner als Bakterien und erst mit Hilfe des Elektronenmikroskops sichtbar. Sie haben oft eine kugelige oder stäbchenartige Form. Eine äußere Eiweißhülle schützt das Erbgut im Innern. Viren können nur überleben, wenn sie in lebende Zellen eindringen, wo sie sich vermehren. Sie sind auf solche Wirtszellen angewiesen, weil sie keinen eigenen Stoffwechsel besitzen. Krankheiten wie Schnupfen, Grippe, Windpocken, Mumps und Kinderlähmung werden von Viren übertragen.

Zecken

Der Holzbock ist eine 2 bis 5 mm große **Zecke**. Er kann beim Blutsaugen sowohl Bakterien als auch Viren auf den Menschen übertragen. Die Viren verursachen eine gefährliche Hirnhautentzündung, die unter dem Namen **FSME** bekannt ist. Man kann sich dagegen impfen lassen.
Gegen die **Borreliose-Bakterien** kann man keine Vorsorge treffen. Zuerst rötet sich die Haut kreisförmig um die Einstichstelle, später kann es zu Entzündungen oder gar Nervenlähmungen kommen. Eine frühe ärztliche Behandlung ist notwendig.
Hat sich eine Zecke in die menschliche Haut gebohrt, sollte man sie umgehend mit Hilfe einer Pinzette herausziehen.

Fußpilz

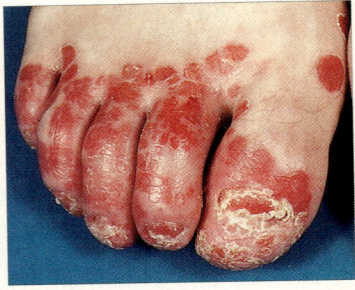

Fußpilze sind winzige, fächerförmige Pilze, die in der Haut leben. Feuchtwarme Orte wie Schwimmbäder, Turnhallenböden, Saunen und häufig getragene Sportschuhe sind ideale Vermehrungsorte für Fußpilze. Bei Befall sind die weichen Hautstellen zwischen den Zehen gerötet, jucken und schuppen sich. Das Tragen von Badeschuhen und gründliches Abtrocknen der Füße auch zwischen den Zehen helfen vorzubeugen.

[1] Holzböcke leben überwiegend im Wald, wo sie oft auf Grashalmen und Kräutern auf ihr „Opfer" warten. Wie kann man sich vor ihnen schützen?

[2] Nenne Möglichkeiten, wie man sich mit Fußpilz anstecken kann.

Herpes (Bläschenkrankheit)

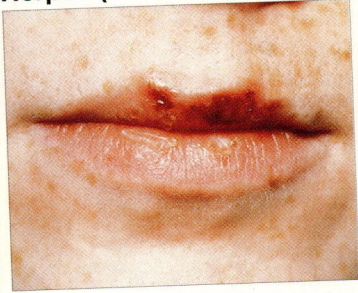

Herpes-Viren verursachen kleine juckende und brennende Bläschen an Lippen, Naseneingängen und Zahnfleisch. Hat man sich mit den häufigen Viren angesteckt, können sie jahrelang ohne Symptome im Körper verbleiben, bevor die Bläschen wieder auftreten. Man kann den Krankheitsverlauf beeinflussen, indem man eine Creme aufträgt, die die Viren abtötet.

Körpereigene Abwehr

Pioniere der Bakterienforschung

Streifzug durch die Geschichte

Heute, in einer Welt der hoch entwickelten Geräte wie Elektronenmikroskop und Computer können wir uns kaum vorstellen, wie vor etwa 130 Jahren medizinische Forschung betrieben wurde. Im Jahre 1873 wurde der Landarzt Robert KOCH (1843–1910) zu einem verendeten Hirsch geführt, dessen Blut schwarz aussah. KOCH entnahm dem Tier eine Blutprobe. Er untersuchte diese mit einem Mikroskop, das in seiner Qualität nicht einmal den heutigen Schulmikroskopen entsprach. Er entdeckte dicke, helle Stäbchen. Die gleichen Stäbchen fand er in dem Blut der an *Milzbrand* – einer Tierseuche – verendeten Schafe und Rinder. Sollten diese für die Seuche verantwortlich sein?

In dem Hinterzimmer seiner Arztpraxis experimentierte er mit weißen Mäusen. Er infizierte die Mäuse mit dem „kranken" Blut. Nach kurzer Zeit erkrankten auch diese Mäuse an Milzbrand. KOCH forschte weiter. Er untersuchte nun auch krankes Gewebe. Er brachte dieses auf einen hohlgeschliffenen Objektträger und schloss diesen mit einem Deckglas luftdicht ab. Er beobachtete anschließend die Vermehrung der Stäbchen. Dabei entdeckte er, dass diese auch kleine Dauerformen, so genannte Sporen, bildeten. Daraufhin infizierte er seine Mäuse auch mit diesen Sporen. Diese Mäuse starben ebenfalls an Milzbrand. Damit hatte KOCH 1876 erstmals den Nachweis erbracht, dass durch ein Bakterium, das Milzbrandbakterium, eine Krankheit verursacht wird.

Diese Entdeckung war zu damaliger Zeit eine Sensation. Denn bis wenige Jahre zuvor nahm man an, dass Bakterien durch Fäulnis und Gärung oder durch eine Art Urzeugung entstehen. Erst 1861 hatte der französische Chemiker Louis PASTEUR (1822–1895) in Experimenten nachgewiesen, dass Bakterien nicht durch faulende Stoffe entstehen, sondern diese erst die Fäulnis verursachen. Er kochte Fleischbrühe mehrmals auf und verschloss sie danach luftdicht. Während Fleischbrühe sonst schnell faulig wurde, blieb sie in dem luftdicht abgeschlossenen Gefäß haltbar.

1 Robert KOCH in seinem Labor bei der Arbeit

PASTEUR hatte damit bewiesen, dass Bakterien durch Kochen abgetötet werden und Lebensmittel unter Luftabschluss auf diese Weise haltbar gemacht werden können. Seine Erkenntnisse sind heute noch Grundlage vieler Sterilisationsmaßnahmen in Lebensmittelwerken, Küchen, aber auch in Arztpraxen und Krankenhäusern.

Wenige Jahre später – im Jahre 1882 – fand KOCH im menschlichen Blut den Erreger der *Tuberkulose*, einer damals weit verbreiteten und oft tödlich verlaufenden Lungenkrankheit. Es dauerte aber noch 40 Jahre, bis ein wirksamer Impfschutz gegen die Tuberkulose zur Verfügung stand. Das Robert-Koch-Institut empfiehlt die Impfung nicht mehr. Heute wird die Tuberkulose ausschließlich mit einer Kombination von Medikamenten bekämpft. Die Behandlung dauert sechs Monate. Trotzdem sterben noch immer jährlich rund 8 Mio. Menschen an dieser Krankheit.

Im Jahr 1882 stieß KOCH auch auf den kommaförmigen Erreger der *Cholera*, der eine gefährliche Darminfektion hervorruft. Auch heute noch sterben jährlich Millionen von Menschen an den Folgen dieser Krankheit, die u.a. durch verschmutztes Wasser und verunreinigte Lebensmittel hauptsächlich in den Ländern Zentralafrikas sowie Asiens und in Indien auftritt.

KOCHs wissenschaftliche Arbeiten fanden internationale Beachtung. Im Jahre 1905 erhielt er für seine umfangreichen Arbeiten den Nobelpreis für Medizin.

Emil von BEHRING (1854–1917) erforschte u.a. die Bildung von Abwehrstoffen im Körper. Er beobachtete, dass Pferde nur leicht an Diphtherie erkrankten und danach lange gegen diese Krankheit unempfindlich oder *immun* blieben. Er wies nach, dass sich in dem Blut der Pferde reichlich Abwehrstoffe gebildet hatten. Aus dem Blutserum gewann er einen Impfstoff gegen Diphtherie beim Menschen.

1 Informiere dich u.a. im Internet über Seuchen, z.B. Cholera, Pest oder Tuberkulose, und berichte.

Körpereigene Abwehr

1.2 Aufruhr im Verdauungstrakt

Im Altenheim von Bad S. stand auf dem Speiseplan zu Mittag Hühnerfrikassee mit Reis und als Nachtisch gab es einen Pudding, bei dem Eischnee untergeschlagen worden war. Am Abend klagten einige Bewohner über Übelkeit und Kopfschmerzen. In der Nacht bekamen viele einen Brechdurchfall. Der herbeigerufene Arzt vermutete als Ursache eine **Lebensmittelvergiftung.** Als am nächsten Tag von den 165 Altenheimbewohnern 95 erkrankt waren, stand fest: Das Essen vom Vortag war mit Bakterien verunreinigt gewesen. Die Bewohner hatten sich mit **Salmonellen** angesteckt oder *infiziert*. Der Arzt informierte sofort das zuständige Gesundheitsamt; denn bei der Salmonellose handelt es sich um eine meldepflichtige Infektionskrankheit.

Die Übertragung erfolgt häufig im Zusammenhang mit wasser- und eiweißreichen Lebensmitteln tierischer Herkunft. Dazu gehören nicht erhitzte Eier- und Milchspeisen, Speiseeis, sahne- und roheihaltige Backwaren, Fleisch- und Wurstwaren sowie Geflügel, Feinkostsalate und Majonäse. Besonders in der heißen Jahreszeit ist die Gefahr einer Salmonelleninfektion groß, da sich die Bakterien dann rasch vermehren. Wenn man z. B. einen Fleischsalat nur eine Stunde bei 25 °C bis 30 °C stehen lässt, hat sich die Zahl der Salmonellen in dieser Zeit bereits verdoppelt. Daher ist es besser, über Tage gelagerte Speisen lieber wegzuwerfen als sie zu verzehren und sich dabei einer Salmonellose auszusetzen.

Die Bakterien werden durch Einfrieren nicht abgetötet. Sie überleben tiefgefroren und können sich bei Zimmertemperaturen wieder vermehren. Nur durch Kochen und gutes Durchbraten werden die Bakterien abgetötet.

1 Infektionskette einer Salmonellenerkrankung

Krank durch Salmonellen
(dpa/ap), 24. Juni 2004

An salmonellenverseuchtem Eis sind in Erzhausen mehr als 100 Menschen erkrankt, die in derselben Eisdiele gespiest hatten. Ein Arzt hatte das Gesundheitsamt informiert, weil es bei ihm einen Ansturm von Patienten mit Magenbeschwerden, Erbrechen und Durchfall gegeben hatte. Der Eissalon ist sofort geschlossen worden. Als Ursache kommt vermutlich verseuchtes Eipulver infrage.

Bei der Ansteckung mit Salmonellen dauert es bis zum Ausbruch der Krankheit nur eine kurze Zeit. Diesen Zeitraum bezeichnet man als **Inkubationszeit.** Hat man sich mit Salmonellen infiziert, kommt es zu Kopf- und Bauchschmerzen, Erbrechen und Durchfällen sowie Fieber. Alle diese Symptome werden von Giften ausgelöst, die im Magen-Darm-Trakt freigesetzt werden. Sie schädigen die Magen- und die Darmschleimhaut.

Der menschliche Körper ist der Infektionskrankheit meist nicht schutzlos ausgeliefert. Er mobilisiert seine Abwehrkräfte und meist schon nach 3–5 Tagen klingen die Krankheitserscheinungen wieder ab. Durch Medikamente wie **Antibiotika** kann die Krankheit verkürzt werden. Ein Antibiotikum ist ein Stoff, der die Bakterien so schwächt, dass sie nicht mehr wachsen und sich vermehren können und schließlich absterben. Trotz des Einsatzes von Antibiotika sind besonders alte Menschen und Kleinkinder durch eine Salmonellose gefährdet.

Körpereigene Abwehr

Es gibt aber auch noch andere bakterielle Durchfallerkrankungen, die weitaus gefährlicher sind als die Salmonellose. Hierzu gehören *Typhus, Paratyphus* und *Cholera*. Diese Krankheiten kommen vor allem in Entwicklungsländern in Gebieten mit schlechten hygienischen Verhältnissen vor. Die Menschen infizieren sich über verunreinigte Nahrungsmittel sowie verschmutztes Trinkwasser aus Seen und Flüssen. Da sich die Krankheiten rasch ausbreiten können und große Teile der Bevölkerung davon betroffen sind, spricht man von einer **Seuche**.

Die **Cholera** ist eine weltweit verbreitete Seuche, die seit über 2 000 Jahren bekannt ist. Sie war ursprünglich nur auf das Gangesdelta in Indien beschränkt, breitete sich dann aber vor rund 200 Jahren nach und nach über die ganze Welt aus. In Hamburg zum Beispiel starben 1892 in nur 6 Wochen über 8 000 Menschen an Cholera. Im Bürgerkrieg im afrikanischen Ruanda starben 1994 innerhalb von 3 Wochen ca. 12 000 Menschen. Viele Leichen wurden ins Wasser geworfen, das den Menschen auch als Trinkwasser diente.

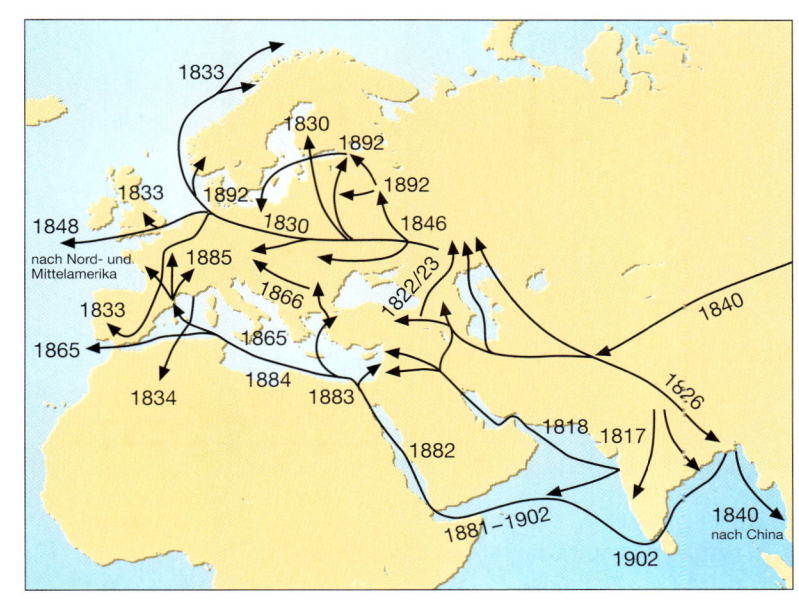

3 Ausbreitung der Cholera ab 1817

> Bakterien können Infektionskrankheiten hervorrufen. Zu diesen gehören u. a. Salmonellose, Typhus, Paratyphus und Cholera. Die Infektion erfolgt über verseuchte Lebensmittel und verseuchtes Trinkwasser.

1 Beschreibe den möglichen Verlauf einer Salmonellose anhand der Abb. 1.

2 Nenne Gründe, weshalb die Salmonellose zu den meldepflichtigen Krankheiten gehört.

3 Beschreibe die Ausbreitung der Cholera anhand der Abb. 3. Nenne mögliche Gründe.

Tipps zum Schutz vor Salmonelleninfektion

▸ Für Speisen nur frische Eier verwenden. Das Datum der Mindesthaltbarkeit muss auf der Verpackung stehen. Es beträgt höchstens 28 Tage.

▸ Spätestens ab dem 18. Tag nach dem Legen müssen Eier zwischen 5°C und 8°C gekühlt aufbewahrt werden.

▸ Speisen, die mit rohen Eiern zubereitet und vor dem Verzehr nicht erhitzt wurden, müssen sofort gegessen werden.

▸ Wenn man Speisen auf über 70°C durcherhitzt, werden Salmonellen abgetötet.

▸ Hackfleisch, Geflügel und Fisch sollten - wenn nicht gekocht - stets gut durchgebraten verzehrt werden.

▸ Schnittbretter und andere Unterlagen, die mit rohem Fleisch oder Abtauwasser in Berührung gekommen sind, müssen mit heißem Wasser und Spülmittel gereinigt werden, ehe darauf andere Lebensmittel verarbeitet werden.

▸ Nach dem Stuhlgang stets die Hände gründlich waschen.

▸ An heißen Tagen mit Lebensmitteln noch vorsichtiger umgehen, da sich Erreger dann schneller vermehren als an kalten Tagen.

2 Verhaltensmaßnahmen zum Schutz vor Lebensmittelvergiftungen

Körpereigene Abwehr

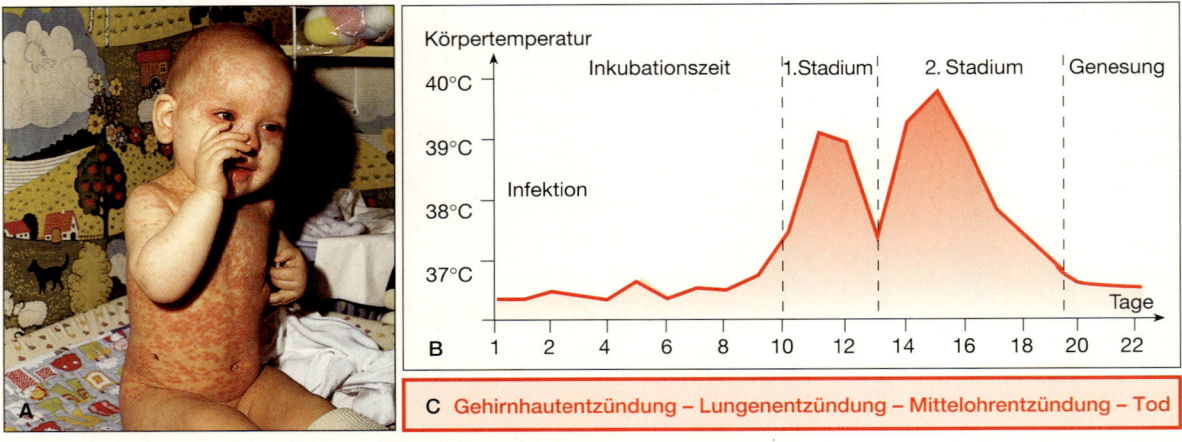

1 Masern. **A** Hautausschlag; **B** Verlauf; **C** mögliche Folgen

Gehirnhautentzündung – Lungenentzündung – Mittelohrentzündung – Tod

1.3 Masern – eine harmlose Kinderkrankheit?

„Masern, das ist doch eine Kinderkrankheit, was also kann daran gefährlich sein?" – So fragen sich viele Menschen. Tatsächlich stecken sich meist Kinder gegenseitig mit dem Erreger, einem *Virus,* an. Nach ca. 10 Tagen Inkubationszeit zeigen sich erste harmlose Symptome wie Schnupfen und Husten. Die Masernviren befallen nämlich zunächst die Schleimhäute in Nase und Rachen. Weißliche Flecken auf der Wangenschleimhaut und Fieber sind erste typische Anzeichen des Krankheitsausbruches. Nach 3 bis 5 Tagen geht die Krankheit in das 2. Stadium über. Die Viren haben sich inzwischen stark vermehrt und überall im Körper ausgebreitet. Das Fieber steigt oft bis 40 °C und man fühlt sich sehr elend. Die Erkrankten können kein helles Licht ertragen und entwickeln einen hellroten Hautausschlag, der schließlich den ganzen Körper befällt. Ist das Immunsystem in der Lage, die Viren abzutöten, dann gehen alle Anzeichen ein bis zwei Wochen nach Ausbruch der Krankheit zurück und man wird schnell wieder gesund.
Bei geschwächten Kindern kommt es jedoch leicht zu Folgeerkrankungen wie Mittelohrentzündung, Lungenentzündung oder gar einer lebensgefährlichen Hirnhautentzündung. Dann drohen Bewusstlosigkeit und Krämpfe. Weltweit sterben ca. 1 Million Kinder an den Folgen der Masernerkrankung. Nur durch rechtzeitige Impfung lassen sich solche gefährlichen Folgen vermeiden.

> Masern ist eine ansteckende, gefährliche Kinderkrankheit, die von Viren ausgelöst und durch Körperkontakt übertragen wird. Lebensbedrohliche Folgeerkrankungen wie Lungenentzündung und Hirnhautentzündung sind besonders gefürchtet.

1 Beschreibe den Verlauf der Masernerkrankung, indem du die einzelnen Phasen einer Infektionskrankheit und die Körpertemperatur berücksichtigst. Nimm die Abb. 1 B zu Hilfe.

2 Erläutere mithilfe der Abb. 2, wie sich Viren in den Körperzellen massenhaft vermehren können.

2 Massenhafte Vermehrung von Viren. Ein Virus befällt eine Zelle und vermehrt sich darin. Die Zelle stirbt ab, die Viren werden freigesetzt und befallen neue Zellen.

(Abb. 2 Schritte:
9.00 Ein Virus dringt in die Zelle ein
9.20 Vermehrung der Viren
9.30 Viren verlassen die abgestorbene Zelle
9.40 Viren befallen weitere gesunde Zellen
10.00 Vermehrung
10.10
10.20 Erneuter Befall von Zellen)

Körpereigene Abwehr

1.4 Vorsicht – Malaria!

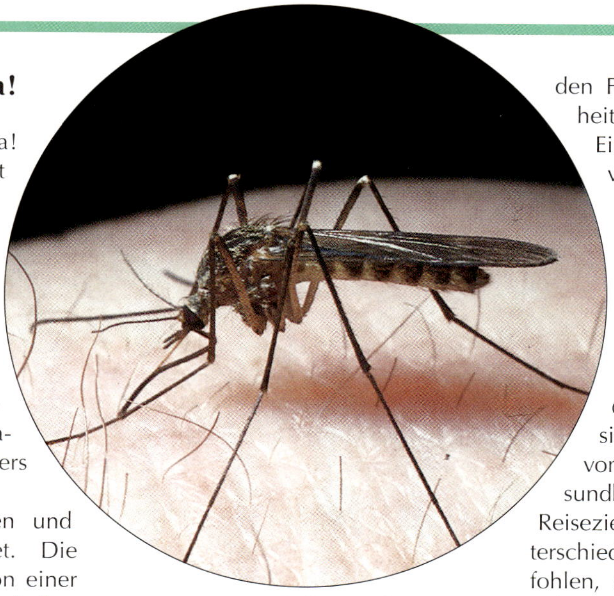

Last-Minute-Flug nach Afrika! Familie Beier ist begeistert über das preiswerte Urlaubsangebot nach Kenia. Da müssen sie zugreifen. Vor lauter Hektik denkt niemand an die gesundheitlichen Risiken einer solchen Reise. Die Ansteckungsgefahr durch Tropenkrankheiten wie der Malaria ist in Afrika besonders hoch.

Malaria ist in den Tropen und Subtropen weit verbreitet. Die Infektionskrankheit wird von einer Stechmücke, der **Anopheles-Mücke,** übertragen. Beim Stich dieser Mücke gelangen die Erreger, kleinste einzellige Lebewesen, mit dem Speichel der Mücke in das menschliche Blut. Innerhalb einer halben Stunde haben die Einzeller die Leber erreicht. In den Leberzellen vermehren sie sich und befallen dann nach Tagen oder gar Monaten der Inkubationszeit in großer Zahl die roten Blutkörperchen. Sie brauchen den roten Blutfarbstoff, um sich erneut zu vermehren. Schließlich platzen die befallenen Blutkörperchen, wobei große Mengen von giftigen Stoffwechselprodukten der Erreger frei werden. Das löst beim Menschen Schüttelfrost und Fieberanfälle aus. Oft werden diese grippeähnlichen Symptome falsch gedeutet, weil man gar nicht mehr an eine mögliche Infektion mit Malaria denkt.

Die frei gewordenen Erreger befallen erneut die roten Blutkörperchen. Der Mensch leidet unter wiederkehrenden Fieberschüben und wird immer schwächer. Ohne rechtzeitige ärztliche Behandlung tritt häufig der Tod ein. So sterben jährlich über eine Million Menschen – vorwiegend Kinder unter 5 Jahren – an den Folgen dieser Tropenkrankheit.

1 Anopheles-Mücke

Eine Ansteckung mit Malaria von Mensch zu Mensch ist nicht möglich. Der Erreger braucht nämlich für seine vollständige Entwicklung immer den Menschen *und* die Anopheles-Mücke als Wirt.

Wenn man eine Reise in die Tropen plant, lässt man sich möglichst rechtzeitig von einem Arzt oder dem Gesundheitsamt beraten. Je nach Reiseziel und Reisezeit werden unterschiedliche Medikamente empfohlen, die man vorbeugend einnehmen sollte. Im Urlaubsland sollte man sich durch Mückennetze, Insektenschutzmittel und Kleidung mit langen Ärmeln und Hosenbeinen vor Insektenstichen schützen.

> Malaria ist eine der gefährlichsten Infektionskrankheiten, die auf der Erde weit verbreitet ist. Die Anopheles-Mücke überträgt beim Stich die Malariaerreger auf den Menschen.

1 a) Beschreibe den Verlauf einer Malaria-Erkrankung mithilfe der Abbildung 2.
b) Welchen Zusammenhang kannst du zwischen der Fieberkurve und den Vorgängen im Blut erkennen?

2 Informiere dich über die Aufgabe der roten Blutkörperchen. Was bedeutet es für den Menschen, wenn der Malaria-Erreger diese Blutkörperchen im Laufe der Erkrankung zunehmend zerstört?

3 Zähle Länder auf, in denen Malaria vorkommen kann. Nimm deinen Atlas zu Hilfe.

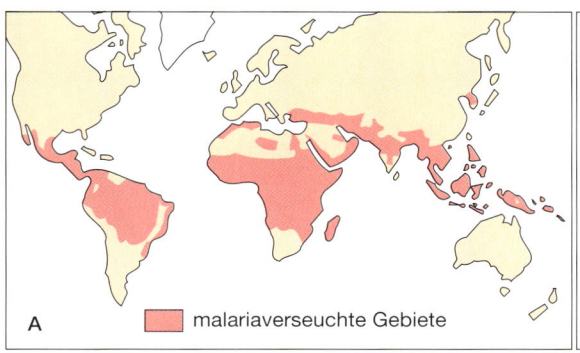

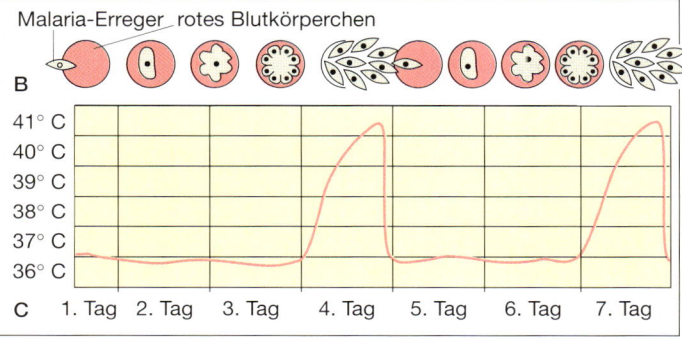

2 Malaria. **A** Verbreitung; **B** Vermehrung des Erregers in den roten Blutkörperchen und **C** Fieberkurve

147

1 „Gesundheit!"

2 Das Immunsystem

2.1 Stark in der Abwehr: Das Immunsystem

Im Alltag sind die Menschen überall Krankheitserregern ausgesetzt: wenn zum Beispiel jemand neben uns niest, wenn wir eine Türklinke anfassen oder ungewaschenes Obst essen. Unser Körper würde solche Angriffe auf die Gesundheit nur wenige Stunden überleben, gäbe es nicht eine leistungsfähige Abwehr, die die meisten Krankheitserreger erfolgreich bekämpft.

Die gesunde *Haut* ist die erste Barriere, die den Menschen vor Infektionen schützt. Durch die Talg- und Schweißproduktion entsteht ein Säureschutzmantel, der Erreger – insbesondere Hautpilze – unschädlich machen kann.

Dort, wo Erreger durch die Körperöffnungen eindringen können, beginnt ein leistungsfähiges *Abwehrsystem,* das **Immunsystem,** mit der Abwehr. Es sind im Wesentlichen die **weißen Blutkörperchen** des Menschen, die diese Aufgabe übernehmen. Sie entstehen fortwährend neu im Knochenmark der Röhrenknochen und werden mit dem Blut und der Lymphflüssigkeit an alle Stellen des Körpers transportiert. In den *Lymphknoten,* zum Beispiel in den Mandeln oder unter den Achseln, befinden sich besonders viele dieser Abwehrzellen. Wir unterscheiden verschiedene Arten von Abwehrzellen: Fresszellen, Killerzellen, Plasmazellen, T-Helfer-Zellen und Gedächtniszellen.

In der Nasenschleimhaut sind immer einige **Fresszellen** bereit, eingedrungene Erreger sofort zu vertilgen. Die Fresszellen haben in der *Thymusdrüse,* einem kleinen Organ unter dem Brustbein, „gelernt", zwischen eigenen und fremden Zellen zu unterscheiden. Sie erkennen die Viren und Bakterien als Fremdkörper und vernichten sie dann. In der *Milz,* die in der Bauchhöhle liegt, befinden sich immer Abwehrzellen in Reserve.

Manchmal gelingt es den Erregern trotz dieser Abwehr, weiter in den Körper einzudringen und sich dort zu vermehren. Dann informieren die Fresszellen andere Zellen im Blut, die **T-Helfer-Zellen.** Diese Zellen organisieren einen zweifachen Angriff auf die Erreger.

Einerseits informieren sie **Plasmazellen,** die spezielle *Antikörper* bilden können. Die Antikörper vernichten die Eindringlinge. Andererseits „alarmieren" die T-Helfer-Zellen auch die **Killerzellen.** Diese suchen nach Zellen, die bereits von den Erregern befallen worden sind. Dann töten die Killerzellen diese infizierten Zellen ab, sodass sich die Erreger in den befallenen Zellen nicht mehr vermehren können.

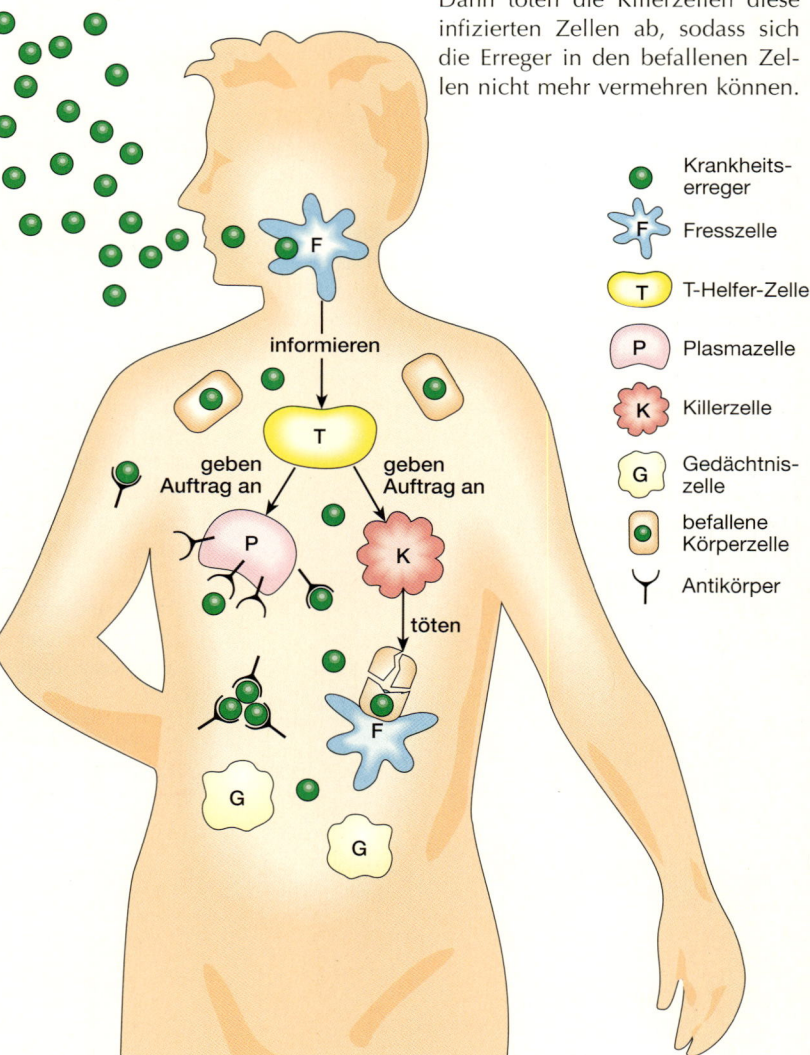

- ● Krankheitserreger
- F Fresszelle
- T T-Helfer-Zelle
- P Plasmazelle
- K Killerzelle
- G Gedächtniszelle
- ● befallene Körperzelle
- Y Antikörper

2 Abwehrzellen bekämpfen Krankheitserreger (Schema)

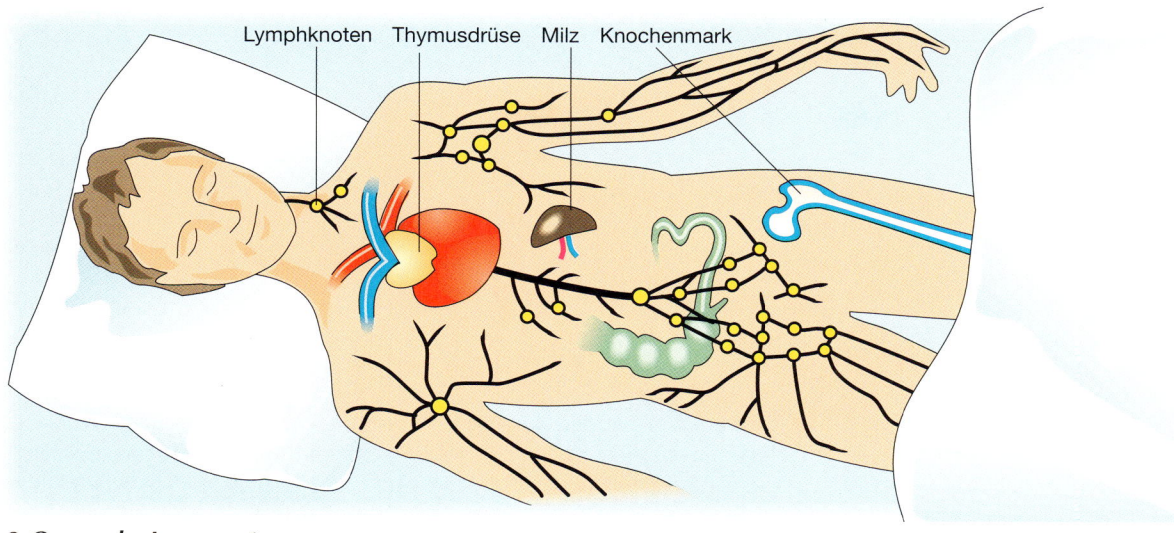

Körpereigene Abwehr

3 Organe des Immunsystems — Lymphknoten, Thymusdrüse, Milz, Knochenmark

Die Fresszellen vernichten die Reste. In den Lymphknoten werden die giftigen Abfallprodukte abgebaut, die während eines Abwehrkampfes entstanden sind.
Eine solche Abwehrreaktion dauert oft ein paar Tage, bis alle Erreger vernichtet sind und die Krankheit überwunden ist.
Während das Abwehrsystem arbeitet, bilden sich die **Gedächtniszellen.** Diese Zellen speichern die Information über die Eigenschaften der Erreger. Bei erneutem Kontakt mit dem gleichen Erregertyp können die Abwehrzellen sofort aktiv werden, sodass der Mensch gar nicht erst krank wird. So wird der Mensch im Laufe seines Lebens gegen verschiedene Erreger immun. Daher kommt die Bezeichnung Immunsystem.

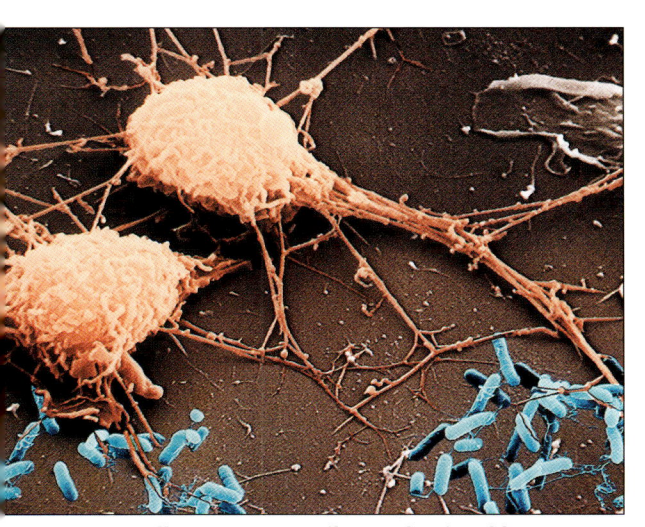

Jeder kann selbst dazu beitragen, das Immunsystem bei seiner täglichen Aufgabe zu unterstützen. Man weiß heute, dass sich während des Schlafes die Abwehrzellen erholen. Deshalb ist ausreichender Schlaf besonders wichtig. Täglich frisches Obst und Gemüse unterstützen das Abwehrsystem ebenso wie regelmäßige sportliche Bewegung. Das Immunsystem ist aber auch abhängig von unserem seelischen Befinden. Wer mit seinem Leben zufrieden ist und fröhlich an seine Aufgaben geht, wird seltener krank.
Manchmal reagiert das Immunsystem übereifrig und stuft zum Beispiel harmlose Blütenpollen oder Tierhaare als gefährliche Krankheitserreger ein, die bekämpft werden müssen. Der Mensch leidet dann an einer *Allergie,* die schwierig zu behandeln ist.

> Das Immunsystem des Menschen sorgt mit verschiedenen Abwehrzellen und den Antikörpern dafür, dass eingedrungene Krankheitserreger unschädlich gemacht werden.

4 Fresszellen (orange) vertilgen Bakterien (blau)

1 Liste alle Zelltypen des Abwehrsystems auf und ordne ihnen ihre Aufgabe zu.
2 Wenn jemand krank ist, sagt man häufig: „Schlaf dich gesund!" Wie sinnvoll ist dieser Ratschlag?
3 Warum bekommen Erwachsene selten so genannte Kinderkrankheiten?
4 Menschen, die nach einer Transplantation mit einem Organ eines anderen Menschen leben, müssen Medikamente nehmen, die das Immunsystem unterdrücken. Versuche diese Maßnahme zu erklären.

Körpereigene Abwehr

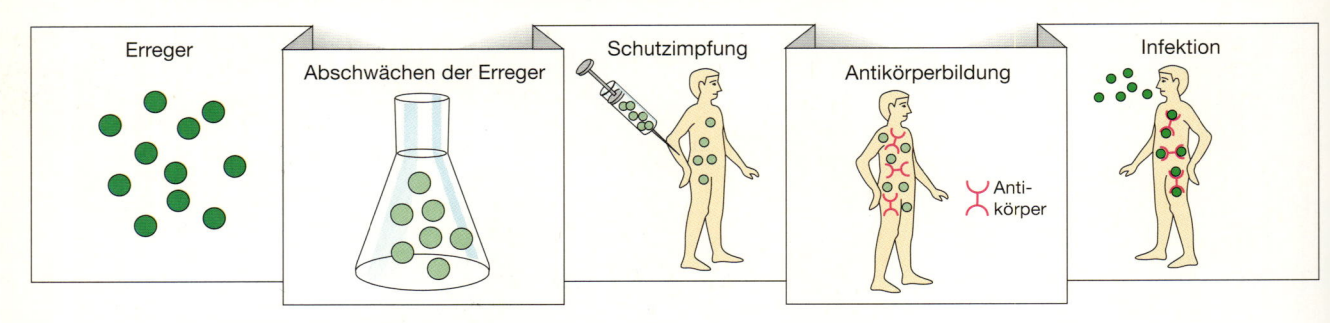

1 Schutzimpfung (Aktive Immunisierung)

2.2 Impfen kann Leben retten

„Bist du gegen Tetanus geimpft?", fragt die Ärztin den 13-jährigen Christian, der sich eine tiefe Wunde beim Sturz mit dem Fahrrad zugezogen hat. Christians Mutter hat den Impfausweis mitgebracht und so kann die Ärztin feststellen, dass ausreichender Impfschutz besteht. Christian ist froh, dass er nicht noch eine Spritze bekommen muss.

Bereits als Säugling werden viele Kinder u. a. mit den Erregern der Tetanus-Krankheit geimpft. Diese Erreger werden jedoch vorher so behandelt, dass sie die Kinder nicht ernsthaft krank werden lassen. Ihr Immunsystem wird durch die **Impfung** angeregt, Antikörper gegen die Tetanusbakterien zu bilden. Wie bei einer überstandenen Infektionskrankheit bleiben auch hier Gedächtniszellen im Blut, die sich die Eigenschaften des Erregers merken. So können sie bei erneuter Infektion mit dem gleichen Erreger das Immunsystem sofort aktivieren. Kinder, die gegen bestimmte Krankheiten geimpft sind, werden dadurch gegen sie immun. Deshalb nennt man eine solche Impfung auch **Schutzimpfung** oder *aktive Immunisierung*. Damit diese Immunität bleibt, muss in regelmäßigen Abständen eine Auffrischungsimpfung erfolgen.

Manchmal jedoch braucht der Mensch eine ganz andere Art der Impfung. Wenn er bereits erkrankt ist und das Immunsystem mit dem Erreger nicht fertig wird, muss man die passenden Antikörper spritzen. So wird das Immunsystem unterstützt und dadurch die Heilung beschleunigt. Eine solche Impfung nennt man **Heilimpfung** oder *passive Immunisierung*.
Wo aber kommen die Antikörper für eine Heilimpfung her? Man gewinnt sie, indem man Tiere mit abgeschwächten Erregern einer bestimmten Infektionskrankheit impft, ihnen nach einiger Zeit Blut entnimmt und die dann gebildeten Antikörper herausfiltert. Eine Heilimpfung wirkt nur drei bis vier Wochen, sie kann aber im Notfall Leben retten.

> Durch eine Schutzimpfung wird der Körper angeregt, eine lang anhaltende Immunität zu entwickeln. Zur Unterstützung des Abwehrsystems eines Erkrankten dagegen erfolgt eine Heilimpfung.

1 Begründe, warum der Mensch bei einer Schutzimpfung auf jeden Fall gesund sein muss.
2 Jedes Jahr wird im Frühherbst auf die Grippeimpfung hingewiesen. Um welche Art von Impfung handelt es sich hier?

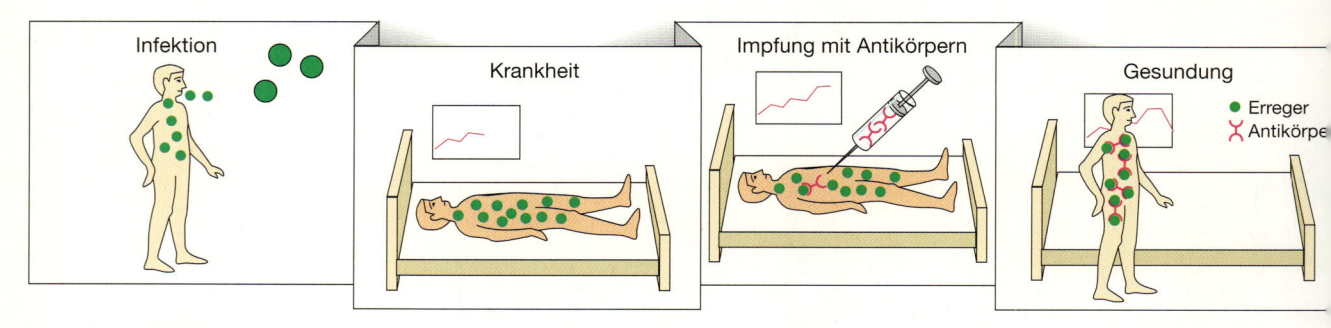

2 Heilimpfung (Passive Immunisierung)

Körpereigene Abwehr

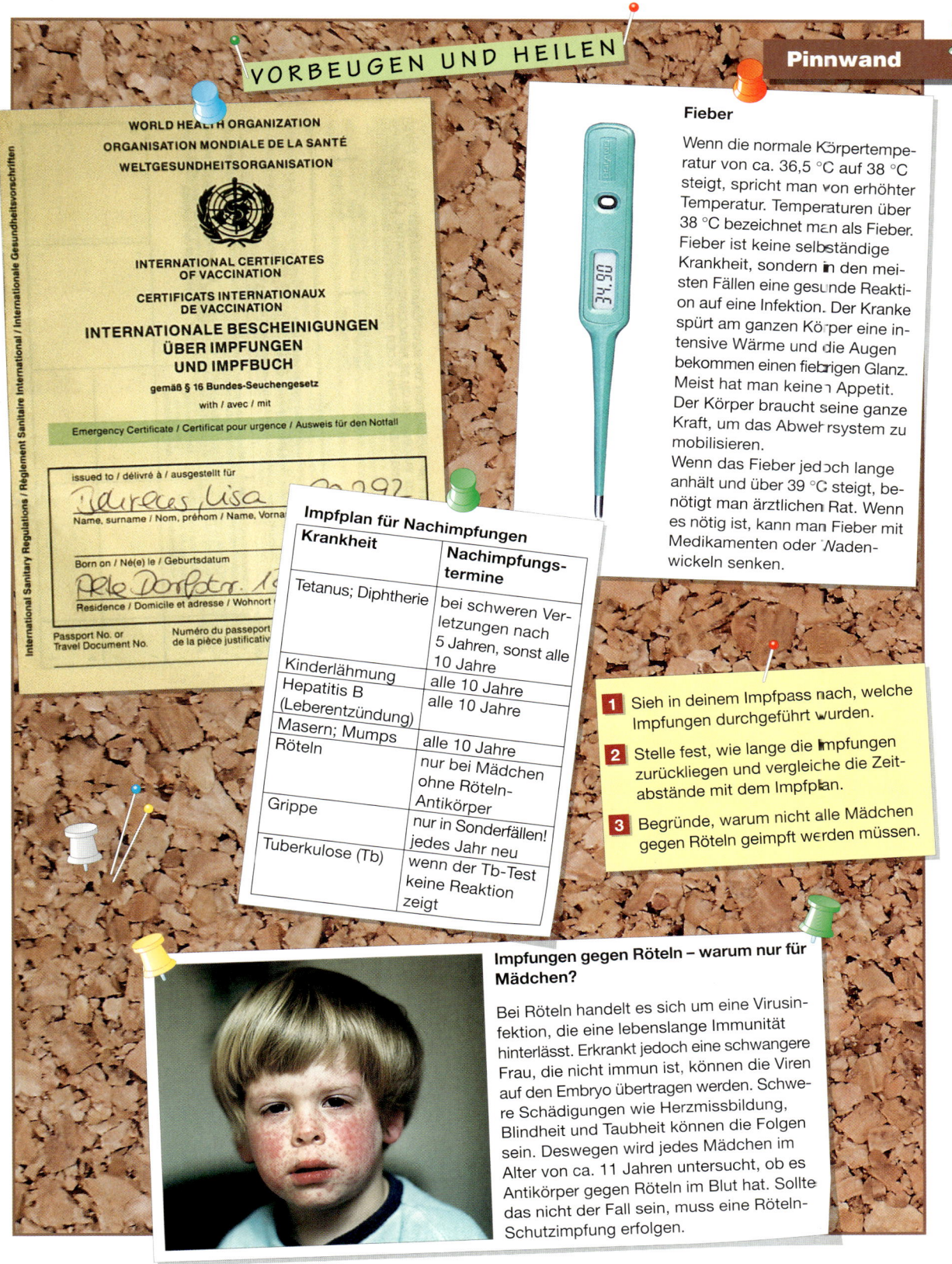

VORBEUGEN UND HEILEN

Pinnwand

Fieber

Wenn die normale Körpertemperatur von ca. 36,5 °C auf 38 °C steigt, spricht man von erhöhter Temperatur. Temperaturen über 38 °C bezeichnet man als Fieber. Fieber ist keine selbständige Krankheit, sondern in den meisten Fällen eine gesunde Reaktion auf eine Infektion. Der Kranke spürt am ganzen Körper eine intensive Wärme und die Augen bekommen einen fiebrigen Glanz. Meist hat man keinen Appetit. Der Körper braucht seine ganze Kraft, um das Abwehrsystem zu mobilisieren.

Wenn das Fieber jedoch lange anhält und über 39 °C steigt, benötigt man ärztlichen Rat. Wenn es nötig ist, kann man Fieber mit Medikamenten oder Wadenwickeln senken.

Impfplan für Nachimpfungen	
Krankheit	Nachimpfungstermine
Tetanus; Diphtherie	bei schweren Verletzungen nach 5 Jahren, sonst alle 10 Jahre
Kinderlähmung	alle 10 Jahre
Hepatitis B (Leberentzündung)	alle 10 Jahre
Masern; Mumps	alle 10 Jahre
Röteln	nur bei Mädchen ohne Röteln-Antikörper
Grippe	nur in Sonderfällen!
Tuberkulose (Tb)	jedes Jahr neu wenn der Tb-Test keine Reaktion zeigt

1 Sieh in deinem Impfpass nach, welche Impfungen durchgeführt wurden.

2 Stelle fest, wie lange die Impfungen zurückliegen und vergleiche die Zeitabstände mit dem Impfplan.

3 Begründe, warum nicht alle Mädchen gegen Röteln geimpft werden müssen.

Impfungen gegen Röteln – warum nur für Mädchen?

Bei Röteln handelt es sich um eine Virusinfektion, die eine lebenslange Immunität hinterlässt. Erkrankt jedoch eine schwangere Frau, die nicht immun ist, können die Viren auf den Embryo übertragen werden. Schwere Schädigungen wie Herzmissbildung, Blindheit und Taubheit können die Folgen sein. Deswegen wird jedes Mädchen im Alter von ca. 11 Jahren untersucht, ob es Antikörper gegen Röteln im Blut hat. Sollte das nicht der Fall sein, muss eine Röteln-Schutzimpfung erfolgen.

Körpereigene Abwehr

1 Birkenpollen als Allergieauslöser. A männliche Birkenblüte mit Pollen; *B* einzelner Birkenpollen; *C* allergische Reaktion

2.3 Allergie – was ist das eigentlich?

Es ist Anfang April, als Petra mit ihren Freundinnen zu einer ersten Fahrradtour startet. Doch als Petra abends nach Hause kommt, kribbelt ihre Nase und sie muss dauernd niesen. Ihre Augen jucken und tränen. Ob sie sich wohl einen Schnupfen geholt hat?
Petra lässt sich vom Arzt untersuchen. Dieser vermutet eine **Allergie.** Nach einem Hauttest stellt er fest, dass Petra auf Birkenpollen allergisch reagiert.
Bei einer Allergie reagiert das Abwehrsystem bestimmter Menschen auf harmlose Stoffe in unserer Umwelt so, als ob sie Krankheitserreger wären. Diese „Feinde" werden dann bekämpft, indem zahlreiche *Antikörper* im Blut gebildet werden. Zusammen mit bestimmten Blutzellen greifen sie dann das *Allergen* an. Die Blutzellen schütten dabei *Histamin* aus, einen Stoff, der die Gefäße erweitert. Bei Pollenallergikern entzünden sich dann die Schleimhäute von Augen und Nase. Man spricht deshalb auch vom **Heuschnupfen.** Manchmal verengen sich auch die Atemwege. Dann leidet der Mensch unter **allergischem Asthma.**
Außer Pollen von Gräsern und Bäumen gibt es zahlreiche weitere allergieauslösende Stoffe. Hausstauballergiker reagieren auf die Ausscheidungen von winzig kleinen Hausstaubmilben. Diese Spinnentiere leben unter anderem in Teppichböden und Betten.

Einige Menschen können bestimmte Nahrungsmittel oder chemische Zusätze nicht vertragen. Selbst Metalle können Allergien wie zum Beispiel die Nickelallergie auslösen. Oft muss über langwierige Tests festgestellt werden, welcher Stoff die Allergie ausgelöst hat. Das Beste ist, den Kontakt mit den Allergie auslösenden Stoffen zu vermeiden. Auch bestimmte Medikamente oder Naturheilmethoden können helfen, die Beschwerden zu lindern.

> Bei einer Allergie reagiert das Abwehrsystem auf harmlose Stoffe so, als ob sie krank machende Erreger seien. Die Auslöser für Allergien sind überall in unserer Umwelt anzutreffen.

1 Welche Stoffe kennst du, auf die der Mensch häufig allergisch reagiert? Frage dazu auch deine Klassenkameraden und -kameradinnen.
2 Wie sollte sich ein Mensch verhalten, der unter einer Pollenallergie leidet? Mache Vorschläge.
3 Besorge dir beim Arzt oder in der Apotheke einen Pollenkalender und stelle fest, in welchen Monaten die meisten Pollen fliegen.
4 Warum sind Allergien bei dem Beruf des Friseurs besonders häufig?

2 Hausstaubmilbe

3 Nickelallergie

Körpereigene Abwehr

1 AIDS-Hilfe. A Büro in Hannover; **B** telefonische Beratung

2 Modell des HIV

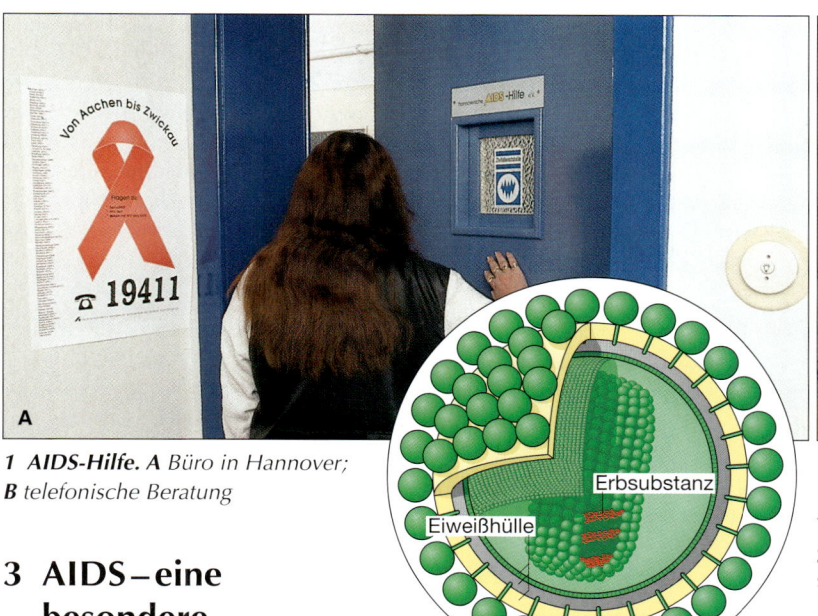

3 AIDS – eine besondere Infektionskrankheit

Es ist Liebe auf den ersten Blick, als Silvia und Michael sich auf der Schulabschlussfete kennen lernen. Allmählich entwickelt sich daraus eine feste Freundschaft, die beide sehr glücklich macht. Doch dann klagt Michael immer häufiger über Durchfall und Fieber. Nach mehreren Behandlungen, die alle keine deutliche Besserung bringen, wird schließlich die Diagnose gestellt: Michael ist HIV-positiv, d.h. er wird an AIDS erkranken.

Was weiß man heute über die Infektionskrankheit **AIDS?** Der Erreger ist ein Virus, das **HIV**. Es befindet sich in vielen Körperflüssigkeiten. Aber nur im Blut, in der Samen- und der Scheidenflüssigkeit sind die Viren in so großer Zahl vorhanden, dass man sich anstecken kann. Der Erreger kann nur übertragen werden, wenn die Viren über eine Wunde in der Haut oder der Schleimhaut einen Weg in den Körper finden. Am häufigsten steckt man sich durch ungeschützten Geschlechtsverkehr an.

Die Infektion wird kaum bemerkt. Im Laufe von 2 bis 4 Monaten bildet das Immunsystem Antikörper gegen die Viren. Bei einem AIDS-Test kann man diese Antikörper dann nachweisen: Man ist *HIV-positiv*. Die gebildeten Antikör-

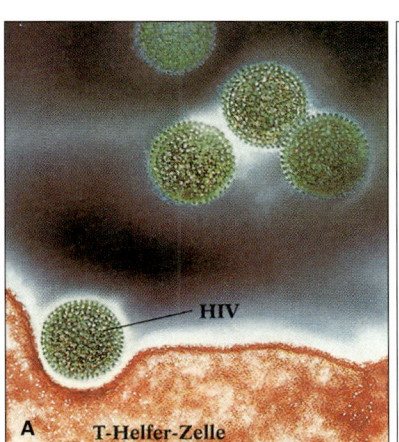

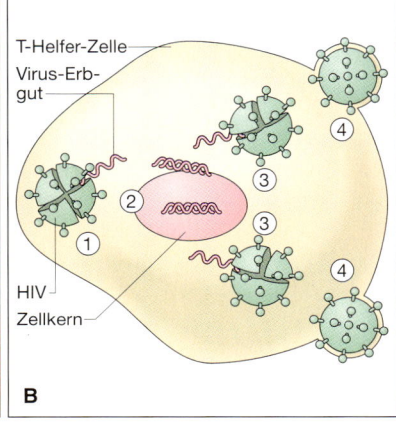

3 Verlauf einer HIV-Erkrankung. A Infektion; **B** Viren-Vermehrung in einer T-Helfer-Zelle. ① HIV zerfällt und setzt sein Erbgut frei, ② im Zellkern wird neues HIV-Erbgut gebildet, ③ neue HIV entstehen, ④ HIV werden freigesetzt; **C** Vorstadium; **D** Vollbild AIDS

Körpereigene Abwehr

per schaffen es jedoch nicht, die HI-Viren unschädlich zu machen. Die Viren können sich nämlich so verändern, dass sie von den Antikörpern nicht mehr als „Feinde" erkannt werden.

Die HI-Viren brauchen wie alle Viren lebende Körperzellen, um sich zu vermehren. Und hier zeigt sich die nächste Besonderheit: Das Virus sucht sich nicht irgendeine Körperzelle, sondern es befällt die T-Helfer-Zellen des menschlichen Immunsystems. Es schleust sein Erbgut in das Erbgut der T-Helferzellen. Diese beginnen daraufhin neue Viren zu produzieren statt sie abzuwehren. Die neuen Viren befallen ihrerseits andere Helferzellen. Dabei nimmt die Anzahl der Helferzellen allmählich immer mehr ab. Dieser Vorgang kann sich über Jahre hinziehen, bis das Immunsystem geschwächt ist.

Nun, im *Vorstadium* zeigen sich erste Anzeichen der Krankheit. Doch die sind es nicht allein, mit denen der Infizierte jetzt zu kämpfen hat. Oftmals erfährt er, dass er von Kollegen und Freunden aus Angst und Unwissenheit verlassen wird oder seine Arbeit verliert. Dann fühlt sich der betroffene Mensch mit all seinen Sorgen und Ängsten allein gelassen. Einrichtungen wie die **AIDS-Hilfe** können in solchen Fällen lebenswichtige Unterstützung leisten.

Auf die Kranken kommen schwere Zeiten zu. Wenn das Immunsystem immer schwächer wird, ist die weitere Vermehrung der HI-Viren kaum mehr zu stoppen. Schließ-

---
Stichwort
AIDS und HIV

AIDS = **A**cquired **I**mmune **D**eficiency **S**yndrome = erworbenes Abwehrschwäche-Syndrom
HIV = **H**uman **I**mmune Deficiency **V**irus = Humanes Immunschwäche-Virus

---

lich bricht das Immunsystem zusammen. Andere sonst harmlose Krankheitskeime und Hautpilze befallen den Infizierten, der diese Erreger nicht mehr bekämpfen kann. Man bezeichnet dieses Stadium als *Vollbild* der AIDS-Erkrankung. Es führt schließlich zum Tod.

Heute hat man Medikamente entwickelt, die bei einigen HIV-Infizierten die Vermehrung der Viren verlangsamen oder die Infektionen im Endstadium lindern können. Zur Zeit, im Jahr 2000, gibt es aber weder eine Heilung noch einen wirksamen Impfstoff. Deshalb bleibt die Vermeidung der Ansteckung der einzige Schutz vor dieser tödlichen Infektionskrankheit.

> AIDS ist eine Infektionskrankheit, die von dem HI-Virus übertragen wird. Dabei wird das Immunsystem so geschwächt, dass zahlreiche Erkrankungen schließlich zum Tode führen.

1 AIDS unterscheidet sich von einer „normalen" Infektionskrankheit. Beschreibe die unterschiedlichen Merkmale.
2 Beschreibe die Vermehrung von HIV anhand der Abbildung 3 B.
3 Warum ist es wichtig, dass ein HIV-infizierter Mensch möglichst frühzeitig von seiner Ansteckung erfährt?
4 Du hast die Geschichte von Silvia und Michael gelesen. Wie sollten die beiden sich deiner Meinung nach verhalten? Wer könnte ihnen helfen?

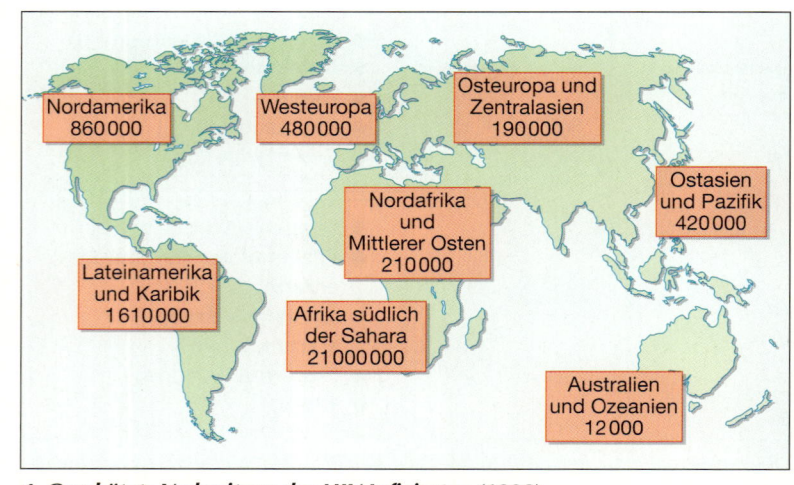

4 Geschätzte Verbreitung der HIV-Infizierten (1998)

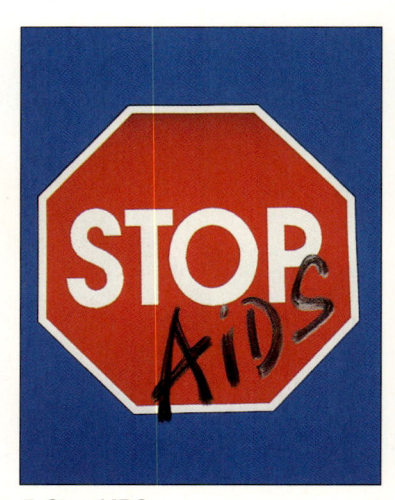

Nordamerika 860 000
Westeuropa 480 000
Osteuropa und Zentralasien 190 000
Nordafrika und Mittlerer Osten 210 000
Ostasien und Pazifik 420 000
Lateinamerika und Karibik 1 610 000
Afrika südlich der Sahara 21 000 000
Australien und Ozeanien 12 000

5 Stop AIDS

Körpereigene Abwehr

Streifzug durch die Medizin

Übertragungswege und Schutz vor HIV-Infektionen

① Durch das gemeinsame Benutzen von Geschirr, Gläsern und Besteck kann man sich nicht anstecken.
② Es ist kein Fall bekannt, bei dem Mücken, Hunde, Katzen oder andere Tiere HIV auf den Menschen übertragen haben.
③ In öffentlichen Schwimmbädern, in der Sauna und auf Toiletten ist eine Ansteckung nicht möglich.
④ Körperkontakte wie Umarmungen, Händeschütteln, Küssen und Petting bleiben ohne gesundheitliche Folgen.

⑧ Wenn eine HIV-infizierte Frau ein Baby bekommt, kann das Kind sich während der Schwangerschaft oder der Geburt oder beim Stillen anstecken.
⑨ Wenn Drogenabhängige, von denen eine infiziert ist, Spritzen gemeinsam benutzen, ist das Infektionsrisiko hoch. Einmalspritzen verhindern die Ansteckung mit HIV.
⑩ Die meisten Menschen stecken sich beim ungeschützten Geschlechtsverkehr an. Der Analverkehr ist besonders riskant, weil die Darmschleimhaut sehr

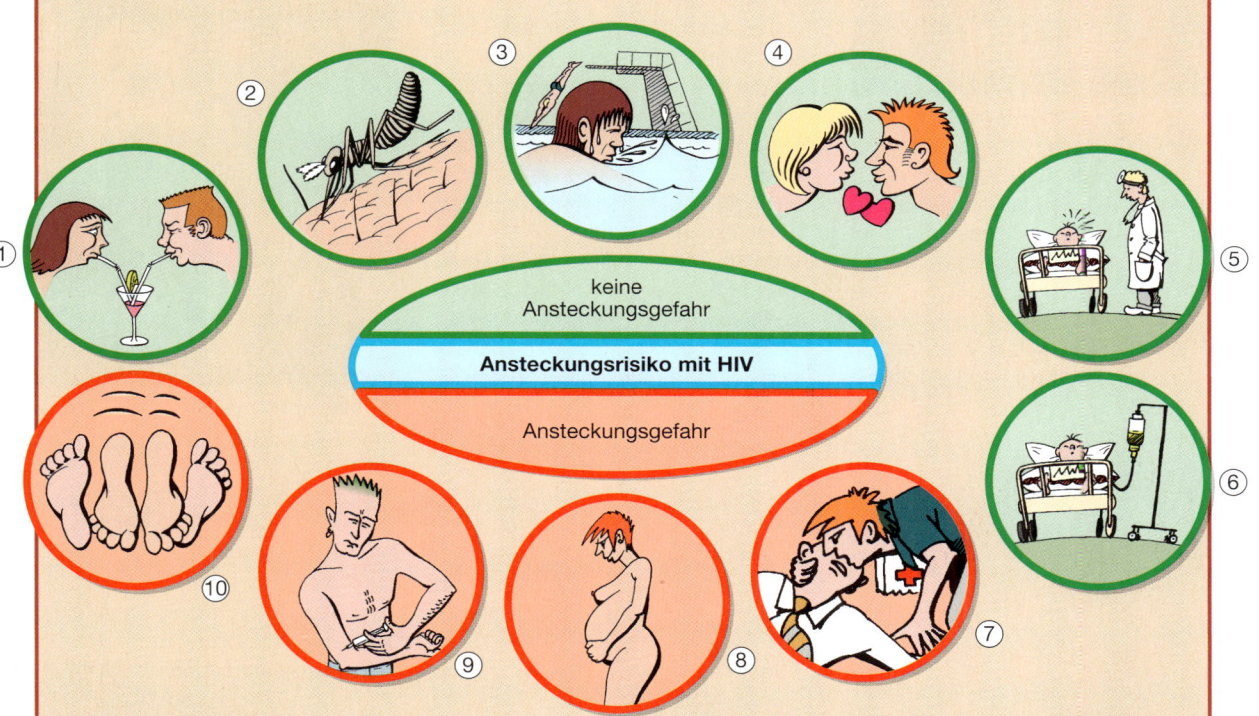

keine Ansteckungsgefahr

Ansteckungsrisiko mit HIV

Ansteckungsgefahr

⑤ Bei der Pflege von HIV-infizierten Menschen besteht kein Ansteckungsrisiko, wenn die vorgeschriebenen Hygienemaßnahmen eingehalten werden.
⑥ Als die ersten AIDS-Fälle bekannt wurden, wusste man noch wenig über die Ansteckungsgefahren. Blutkonserven wurden noch nicht auf HIV untersucht und so erhielten einige Menschen mit dem lebensrettenden Blut auch das tödliche Virus. Heute kann man davon ausgehen, dass das HIV-Ansteckungsrisiko bei Bluttransfusionen sehr gering ist.
⑦ Bei Erste-Hilfe-Maßnahmen wie der Atemspende wird empfohlen, Masken und Schutzhandschuhe zu benutzen.

verletzlich ist. Aber auch beim Oralverkehr kann man sich anstecken.
Der einzige wirksame Schutz vor Ansteckung ist das Kondom, wenn es richtig angewendet wird. Wem die eigene Gesundheit und auch die des Partners wichtig ist, wird sich verantwortungsvoll verhalten und kein Risiko eingehen. Ein offenes Gespräch über das eigene Sexualverhalten und das des Partners schafft Vertrauen und ist eine gute Voraussetzung für die gemeinsame Entscheidung: Wir schützen uns vor AIDS.

Körpereigene Abwehr

Streifzug durch die Sozialkunde

Toby – ein Junge kämpft gegen AIDS

1 Tobias mit seiner Mutter

Tobias war 15 Jahre alt, als er wie viele andere Jugendliche den Mofaführerschein machen wollte. Er träumte davon, kurze Entfernungen mit dem Mofa leichter überwinden zu können. Das Laufen fiel ihm in letzter Zeit immer schwerer. Tobias hatte AIDS.

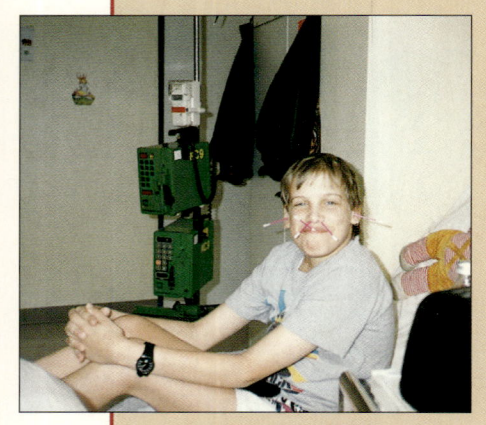

2 Spaß trotz schwerer Krankheit

Von Geburt an war Toby Bluter und bekam mit 6 Jahren regelmäßig ein Blutgerinnungsmittel gespritzt. Irgendwann war eine mit HIV verseuchte Ampulle dabei, die sein Leben total verändern sollte.

Als Tobias mit 8 Jahren immer häufiger unter Fieber und Erkältungen litt, schließlich eine Lungenentzündung bekam, war es das sichere Zeichen, dass die Krankheit ausgebrochen war. Seit dieser Zeit musste Tobias zahllose Krankenhausaufenthalte hinter sich bringen. Seine Mutter war stets an seiner Seite. Sie klärte ihn über die Krankheit AIDS auf, so gut sie konnte. Sie sprach mit ihm auch über den möglichen Verlauf.

Als die Krankheit weiter fortgeschritten war, konnte Toby kaum noch Nahrung zu sich nehmen. Man legte eine Magensonde, sodass die wichtigsten Nährstoffe zugeführt werden konnten.

Toby wurden weitere künstliche Ausgänge gelegt, damit auch Medikamente leichter verabreicht werden konnten. War Tobias zu Hause, kam jeden Abend ein Pfleger zu ihm, um ca. eine Stunde lang die verschiedenen Medikamentenbeutel anzuschließen. Toby passte genau auf, dass auch nichts vergessen wurde. Während der ganzen Nacht tropften die notwendigen Arzneien in sein Blut. Regelmäßig musste er sich nachts übergeben. Doch damit hatte er sich abgefunden. Toby hatte niemandem von seiner AIDS-Erkrankung erzählt, um es sich nicht noch schwerer zu machen. Es war schon schlimm genug für ihn, dass seine Schulfreunde ihn immer seltener besuchten. Er konnte bei den Spielen nicht mit ihnen mithalten und die vielen Behandlungen machten den Schulbesuch unmöglich.

Trotz der zunehmenden Schwäche wollte sich der lebenslustige Toby nicht unterkriegen lassen. So lernte er eifrig für die theoretische Mofaprüfung, die er problemlos bestand. Erinnerungen an schöne Erlebnisse halfen ihm, schwere Stunden zu überwinden. Dazu gehörte der Besuch im Euro-Disney-Land in Paris. Er genoss jeden Tag dieser Ausflüge, auch wenn er jetzt schon auf den Rollstuhl angewiesen war.

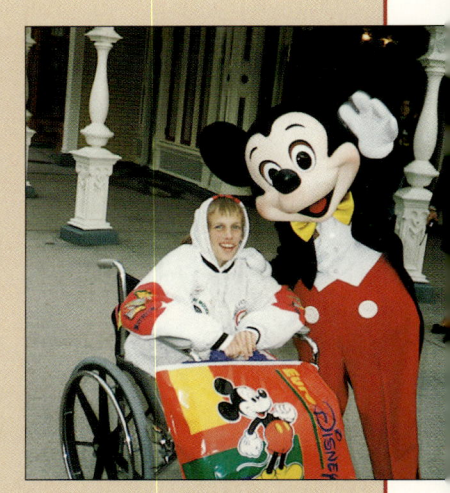

3 Toby im Disney-Land

Mit der Zeit jedoch wurden die Blutwerte von Tobias immer schlechter. Die Wirkung der Medikamente nahm immer mehr ab. Da Toby immer mit seiner Mutter aufrichtig gesprochen hatte, konnten beide den Tod annehmen. Tobias starb friedlich mit 15 Jahren am 1. November 1993.

1 Lies die Geschichte über Tobias.
a) Wie meisterte Tobias trotz AIDS sein Leben?
b) Tobias erzählte anderen Menschen nichts von seiner AIDS-Erkrankung. Welche Gründe könnte er dafür gehabt haben?
c) Vergleiche dein Leben mit den Erfahrungen von Tobias.
d) Welche Ziele hast du für dein Leben?

Körpereigene Abwehr

Prüfe dein Wissen

A 1 Jeden Tag können wir uns mit Infektionskrankheiten infizieren.
a) Erkläre, was man unter einer Infektionskrankheit versteht.
b) Entscheide, welche der folgenden Krankheiten von Bakterien oder Viren verursacht werden: Polio (Kinderlähmung), Tetanus (Wundstarrkrampf), Windpocken, Grippe, Herpes, Scharlach, Mumps, Keuchhusten, Masern, Tuberkulose.

A 2 Bau eines Bakteriums
Ordne den Ziffern die entsprechenden Begriffe zu.

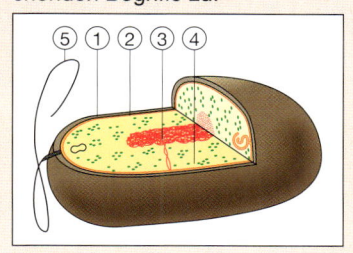

A 3 Hier sind die Phasen einer Infektionskrankheit durcheinander gekommen: Ausbruch der Krankheit, Inkubationszeit, Infektion.
a) Bringe die Phasen in die richtige Reihenfolge.
b) Ergänze die fehlende Phase an der entsprechenden Stelle.

A 4 Welche der folgenden Aussagen trifft auf Viren zu?
a) Mikroorganismen
b) Verursacher von Grippe
c) etwa 1/1000 mm groß
d) bestehen wesentlich aus Erbsubstanz und einer Eiweißhülle
e) verursachen Keuchhusten, Scharlach und Tuberkulose
f) haben einen eigenen Stoffwechsel
g) haben eine feste Zellwand

A 5 Ordne folgenden Organen bzw. Zellen des Immunsystems die entsprechenden Aufgaben zu:

T-Helferzellen…, Plasmazellen…, Fresszellen…, Killerzellen…, Antikörper…, Lymphknoten…, Milz…

…zerstören befallene Krankheitserreger; …sorgt für das Vorhandensein von ausreichend Abwehrzellen; …vernichten Krankheitserreger; …geben Informationen weiter; …bauen giftige Abfallprodukte ab; …bilden passende Antikörper.

A 6 Welche Aussagen treffen bei Malaria zu?
a) Sie ist eine ansteckende Infektionskrankheit.
b) Sie ist weltweit verbreitet.
c) Die Erreger der Krankheit werden durch eine besondere Stechmückenart in das Blut übertragen.
d) Die Erreger gehören zu den Viren.
d) Es handelt sich um eine Tropenkrankheit.
e) Man kann sich gegen die Krankheit nicht schützen.
f) In Deutschland kann man an Malaria nicht erkranken.

A 7 Die Tollwut ist eine gefährliche Infektionskrankheit, bei der Viren meist durch einen Biss eines infizierten Tieres übertragen werden. Zur Bekämpfung der Tollwut führt man „Impfaktionen" im Wald durch. Dazu werden für Füchse Fleischköder ausgelegt, die abgeschwächte Erreger der Tollwut enthalten.
a) Um welche Art einer Impfung handelt es sich dabei?
b) Begründe deine Entscheidung.

A 8 Gib die Bedeutung der Buchstaben AIDS und HIV an.

A 9 Vergleiche Schutzimpfung und Heilimpfung. Gib in einer Tabelle an:
Gemeinsamkeiten, Unterschiede, Vorteile, Nachteile.

A 10 Viele Menschen leiden unter Allergien. Bringe die folgenden Wörter in die richtige Reihenfolge.
eine, auf, ist, Überreaktion, Immunsystems, Allergie, körperfremde, auf, des, Substanzen, eine

A 11 HI-Viren brauchen wie alle Viren Wirtszellen zur Vermehrung. Welche Zellen werden von dem Virus befallen?
a) Fresszellen
b) Hautzellen
c) T-Helferzellen
d) rote Blutkörperchen

A 12 Gib an, welche Aussagen auf AIDS zutreffen.
a) Der Erreger ist ein Virus.
b) Der Erreger ist ein Bakterium.
c) Das Immunsystem wird aktiviert.
d) Das Immunsystem wird geschwächt.
e) Bei einem HIV-positiven Menschen sind große Erregermengen nur im Blut, in der Spermienflüssigkeit sowie in der Scheidenflüssigkeit.
f) Es handelt sich um eine Infektionskrankheit.
g) Die Ansteckung erfolgt über die Atemluft, durch Händedruck oder Kuss auf die Wange.

Sinnesorgane und Nervensystem

1 Auf einer Party

2 Sinnesorgane. **A** Auge; **B** Ohr; **C** Nase; **D** Zunge; **E** Haut

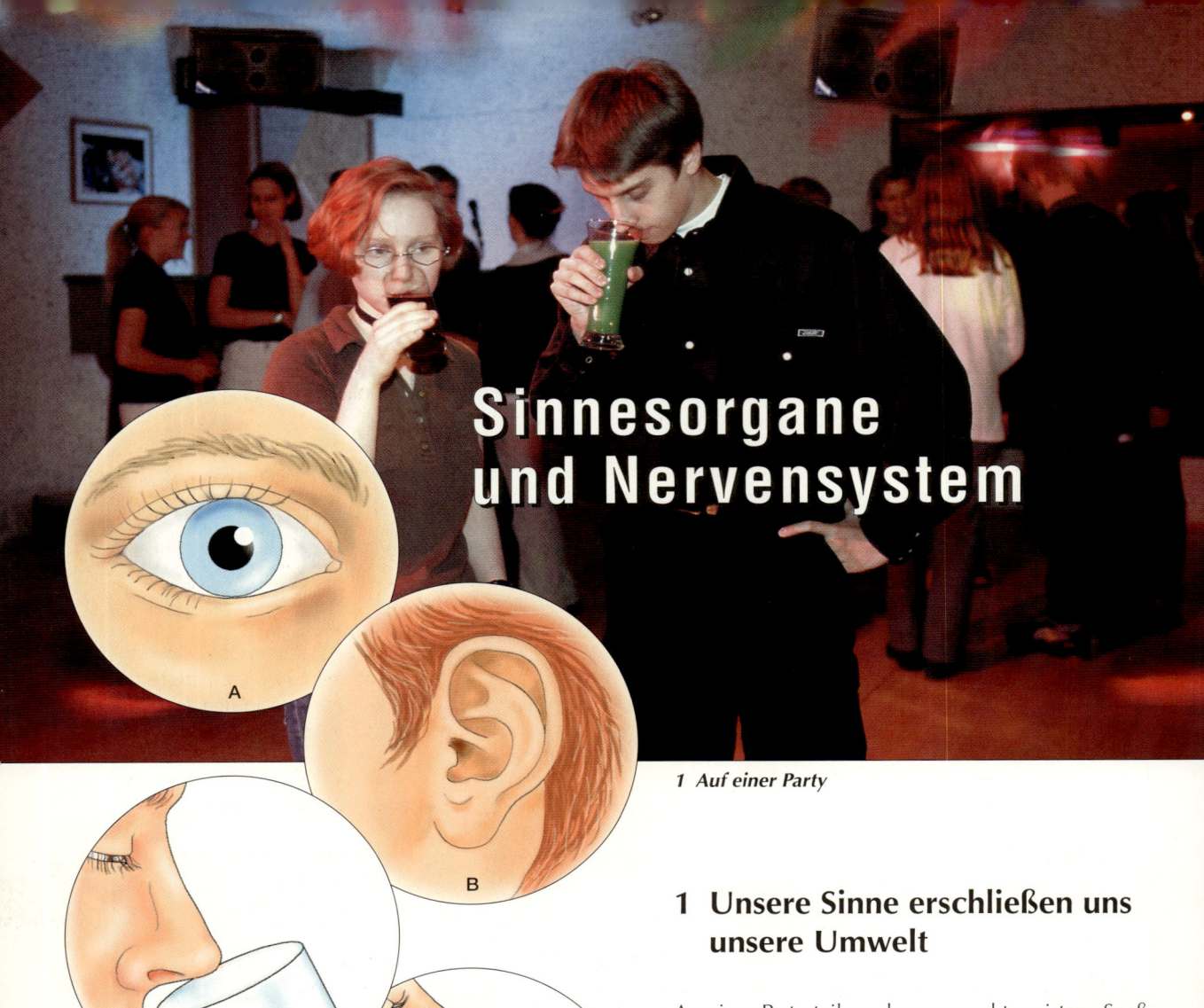

1 Unsere Sinne erschließen uns unsere Umwelt

An einer Party teilzunehmen, macht meistens Spaß. Doch bei der Vielzahl von Eindrücken, die gleichzeitig auftreten, ist es gar nicht so leicht, den Überblick zu behalten. Bei einem Gespräch *sieht* man zum Beispiel nicht nur den Gesprächspartner, sondern *hört* auch seine Stimme. Zum Teil wird sie aber von der Musik übertönt. Man *fühlt* die Härte des Glases und die Kühle des Getränkes. Beim Trinken *schmeckt* man, ob das Getränk zum Beispiel süß ist, und *riecht* seinen Duft. Auch bei jeder weiteren Tätigkeit, zum Beispiel beim Tanzen, werden eine Vielzahl von Reizen aufgenommen.

Sinne sorgen dafür, dass wir uns in unserer Umwelt zurechtfinden. Dabei ist jedes **Sinnesorgan** nur für ganz bestimmte **Reize** empfänglich. Sinneszellen in diesen Organen nehmen die Reize auf und Nerven leiten sie als elektrische Impulse weiter. Im **Gehirn** werden sie zu Sinneseindrücken verarbeitet.

Das **Auge** nimmt *Lichtreize* auf. Aber erst im Gehirn werden sie zu einem Bild verarbeitet.

Sinnesorgane und Nervensystem

Das **Ohr** empfängt *Schallwellen*. Als Nervenimpulse werden sie ebenfalls zum Gehirn geleitet, wo sie verarbeitet werden: wir hören. Im Ohr befindet sich außerdem der *Lage-* und *Drehsinn*, mit dessen Hilfe wir uns im Raum orientieren.

Nase und **Zunge** sind empfänglich für *Gerüche* und *Geschmacksreize*. Im Gehirn werden sie zu Geruchs- und Geschmacksempfindungen verarbeitet.

Unsere **Haut** ist ein besonders vielfältiges Sinnesorgan. Sie nimmt *Druck-, Schmerz-, Kälte-* und *Wärmereize* auf. Das Gehirn sorgt dafür, dass die entsprechenden Nervenimpulse verarbeitet und als Empfindungen wahrgenommen werden.

Außer diesen bekannten „Sinnen" hat unser Körper noch weitere Sinnesorgane, deren Tätigkeiten uns nicht bewusst werden. Es sind Sinnesorgane, die ihre Reize nicht aus der Umwelt, sondern aus unserem eigenen Körper erhalten. So nehmen beispielsweise *Muskelspindeln* Veränderungen der Muskelspannung wahr. Auch in der Aorta und im Gehirn gibt es spezielle Sinneszellen, die den Gehalt des Blutes an Kohlenstoffdioxid messen. Mit ihrer Hilfe wird die Atmung gesteuert.

Es gibt aber auch Informationen aus der Umwelt, die unsere Sinnesorgane nicht wahrnehmen können, z. B. Röntgenstrahlen und Radioaktivität.

Wenn wir auch alle die gleichen Sinnesorgane haben, heißt das nicht, dass wir alle gleich empfinden. So kann laute Musik für manche angenehm, für einige jedoch unangenehm sein.

Auch unsere Stimmung beeinflusst unsere Wahrnehmung. Ist man gereizt, so kann man zum Beispiel Rockmusik weniger gut vertragen, als wenn man gute Laune hat. Umgekehrt können auch bestimmte Reize unsere Stimmung beeinflussen. So stimmen uns leuchtende Farben fröhlich, während dunkle Farben eher eine düstere Stimmung vermitteln.

> Auge, Ohr, Nase, Zunge und Haut sind Sinnesorgane. Sie nehmen mittels Sinneszellen Reize aus unserer Umwelt auf. Als Nervenimpulse werden sie zum Gehirn geleitet und dort zu Empfindungen verarbeitet.

1 Erstelle eine Tabelle. Trage die Sinne ein mit denen wir Reize aus der Umwelt wahrnehmen. Suche nach Beispielen für Reize und ordne sie den Sinnen zu.

2 Beschreibe an einem Beispiel den Weg vom Reiz zur Wahrnehmung.

3 Beschreibe, welche Empfindungen bei dir durch die Umweltreize der Abbildung 1 entstehen können.

Nicht wahrnehmbar, aber wirksam

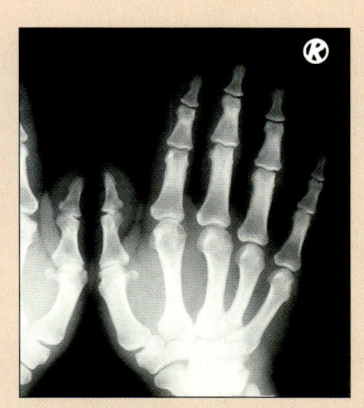

Streifzug durch die Physik

Röntgenstrahlen durchdringen weiches Zellgewebe besser als festes, deshalb kann man auf einem Film ein Bild vom Zustand unserer Knochen erhalten.
Um den Körper vor einer Überdosierung zu schützen, deckt man die nicht zu röntgenden Körperteile mit einer Bleischürze ab.

Radioaktive Strahlung wird z. B. beim Zerfall der Atomkerne von Uran freigesetzt. Sie besteht aus energiereichen Gamma-Strahlen und so genannten Alpha- und Beta-Teilchen. Radioaktive Verstrahlung, wie 1986 nach der Explosion des Reaktors von Tschernobyl (Ukraine), kann deshalb zu schweren körperlichen Schäden führen.
In der Medizin sind jedoch radioaktive Untersuchungen unerlässlich, allerdings mit schwacher Strahlung. So kann zum Beispiel die Schilddrüse mittels radioaktivem Jod auf ihre Funktion überprüft werden.
Da unsere Sinne Röntgenstrahlung und radioaktive Strahlung nicht wahrnehmen können, tragen z. B. Röntgenassistentinnen ein Dosimeter, welches die Gesamtmenge der aufgenommenen Strahlung misst.

Wechselstrom verursacht in der näheren Umgebung von Hochspannungsleitungen ein **elektromagnetisches Feld**, welches wir ebenfalls nicht wahrnehmen können. Auch Elektrogeräte wie Funkanlagen und Fernsehgeräte erzeugen ein solches Feld. Inwieweit davon schädigende Auswirkungen ausgehen, ist umstritten.

Sinnesorgane und Nervensystem

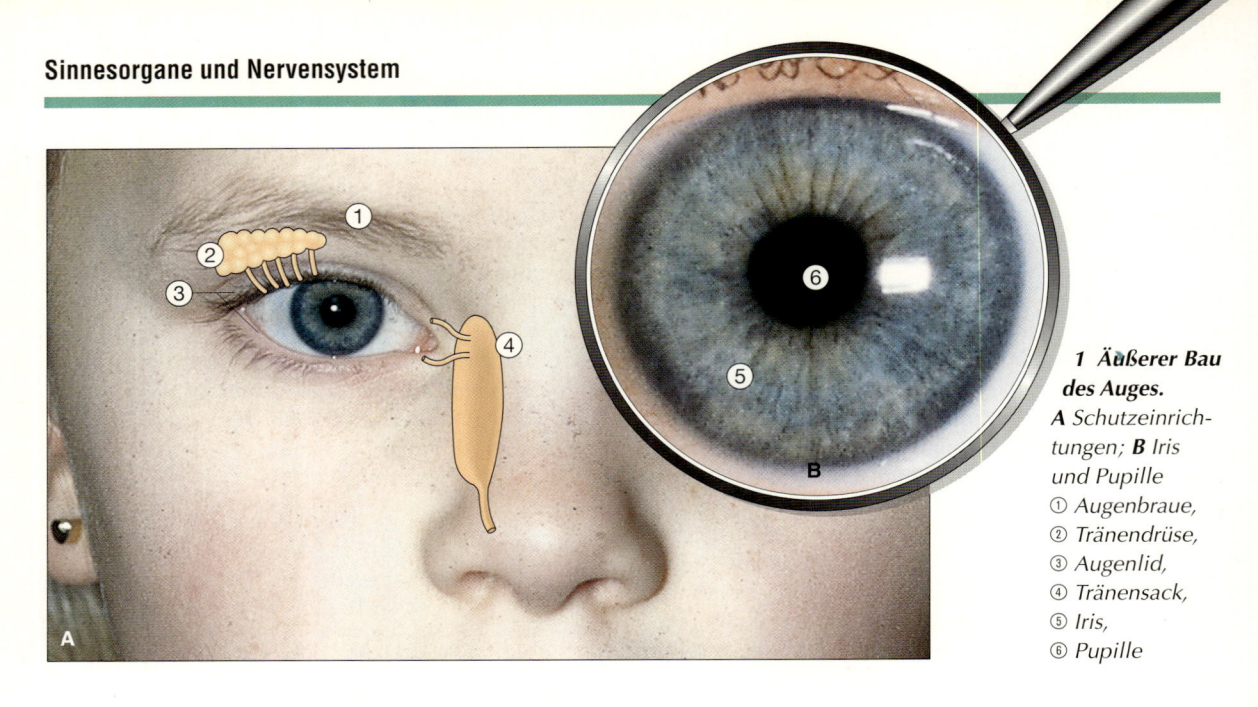

1 Äußerer Bau des Auges.
A Schutzeinrichtungen; **B** Iris und Pupille
① Augenbraue,
② Tränendrüse,
③ Augenlid,
④ Tränensack,
⑤ Iris,
⑥ Pupille

2 Sinnesorgane

2.1 Unser Auge

Präge dir die Gegenstände eines Raumes ein und verbinde dir anschließend die Augen. Versuche nun, dich in dem Raum zurechtzufinden. Bald wirst du damit Schwierigkeiten haben und erkennen, wie wichtig unser Sehsinn ist. Ein beträchtlicher Teil unseres Gehirns ist mit der Verarbeitung von Lichtreizen beschäftigt. Daraus folgt, dass uns die Augen die meisten Informationen über unsere Umwelt liefern.

Ein so wichtiges Organ wie das **Auge** muss vor schädigenden Einflüssen geschützt sein. Schon die Einbettung in die knöcherne *Augenhöhle* schützt das Auge vor Stößen und Schlägen. Nähert sich dem Auge ein Gegenstand, so schließen sich die beiden *Lider* blitzschnell. Die Augenlider sind mit *Wimpern* besetzt. Diese schützen zum Beispiel vor Staub und Schmutz.

Über den Augen befinden sich die *Augenbrauen*. Sie lenken den Schweiß vom Auge ab. Das Auge muss ständig feucht gehalten werden. Würde die *Hornhaut* des Auges austrocknen, so wäre sie nicht mehr glasklar, sondern trüb. Auch kann sich das feuchte Auge leichter bewegen. Fremdkörper, die zwischen Augenlid und Auge eingedrungen sind, müssen ausgespült werden. All diese Aufgaben erfüllt die *Tränenflüssigkeit*. Sie ist leicht salzig und hat desinfizierende Wirkung. Sie wird in der Tränendrüse gebildet und fließt durch den Tränensack in die Nasenhöhle ab.

Betrachtest du ein Auge näher, so erkennst du unter der durchsichtigen Hornhaut die *Regenbogenhaut* oder Iris. Sie ist bei jedem Menschen anders gefärbt. Ihre Farbstoffe schützen sie vor zu starkem Licht. Zwischen der vorgewölbten Hornhaut und der Iris befindet sich die mit Flüssigkeit gefüllte *Augenkammer*. Seitlich geht die Hornhaut in die weiße und sehr feste *Lederhaut* über. Sie schützt das Auge vor Verletzungen.

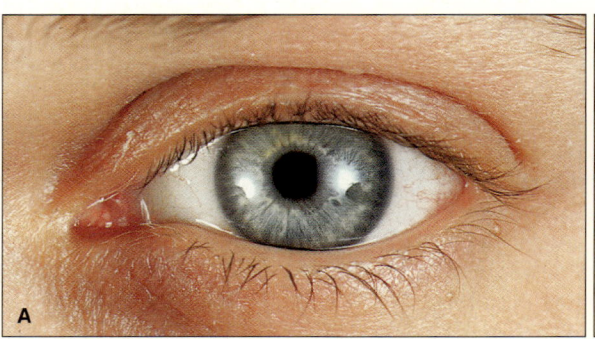

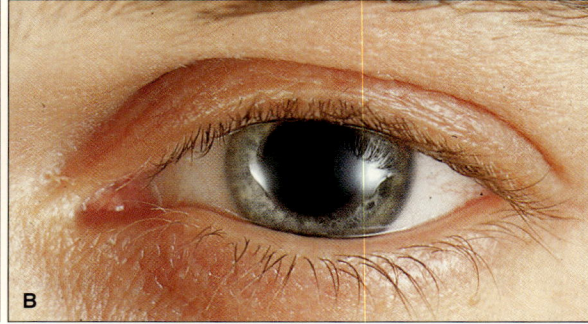

2 Adaptation. A Hellreaktion; **B** Dunkelreaktion

Sinnesorgane und Nervensystem

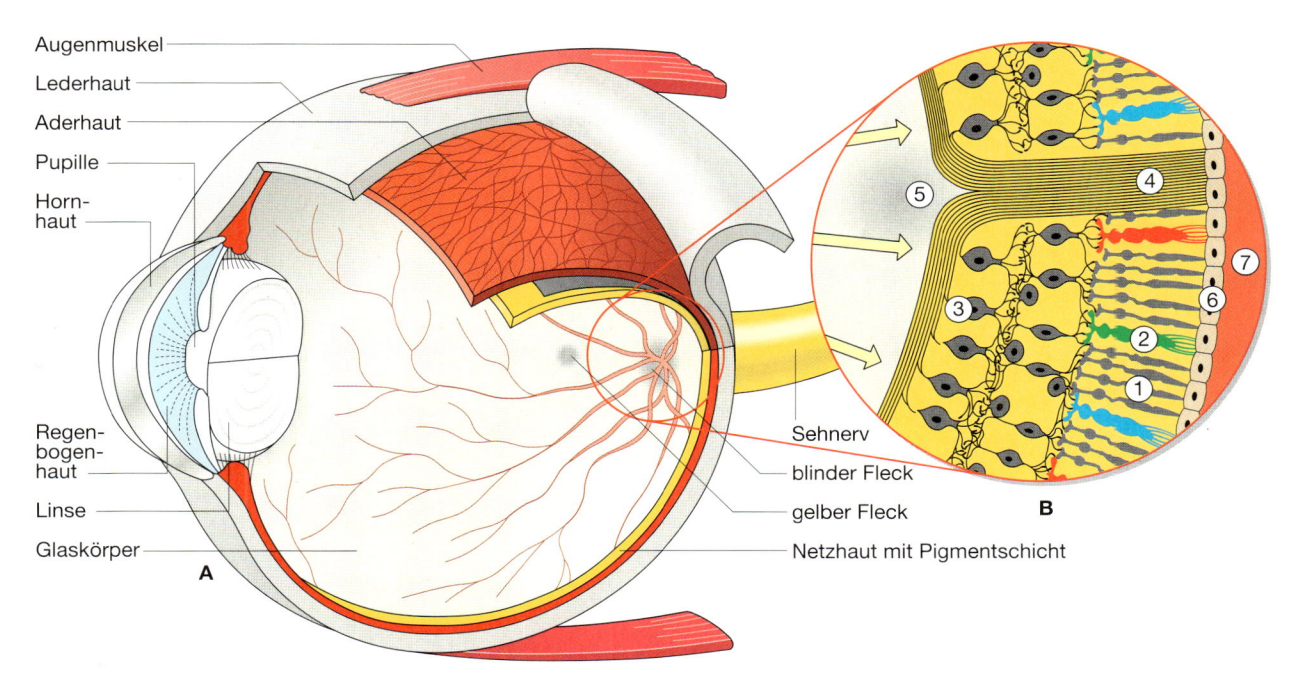

3 Bau des Auges. A Längsschnitt; **B** Netzhaut ① Stäbchen, ② Zapfen, ③ Nervenzelle, ④ Sehnerv, ⑤ blinder Fleck, ⑥ Pigmentschicht, ⑦ Aderhaut

Äußerlich sichtbar ist nur ein kleiner Teil des Auges. Seinen gesamten Bau zeigt die Abbildung 3. Seitlich an der Lederhaut setzen die Augenmuskeln an. Sie bewegen das Auge in verschiedene Richtungen. Unter der Lederhaut folgt die *Aderhaut,* deren Blutgefäße das Auge mit Nährstoffen versorgen. Vorne geht die Aderhaut in die *Regenbogenhaut* oder *Iris* über. In ihrer Mitte befindet sich das Sehloch, die *Pupille.*

Betrachtest du bei Licht die Augen deines Tischnachbarn, so wirst du feststellen, dass die *Pupille* klein ist. Im Dunkeln dagegen ist die Pupille deutlich größer. Feine Muskeln in der Regenbogenhaut verändern die Größe der Pupille. Dadurch passt sich das Auge unterschiedlichen Lichtverhältnissen an. **Adaptation** nennt man diesen Vorgang.

Unter der Aderhaut befindet sich die reflexmindernde schwarze *Pigmentschicht.* Die innerste Schicht der Augenwand ist die **Netzhaut.** An der Austrittstelle des Sehnervs weist sie eine Lücke auf, den *blinden Fleck.* Über den *Sehnerv* erfolgt die Verbindung zum Gehirn.

Licht, das durch die Pupille einfällt, durchdringt die *Augenlinse* und dann den gallertartigen *Glaskörper.* Schließlich trifft es auf die Netzhaut.

Den Feinbau der Netzhaut kann man in einem mikroskopischen Schnitt untersuchen. Man erkennt längliche Zellen, die **Lichtsinneszellen.** Die dünnen und schmalen *Stäbchen* sind besonders lichtempfindlich. Sie unterscheiden hell und dunkel und befinden sich mehr im Randbereich der Netzhaut. Die Wahrnehmung schwacher Lichtreize wird noch verstärkt, weil in diesem Bereich viele Stäbchen mit einer ableitenden *Nervenzelle* verknüpft sind. Die etwas kürzeren und dickeren *Zapfen* nehmen Farbtöne wahr. Sie befinden sich mehr im Zentrum der Netzhaut. Hier ist auch der *gelbe Fleck,* die Stelle des schärfsten Sehens. Stäbchen und Zapfen sind mittels Muskelfasern in der Pigmentschicht verankert. Bei starkem Licht ziehen sie sich in diese zurück, bei schwachem Licht treten sie hervor. Dieser Vorgang ergänzt die Adaptation.

Die Nervenzellen verschalten die Lichtsinneszellen und leiten deren Impulse über den Sehnerv zum Gehirn.

> Am Auge erkennt man Lederhaut, Hornhaut und Regenbogenhaut mit Pupille. Im Inneren befinden sich Glaskörper und Augenlinse. Zapfen und Stäbchen sind Lichtsinneszellen der Netzhaut. Der Sehnerv verbindet das Auge mit dem Gehirn.

1 Beim Weinen „läuft" die Nase. Versuche diesen Zusammenhang zu erklären.

2 Stelle die in Abb. 3 beschrifteten Teile des Auges in einer Tabelle zusammen. Gib ihre jeweiligen Aufgaben an.

Sinnesorgane und Nervensystem

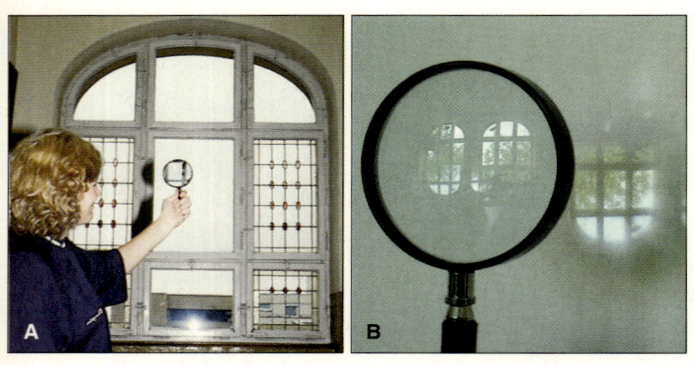

1 Bildentstehung. A *Fensterkreuz in der Lupe;* B *Lupenbild und Projektion*

2.2 Was unsere Augen leisten

Richtest du eine Lupe gegen ein helles Fensterkreuz und hältst ein weißes Papier im richtigen Abstand auf der anderen Seite der Lupe, so entsteht ein verkleinertes, umgekehrtes Bild des Fensterkreuzes. So ähnlich wirkt auch die **Augenlinse:** Auf der Netzhaut entsteht ein verkleinertes, umgekehrtes Bild des betrachteten Gegenstandes.
Wenn das von der Lupe erzeugte Bild unscharf ist, so kannst du es durch Verändern des Abstandes zum Papier scharf stellen. Der Abstand der Linse zur Netzhaut jedoch lässt sich nicht verändern. Weil die Augenlinse im Gegensatz zu einer Lupe jedoch elastisch ist, kann ihre Form verändert werden. Das geschieht durch den *Ringmuskel,* auch *Ziliarmuskel* genannt.

Bei *Nahsicht* ist der Ziliarmuskel gespannt und bildet einen engen Ring. Dadurch lockern sich die *Linsenbänder* und die Linse kann sich wölben. Blickst du auf einen nahen Gegenstand, so siehst du diesen zwar scharf, dafür aber entfernte Gegenstände nur verschwommen. Die stärkere Wölbung bei Nahsicht erhöht die Brechkraft der Linse. Der Strahlengang wird dadurch verkürzt und nahe Gegenstände scharf abgebildet. Durch die dauernde Anspannung des Ziliarmuskels bei Nahsicht ist z. B. die Arbeit am Bildschirm ermüdend.

Betrachtest du einen entfernten Gegenstand, so erkennst du nahe Gegenstände nur unscharf. Bei *Fernsicht* entspannt sich der Ziliarmuskel und bildet einen weiten Ring. Dadurch werden die Linsenbänder gespannt und ziehen die Augenlinse flach. Nun ist ihre Brechkraft gering, infolgedessen der Strahlengang verlängert und dem entfernten Gegenstand angepasst. Diese Anpassung an verschiedene Entfernungen bezeichnet man als **Akkommodation.** Das Bild auf der Netzhaut ist nun scharf, aber immer noch umgekehrt. Dies wird im *Sehzentrum* des Gehirns korrigiert.

Die etwa 10 cm auseinander liegenden Augen liefern geringfügig seitlich versetzte Bilder. Daraus entsteht im Gehirn ein räumlicher Bildeindruck. **Räumliches Sehen** ist einäugigen Menschen nicht möglich.

Wie werden Lichtreize in elektrische Impulse der Nervenzellen der Netzhaut umgewandelt? In den Lichtsin-

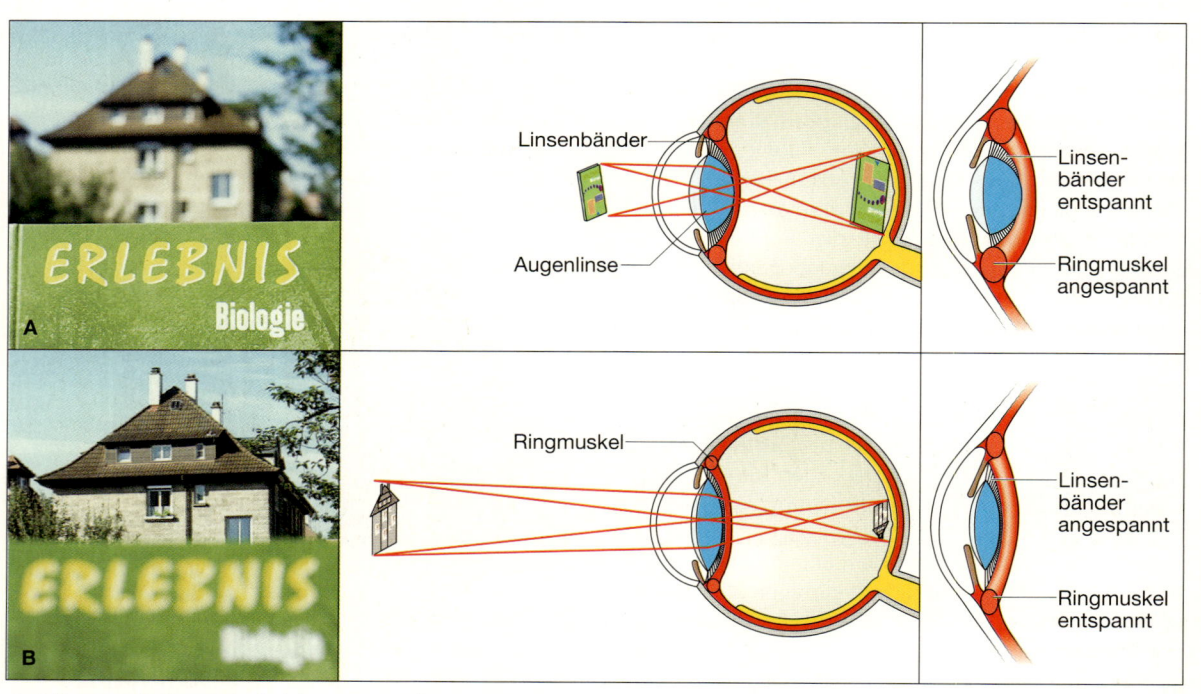

2 Akkommodation. A *Nahsicht;* B *Fernsicht*

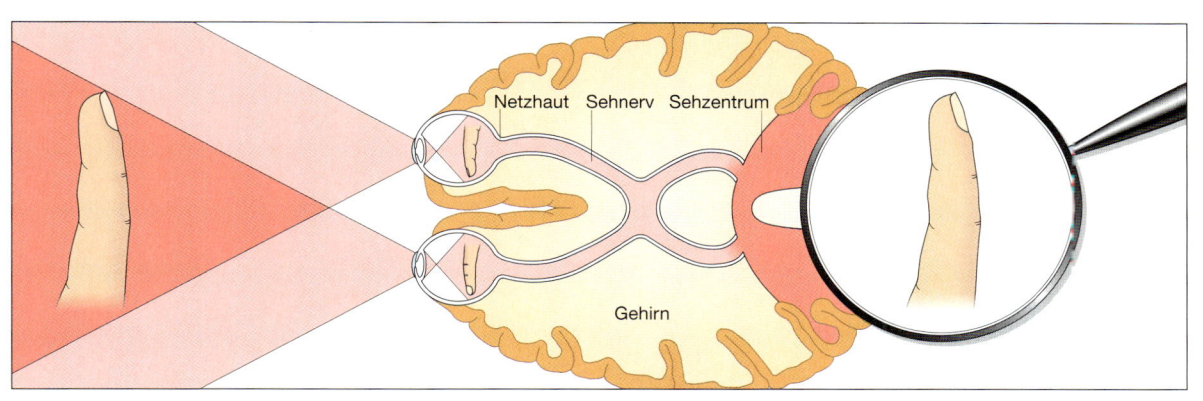

Sinnesorgane und Nervensystem

3 Räumliches Sehen

neszellen befindet sich *Sehpurpur*, ein lichtempfindlicher Farbstoff. Er wird in unserem Körper aus Vitamin A oder Carotin, welches u. a. in Möhren enthalten ist, hergestellt. Wird eine Lichtsinneszelle belichtet, so zerfällt Sehpurpur. Dabei wird Energie als elektrischer Impuls frei. Von den nachgeschalteten Nervenzellen werden diese elektrischen Impulse gesammelt und weitergegeben. Die Nervenfasern vereinigen sich im Sehnerv und leiten die Impulse zum Gehirn. Der Wiederaufbau von zerfallenem Sehpurpur benötigt Bruchteile von Sekunden. Deshalb kann man rasch aufeinander folgende Bildeindrücke voneinander nicht trennen. Auf diese Weise nimmt man die Einzelbilder eines Films als Bewegungsablauf wahr.

Wie entsteht im Gehirn ein farbiges Bild? Das **Farbsehen** wird von den *Zapfen* der Netzhaut ermöglicht. Es gibt drei Arten von Zapfen. Jede ist für eine der drei *Farben* Rot, Grün und Blauviolett empfindlich. Aus diesen drei Farben können alle anderen Farben gemischt werden. Werden zum Beispiel rot- und grünempfindliche Zapfen erregt, so empfindet man „gelb". „Weiß" sieht man, wenn alle Arten von Zapfen gleichermaßen gereizt werden.

Bei manchen Menschen ist eine bestimmte Art von Zapfen defekt. Sie leiden an der *Rot-Grün-Blindheit*. Sie sehen rote und grüne Färbungen grau.

4 Farbmischung

> Die Augenlinse projiziert ein umgekehrtes Bild auf die Netzhaut. Die Akkommodation geschieht durch Veränderung der Linsenform. Im Gehirn entsteht ein aufrechtes und räumliches Bild. Rot-, grün- und blauviolettempfindliche Zapfen bewirken die Farbempfindung.

1 Beschreibe mithilfe der Abbildung 2 Bildentstehung und Akkommodation.

2 Welche Zahl erkennst du in der Abbildung 5? Wenn du eine erkennst, ist dies ein Hinweis auf Rot-Grün-Blindheit.

5 Farb-Sehtest

Sinnesorgane und Nervensystem

Streifzug durch die Physik

Fotografieren

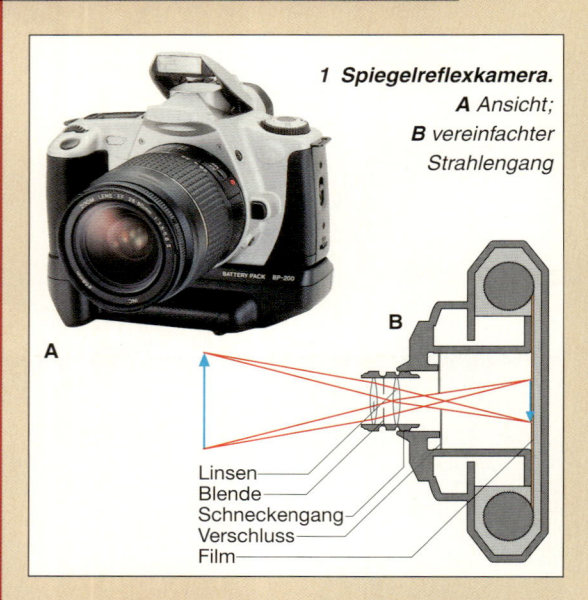

1 Spiegelreflexkamera.
A Ansicht;
B vereinfachter Strahlengang

Linsen
Blende
Schneckengang
Verschluss
Film

Eine **Kamera** nimmt ähnlich wie unser Auge Bilder unserer Umwelt auf. Das *Gehäuse* ist innen geschwärzt, um Lichtreflexe zu vermeiden. Mehrere Linsen bilden das *Objektiv*. Dieses projiziert ein verkleinertes und umgekehrtes Bild auf den lichtempfindlichen *Film*. Die Einstellung der Bildschärfe auf verschiedene Entfernungen geschieht durch Vor- oder Zurückdrehen im Schneckengang des Objektivs. Die einfallende Lichtmenge wird durch mehr oder weniger weites Öffnen der *Blende* geregelt. Der *Verschluss* des Fotoapparates bestimmt die Zeit, in der das Licht auf den Film fallen kann. Betätigt wird er, indem man auf den Auslöser drückt. Die passende Kombination von Blende und Belichtungszeit sorgt für eine optimale *Belichtung* des Filmes. Bei modernen Kameras wird automatisch richtig belichtet und scharf gestellt.

Um ein fotografiertes Bild sichtbar zu machen, muss es mehrere aufeinander folgende chemische Vorgänge durchlaufen. Am einfachsten lassen sich diese Vorgänge bei der *Schwarzweiß-Fotografie* erklären.
Die lichtempfindliche Schicht des Films enthält Silberbromid, fein verteilt in Gelatine. Beim *Belichten* wandelt sich etwas Silberbromid in Silber um.
Beim *Entwickeln* des Films bildet sich an den belichteten Stellen weiteres Silber, wodurch sie schwarz erscheinen. Die wenig belichteten Stellen hingegen bleiben hell. So erhält man ein **Negativ** des fotografierten Objekts. Um das entwickelte Negativ haltbar zu machen, gibt man es in ein Fixierbad. Beim *Fixieren* wird unbelichtetes Silberbromid aus der Gelatineschicht herausgelöst. Anschließend werden in einem *Wasserbad* alle Chemikalienreste aus der Gelatineschicht ausgespült. Nun kann das fertige Filmnegativ getrocknet werden.
Ein **Positivbild** erhält man, indem in der Dunkelkammer ein Negativ auf die lichtempfindliche Schicht eines *Fotopapiers* projiziert wird. Das belichtete Papier durchläuft die gleichen Prozesse wie ein belichteter Film: Es wird entwickelt, fixiert, gewässert und getrocknet. Auf ihm erscheinen die dunklen Stellen des Negativs hell, die hellen dagegen dunkel.
Die Farbfotografie beruht auf der zusätzlichen Einfärbung mehrerer lichtempfindlicher Schichten mit Farbstoffen der drei Grundfarben Gelb, Purpurrot und Blaugrün. Beim Entwickeln werden sie je nach Farbanteil unterschiedlich herausgelöst.

In zunehmendem Maße wird **digital** fotografiert. Eine Digitalkamera nimmt das Bild auf einem lichtempfindlichen Computerchip auf. Das gespeicherte Bild kann sofort, ohne Entwicklung und Fixierung, am Bildschirm eines Computers betrachtet oder über den Drucker ausgedruckt werden. Außerdem können Bilder mittels Bildbearbeitungsprogrammen am Computer bearbeitet und Bildfehler beseitigt werden. Die digitale Fotografie hat den Vorteil, dass keine umweltbelastenden Entwickler- und Fixierlösungen anfallen und dass die Bilder sofort verfügbar sind.

1 Stelle in einer Tabelle die Bauteile eines Fotoapparates denen des menschlichen Auges gegenüber.
2 Vergleiche die Vorgänge der Bildentstehung im Auge und im Gehirn mit der Erstellung einer Fotografie.

2 Entwickeln. A Negativ; **B** Positiv

Sinnesorgane und Nervensystem

ERKRANKUNG UND SCHUTZ UNSERER AUGEN

Pinnwand

Im Chemieraum

Beim Wintersport

Beim Schweißen

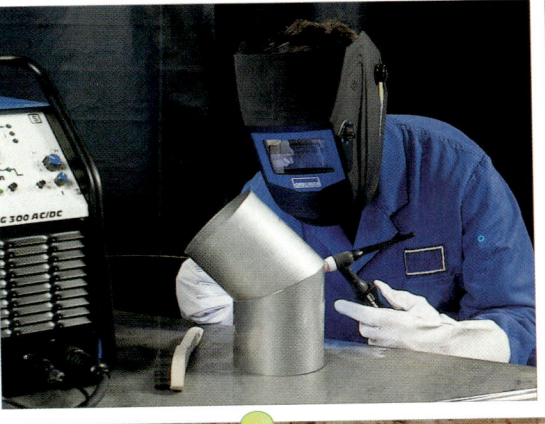

Bindehautentzündung

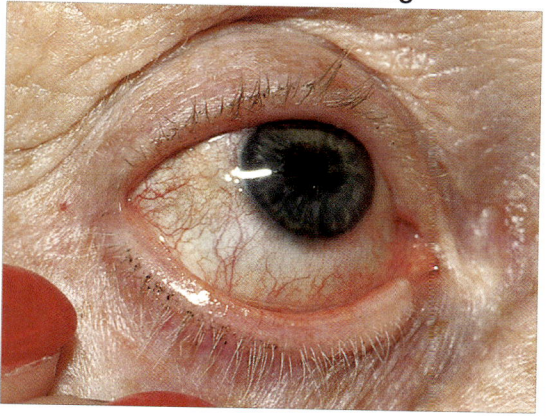

Die Bindehautentzündung ist eine Augenerkrankung, die auf schädliche äußere Einflüsse wie Krankheitserreger, Zugluft oder Fremdkörper zurückzuführen ist. Dabei entzündet sich die Bindehaut, die Augenlid und Augapfel verbindet. Die roten Äderchen der Lederhaut werden dann sichtbar. Eine ärztliche Behandlung ist notwendig.

Richtige Beleuchtung?

1 a) Welche Gefahren gehen von den auf den Pinnzetteln dargestellten Tätigkeiten für die Augen aus?
b) Wie werden die Augen dabei geschützt?

2 Welche der dargestellten Beleuchtungsarten ist richtig und welche falsch? Begründe. Nenne weitere Beispiele.

Sinnesorgane und Nervensystem

Pinnwand

OPTISCHE TÄUSCHUNGEN

1. Magisches Auge. Per Computer werden Bildpunkte so verteilt, als würden unsere Augen ein Bild aus verschiedenen Blickrichtungen wahrnehmen. Bei Betrachtung mit auf Fernsicht akkommodierten Augen erscheint eine räumliche Figur.

2. Täuschung durch Schraffierung. Konzentrische Kreise vermitteln durch nach innen weisende Schraffierungen den Eindruck einer Spirale.

3. Unmögliches Bild. Betrachtet man das Bild der Kiste genauer, so wird klar, dass unser Gehirn etwas erkennen will, was es gar nicht gibt.

4. Umspringbild. Unser Gehirn kann sich nicht entscheiden, welche Würfelflächen nach oben und welche nach unten weisen. Deshalb erkennst du entweder 6 oder 7 Würfel.

5. Täuschung durch Perspektive. Die Linien deuten eine Perspektive an. Dadurch erscheint die hintere der beiden gleich großen Personen größer.

6. Größenvergleiche täuschen. Neben kleinen Figuren wirken größere besonders groß und umgekehrt. Deshalb erscheinen die beiden gleich großen Kreise verschieden groß.

Optische Täuschungen

Bilder, die dem Gehirn vom Auge vermittelt werden, vergleicht es mit bereits früher gespeicherten Bildern. Widersprechen die neuen Bilder den bisherigen Erfahrungen, kommt es zu optischen Täuschungen.

1 Lies die Texte. Ordne sie den entsprechenden Bildern zu.

2 Welche Erfahrungen sind beim jeweiligen Bild im Gehirn bereits gespeichert? Nenne den Widerspruch zum neuen Bild.

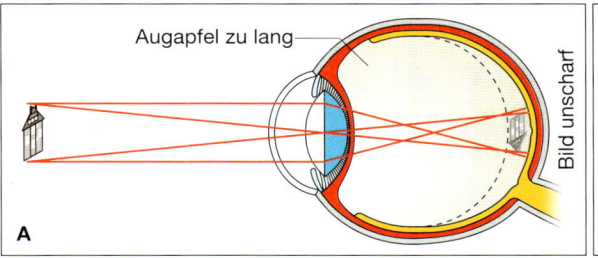

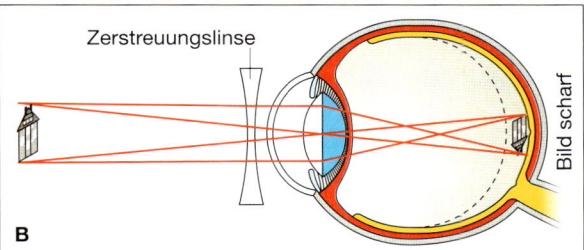

Sinnesorgane und Nervensystem

1 Kurzsichtigkeit. *A Ursache; B Korrektur*

2.3 Sehfehler und ihre Korrektur

Menschen mit gesunden Augen können alles, was sich in der Nähe oder Ferne befindet, scharf sehen. Andere müssen dazu Brillen oder Kontaktlinsen tragen.

Der häufigste *Sehfehler* ist die **Kurzsichtigkeit.** Wie bereits der Name sagt, sieht man nur auf kurze Entfernungen scharf. Gegenstände in der Ferne jedoch werden nur unscharf erfasst. Ursache dafür ist eine zu stark gewölbte Augenlinse oder ein zu langer Augapfel. In beiden Fällen würde ein scharfes Bild einige Millimeter *vor* der Netzhaut entstehen. Zur Korrektur der Kurzsichtigkeit muss die Brechkraft der Augenlinse verringert und dadurch der Strahlengang verlängert werden. Das geschieht durch eine Brille mit *Zerstreuungslinsen*. Durch die Verlängerung des Strahlengangs entsteht das scharfe Bild bei Fernsicht nun auf der Netzhaut.

Manchmal müssen Menschen beim Lesen das Buch weit von sich weg halten, denn sie können nur weit entfernte Gegenstände sehen. Bei dieser **Weitsichtigkeit** ist meist der Augapfel zu kurz. Bei Nahsicht würde das scharfe Bild *hinter* der Netzhaut entstehen. Auf der Netzhaut dagegen entsteht ein unscharfes Bild. Um ein scharfes Bild zu erhalten, muss der Strahlengang verkürzt werden. Für diese Korrektur wird eine **Brille** mit *Sammellinsen* verordnet.

Auch normalsichtige Augen verlieren mit zunehmendem Alter die Fähigkeit der Akkommodation auf nahe Gegenstände. Die Augenlinse verliert bei älteren Menschen an Elastizität und kann sich bei Nahsicht nicht mehr genügend wölben. Die Wirkung ist dabei die Gleiche wie bei Weitsichtigkeit. Dieser Sehfehler wird als **Alterssichtigkeit** bezeichnet. Wie auch bei Weitsichtigkeit wird zur Korrektur eine *Lesebrille* verordnet.

Brillengläser korrigieren den jeweiligen Sehfehler, in manchen Fällen jedoch beeinträchtigen sie den Bereich, in dem der Betroffene ohne Brille gut sehen kann.

Moderne, computerberechnete *Gleitsichtgläser* beheben diesen Nachteil. Ihre Brechkraft ist im oberen Bereich anders als im unteren. Häufig verwendet man auch *Kontaktlinsen*, die direkt auf die Hornhaut gesetzt werden. Manche Menschen vertragen diese Art von Sehhilfen jedoch nicht.

> Bei Kurz- und Weitsichtigkeit entstehen unscharfe Bilder auf der Netzhaut. Kurzsichtigkeit wird mit einer Zerstreuungslinse, Weitsichtigkeit wird mit einer Sammellinse korrigiert.

1 Wie äußert sich Kurzsichtigkeit und wie kann man sie korrigieren?

2 Wieso können junge Kurzsichtige auch mit der Fernbrille gut lesen, ältere hingegen nicht?

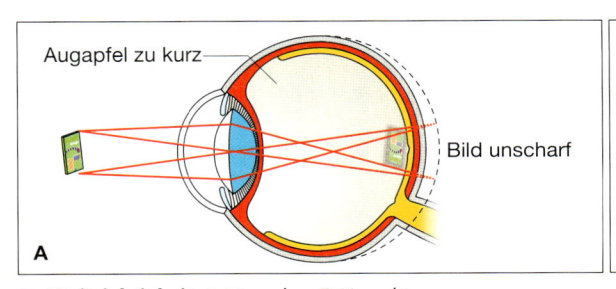

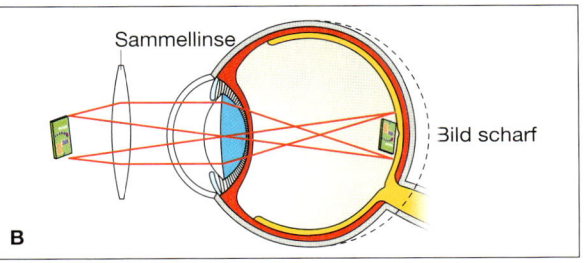

2 Weitsichtigkeit. *A Ursache; B Korrektur*

Sinnesorgane und Nervensystem

Übung — Auge

V1 Adaptation

Material: dunkles Tuch
Durchführung: 1. Lass deinen Versuchspartner oder deine Versuchspartnerin in Richtung eines hellen Fensters blicken. Schätze den Durchmesser der Pupillen. Dunkle dann beide Augen für ca. eine halbe Minute ab. Schätze den Durchmesser der Pupillen nach Wegnehmen des Tuches. Beobachte die anschließende Pupillenreaktion.
2. Wiederhole den Versuch, indem jedoch nur ein Auge abgedunkelt wird. Vergleiche die Reaktion der Pupillen an beiden Augen.
Aufgaben: a) Vergleiche die Durchmesser der Pupillen bei Helligkeit und Dunkelheit. Vergleiche mit der Abb. 2, S. 160.
b) Erkläre die Pupillenreaktion.
c) Welche Beobachtung machst du beim Teilversuch 2? Erkläre.

V2 Akkommodation

Material: Bleistift
Durchführung: Halte die Bleistiftspitze mit angewinkeltem Arm vor ein Auge (Abstand ca. 30 cm). Schließe das andere.
Konzentriere deinen Blick auf die Bleistiftspitze. Achte dabei auf die Bildschärfe des Hintergrundes, z.B. des Fensterkreuzes. Schaue nun an der Bleistiftspitze vorbei auf den Hintergrund. Achte dabei auf die Bildschärfe der Bleistiftspitze.
Aufgaben: a) Schreibe deine Beobachtungen auf: Vergleiche sie mit der Abb. 2, S. 162.
b) Erläutere die Ergebnisse des Versuches.

V3 Grenzen der Akkommodation

Material: Bleistift; Lineal 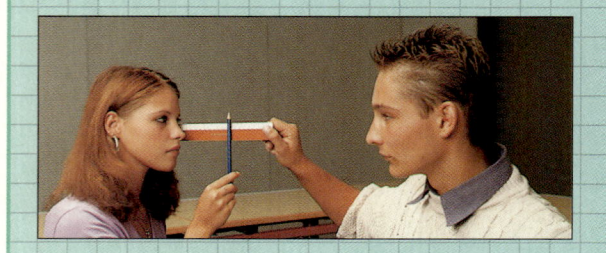
Durchführung: Bei der Nah-Akkommodation des Auges gibt es eine Grenze, den **Nahpunkt.** Der Versuch wird in Partnerarbeit durchgeführt.
Schließe ein Auge. Halte den Bleistift mit ausgestreckter Hand und fixiere dessen Spitze. Nähere diese langsam dem offenen Auge bis du sie nicht mehr scharf sehen kannst. Der Partner misst nun den Abstand zum Auge.
Aufgaben: a) Vergleiche deinen Nahpunkt mit dem Nahpunkt anderer Schüler.
b) Erkläre die Grenzen der Nahanpassung.
c) Führe die Nahpunktbestimmung auch bei einer älteren Person durch und vergleiche mit deinem Nahpunkt.
d) Stelle eine Regel auf, die einen Zusammenhang zwischen Alter, Elastizität der Linse und Nahpunkt herstellt.

V4 Lage des blinden Flecks

Material: großes Geo-Dreieck oder Winkelmesser; Bleistift

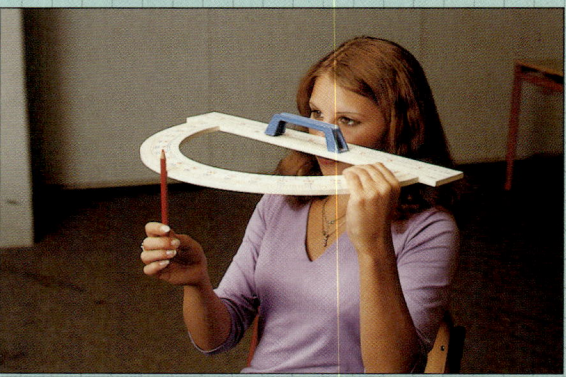

Durchführung: Schließe das linke Auge und visiere mit dem rechten über den Nullpunkt die Spitze des Dreiecks. Fahre mit dem Bleistift entlang der Seiten des Dreiecks, bis diese verschwindet und wieder sichtbar wird. Wiederhole den Versuch für das linke Auge.
Aufgaben: a) Auf welcher Seite des jeweiligen Auges befindet sich der blinde Fleck? Fertige dazu eine Skizze des Strahlenganges entsprechend der Abb. 2, S. 162 an.
b) Wie viele Winkelgrade von der Augachse (Blickrichtung Spitze des Dreiecks) befindet sich der blinde Fleck in der Netzhaut des rechten und des linken Auges?
c) Über wie viele Winkelgrade erstreckt er sich?
d) Wieso merken wir beim normalen Sehen nichts vom blinden Fleck?

V5 Räumliches Sehen

Material: 2 Bleistifte
Durchführung: Halte in jeder Hand einen Bleistift. Nähere ihre Spitzen einander, bis sie sich berühren. Schließe ein Auge und wiederhole den Versuch.
Aufgaben: a) Welche Beobachtungen machst du bei den beiden Teilversuchen? Zur Sicherheit kannst du sie mit dem anderen Auge wiederholen.
b) Erkläre die unterschiedlichen Ergebnisse bei den Versuchen mithilfe des Textes auf S. 163.

V6 Verteilung der Stäbchen und Zapfen

Material: Wandtafel; gleich große Stücke Farbkreide in rot, grün und blau; weiße Kreide; Geo-Dreieck; Stecknadel

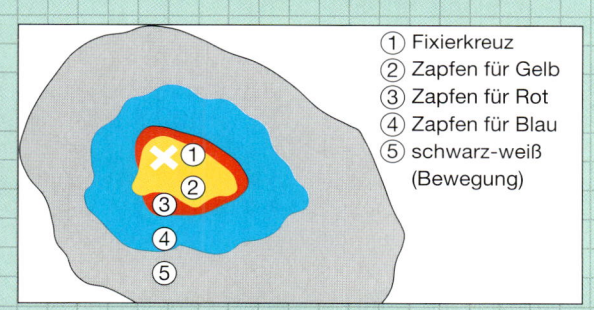

① Fixierkreuz
② Zapfen für Gelb
③ Zapfen für Rot
④ Zapfen für Blau
⑤ schwarz-weiß (Bewegung)

1 Farb- und Bewegungswahrnehmung des rechten Auges

Durchführung: 1. Zeichne ein weißes Kreuz in die Mitte der Tafel. Fixiere es mit einem Auge aus ca. 1 m Entfernung während des gesamten Versuchs. Schließe dabei das andere Auge.
2. Ein Mitschüler führt nun abwechselnd Farbkreiden langsam vom Tafelrand her aus verschiedenen Richtungen zum Kreuz. Melde dabei, an welcher Stelle du die Bewegung und an welcher du die Farbe erkennst. Die Stelle der Bewegungswahrnehmung wird z. B. mit einem weißen Punkt, die der Farberkennung mit einem entsprechenden Farbpunkt markiert.
Aufgaben: a) Bestimme dein Gesichtsfeld durch Verbinden der weißen Punkte. Miss mit dem Geo-Dreieck wie in Versuch 4 aus ca. 1 m Entfernung, über wie viele Winkelgrade sich das Gesichtsfeld deines Auges erstreckt.
b) Ermittle die Verteilung der 3 Sorten farbempfindlicher Zapfen in der Netzhaut durch Verbinden der gleichen Farbmarkierungen.

V7 Was sind Dioptrien?

Optiker verwenden als Maß für die Brechkraft einer Linse die Dioptrie. Sie ergibt sich aus dem Kehrwert der in Metern gemessenen Brennweite. Beim normalsichtigen menschlichen Auge beträgt die Brennweite 0,017 m. Der Kehrwert 1 : 0,017 = 58 dpt ist die Brechkraft des gesunden Auges. Das Brillenrezept enthält die Abweichung davon, ebenfalls in Dioptrien.

Material: Verschiedene Sammellinsen (Lupen); Lineal; weißes Papier; Taschentuch

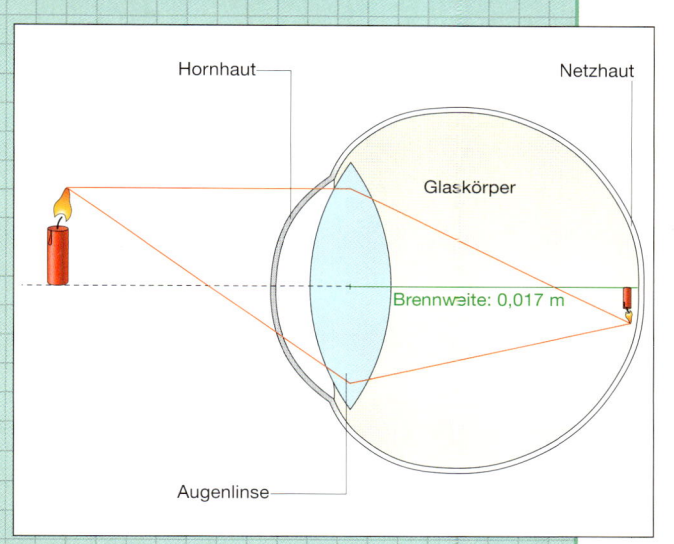

2 Brennweite (Schema)

Durchführung: Richte wie auf Abb. 1, S. 160 eine Lupe gegen das helle Fenster. Halte das Papier als Projektionsfläche an die dem Fenster gegenüberliegende Wand. Nähere die Lupe dem Papier, bis ein scharfes Bild sichtbar wird. Miss die Brennweite, d. h. den Abstand vom Papier zur Lupe. Wiederhole den Versuch mit anderen Lupen. Ertaste die Form der Linsen durch ein Tuch.
Aufgaben: a) Berechne die Dioptrien der untersuchten Linsen.
b) Trage die entsprechenden Werte für Brennweiten und errechnete Dioptrien in eine Tabelle ein.
c) Ergänze die Tabelle mit den Begriffen „schwach gewölbt", „stark gewölbt" usw..
d) Weshalb wird die Brechkraft von Zerstreuungslinsen in Minuswerten angegeben?

Sinnesorgane und Nervensystem

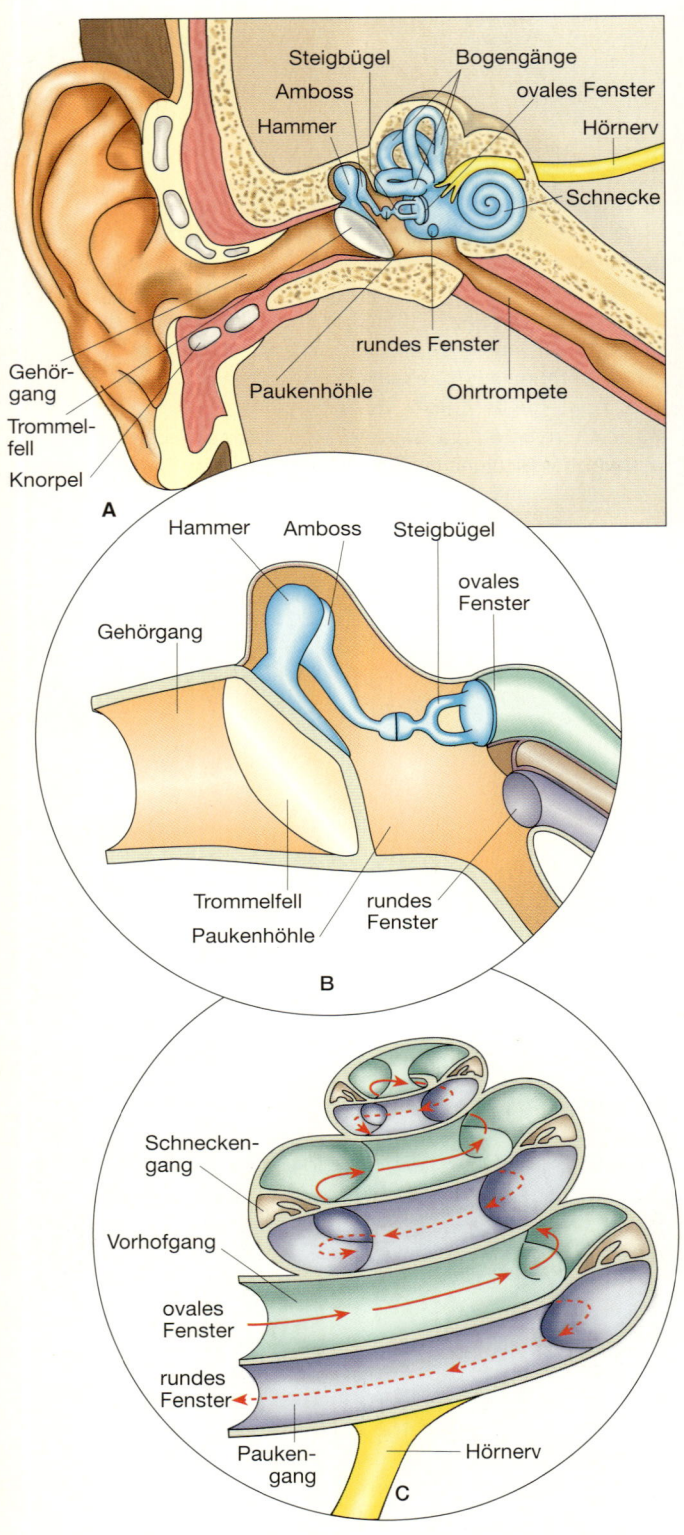

1 Ohr. A Bau (Schema); **B** Mittelohr; **C** Schnecke (Längsschnitt)

2 Schallquelle Handy

2.4 Wie wir hören

Mit einem Handy bist du immer und überall erreichbar. Wenn das Anrufsignal ertönt, schaltest du ein und hörst, was der Anrufer dir zu sagen hat. Welche Vorgänge laufen beim Hören ab?

Unser Hörorgan reagiert auf **Schallwellen.** Diese werden ausgehend von der Lautsprechermembran des Handys als Luftschwingungen zur Ohrmuschel geleitet. Die trichterförmige Ohrmuschel sammelt die Luftschwingungen und leitet sie in den *Gehörgang*. An dessen Ende versetzen sie das *Trommelfell* in entsprechende Schwingungen. Ohrmuschel, Gehörgang und Trommelfell bezeichnet man als **Außenohr.**

Im **Mittelohr** werden die Schwingungen des Trommelfells über die gelenkig miteinander verbundenen Gehörknöchelchen *Hammer, Amboss* und *Steigbügel* auf die Membran des *ovalen Fensters* übertragen. Dabei führt die Hebelwirkung der Gehörknöchelchen zu einer etwa 20fachen Verstärkung der Schwingungen.

Die Schwingungen des ovalen Fensters werden auf das mit Flüssigkeit gefüllte **Innenohr** übertragen. Es enthält das eigentliche Hörorgan, die *Schnecke.* Sie wird durch den *Schneckengang* in den *Vorhofgang* und den am hinteren Ende mit ihm verbundenen *Paukengang* unterteilt.

Die Schwingungen durchlaufen zunächst den Vorhofgang und anschließend den Paukengang. Dabei versetzen sie die *Deckplatte* des Schneckenganges ebenfalls in Schwingungen. Die Deckplatte drückt auf die Haarfortsätze der *Sinneszellen,* die auf der *Grundmembran* der Schnecke sitzen. Dabei werden die Härchen je

Sinnesorgane und Nervensystem

nach Lautstärke unterschiedlich stark gebogen, was die dazugehörigen Sinneszellen reizt. Die Reize werden in Nervenimpulse umgewandelt und vom *Hörnerv* zum Hörzentrum des Gehirns geleitet. Dieses verarbeitet sie zu Hörempfindungen.

Die Schwingungen laufen in der Flüssigkeit weiter bis zum Ende des Paukenganges. Dort erfolgt über das runde Fenster ein Druckausgleich zum Mittelohr.

Sicher hast du bei schnellem Überwinden von Höhenunterschieden schon einmal einen Druck in den Ohren verspürt. Die Ursache ist eine Veränderung des Luftdrucks. In so einem Fall hilft Schlucken. Beim Schluckvorgang öffnet sich die Ohrtrompete, die das Mittelohr mit dem Rachenraum verbindet, sodass der Ausgleich zwischen Außendruck und dem Druck im Mittelohr stattfinden kann.

Nicht nur Schallwellen, sondern auch die Richtung, aus der sie kommen, können wir wahrnehmen. Dieses **Richtungshören** verdanken wir der Tatsache, dass die Schallwellen die beiden Ohren mit etwas unterschiedlicher Stärke und geringem Zeitunterschied erreichen. Das der Schallquelle zugewandte Ohr wird etwas stärker und früher erregt als das abgewandte Ohr. Aus diesen geringfügigen Unterschieden der Erregung bestimmt das Hörzentrum des Gehirns die Richtung, aus welcher der Schall kommt.

> Das Außenohr besteht aus Ohrmuschel, Gehörgang und Trommelfell. Das Mittelohr enthält drei Gehörknöchelchen. Im Innenohr befindet sich das eigentliche Gehörorgan, die Schnecke.

1 Beschreibe den Bau des Ohres mithilfe der Abb. 1 A.
2 Beschreibe den Weg der Schallwellen bis zur Erregung der Hörsinneszellen.
3 Bei der Auffahrt mit einer Seilbahn empfindet man zunehmend Druck in den Ohren. Wie kommt er zustande und wie kann man Abhilfe schaffen?
4 Wie kommt es zur Hörempfindung?
5 Auch mit verbundenen Augen kann man angeben, aus welcher Richtung der Schall kommt. Erkläre.

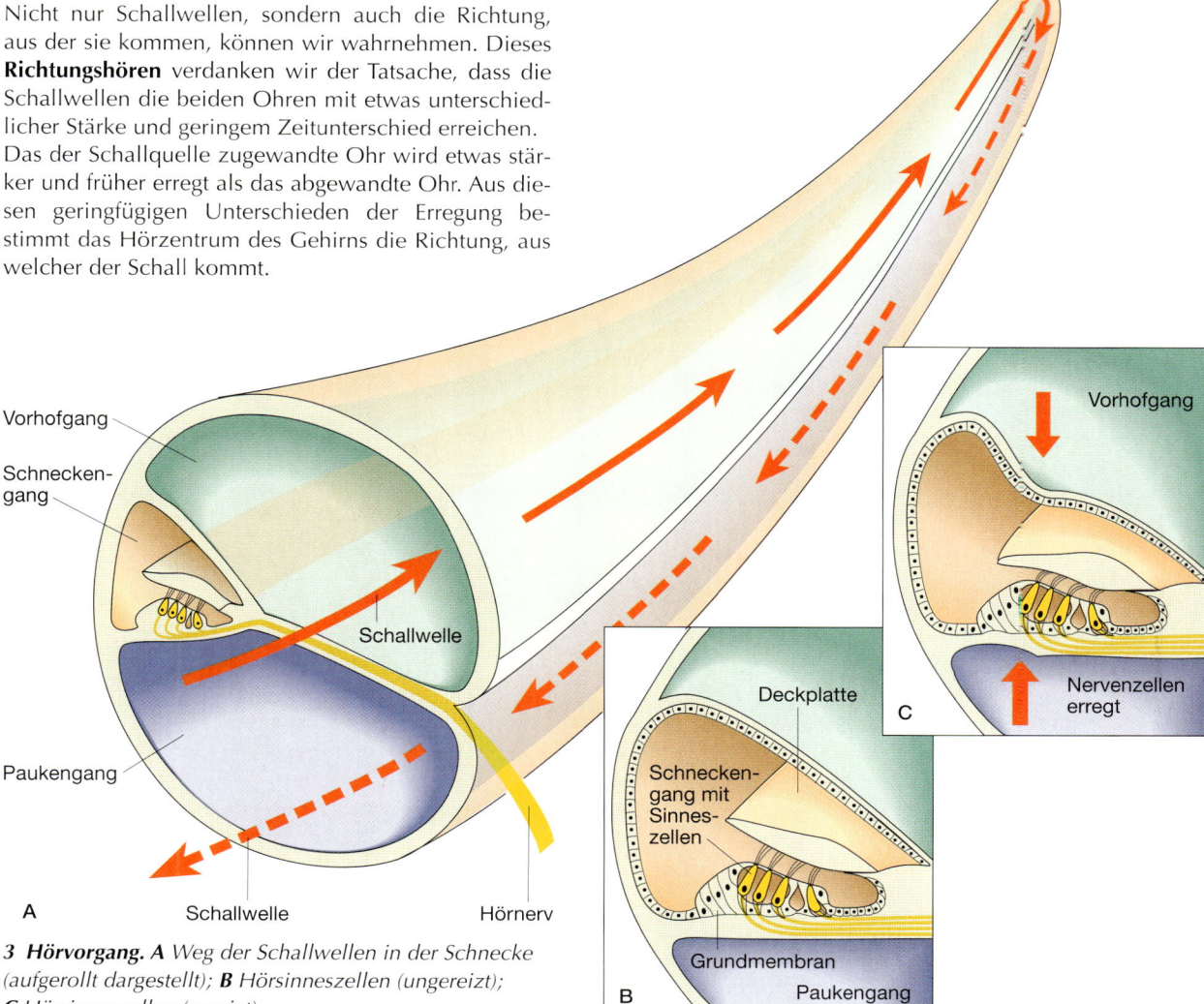

3 Hörvorgang. A Weg der Schallwellen in der Schnecke (aufgerollt dargestellt); **B** Hörsinneszellen (ungereizt); **C** Hörsinneszellen (gereizt)

Sinnesorgane und Nervensystem

Streifzug durch die Physik

Was ist Schall?

Von einer Schallquelle, z. B. einem Handy, gehen Schallwellen aus, die als Luftschwingungen unser Ohr erreichen. Langsame Schwingungen nehmen wir als tiefe Töne, schnellere Schwingungen als hohe Töne wahr. Die Anzahl der Schwingungen in einer bestimmten Zeit wird als **Frequenz** bezeichnet. Man misst sie in Hertz (1 Hz = 1 Schwingung pro Sekunde). Unser Gehör kann nur in einem bestimmten Frequenzbereich Töne empfangen. Er liegt bei Kindern zwischen 16 Hz und 20 000 Hz (20 kHz). Mit zunehmendem Alter verlieren die gallertartige Deckplatte und die häutige Wand der Schnecke an Elastizität und können nicht mehr so schnell mitschwingen. Dadurch sinkt bei älteren Menschen die obere Hörgrenze bis auf etwa 5 kHz ab. Frequenzen über 20 kHz bezeichnet man als *Ultraschall*.

Schwingungen mit einer bestimmten Frequenz empfinden wir als *Ton*. Überlagern sich mehrere Töne unterschiedlicher Frequenz, so nehmen wir einen *Klang* in Form von Musik wahr.
Wird beispielsweise Papier zerrissen oder Holz gesägt, so entstehen unregelmäßige Luftschwingungen. Dann vernehmen wir keinen bestimmten Ton, sondern ein *Geräusch*.
Bei heftigem Zuschlagen eines Buches entsteht ein kurzer, starker Schall, den wir als *Knall* empfinden.

1 Lege ein Lineal quer über die Tischkante. Drücke es mit einer Hand an die Tischplatte. Biege das überstehende Ende nach unten, lass es dann los. Wiederhole den Versuch, indem du das Ende mehr oder weniger überstehen lässt. Beschreibe, was du hörst. Erkläre.

Kind und Jugendlicher	16 – 20 000 Hz
Erwachsener (35 Jahre)	16 – 15 000 Hz
Erwachsener (70 Jahre)	16 – 5 000 Hz
Hund	15 – 50 000 Hz
Fledermaus	1000 – 175 000 Hz
Delfin	150 – 280 000 Hz
Rotkehlchen	250 – 21 000 Hz
Heuschrecke	100 – 15 000 Hz
Nachtfalter	3000 – 175 000 Hz

1 Hörgrenzen bei Mensch und Tier

Streifzug durch die Medizin

Lärm macht krank

Neben der Frequenz bestimmt auch die *Lautstärke* unser Hörempfinden. Sie wird in Dezibel (dB) gemessen. Dabei bedeutet eine Steigerung von 10 dB eine Verdoppelung der Lautstärke. Ab einem Schalldruck von 60 dB spricht man von **Lärm.** Er beeinträchtigt unser Befinden, bewirkt Bluthochdruck, führt zu Schlafstörungen und verringert die Konzentration beim Lernen. Ab 120 dB wird Lärm als schmerzhaft empfunden. Wirkt Lärm längere Zeit auf unser Gehör, so werden durch die heftigen Schwingungen der Deckplatte immer mehr Hörsinneszellen zerstört: Man wird *schwerhörig* und im Extremfall *taub*. Dabei spielt es keine Rolle, ob es sich um störenden Straßenlärm oder als angenehm empfundene Musik handelt. Deshalb ist es wichtig, beim Benutzen eines Walkman sowohl die Lautstärke als auch die Benutzungszeit zu begrenzen.

1 Mache mit einem Lärmmessgerät Messungen aus ca. 4 m Entfernung im Unterricht, am Pausenhof, neben einer verkehrsreichen Straße …
a) Vergleiche die Ergebnisse mit der Tabelle.
b) Nenne zu einigen Beispielen mögliche Maßnahmen zum Lärmschutz.

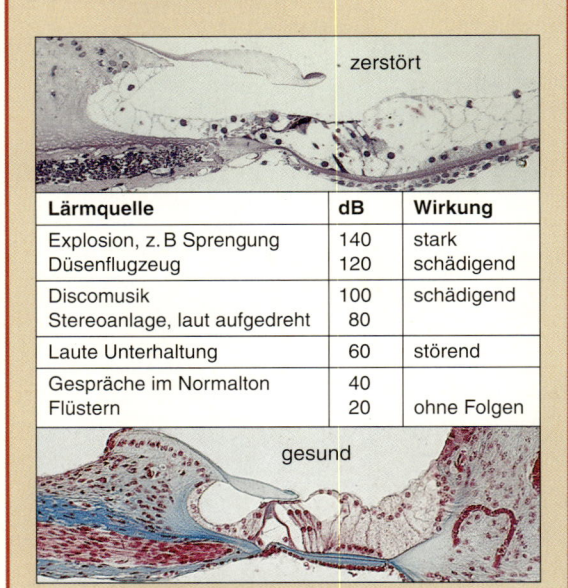

Lärmquelle	dB	Wirkung
Explosion, z. B Sprengung	140	stark schädigend
Düsenflugzeug	120	
Discomusik	100	schädigend
Stereoanlage, laut aufgedreht	80	
Laute Unterhaltung	60	störend
Gespräche im Normalton	40	ohne Folgen
Flüstern	20	

1 Lärm und seine Wirkung

Sinnesorgane und Nervensystem

1 Seiltänzer

2.5 Lage- und Drehsinn

Ein Seiltänzer balanciert auf einem dünnen, schwankenden Seil ohne abzustürzen. Wie ist es möglich, dass er sein Gleichgewicht halten kann? Dazu sind Organe nötig, die Lage und Bewegung im Raum wahrnehmen.

Die *Gleichgewichtsorgane* befinden sich im Innenohr am vorderen Ende der Schnecke. Das **Lagesinnesorgan** besteht aus zwei mit Flüssigkeit gefüllten Bläschen in den *Vorhofsäckchen*. Sie enthalten Sinneszellen mit Sinneshärchen, die in eine Gallertschicht eingelagert sind. In der Gallerte befinden sich Kalkkristalle. Ihr Gewicht verschiebt die Gallerte in die Richtung, in welche der Kopf geneigt wird. Die Lageveränderung der Gallertschicht verbiegt die Härchen der Sinneszellen. Dadurch werden diese gereizt. Die Reize gelangen als elektrische Impulse über Nerven zum Gehirn. Dort werden sie ausgewertet und zu einer Empfindung über die Lage des Körpers verarbeitet.

Oberhalb des Lagesinnesorgans zweigen die drei *Bogengänge* in drei verschiedene Richtungen ab. Sie bilden das **Drehsinnesorgan.** Die Bogengänge enthalten Flüssigkeit und sind am Grund erweitert. In diesen Erweiterungen, den *Ampullen,* befinden sich Sinneszellen, die durch Bewegungen der Flüssigkeit gereizt werden. Wird der Kopf in eine bestimmte Richtung bewegt, so folgt die Flüssigkeit dieser Bewegungsrichtung infolge ihrer Trägheit etwas verzögert. Dadurch werden die Härchen der Sinneszellen in die entgegengesetzte Richtung gebogen. Die so gereizten Sinneszellen geben die Erregung als Impulse über Nerven zum Gehirn weiter. Dort werden sie ausgewertet und zur Empfindung der Drehbewegung verarbeitet. Die drei Bogengänge stehen senkrecht zueinander. So kann man jede Bewegungsrichtung wahrnehmen.

Wenn man nach einer Fahrt z. B. im Karussell anhält, so dreht sich die Flüssigkeit in den Bogengängen noch einige Zeit weiter. Dadurch wird dem Gehirn eine entgegengesetzte Drehung vorgetäuscht. Es entsteht ein Schwindelgefühl.

> Das Gleichgewichtsorgan befindet sich im Innenohr. Der Lagesinn informiert über die Lage des Körpers im Raum. Der Drehsinn gibt Auskunft über Drehungen des Kopfes.

1 Beschreibe anhand der Abb. 1, S. 170 die Lage des Gleichgewichtsorgans.
2 Beim Fahren auf einem schwankenden Schiff kann man seekrank werden. Erkläre.
3 Berichte über Situationen, in denen der Drehsinn getäuscht wird.

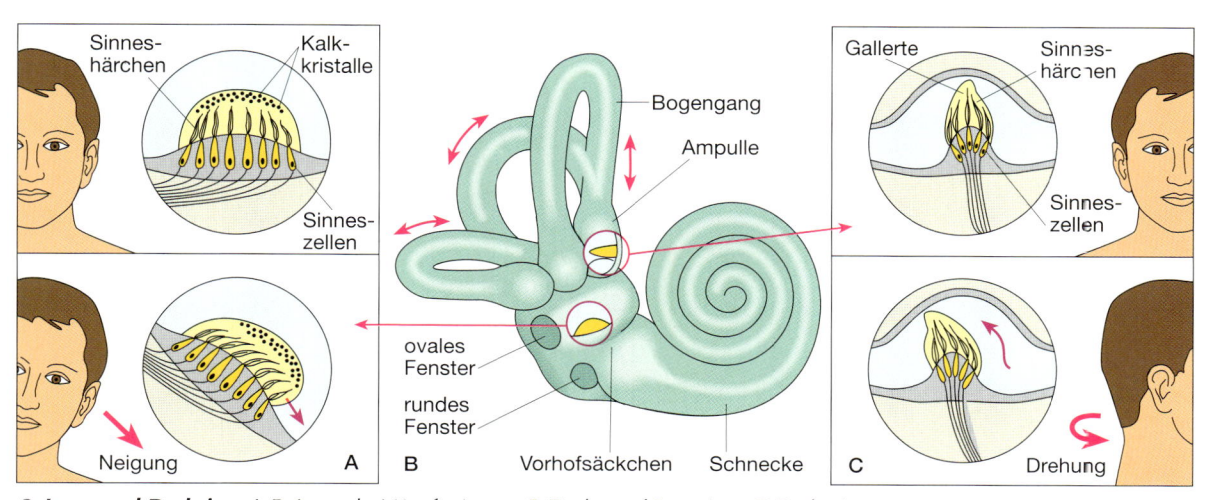

*2 Lage- und Drehsinn. **A** Reizung bei Kopfneigung; **B** Dreh- und Lagesinn; **C** Drehreiz*

Sinnesorgane und Nervensystem

Übung — Ohr

V 1 Funktion der Schnecke

Material: U-Rohr; Gummimembran (Luftballon); Gummibändchen; Schere; Kreidestaub

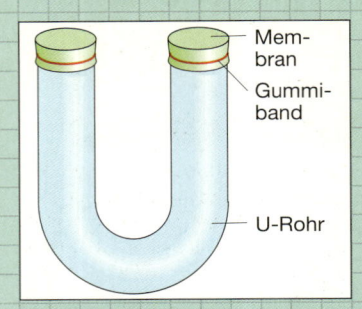

Durchführung: Fülle das U-Rohr randvoll mit Wasser. Verschließe die Öffnungen des U-Rohrs entsprechend der Abbildung mit den Gummimembranen. Drücke mit einem Finger auf eine Gummimembran. Beobachte dabei die andere Membran.
Gib etwas Kreidestaub auf die eine Membran. Klopfe mit dem Fingernagel z. B. einen Takt auf die andere Membran. Beobachte die Staubkörner.

Aufgaben: a) Beschreibe deine Beobachtungen.
b) Erkläre die Versuchsergebnisse.
c) Welche Vorgänge im Ohr verdeutlicht der Versuch?
d) Eine wichtige Rolle beim Hörvorgang spielt der Schneckengang. Wo würde sich dieser im U-Rohr befinden?

V 2 Hörtest

Material: –

Durchführung: Prüft in Partnerarbeit euer Hörvermögen. Dabei stellt sich die Testperson auf die eine Seite des Klassenzimmers mit dem Rücken zum Prüfer und hält sich abwechselnd ein Ohr zu. Der Prüfer stellt sich auf die gegenüberliegende Seite des Raumes und flüstert leise abwechselnd tief klingende und hoch klingende Wörter. Die Testperson soll die geflüsterten Wörter nachsprechen. Beispiele für tief klingende Wörter sind: Uhu, Mut, Lupe, klug, Ohr, Hund … Hoch klingende Wörter sind z. B.: Hitze, Essig, Klasse, sieben, zischen, Sitz …
Versteht die Testperson beim Nachsprechen mehrere Wörter nicht richtig, so wird die Entfernung zum Prüfer verringert.

Aufgaben: a) Vergleicht untereinander die Entfernungen, bei denen ihr alles verstanden habt. Wenn bei einer Entfernung unter 2 m nicht gehört wird, sollte ein Arzt aufgesucht werden.
b) Wurden tief oder hoch klingende Wörter besser verstanden?

V 3 Richtungshören

Material: Wasserschlauch (1 m), Lineal

Durchführung: Markiere die Mitte des Schlauches. Halte seine Enden entsprechend der Abbildung in die Ohrmuscheln. Ein Mitschüler klopft an verschiedenen Stellen an den Schlauch. Gib an, von welcher Seite das Klopfgeräusch kommt.

Aufgaben: a) Erkläre die Versuchsergebnisse.
b) Bis auf welche Entfernung zur Schlauchmitte konntest du die Richtung noch feststellen?

V 4 Drehsinn

Material: Drehstuhl; runde Glasschale; Plastikfolie; Schere; Klebeband; Styroporstückchen

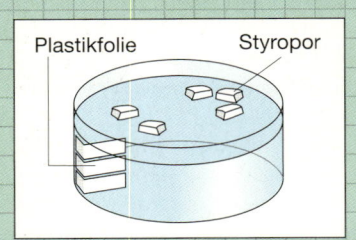

Durchführung: Schneide aus der Folie kleine Streifen. Klebe sie entsprechend der Abbildung an den Innenrand der Schale und knicke das freie Ende ab. Fülle die Schale bis zum obersten Fähnchen mit Wasser und stelle sie in die Mitte des Drehstuhls. Gib einige Styroporstückchen auf die Wasseroberfläche. Drehe den Stuhl zunächst langsam und dann immer schneller. Halte dann plötzlich an.

Aufgaben: a) Beschreibe deine Beobachtungen.
b) Was stellen die Folienstreifen im Modell dar?
c) Erkläre anhand dieses Modellversuchs die Funktion des Drehsinnesorgans.

Sinnesorgane und Nervensystem

WIE TIERE IHRE UMWELT WAHRNEHMEN

Pinnwand

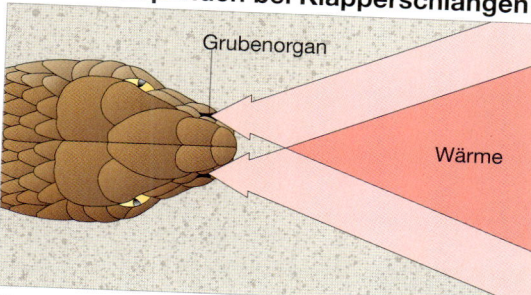

Wärmeempfinden bei Klapperschlangen

Grubenorgan

Wärme

Klapperschlangen haben vor jedem Auge ein wärmeempfindliches Grubenorgan. Bereits den Unterschied von einem zweitausendstel Grad Celsius zwischen Beutetier und Umgebung kann die Schlange damit wahrnehmen.

Riechen bei Hunden

Hunde verfügen über einen viel leistungsfähigeren Geruchssinn als Menschen. Ihre Riechschleimhaut ist mit 270 Millionen Riechsinneszellen besetzt; beim Menschen sind es etwa 10 Millionen. Trainierte Hunde können deshalb zum Beispiel gut verpackte Drogen in geschlossenen Gepäckstücken „erschnüffeln".

Druckempfinden bei Fischen

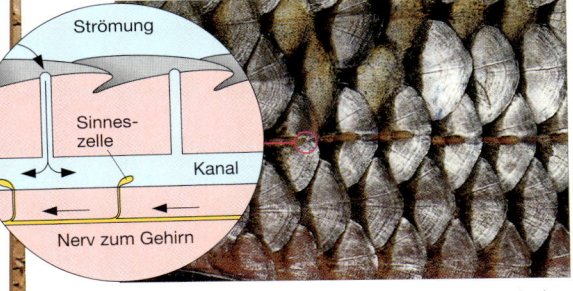

Strömung – Sinneszelle – Kanal – Nerv zum Gehirn

Fische nehmen Änderungen der Wasserströmung mit dem *Seitenlinienorgan* wahr. Es besteht aus zwei seitlichen Kanälen unter den Schuppen. Sie stehen durch Poren mit der Umgebung in Verbindung und enthalten Drucksinneszellen.

Elektrowahrnehmung bei Nilhechten

Nilhechte leben in so trüben Gewässern, dass ihnen ihr Sehsinn kaum nützt. Ihre Muskelfasern erzeugen eine elektrische Spannung, wodurch im Wasser ein elektrisches Feld aufgebaut wird. Störungen des elektrischen Feldes, z. B. durch Beutetiere oder Hindernisse, werden von Elektrosinneszellen registriert.

Ultraschall bei Delfinen

Delfine erzeugen Klicklaute im Ultraschallbereich. Von festen Objekten werden diese reflektiert und vom Hörorgan wahrgenommen. Auf diese Weise können Delfine Hindernissen ausweichen oder Fischschwärme orten.

---

1 Über welche auf der Pinnwand beschriebenen Sinne verfügt auch der Mensch? Vergleiche die Sinnesleistungen beim jeweiligen Tier mit der des Menschen.

2 Nenne Sinne bei Tieren, über die der Mensch nicht verfügt. Beschreibe die Funktionsweise eines solchen Sinnes.

3 Welche der besonderen Sinnesleistungen bei Tieren nutzt der Mensch für seine Zwecke?

Sinnesorgane und Nervensystem

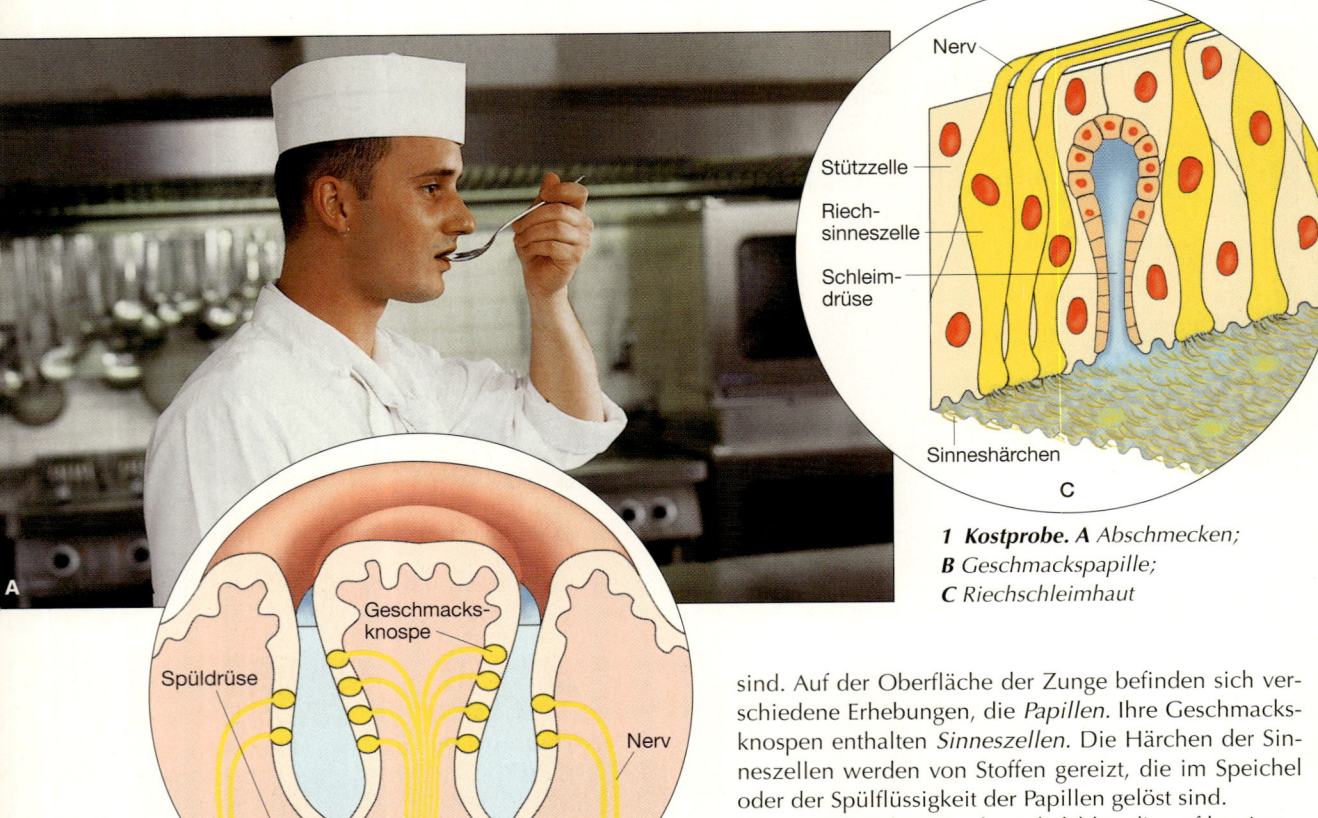

1 Kostprobe. A Abschmecken; B Geschmackspapille; C Riechschleimhaut

2.6 Geruchs- und Geschmackssinn

In der Küche müssen Speisen oft abgeschmeckt werden. Wenn man erkältet ist, schmeckt jedoch „alles gleich" und es fällt schwer, die Speise richtig zu würzen. Wie ist das zu erklären?

Mit der eingeatmeten Luft gelangen geringe Mengen von Geruchsstoffen in die Nase. Die Riechschleimhäute, unsere **Geruchsorgane,** enthalten viele *Sinneszellen.* Ihre Härchen ragen in eine Schleimschicht. In dem Schleim lösen sich die aufgenommenen Geruchsstoffe und reizen die Sinneszellen. Diese wandeln die Reize in elektrische Impulse um, die von Nerven zum Gehirn geleitet werden.

Obwohl unser Geruchsorgan ungefähr 10 000 Gerüche unterscheiden kann, lassen sich diese alle wenigen Grundgerüchen wie „würzig", „blumig", „brenzlig" und „faulig" zuordnen.

Die Zungenoberfläche enthält die **Geschmacksorgane.** Sie sprechen auf Stoffe an, die im Speichel löslich sind. Auf der Oberfläche der Zunge befinden sich verschiedene Erhebungen, die *Papillen.* Ihre Geschmacksknospen enthalten *Sinneszellen.* Die Härchen der Sinneszellen werden von Stoffen gereizt, die im Speichel oder der Spülflüssigkeit der Papillen gelöst sind.

Unsere Zunge hat Geschmacksfelder, die auf bestimmte Geschmacksrichtungen ausgerichtet sind. Mit ihnen können wir „süß", „sauer", „salzig" und „bitter" unterscheiden.

Bei Erkältung ist häufig die Nase verstopft und wir nehmen nur den von der Zunge vermittelten Geschmack wahr. Das feinere Geschmacksempfinden kommt aber erst durch das Zusammenwirken von Geruch und Geschmack zustande.

Ob wir den Geschmack einer Speise als angenehm oder unangenehm empfinden, hängt auch mit unseren Erfahrungen zusammen. Ist uns nach einer gut schmeckenden Speise einmal übel geworden, so kann es sein, dass wir sie danach nicht mehr mögen.

> Gerüche werden mit der Riechschleimhaut wahrgenommen. Die Geschmacksfelder der Zunge unterscheiden vier Geschmacksrichtungen. Geruch und Geschmack ergänzen sich.

1 Erkläre das Zustandekommen einer Geruchsempfindung.
2 Beschreibe die Funktion der Geschmacksknospen.
3 Wie schmeckt uns Essen bei einer Erkältung? Erkläre.

Sinnesorgane und Nervensystem

Riechen und Schmecken

Übung

V 1 Gerüche wahrnehmen

Material: Essig; Parfüm; Petroleum; Orangensaft; aufgeschnittene Zwiebel; Augenbinde

Durchführung: Verbinde der Versuchsperson die Augen. Halte ihr die Riechproben nacheinander unter die Nase. Lass sie den Geruch jeweils bei angehaltenem Atem, durch „Schnüffeln" und bei normaler Atmung prüfen. Mache nach jeder Probe eine kurze Atempause.

Aufgaben: a) Trage die Versuchsergebnisse in eine Tabelle ein:

Probe	Geruchsempfindung		
	Atem angehalten	Schnüffeln	Normaler Atem
Essig			

b) Erkläre die Ergebnisse des Versuchs.

V 2 Geschmacksfelder der Zunge

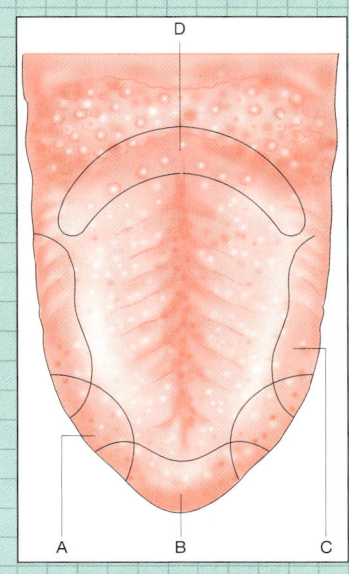

Material: Zucker; Kochsalz; Essig; Bittersalz (Magnesiumsulfat); 4 Bechergläser (100 ml); 4 Rührstäbe; Teelöffel; Esslöffel; Augenbinde; Wattestäbchen; Filterpapier; Spiegel; Glas mit Wasser

Durchführung: Fülle die Gläser jeweils halbvoll mit Wasser. Löse durch Umrühren im Glas 1 einen Teelöffel Zucker, im Glas 2 einen Teelöffel Kochsalz, im Glas 3 einen Esslöffel Essig und im Glas 4 einen Teelöffel Bittersalz. Kennzeichne die Gläser ohne Kenntnis der Versuchsperson (VP).
Verbinde der VP die Augen. Weise sie an, die Nase zuzuhalten, nachdem sie sich die Zungenoberfläche mit Filterpapier abgetupft hat. Betupfe mit einem in eine der Prüflösungen getauchten Wattestäbchen nacheinander die in der Abb. 1 gekennzeichneten Zonen der Zunge. Nach jedem Betupfen meldet die VP ihre Geschmacksempfindung. Danach spült sie ihren Mund mit Wasser aus und trocknet anschließend ihre Zunge mit Filterpapier ab.
Verfahre auf die gleiche Weise mit den anderen Prüflösungen. Verwende für jede Lösung ein frisches Wattestäbchen.

Aufgaben: a) Stelle die Ergebnisse in einer Tabelle zusammen:

Probe	Empfindung	Feld
Zucker		

b) Fertige nach Abb. 1 eine Skizze der Zungenoberfläche an. Ordne den Feldern A–D die Geschmacksempfindungen süß, sauer, salzig und bitter zu.
c) Vergleiche das Bild deiner Zunge im Spiegel mit der Abb. 1. Beschreibe die Anordnung der Papillen auf der Zunge.

V 3 Zusammenwirken von Geruch und Geschmack

Material: Apfel; Karotte; rohe Kartoffel; Reibe; Eierlöffel; Messer; 3 Teller; Augenbinde

Durchführung: Reibe vom Apfel, von der Karotte und von der Kartoffel etwas auf die Teller. Verbinde einer Versuchsperson (VP) die Augen. Die VP hält sich die Nase zu. Gib ihr nacheinander eine Kostprobe von den 3 Breisorten und lasse sie diese benennen. Nach jeder Probe spült sich die VP den Mund aus. Wiederhole die Kostproben in anderer Reihenfolge, wobei die Nase der VP nicht verschlossen wird.

Aufgaben: a) Notiere die Angaben der Versuchsperson zu den beiden Versuchsreihen.
b) Vergleiche die Angaben. Welche Unterschiede stellst du fest?
c) Erkläre die Versuchsergebnisse.
d) Mit welchen Sinnen testet und erkennt ein Weinprüfer eine bestimmte Weinsorte?
e) Weshalb ist für einen Weinprüfer eine Erkältung besonders unangenehm?

1 Geschmacksfelder der Zunge

2 Weinprüfer

Sinnesorgane und Nervensystem

3 Nerven steuern Lebensvorgänge

3.1 Das Nervensystem – ein Nachrichtennetz

Wir sind in der Lage, sehr viele Dinge gleichzeitig zu tun. Es gelingt uns, am Tisch zu sitzen, mit Messer und Gabel zu essen, zu trinken und uns über den guten Geschmack der Speisen und Getränke zu freuen. Dabei können wir lesen oder Musik hören. Währenddessen laufen im Körper eine Vielzahl von weiteren Vorgängen ab, die wir normalerweise nicht bewusst wahrnehmen. So bleibt zum Beispiel unsere Körpertemperatur konstant, wir atmen und wir beginnen bereits, die Speisen zu verdauen. Diese vielfältigen Leistungen werden durch das Nervensystem ermöglicht.

Das **Nervensystem** ist stark verästelt und durchzieht den ganzen Körper. Es nimmt ständig Informationen auf und leitet Befehle weiter, so dass Muskeln und Organe sinnvoll zusammenarbeiten können. Das ganze System ist so kompliziert, dass man den Bau und die Funktionsweise noch immer nicht ganz genau kennt. Grob schematisch läßt es sich jedoch in zwei Teile untergliedern: Zentralnervensystem und peripheres Nervensystem. Das **Zentralnervensystem** wird vom *Gehirn* und *Rückenmark* gebildet. Es steuert alle Nerventätigkeiten. So werden die Informationen, die zum Beispiel von den Sinnesorganen kommen, hier ausgewertet und entsprechende Reaktionen eingeleitet.

Alle Nervenbahnen, die zum Zentralnervensystem hinführen oder von dort abgehen, werden als **peripheres Nervensystem** bezeichnet. Über einen Teil des peripheren Nervensystems gelangen die Informationen von den Sinnesorganen zum Zentralnervensystem. Anschließend überbringt es wiederum die entsprechenden Reaktionsbefehle an die Muskeln. Ein anderer Teil des peripheren Nervensystems verbindet die inneren Organe wie Herz, Lunge oder Magen mit dem Gehirn.

Das Nervensystem setzt sich aus vielen Milliarden **Nervenzellen** zusammen. Alle sind auf die rasche Weiterleitung von Informationen spezialisiert und dementsprechend gebaut. Sie bestehen aus einem Zellkörper, der den Zellkern und andere Zellbestandteile enthält. In der Regel haben die Zellkörper zwei Arten von Fortsätzen. Die kürzeren, die sich wie die Äste eines Baumes verzweigen, nennt man *Dendriten*. Sie erhalten Informationen von anderen Nervenzellen

1 Nervensystem des Menschen
■ *Zentralnervensystem*
■ *peripheres Nervensystem*

2 Bau eines Nervs

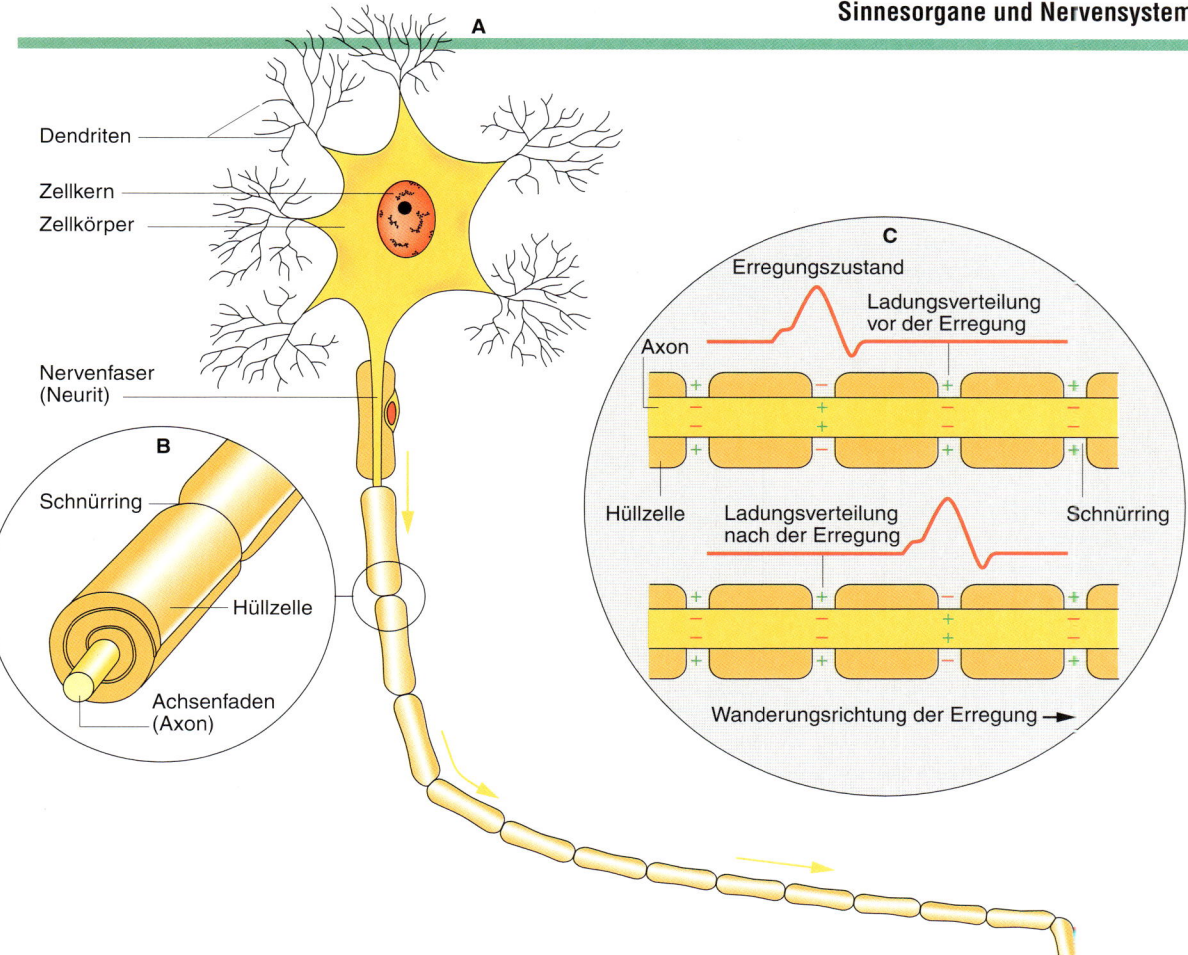

Sinnesorgane und Nervensystem

A — Dendriten, Zellkern, Zellkörper, Nervenfaser (Neurit)

B — Schnürring, Hüllzelle, Achsenfaden (Axon)

C — Erregungszustand, Ladungsverteilung vor der Erregung, Axon, Hüllzelle, Ladungsverteilung nach der Erregung, Schnürring, Wanderungsrichtung der Erregung

Endknöpfchen

3 Nervenzelle.
A Aufbau; **B** Nervenfaser (Querschnitt); **C** Erregungsleitung

und leiten diese zum Zellkörper hin. Neben ihnen gibt es einen längeren Fortsatz. Er wird *Nervenfaser* oder *Neurit* genannt und kann bis zu einem Meter lang werden. An seinem Ende befinden sich Endknöpfchen, über die Informationen an andere Nervenzellen oder Muskelzellen weitergegeben werden. Bei mikroskopischen Untersuchungen von Nervenfasern erkennt man, dass die meisten aus einem Achsenfaden, dem *Axon,* und umgebenden *Hüllzellen* bestehen. Die einzelnen Hüllzellen sind durch Schnürringe voneinander getrennt. In den Nervensträngen, die sich durch den Körper ziehen, sind meist viele Nervenfasern durch Bindegewebshüllen zu Bündeln zusammengefasst. Ein solches Bündel läßt sich mit einem elektrischen Kabel vergleichen, das viele einzelne isolierte Drähte enthält. Durch die Hüllzellen werden die einzelnen Fasern voneinander isoliert.

Wie werden nun Informationen weitergegeben? Sinneszellen wandeln einwirkende Reize in elektrische Impulse um, die von den Nervenzellen weitergeleitet werden. Im Ruhezustand sind Nervenzellen außen positiv und innen negativ geladen. Wird eine Nervenzelle durch einen elektrischen Impuls erregt, so kehrt sich diese Spannung an einer Stelle für etwa eine tausendstel Sekunde um. Diese Erregung springt von Schnürring zu Schnürring, bis sie am „Ziel", z. B. an einer Muskelzelle, angekommen ist. Die Leitungsgeschwindigkeit kann dabei über 100 Meter pro Sekunde betragen.

> Eine Nervenzelle besteht aus Zellkörper, Dendriten und Nervenfaser. Viele Nervenfasern bilden einen Nerv. Nervenzellen übertragen Informationen als elektrische Impulse.

1 Erkläre mithilfe der Abb. 3, wie eine Nervenzelle gebaut ist und wie die Erregung weitergeleitet wird.
2 Beschreibe den Bau eines Nervenstrangs mithilfe der Abb. 2.

Sinnesorgane und Nervensystem

3.2 Nervenzellen stehen untereinander in Kontakt

Nervenzellen sind dafür gebaut, Informationen weiterzuleiten. Dazu steht jede Nervenzelle mit tausenden anderer in Kontakt. Diese Kontaktstellen nennt man **Synapsen.** Die einzelnen Nervenzellen berühren sich dabei jedoch nicht. Sie sind durch den schmalen *synaptischen Spalt* voneinander getrennt. Wie ist die Informationsweitergabe unter diesen Bedingungen möglich?

In den Endknöpfchen jeder Nervenfaser befinden sich Bläschen, die einen *chemischen Überträgerstoff* enthalten. Kommt ein *elektrischer* Impuls durch eine Nervenfaser an deren Endknöpfchen an, wird eine winzige Menge dieses Überträgerstoffs freigesetzt. Sie verteilt sich im synaptischen Spalt und reizt bestimmte Empfängerstellen, die *Rezeptoren*, auf der Membran einer benachbarten Nervenzelle. Dadurch wird in dieser Zelle ein neuer elektrischer Impuls erzeugt und weitergeleitet. Synapsen arbeiten also wie Ventile: Sie stellen sicher, dass in einer Nervenbahn Informationen in nur einer Richtung weitergeleitet werden.

Auf die gleiche Weise werden auch Informationen von Nervenzellen auf Muskel- und Drüsenzellen übertragen.

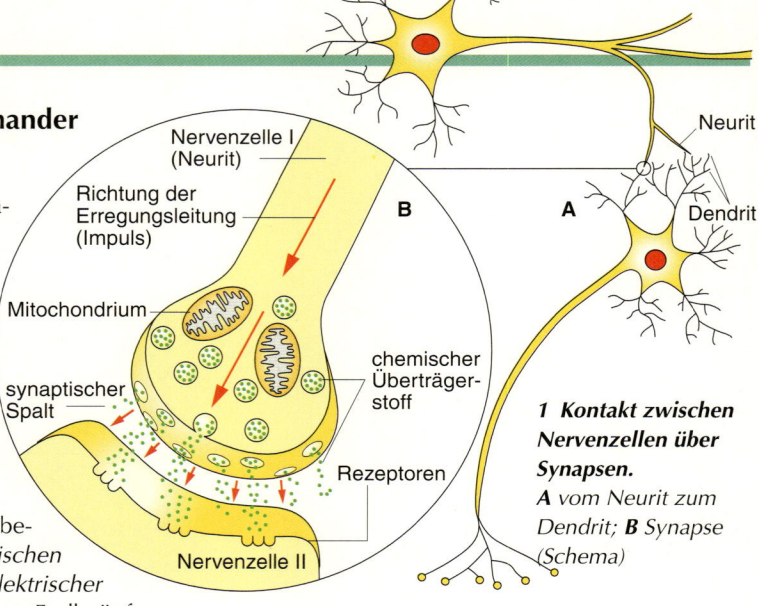

1 Kontakt zwischen Nervenzellen über Synapsen.
A vom Neurit zum Dendrit; **B** Synapse (Schema)

Die Kontaktstellen zwischen einzelnen Nervenzellen oder zwischen Nervenzellen und Muskelzellen heißen Synapsen. An den Synapsen übernehmen chemische Überträgerstoffe die Informationsleitung.

1 Nervenbahnen sind „Einbahnstraßen" für Informationen. Erkläre diese Aussage.
2 Begründe, weshalb Informationen innerhalb des Nervensystems sowohl auf chemischem als auch auf elektrischem Weg weitergegeben werden.

Streifzug durch die Medizin

Synapsengifte

Curare, das Pfeilgift vieler Indianer in Südamerika, wird aus Pflanzenrinde gewonnen. Es blockiert die Leitfähigkeit der Synapsen zwischen Nerven- und Muskelzellen. Der Tod tritt durch Atemlähmung ein. In geringer Dosierung wird es zur Entspannung der Skelettmuskulatur bei Operationen unter künstlicher Beatmung verwendet.

Atropin, das Gift der Tollkirsche, blockiert die Leitfähigkeit der Synapsen zwischen Nervenzellen und Herzmuskelzellen oder der Irismuskeln im Auge. Der Tod tritt durch Herzstillstand ein. Gering dosiert wird Atropin heute bei Augenuntersuchungen verwendet.

Nikotin, das Gift der Tabakpflanze, wirkt etwa wie der chemische Überträgerstoff in den Synapsen. In kleinsten Mengen löst er eine Aktivitätssteigerung aus. In größeren Mengen kommt es zur Dauererregung der Nervenzellen. Bei Einnahme von 1 mg/kg Körpergewicht tritt der Tod durch Atemlähmung ein.

1 Indianer mit Blasrohren

Sinnesorgane und Nervensystem

3.3 Das Rückenmark – eine Schaltzentrale für Reflexe

Vielleicht bist du schon einmal barfuß in eine Reißzwecke getreten, die du vorher nicht gesehen hast. Dann kennst du die Reaktion des Körpers: Man zieht „unwillkürlich" beim Schmerz das betroffene Bein an. Diese schnelle Reaktion schützt den Fuß vor einer schlimmeren Verletzung.

Wie kann der Körper so schnell reagieren? In unserem Beispiel löst die Reißzwecke ein Schmerzgefühl in den Hautsinneszellen der rechten Fußsohle aus. Dieses Schmerzgefühl wird in Form von elektrischen Impulsen über Empfindungsnerven, die *sensorischen Nerven*, zum Gehirn geleitet. Noch bevor diese jedoch im Gehirn ankommen, werden durch die Impulse Schaltnerven im **Rückenmark** erregt. Diese reizen wiederum Bewegungsnerven, die *motorischen Nerven*, sofort Reaktionsbefehle zu verschiedenen Muskeln zu leiten. So ziehen sich beispielsweise im rechten Bein die Beugemuskeln zusammen, damit der Fuß angehoben wird. Das Körpergewicht wird auf das linke Bein verlagert. Im Gehirn kommen die Impulse mit geringer Verzögerung an und das ganze Geschehen wird uns erst nach der Reaktion bewusst. Eine solche schnelle Reaktion als Antwort auf einen Reiz nennt man **Reflex**. Er geschieht unbewusst. Den Weg vom Reizort über sensorische und motorische Nerven zum Muskel nennt man *Reflexbogen*.

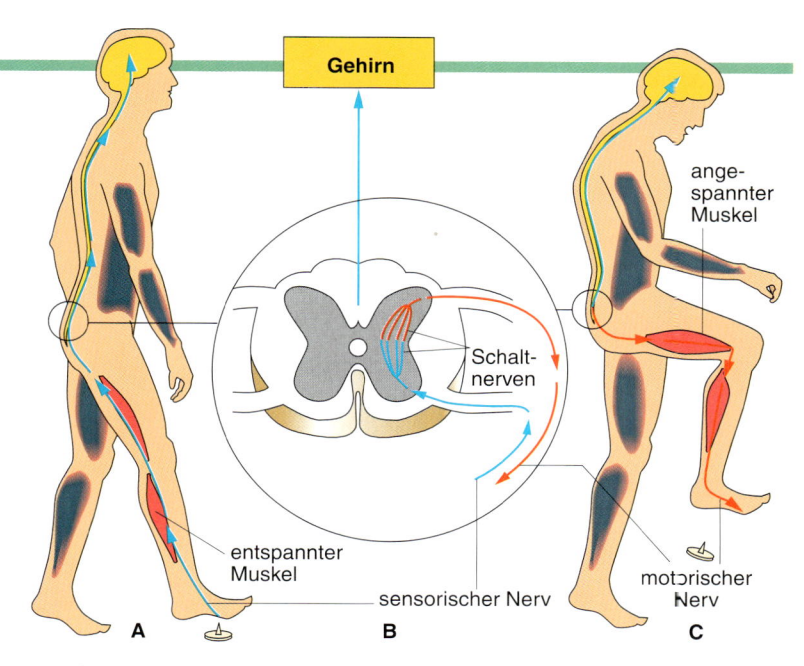

1 Reflexhandlung

Beim Rückenmark, der Schaltzentrale für Reflexe, unterscheidet man die innen liegende graue und die umgebende weiße Substanz. Die *graue Substanz*, die im Querschnitt aussieht wie ausgebreitete Schmetterlingsflügel, besteht vorwiegend aus Nervenzellkörpern. Hier werden Informationen verarbeitet. Dazu gehört auch die Steuerung der Reflexe. Die *weiße Substanz* enthält hauptsächlich Nervenfasern und dient deshalb der Erregungsleitung.

Gut geschützt gegen Verletzungen liegt das Rückenmark im Wirbelkanal der Wirbelsäule. Durch seitliche Öffnungen zwischen den Wirbeln treten entlang der Wirbelsäule die Rückenmarksnerven aus. Es sind 31 Paare. Jeder Rückenmarksnerv hat zwei Wurzeln. Die hintere, dem Rücken zugewandte Wurzel besteht aus Empfindungsnerven, die vordere bauchseitige Wurzel enthält die Bewegungsnerven. Die beiden Nervenfaserbündel vereinigen sich zu einem gemischten Nervenstrang. Jeder dieser Nervenstränge stellt die Verbindung zu einem bestimmten Körperbereich her.

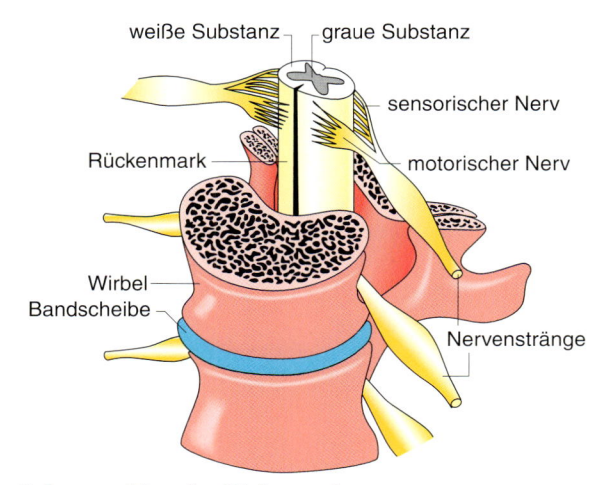

> Reflexe sind unbewusste Handlungen. Sie werden über das Rückenmark gesteuert. Das Rückenmark liegt geschützt vor Verletzungen im Wirbelkanal der Wirbelsäule.

2 Lage und Bau des Rückenmarks

1 Beschreibe den Ablauf einer Reflexhandlung anhand der Abb. 1.

2 Beschreibe die Lage und den Bau des Rückenmarks mithilfe der Abb. 2.

Sinnesorgane und Nervensystem

Übung: Reflexe

V1 Kniesehnenreflex

Körperreflexe helfen Ärzten zu erkennen, wie gut Nerven und Muskeln funktionieren. Gut geeignet dazu ist der Kniesehnenreflex.

Material: Stuhl; Bleistift; Arbeitsheft

Durchführung: Die Versuchsperson setzt sich auf einen Stuhl und schlägt ein Bein so über das andere, dass das untere Knie in die obere Kniekehle passt. Schlage mit der Handkante leicht auf den weichen Teil direkt unterhalb der Kniescheibe des übergeschlagenen Beines. Dort befindet sich die Kniesehne.

Aufgaben: a) Beobachte und beschreibe die Reaktion der Versuchsperson.
b) Erläutere die Reaktion der Versuchsperson mithilfe der Abbildung.

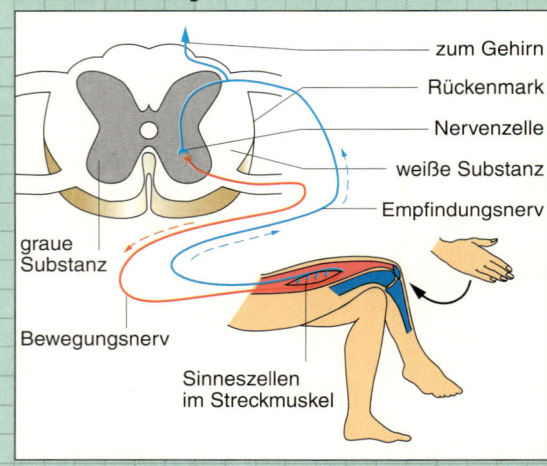

(Abbildung: Reflexbogen – zum Gehirn, Rückenmark, Nervenzelle, weiße Substanz, Empfindungsnerv, graue Substanz, Bewegungsnerv, Sinneszellen im Streckmuskel)

c) Übertrage die schematische Darstellung des Reflexbogens in dein Arbeitsheft. Ordne den Nummern die richtigen Begriffe zu. Nimm die Abbildung in Aufgabe b) zu Hilfe.

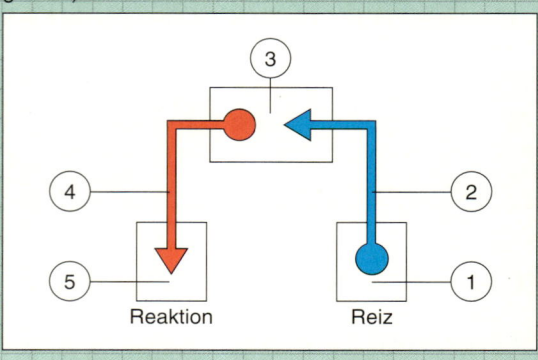

(Schema mit Nummern 1–5: 1 Reiz, 5 Reaktion)

A2 Folge von Reflexen

Wenn sich ein Gegenstand dem Kopf nähert, reagieren wir ohne nachzudenken mit einer Folge von Bewegungen.

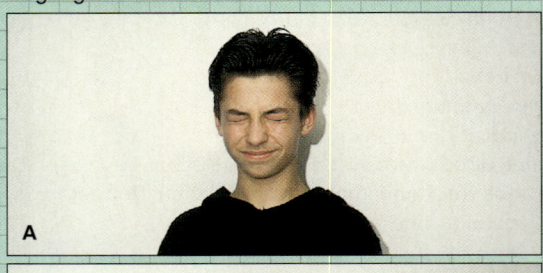

A
B 
C 

a) Beschreibe die einzelnen Stadien der Bewegung.
b) Welche biologische Bedeutung haben diese Bewegungen?

V3 Lidschlussreflex

Das Stadium 1 aus A2 kannst du selbst herbeiführen.

Material: Bleistift, Papier

Durchführung: Nähere deine Hand mit einer schnellen Bewegung den Augen einer Versuchsperson (Vorsicht, rechtzeitig stoppen).

Aufgaben: a) Beobachte und beschreibe die Reaktion der Versuchsperson.
b) Erläutere den Ablauf der Reflexbewegung.
c) Zeichne den Reflexbogen als Schema.
(Beachte: Der Reflexbogen läuft über das Gehirn.)

Sinnesorgane und Nervensystem

3.4 Bau des Gehirns

Ein Computerarbeitsplatz mit Bildschirm, Drucker, Tastatur und Scanner würde ohne Prozessor nicht funktionieren. Genauso verhält es sich im menschlichen Körper mit dem Gehirn. Es ist das Schalt- und Steuerzentrum, ohne das das Leben nicht möglich ist.

Das Gehirn eines Erwachsenen wiegt etwa 1500 Gramm. Es ist von mehreren schützenden Hüllen umgeben: Außen liegt die Kopfhaut mit den Haaren. Darunter befindet sich der harte Schädelknochen, der das Gehirn wie ein Panzer umgibt. Danach folgt die *harte Hirnhaut,* die wichtige Blutgefäße enthält. Als Nächstes kommt die *Spinnwebshaut* mit der Gehirnflüssigkeit. Sie dient zur Stoßdämpfung. Unmittelbar auf dem Gehirn liegt die *weiche Hirnhaut.*

Das Gehirn selbst gliedert sich in verschiedene Teile mit unterschiedlichen Aufgaben. Das **Großhirn** macht etwa 80 % der Gehirnmasse aus. Es ist durch eine Längsspalte in zwei Hälften geteilt, die jedoch durch den *Balken* miteinander verbunden sind. Hier haben unsere bewussten Erlebnisse und geistigen Fähigkeiten ihren Sitz. Die Oberfläche des Großhirns, die *Hirnrinde,* ist durch viele Faltungen stark vergrößert. Sie besteht aus *grauer Substanz,* die von den Zellkörpern der Nervenzellen gebildet wird. Darunter liegt die *weiße Substanz.* Diese besteht hauptsächlich aus Nervenfasern, die die Nervenzellen untereinander verbinden. Auch der Balken besteht aus Nervenfasern.

Im Hinterkopf befindet sich das **Kleinhirn.** Seine Oberfläche ist fein gefurcht. Auf Befehl des Großhirns steuert es alle bewussten und unbewussten Bewegungen. So hält es beispielsweise den Körper stets im Gleichgewicht. Es ist auch dafür verantwortlich, dass einmal gelernte Bewegungsabläufe wie etwa das Radfahren später unbewusst durchgeführt werden können.

Direkt unter dem Großhirn befindet sich das **Stammhirn.** Es besteht aus *Verlängertem Mark, Zwischenhirn* und *Mittelhirn.* Im Stammhirn wird die Tätigkeit der Organe gesteuert. Vom Verlängerten Mark werden Herzschlag, Blutdruck und die Atmung überwacht. Im Atemzentrum wird beispielsweise ständig kontrolliert, ob sich im Blut noch genügend Sauerstoff befindet. Vom Verlängerten Mark gehen auch die unwillkürlichen Befehle für das Schlucken, Niesen oder Husten aus. Im Zwischenhirn werden die Informationen der Sinnesorgane bewertet und dann als Gefühle an das Großhirn weitergegeben. Hier entstehen auch Gefühle wie Hunger, Freude oder Angst. Am Rand des Zwischenhirns sitzen zwei wichtige Hormondrüsen, die *Hirnanhangsdrüse* und die *Zirbeldrüse.*

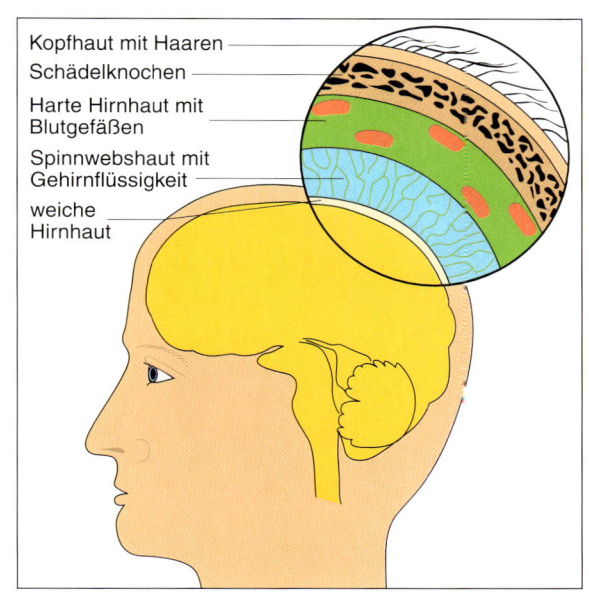

1 Schutz des Gehirns

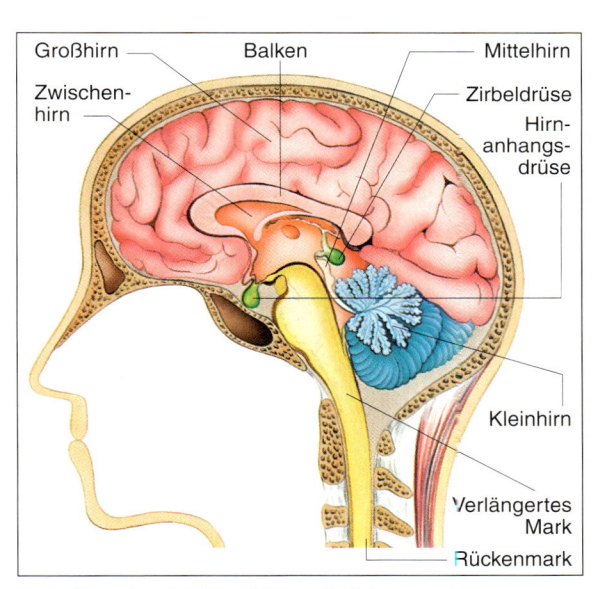

2 Aufbau des Gehirns (Längsschnitt)

> Das Gehirn besteht aus Großhirn, Kleinhirn, Zwischenhirn, Mittelhirn und dem Verlängerten Mark.

1 Beschreibe die Schutzeinrichtungen des Gehirns mithilfe der Abb. 1.

2 Stelle in einer Tabelle Teile des Gehirns und ihre jeweiligen Aufgaben zusammen.

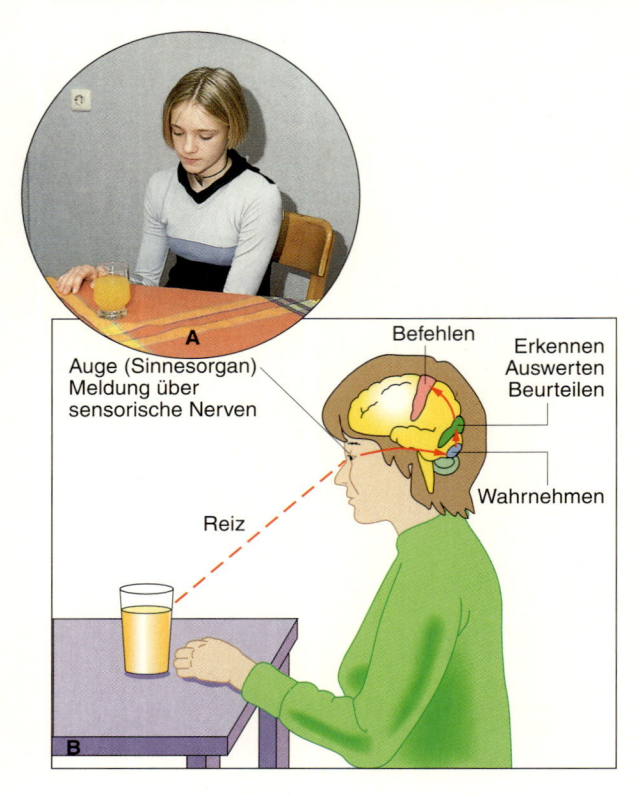

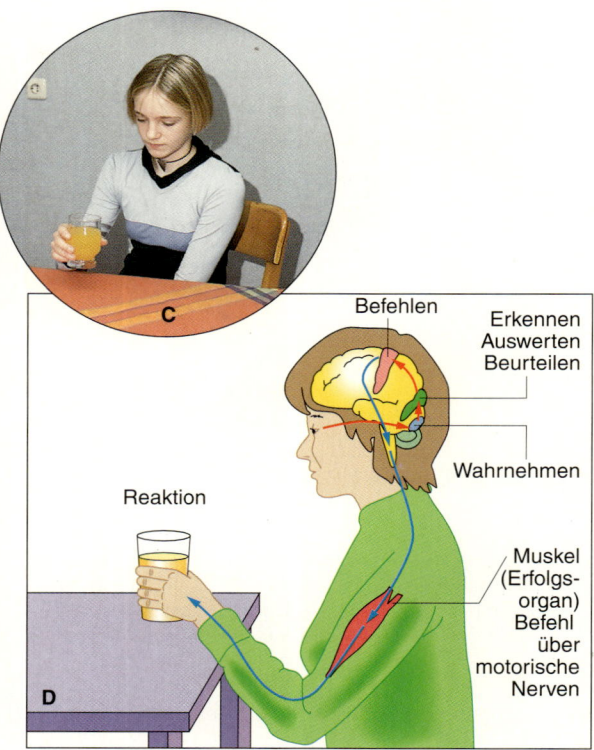

Sinnesorgane und Nervensystem

3.5 Arbeitsweise des Gehirns

Die Abbildungen auf dieser Seite zeigen dir eine Situation, die du schon viele Male erlebt hast: Du hast Durst und trinkst ganz selbstverständlich ein Getränk aus einem Glas. Was genau passiert aber bei diesem alltäglichen Vorgang?

Das Glas mit der Flüssigkeit stellt einen *Reiz* für die Augen dar. Dadurch werden Lichtsinneszellen in der Netzhaut erregt. Die Erregung gelangt über den Sehnerv ins Gehirn. Der Sehnerv gehört zu den *sensorischen* Nerven. Das sind Nervenfasern, die Erregungen von den Sinnesorganen zum Gehirn weiterleiten. Im Gehirn gelangen die Impulse in das **Sehzentrum,** das im Hinterhauptlappen des Großhirns liegt. Dort wird das Glas als ein Gegenstand wahrgenommen.

Vom Sehzentrum wird ein weiterer Gehirnteil, das **Seh-Erinnerungszentrum,** aktiviert. Es lässt sich mit einem Archiv vergleichen, in dem Bilder aller Gegenstände gespeichert sind, die ein Mensch zuvor gesehen und sich gemerkt hat. Dort wird der Gegenstand mit allen anderen Gegenständen verglichen und als Trinkglas mit flüssigem Inhalt erkannt. Gleichzeitig wird die Flüssigkeit eingeschätzt. Wenn damit positive Erfahrungen verknüpft sind und das Getränk als wohlschmeckend eingeordnet wird, ist die Entscheidung zu trinken gefallen und die *Reaktion* wird eingeleitet. Dazu wird der genaue Standort des Glases bestimmt und das *Bewegungsfeld* aktiviert. Vom Bewegungsfeld laufen *motorische* Nervenfasern zu den Muskeln des Körpers. Über diese erhalten jetzt bestimmte Armmuskeln den Befehl, sich zusammenzuziehen, das Glas zu greifen und es zum Mund zu führen. Wenn wir das Glas an unseren Lippen und die Flüssigkeit auf der Zunge spüren, beginnt der Schluckvorgang. Der ganze Ablauf dauert Bruchteile von Sekunden und wird uns kaum bewusst.

Dieses Beispiel zeigt, wie ein willkürlicher *Bewegungsablauf* vom Gehirn gesteuert wird.

Solche Bewegungsabläufe müssen eingeübt werden. Als kleine Kinder mussten wir das Trinken aus einem Glas mühsam lernen. Erst nach häufigem konzentriertem Üben werden die Bewegungen automatisch richtig durchgeführt. Sie werden dann als *automatisierte Handlungen* in der Großhirnrinde gespeichert und können schnell der jeweiligen Situation angepasst werden. Zu ihnen gehören die meisten alltäglichen Handlungen des Menschen wie z. B. das Zähneputzen oder das Laufen und Radfahren. Sie erfordern keine Aufmerksamkeit mehr. Dies ist die Voraussetzung dafür, dass wir uns bewusst auf Wichtiges oder Schwieriges wie etwa eine Prüfung oder auf eine sportliche Hochleistung konzentrieren können.

1 Reiz-Reaktions-Mechanismus.
A optischer Reiz; **B** Schema; **C** Reaktion; **D** Schema

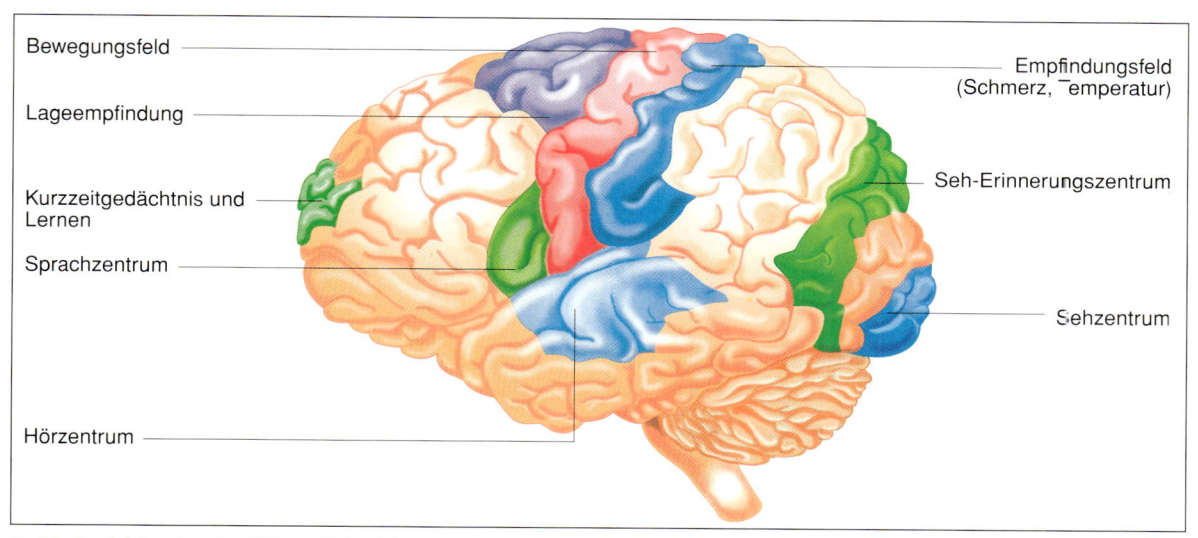

2 Rindenfelder des Großhirns (Beispiele)

Labels: Bewegungsfeld, Lageempfindung, Kurzzeitgedächtnis und Lernen, Sprachzentrum, Hörzentrum, Empfindungsfeld (Schmerz, Temperatur), Seh-Erinnerungszentrum, Sehzentrum

Die Arbeitsweise des Gehirns ist noch nicht vollständig erforscht. Man weiß aber, dass bestimmte Bereiche der Großhirnrinde, so genannte **Rindenfelder**, für bestimmte Aufgaben zuständig sind. So ist das *Bewegungszentrum* für die Steuerung aller bewussten oder automatisierten Muskelbewegungen zuständig. Gleich daneben befindet sich die *Empfindungszone*, die Informationen z. B. von den Sinnesorganen der Haut erhält und auswertet. Für die übrigen Sinnesorgane gibt es eigene Rindenfelder. Neben diesen in ihrer Funktion bekannten Rindenfeldern kennt man auch solche, die man keiner bestimmten Körperregion oder Aufgabe zuordnen kann. Ihre Aufgabe könnte im Zusammenführen von Eindrücken aus verschiedenen Teilen des Gehirns und der Planung von Handlungen liegen.

Obwohl sich die beiden Hälften des Großhirns, die *Hemisphären*, im Bau gleichen, haben sie nicht dieselben Aufgaben. So steuert die linke Hälfte die rechte Körperseite und umgekehrt. Bei den meisten Menschen ist zudem die linke Hemisphäre für das schlüssige Denken zuständig, das auf Erfahrungen beruht. Die rechte Hemisphäre steuert eher kreative Leistungen. Die verstärkte Aktivität einer Hälfte könnte die Begabungen und Vorlieben eines Menschen bestimmen.

> Das Gehirn steuert alle willkürlichen Bewegungen. Die Hirnrinde des Großhirns ist in Rindenfelder untergliedert, die jeweils eine bestimmte Aufgabe erfüllen.

1 Beschreibe den Reiz-Reaktions-Mechanismus einer Bewegung, die vom Gehirn gesteuert wird. Nimm Abb. 1 zu Hilfe.

2 Nenne Beispiele für einfache und komplizierte automatisierte Handlungsabläufe.

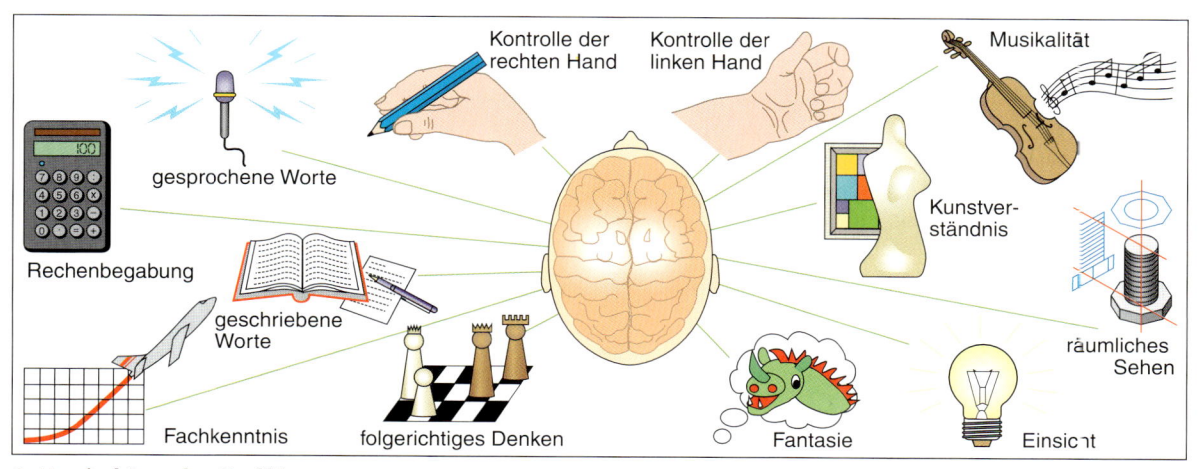

3 Hemisphären des Großhirns

Labels: Rechenbegabung, gesprochene Worte, Kontrolle der rechten Hand, Kontrolle der linken Hand, Musikalität, geschriebene Worte, Kunstverständnis, Fachkenntnis, folgerichtiges Denken, Fantasie, räumliches Sehen, Einsicht

Sinnesorgane und Nervensystem

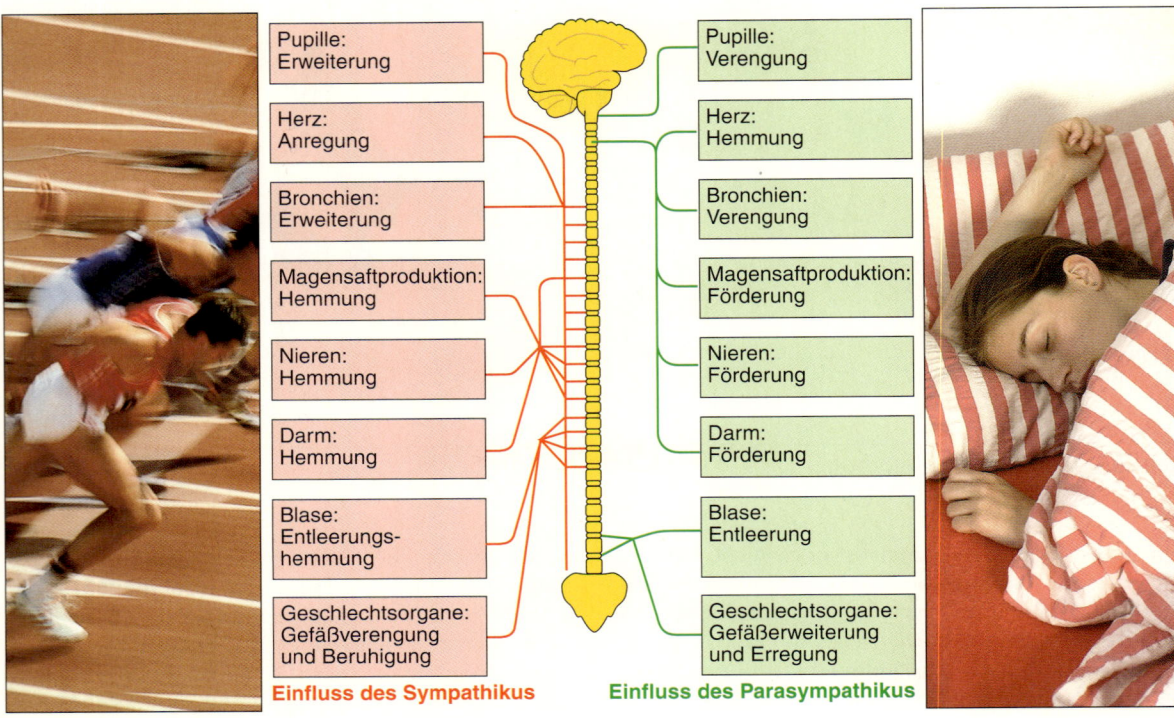

Einfluss des Sympathikus:
- Pupille: Erweiterung
- Herz: Anregung
- Bronchien: Erweiterung
- Magensaftproduktion: Hemmung
- Nieren: Hemmung
- Darm: Hemmung
- Blase: Entleerungshemmung
- Geschlechtsorgane: Gefäßverengung und Beruhigung

Einfluss des Parasympathikus:
- Pupille: Verengung
- Herz: Hemmung
- Bronchien: Verengung
- Magensaftproduktion: Förderung
- Nieren: Förderung
- Darm: Förderung
- Blase: Entleerung
- Geschlechtsorgane: Gefäßerweiterung und Erregung

1 Wirkungen des vegetativen Nervensystems

3.6 Steuerung ohne Willen

Konzentriert warten die Läufer auf das Startsignal zum 100-m-Lauf. Alle Muskeln sind angespannt. Das Herz schlägt schnell. Alle Reserven werden mobilisiert, um schneller als die Konkurrenten am Ziel anzukommen. In einer solchen Situation ist der Körper ganz auf Leistung eingestellt. So wird beispielsweise durch den beschleunigten Herzschlag mehr Blut durch die Adern gepumpt. Damit gelangt mehr Sauerstoff zu den Muskeln. Gleichzeitig wird die Tätigkeit von Darm, Blase oder Nieren gehemmt. Alle Energie wird zu den Organen gelenkt, die dazu beitragen, die geforderte Leistung zu erbringen.

Um beim Start vorne mit dabei zu sein, muss man sich konzentrieren; doch die Anpassung der Körperfunktionen erfolgt unbewusst. Sie wird vom **vegetativen Nervensystem** oder *Eingeweidenervensystem* über das Zwischenhirn gesteuert. Zu ihm gehören alle Nerven, die das Zusammenspiel der inneren Organe regeln. Es besteht aus zwei Teilen, dem *sympathischen* und *parasympathischen* System. Sie werden auch als **Sympathikus** und **Parasympathikus** bezeichnet.
Der Sympathikus besteht aus zwei Nervensträngen, die parallel zur Wirbelsäule verlaufen. Im Abstand der einzelnen Wirbel verdicken sich die Stränge zu Knoten, die jeweils Verbindungen zum Rückenmark, sowie zum Gehirn und zu den einzelnen Organen haben. Der Sympathikus ist der „Leistungsnerv". Durch ihn wird die Leistungsfähigkeit des Körpers erhöht. Atmung, Blutkreislauf und Sinnesorgane werden angeregt, Energiereserven werden mobilisiert. Die Tätigkeit der Verdauungsorgane wird gehemmt.
Zu denselben Organen führen auch Nervenstränge des Parasympathikus. Sie gehen vom Gehirn und vom unteren Rückenmark aus. Der Parasympathikus wird auch als „Erholungsnerv" bezeichnet. Er ist dafür zuständig, dass sich nach einer vollbrachten Leistung der Herzschlag und die Atmung wieder verlangsamen und durch die Aktivierung der Verdauungsorgane neue Energiereserven aufgebaut werden. Während des Schlafes ist dieser Nerv besonders aktiv. Beide Teile des vegetativen Nervensystems arbeiten als Gegenspieler zusammen. Sie passen die Tätigkeit der inneren Organe ständig den körperlichen Erfordernissen an.

> Das vegetative Nervensystem besteht aus Sympathikus und Parasympathikus. Es steuert die Tätigkeit der inneren Organe.

1 Beschreibe die Tätigkeit des vegetativen Nervensystems anhand der Abb. 1.

Sinnesorgane und Nervensystem

3.7 Mit Drogen zum Glück?

Love-Parade in Berlin: Aus den Boxen schallt laute Techno-Musik, während sich Tausende von Menschen tanzend und feiernd durch die Straßen treiben lassen. Sie wollen alles ganz intensiv erleben und nichts verpassen. Deshalb gehört es für viele Menschen dazu, mithilfe von Drogen wie *Ecstasy* das Erlebnis zu steigern.

Wenn die Wirkung der Droge eintritt, fühlen sie sich mit der Musik vereint und von allen Mitmenschen geliebt. Stundenlang können sie mit anderen reden und tanzen, ohne müde zu werden und ohne Hunger und Durst zu verspüren. Dieses Glücksgefühl wird durch die künstlich hergestellten Inhaltsstoffe von Ecstasy hervorgerufen, die direkt im Gehirn die Wahrnehmungen und Stimmungen beeinflussen. Manchen Menschen genügt das alles noch nicht. Sie konsumieren auch noch *Alkohol, Haschisch* oder andere Drogen.

Manchmal kommt man nach Einnahme von Ecstasy nicht mehr zur Ruhe, kann nicht schlafen und sich nicht erholen. Dann werden häufig Schlaf- und Beruhigungsmedikamente genommen.
Klingt der Rauschzustand nach Stunden ab, fühlt man sich wie gerädert, die Muskulatur zittert und wer lange nichts getrunken hat, muss sogar Nierenversagen befürchten. Es kann auch zu plötzlichem Blutdruckabfall, Schwindel und Übelkeit kommen.

Trotz dieser lebensbedrohlichen Nachwirkungen suchen einige immer wieder diesen „Kick".

1 Love-Parade in Berlin

Das ganze Denken und Streben richtet sich dann nur noch auf den Erwerb und Konsum solcher Stoffe. Süchtige können nicht mehr unterscheiden, welche Gefühle in ihnen echt sind und welche künstlich erzeugt werden. So verändert das Suchtmittel im Laufe der Zeit die Persönlichkeit. Das Risiko für die eigene Gesundheit wird nicht mehr wahrgenommen und Konflikte im Alltag bleiben ungelöst.

In Schule und Beruf können solche abhängigen Menschen keine Leistung mehr erbringen. Zusätzlich werden die Beziehungen zu Freunden und zur Familie häufig aufgegeben, während die Geldbeschaffung für die Drogen im Vordergrund des täglichen Lebens steht. Kriminelle Handlungen und Prostitution sind nicht selten die Folge.
Gerade Jugendliche, die etwas erleben wollen und bereit sind, vieles auszuprobieren, sind anfällig für die Drogensucht.

> Jeder, der Drogen konsumiert, geht das hohe Risiko ein, seine körperliche und seelische Gesundheit aufs Spiel zu setzen.

1 Drogen können für eine begrenzte Zeit „angenehme" Gefühle vortäuschen.
a) Beschreibe den Zusammenhang zwischen steigendem Drogenkonsum und der Gesundheit.
b) Wann ist jemand besonders gefährdet, ein Leben mit Drogen zu führen?
2 Beschreibe Situationen aus deinem Alltag, in denen du dich rundum wohl gefühlt hast.

Sinnesorgane und Nervensystem

Pinnwand — DROGEN BEEINFLUSSEN DIE WAHRNEHMUNG

Betrunkene nehmen die äußeren Randbereiche des Gesichtsfeldes nicht mehr wahr. Diese Verengung des Gesichtsfeldes nennt man **Tunnelblick**. Sie reagieren stark verzögert, sie schätzen Entfernungen und Abstände falsch ein und gefährden im Straßenverkehr sich und andere.

Drogenkonsumenten erleben ihre Umwelt als Zerr- und Fantasiebild. Rauschdrogen wie Marihuana, Haschisch, Opium, Morphium, Kokain, Heroin oder LSD wirken an den Synapsen der Nervenzellen. Dort können sie die Erregungsübertragung hemmen oder eine Reizüberflutung auslösen. Dadurch entspricht die Wahrnehmung von Farben, Zeit, Raum und Tönen nicht mehr der Wirklichkeit, sie besteht nur noch aus **Halluzinationen**.

Designer Drogen — Veränderungen im Gehirnstoffwechsel — Enthemmung und Sinnestäuschung — psychische und physische Abhängigkeit

Opiate — Falsche Schaltungen und Störungen im Gehirnstoffwechsel des Großhirns — Falsche Schaltung und Sinnestäuschungen — Passivität und Teilnahmslosigkeit — psychische Abhängigkeit — Cannabis

Seelischer und körperlicher Verfall / Tod

[1] Erstelle eine Tabelle mit Umweltreizen, die der Mensch mit seinen Sinnesorganen nicht wahrnehmen kann. Mit welchen technischen Geräten behelfen wir uns in diesen Fällen? Was hat das mit dem Thema „Drogen" zu tun?

[2] Informiere dich im Internet über Zahlen und Statistiken der Unfälle und Todesfälle, die im Zusammenhang mit Drogenkonsum stehen.

Designerdrogen wie Ecstasy steigern die Produktion von chemischen Übertragungsstoffen im Gehirn, die für das Erleben von Wohlbefinden, Harmonie, Glück, Geborgenheit und Liebe nötig sind. Diese Gefühle werden bei Einnahme der Droge übersteigert erlebt. Bei regelmäßiger Einnahme der Droge ist das Gehirn nicht mehr in der Lage, selbstständig Botenstoffe zu produzieren. Ständige Depressionen und irreparable Schädigungen des Gehirns sind die Folge.

Sinnesorgane und Nervensystem

Pinnwand

FUN OHNE DROGEN

Sich fallen lassen

Kannst du dir vorstellen, dich in die Arme deiner Mitschüler fallen zu lassen? Glaubst du, dass die anderen dich auffangen werden? Falls du es ausprobieren kannst: Welches Gefühl hattest du zu Beginn? Wie geht es dir, wenn du zu den „Fängern" gehörst?

Kletterwand

Britta ist schon weit an der Kletterwand nach oben gestiegen. Ein fester Gurt, von dem ein Seil bis nach unten führt, ist um ihren Körper gelegt. Unten steht Bastian. Er hält das Seil fest in seinen Händen und verfolgt jeden Kletterschritt von Britta. Bastian hat gelernt, wie er sich verhalten muss, falls Britta einmal abrutscht. Er weiß aus Erfahrung, dass er sie halten kann. Das ist ein gutes Gefühl für ihn. Wenn Britta nach ihrer Tour wieder unten angekommen ist, werden sie die Rollen tauschen. Klettern ist ein tolles Erlebnis und wirklich Vertrauenssache.

Blindes Vertrauen

Könntest du dich auf ein solches Experiment einlassen? Möchtest du lieber führen oder geführt werden? Wenn du mitgemacht hast: Sprich mit deinem Partner darüber, was für dich angenehm und unangenehm gewesen ist.

1 Beschreibe Verhaltensweisen von Jugendlichen, die mit einem Risiko für ihre Gesundheit verbunden sind.

2 Betrachte die verschiedenen Aktionen auf den Fotos. Wie hoch ist dabei das Risiko für die Betroffenen deiner Meinung nach?

Sinnesorgane und Nervensystem

1 Jane GOODALL hat das Vertrauen „ihrer" Schimpansen gewonnen

4 Verhalten

4.1 Verhalten – was ist das?

Die Verhaltensforscherin Jane GOODALL lebte mehr als 25 Jahre mit Schimpansengruppen in Afrika zusammen. Die Schimpansen waren mit der Forscherin vertraut und sahen sie wie ein Mitglied ihrer Gruppe an. So konnte sie die Tiere im alltäglichen Zusammenleben jederzeit beobachten. Sie protokollierte die unterschiedlichen Körperhaltungen und Bewegungen, die Schimpansen in bestimmten Situationen machen. Dazu gehört z. B. die Suche nach Nahrung, die Aufzucht der Jungtiere oder die Begegnung mit Feinden. Da die Forscherin alle Tiere der Gruppe kannte, konnte sie genau feststellen, welche Beziehungen zwischen den einzelnen Mitgliedern der Schimpansengruppe bestanden und mit welchen Körperhaltungen und Lauten sie sich untereinander verständigten. Gleichzeitig erforschte sie, auf welche Weise die Schimpansen auf die unterschiedlichen Reize aus ihrer Umwelt reagierten. Solche Aktionen und Reaktionen werden als **Verhalten** bezeichnet.

Tiere und auch Menschen äußern in jeder Situation bestimmte Verhaltensweisen. Dabei zeigt jede Art ihr typisches Verhalten. Deshalb dürfen z. B. Beobachtungen an Tieren nicht ohne weiteres auf den Menschen übertragen werden.

> Als Verhalten bezeichnet man die Gesamtheit aller Bewegungen, Körperhaltungen und Lautäußerungen eines Tieres oder des Menschen.

2 Verhalten bei Schimpansen.
A Kontaktaufnahme; B Drohen

1 Beschreibe die in Abbildung 2 dargestellten Verhaltensweisen der Schimpansen. Achte auf Gesichtsausdruck und Körperhaltung.

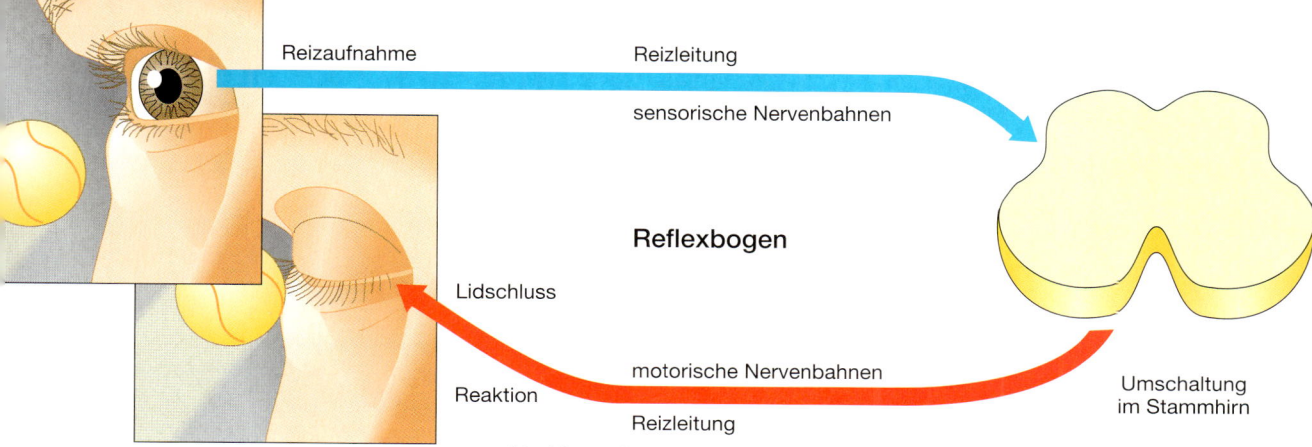

Reizaufnahme   Reizleitung
                sensorische Nervenbahnen

Reflexbogen

Lidschluss
                motorische Nervenbahnen   Umschaltung
Reaktion   Reizleitung   im Stammhirn

1 Lidschlussreflex *(Schema eines einfachen Reflexbogens)*

4.2 Grundlagen einfacher Verhaltensweisen

Jeder von uns kennt die Situation: Irgendein Gegenstand kommt auf unser Auge zu. Blitzschnell reagieren wir mit einem Herunterklappen der Augenlider. Das schnelle Reagieren erfolgt in einem Zeitraum von nur 70 bis 150 Millisekunden. Es dient dem Schutz unserer Augen. Dieses Verhalten läuft nach einem starren Plan ab und lässt sich kaum beeinflussen. Die entsprechende Reaktion bezeichnet man als **Reflex,** in unserem Beispiel als *Lidschlussreflex*.

Wie können wir so schnell reagieren? Unsere Sinneszellen nehmen den Außenreiz wahr. Nervenzellen leiten die Informationen über zuführende Nervenbahnen an das Zentralnervensystem (ZNS) weiter. Beim Lidschlussreflex erfolgt die Informationsverarbeitung im Stammhirn, da alles sehr schnell gehen muss. Anschließend leiten abführende Nervenbahnen Signale an entsprechende Muskelzellen, die auf der Grundlage der Informationsverarbeitung besonders schnelle Reaktionen ermöglichen. Reiz, unmittelbare Reizverarbeitung und die entsprechende Reaktion bezeichnet man als **Reflexbogen.**

Mehr oder weniger starre Verhaltensprogramme können wir auch bei Tieren beobachten. Eine *Erdkröte* zum Beispiel reagiert auf Insekten, die sich vor ihr bewegen. Sie wendet ihren Körper zur Beute und blickt sie an. Ist z. B. eine Fliege in günstiger Position, schnellt die klebrige Zunge vor und fängt die Beute. Die Bewegungsfolge setzt sich also aus einer *Orientierungsbewegung* und aus einer *Endhandlung* zusammen. Diese Bewegungsfolge geschieht stets in gleicher Weise.

Bewegt sich aber die Fliege nach Beginn der Zungenbewegung fort, schlägt die Zunge ins Leere. Die Kröte ist nicht in der Lage, die Zungenbewegung zu korrigieren. Das Reiz-Reaktions-Verhalten hängt zusätzlich von inneren Faktoren ab. Ist die Kröte gesättigt, ist die Reizschwelle so hoch, dass es zu keinem Fangverhalten kommt.

Auch angeborene zusammengesetzte Verhaltensweisen treten oft in starrer Form auf. Ein Beispiel hierfür ist die *Eirollbewegung* bei Graugänsen. Legt man einer brütenden Graugans ein Ei neben das Gelege, greift sie mit dem Schnabel über das Ei hinweg und rollt es mit der Unterseite des Schnabels in ihr Nest unter ihren Bauch. Nimmt man der Gans das Ei während der Rollbewegung weg, führt sie dennoch die Bewegung starr bis zu Ende durch. Die Eirollbewegung macht sie sogar, wenn man das Ei durch einen ähnlichen Gegenstand ersetzt. Solch weitgehend starr ablaufendes Reiz-Reaktions-Verhalten bezeichnet man als **Instinktverhalten.**

Um reagieren zu können, müssen Lebewesen in der Lage sein, die Umgebung wahrzunehmen. Hierfür sind sie mit entsprechenden Sinnesorganen, einzelnen Nervenzellen oder freien Nervenendigungen ausgestattet. Diese ermöglichen eine Reizaufnahme und die entsprechende Reizbeantwortung.

> Reflexe sind angeborene Mechanismen einer Reizbeantwortung.

1 Bewegt man vor einer Erdkröte ein Papierschnipsel an einem dünnen Faden, so fängt sie das Papier. Erkläre.

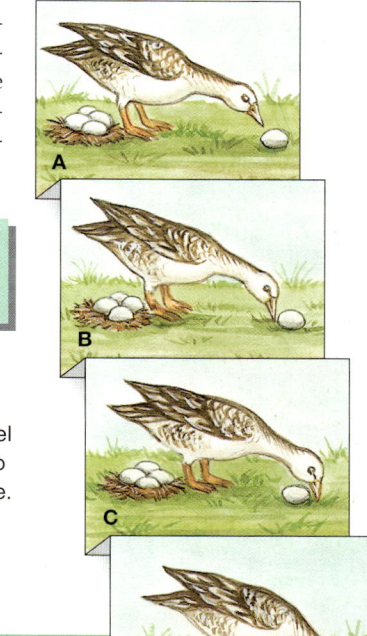

2 Beutefang mithilfe der Klappzunge

3 A–D Eirollbewegung

Sinnesorgane und Nervensystem

Pinnwand

SINNESORGANE UND VERHALTEN

Schallsinn

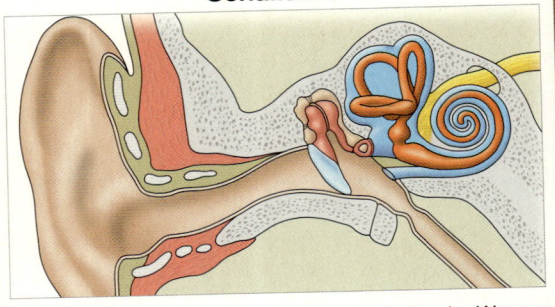

Bau und Funktion: Schwingungen von Luft oder Wasser werden auf Membranen (z. B. das Trommelfell) oder Sinneszellen der Haut (z. B. das Seitenlinienorgan der Fische) übertragen. Die mechanischen Schwingungen liefern Informationen über Situationen und Vorgänge in der Umgebung.
Vorkommen: bei Säugetieren und Vögeln Ohren ähnlich dem Menschenohr; Vorstufen davon bei Lurchen und Kriechtieren; Seitenlinienorgan bei Fischen; schwingungsempfindliche Membranen an Beinen bzw. am Bauch von Insekten (z. B. Heuschrecken)

Chemischer Sinn

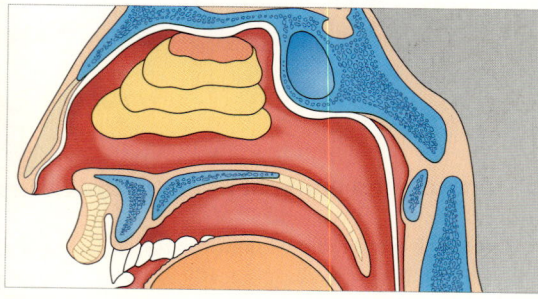

Bau und Funktion: Geruchs- und Geschmackssinneszellen nehmen bestimmte chemische Eigenschaften eines flüssigen oder gasförmigen Stoffes auf und leiten die Information über Nervenfasern weiter.
Vorkommen: Gruben am Vorderende von Tieren (Fische, strömendes Wasser); fächerförmige Antennen bei Insekten (strömende Luft); Geruchssinneszellen in der Nase (strömende Atemluft bei Wirbeltieren); Geschmackssinneszellen der Zunge (z. B. Mensch)

„Meister der Nase"

Arteigene Duftstoffe erkennen die Männchen vom Seidenspinner meisterhaft. Sie fliegen zielstrebig auf Weibchen zu, wenn diese in elf Kilometer Entfernung ein Zehntausendstel Milligramm ihres Lockstoffes ausgeschieden haben.

„Sehen" mit Wärmeaugen

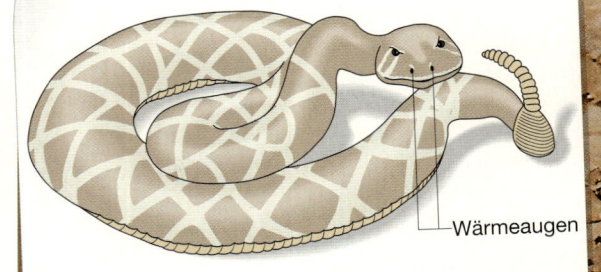

Wärmeaugen

Meister der Temperaturmessung ist die Klapperschlange. Sie besitzt zwischen Augen und Nasenöffnung zwei Vertiefungen. In nur wenigen Millimeter breiten und tiefen Mulden drängen sich einige tausend wärmeempfindliche Sinneszellen. Diese sind so feinfühlig, dass sie schon Unterschiede von 0,003 Grad Celsius wahrnehmen und damit Beute selbst bei völliger Dunkelheit orten können.

Temperatursinn

Bau und Funktion: Temperaturempfindliche Sinneszellen der Haut messen Außentemperatur und Körpertemperatur.
Vorkommen: bei vielen Tieren meist nur einzelne Sinneszellen; bei Schlangen viele Sinneszellen in Wärmeaugen („Infrarotaugen") am Kopf zur Beuteortung und zum Aufsuchen geeigneter Lebensräume

1 Entwirf Pinnzettel zum Lichtsinn oder zum Tastsinn.
2 Lachse kehren zum Laichen aus dem Meer in Gewässerabschnitte ihrer Geburt zurück. Erkläre.

Sinnesorgane und Nervensystem

4.3 Angeborenes und erlerntes Verhalten bei Tieren

Eichhörnchen sind geschickte „Nussknacker". Sie benötigen meist weniger als eine Minute, um an den Nusskern zu gelangen. Beim Öffnen der harten Nussschale zeigt jedes Eichhörnchen seine eigene Nagetechnik. Manche Eichhörnchen nagen an einer Stelle der Schale ein Loch, andere nagen eine Rille und sprengen die Schale in zwei Hälften. Wie kommt es zu solch unterschiedlichem Verhalten beim Öffnen der Nüsse?

Um dies herauszufinden, zog der Verhaltensforscher Irenäus EIBL-EIBESFELDT gerade geborene Eichhörnchen so auf, dass sie nichts von Artgenossen hören oder sehen konnten. Er fütterte diese isolierten Eichhörnchen in den ersten 9 Wochen nur mit Milch und breiiger Nahrung.

Anschließend gab er den Eichhörnchen Nüsse, Steine und nussgroße Gegenstände wie Kugeln und Würfel aus Holz oder Ton in den Käfig. Die Eichhörnchen nahmen alle Gegenstände zwischen die Vorderpfoten und begannen sie zu benagen. Sie reagierten auf diese Reize, ohne sie vorher kennen gelernt zu haben. Das Benagen von Gegenständen, die etwa Nussgröße haben, scheint Eichhörnchen **angeboren** zu sein. Eine solche Reaktion wird als **instinktives Verhalten** bezeichnet.

Bei weiteren Beobachtungen der Eichhörnchen zeigte sich, dass sie nach kurzer Zeit nur noch Haselnüsse benagten. Je mehr Nüsse sie geöffnet hatten, desto geschickter und schneller gelangten sie an den Nusskern. Dabei entwickelte jedes Eichhörnchen durch seine Erfahrungen beim Nüsseöffnen eine eigene Technik. Die Eichhörnchen hatten ihr Verhalten verändert und **erlernt,** auf welche Weise sie schnell an den Kern einer Haselnuss gelangen konnten. Einen nussähnlichen Gegenstand zu benagen ist den Eichhörnchen also angeboren. Die Fertigkeit, eine Nuss zu öffnen, ist dagegen erlernt.

1 Eichhörnchen beim Nüsseöffnen

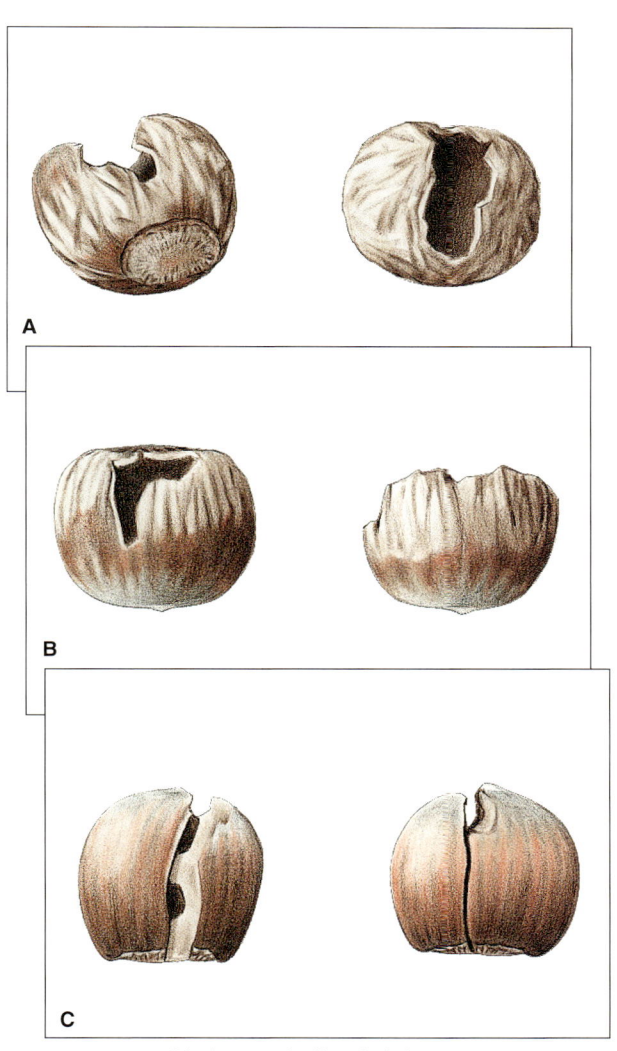

> Das Verhalten der Tiere setzt sich aus angeborenen und erlernten Anteilen zusammen.

1 Beschreibe, welche Techniken die Eichhörnchen zum Nüsseöffnen anwenden.

2 Erkläre, warum die Eichhörnchen im Verlauf des Versuchs nur noch die Nüsse und nicht andere nussähnliche Gegenstände benagen.

3 Um in Versuchen zu erforschen, welche Verhaltensanteile angeboren und welche erlernt sind, müssen die Tiere isoliert von Artgenossen aufgezogen werden. Begründe.

2 A–C Verschiedene Techniken bei den „Nussknackerversuchen" mit Eichhörnchen

Sinnesorgane und Nervensystem

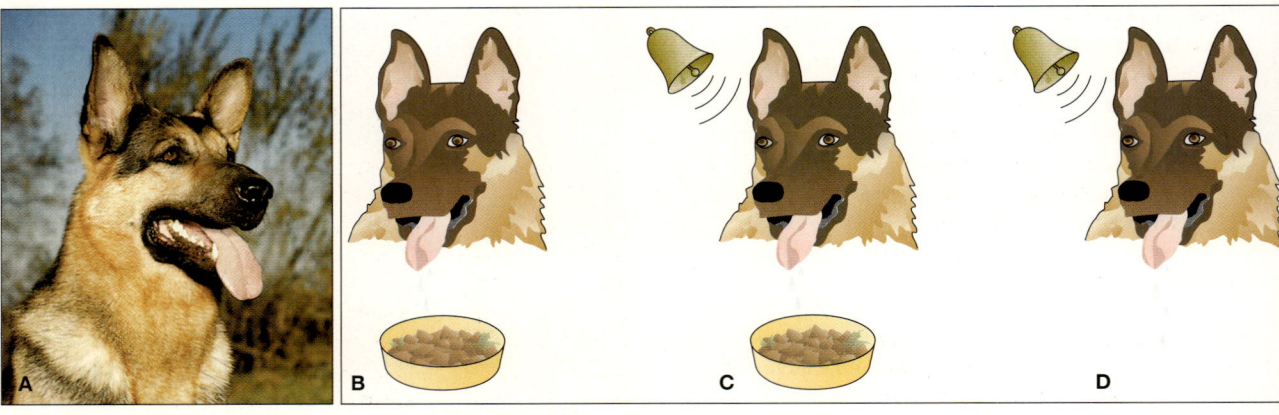

1 PAWLOWs Versuch zur Entstehung bedingter Reflexe

4.4 Wie Tiere lernen

Sehen oder riechen Hunde Futter, fließt verstärkt Speichel im Maul zusammen. Diese Körperreaktion der Hunde ist *angeboren* und wird als **unbedingter Reflex** bezeichnet. Der russische Forscher Iwan PAWLOW beobachtete um 1900 Hunde bei der Fütterung. Er untersuchte, ob sich dieser unbedingte Reflex anders als durch Futter auslösen lässt. Einige Tage ließ er während der Fütterung der Hunde eine Glocke ertönen. Als die Hunde nach diesen Versuchen nur noch den Glockenton ohne Futter hörten, reagierten sie ebenfalls mit verstärktem Speichelfluss. Sie hatten gelernt, den Reiz „Futter" durch den Reiz „Glocke" zu ersetzen. Der verstärkte Speichelfluss, der durch den Glockenton ausgelöst worden war, war zu einem *erworbenen* oder **bedingten Reflex** geworden. Auch die Verhaltensweisen der Hunde hatten sich in den Versuchen verändert. Hörten sie den Glockenton, begannen sie um Futter zu betteln. – Die Hunde hatten durch **Erfahrung** gelernt.

Dieses Lernen durch Erfahrung ist nur eine von mehreren Möglichkeiten, wie Tiere lernen können. Nach dem Schlüpfen von Entenküken kann man zum Beispiel

> **Stichwort**
> **Reflex**
> Ein Reflex ist eine unbewusste angeborene Reaktion, die auf einen bestimmten Reiz hin stets in gleicher Weise abläuft.

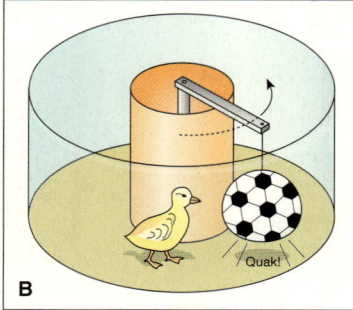

2 Entenküken. A sie folgen ihrer Mutter; **B** sie folgen einem Ball in einem Prägungsversuch

beobachten, dass sie stets ihrer Mutter nachfolgen. Den Entenküken ist *angeboren*, kurz nach dem Schlüpfen allem zu folgen, was sich in ihrer Nähe bewegt und Laute ähnlich denen einer Ente von sich gibt. Wie das dazugehörige Lebewesen aussieht, müssen sie *lernen*. Ist es nicht das Muttertier, sondern zum Beispiel ein Mensch oder ein Ball, der entsprechende Laute von sich gibt, folgen die Küken diesem „Muttertier" nach. Diese **Prägung** zum Nachfolgen ist ein spezieller Lernvorgang, der nur innerhalb einer kurzen Entwicklungsphase nach dem Schlüpfen stattfindet.

Durch Prägung lernen jedoch nicht nur Jungtiere ihre Eltern, sondern auch Eltern ihre Jungen kennen. Bei vielen Vogelarten wie Möwen oder Säugetieren wie Antilopen werden die Elterntiere auf ihren Nachwuchs geprägt. So können sie innerhalb einer Brutkolonie oder Herde ihr Junges sofort von den vielen anderen Jungtieren unterscheiden.

Wenn Entenküken dem Muttertier folgen, beobachten sie zum Beispiel, was ihre Mutter frisst. Anschließend fressen sie die gleiche Nahrung. So lernen sie durch **Nachahmung** geeignetes Futter von ungeeignetem zu unterscheiden. Durch Nachahmung werden

Sinnesorgane und Nervensystem

bestimmte Verhaltensweisen an die jeweiligen Nachkommen weitergegeben. So entstehen Traditionen im Verhalten der Tierarten. Auf diese Weise lernen zum Beispiel die meisten Singvögel ihren typischen Gesang oder lernen Schimpansen in bestimmten Gegenden den Gebrauch von Ästchen, um damit nach Termiten zu angeln.

Nicht nur Jungtiere, sondern auch viele ausgewachsene Tiere erkunden und untersuchen die Gegenstände in ihrer Umgebung. Neugierig und scheinbar furchtlos betrachten, beriechen oder untersuchen sie unbekannte Gegenstände und versuchen, sie zu berühren. Dieses *Erkundungs- und Neugierverhalten* der Tiere führt dazu, dass die Tiere durch *Versuch und Irrtum* in ihrem Lebensraum Erfahrungen sammeln. Wird zum Beispiel ein Reh an bestimmten Stellen seines Lebensraumes gestört oder bedroht, macht es an dieser Stelle negative Erfahrungen. Es lernt, solche Stellen zu meiden. Findet ein Reh bei seiner Nahrungssuche eine besonders ergiebige Stelle und wird dort mit ausreichendem Futter belohnt, hat es eine positive Erfahrung gemacht.

Durch dieses **Lernen am Erfolg** wird sich das hungrige Tier zukünftig an dieser Stelle bevorzugt aufhalten, um nach Nahrung zu suchen. Solche Belohnungen verstärken ein bestimmtes Verhalten. Durch Bestrafungen dagegen kann ein bestimmtes Verhalten der Tiere gehemmt werden.

Besonders bei jungen Säugetieren kann man beobachten, dass sie miteinander spielen. Hierbei sammeln sie scheinbar spielerisch Erfahrungen. So lernen junge Katzen bewegliche Gegenstände kennen, die sie nach einiger Zeit mit angeborenen Bewegungsabläufen „erbeuten". Bei solchem *Spielverhalten* werden angeborene Ver-

3 Schimpansen lernen durch Nachahmung das Termitenangeln

4 Spielverhalten

5 Ein Turmfalke hat sich an Straßenlärm gewöhnt

haltensweisen eingeübt, miteinander kombiniert und mit Erlerntem verbunden. Die Tiere erlernen Bewegungsabläufe und somit Verhaltensweisen, die später für ihren Nahrungserwerb, die Verständigung mit Artgenossen, den Angriff oder die Flucht notwendig sein können.

Bestimmte Reize lösen bei Tieren eine angeborene Fluchtreaktion aus. Viele Tiere flüchten vor Menschen. Doch kann man beobachten, dass zum Beispiel sonst menschenscheue Greifvögel sich in Städten oder an Autobahnen aufhalten. Diese Tiere haben gelernt, dass das Auftreten des Menschen für sie keine Folgen hat und sie gewöhnten sich an den Menschen. Diese Tiere haben durch **Gewöhnung** ihr Verhalten geändert und gelernt, dass Reize, die ansonsten Gefahr bedeuten, für sie keine Bedeutung mehr haben.

> Tiere können durch Prägung, Erfolg, Nachahmung und Gewöhnung lernen. Diese Lernformen werden auch miteinander kombiniert.

1 Für das Lernen der meisten Tiere ist es notwendig, dass sie von Eltern aufgezogen werden oder mit Artgenossen aufwachsen. Nenne Beispiele und erläutere

2 Nenne aus deiner Erfahrung Beispiele für das Lernen bei Tieren. Erkläre, auf welche Art diese Tiere gelernt haben könnten.

3 Bei der Dressur werden gewünschte Verhaltensweisen vor Tieren belohnt. Tiere lernen so, diese Verhaltensweisen auf ein bestimmtes Signal hin auszuführen. Nenne eine Form des Lernens, die bei der Dressur eine Rolle spielt. Erläutere.

4 Nenne Beispiele für Dressurleistungen von Tieren, die für den Menschen von Nutzen sind.

Sinnesorgane und Nervensystem

4.5 Angeborenes Verhalten beim Menschen

„Ein Lächeln verbindet alle Menschen miteinander." Unter diesem Motto könnte man eine Verhaltensweise beschreiben, mit der Menschen zum Beispiel Freude, Glück oder Zufriedenheit zum Ausdruck bringen und freundlichen Kontakt zu Mitmenschen aufnehmen wollen.

Beim **Lächeln** verändert sich der Gesichtsausdruck im Bereich des Mundes und der Wangen so, dass sich der Mund verbreitert und öffnet, die Augen schmaler werden und sich in den äußeren Augenwinkeln meist Falten bilden.

Diese *Mimik* beim Lächeln kann man bei Menschen in allen Kulturen der Welt beobachten. Selbst bei Naturvölkern, die völlig abgeschieden von anderen Kulturen leben, gleicht diese Mimik der aller anderen Völker. Das Lächeln ist eine „international" verständliche Mimik aller Menschen jeden Alters.

Auch taubblind geborene Kinder, die nie etwas gehört oder gesehen haben, lächeln, wenn sie zum Beispiel Freude und Glück empfinden. Das Lächeln ist also eine **angeborene Verhaltensweise** des Menschen.

Vergleicht man die Mimik verschiedener Menschen miteinander, kann man weitere angeborene Verhaltensweisen beobachten, die von allen Menschen verstanden werden. So zieht man bei Trauer die Mundwinkel herab oder stülpt beim Schmollen Ober- und Unterlippe vor. Ein Herabziehen der Augenbrauen zeigt Ärger an, ein Rümpfen der Nase drückt Ablehnung aus, während das Zwinkern mit einem Auge oder das Anheben der Augenbrauen Freundlichkeit, Aufmerksamkeit und Interesse bedeuten.

Angeborene Verhaltensweisen wie das Lächeln zeigt schon ein Säugling. Mit dem Lächeln äußert er seinen Wunsch nach Aufmerksamkeit und Zuneigung der Erwachsenen. Aber auch durch Weinen will der Säugling Kontakt aufnehmen. Hat ein Säugling Hunger oder fühlt er sich nicht wohl, schreit und weint er. Dieses **Schreiweinen** kann aber auch dadurch ausgelöst werden, dass der Säugling sich verlassen fühlt. Mit diesem **Kontaktverhalten** möchte er dann die Aufmerksamkeit seiner Umgebung wecken.

Wenn eine vertraute Person wie Vater oder Mutter einen schreienden Säugling in die Arme nimmt, ihn streichelt und liebkost oder ihn anlächelt und mit ihm spricht, beruhigt er sich meist wieder. In seiner vertrauten Umgebung und in der Nähe seiner *Bezugspersonen* fühlt er sich offensichtlich wohl.

Durch den *Hautkontakt* und den *Blickkontakt* mit seinen Bezugspersonen festigt sich die Bindung zwischen Säugling und Bezugsperson. So entsteht ein *Vertrauensverhältnis*.

Gelegentlich müssen Säuglinge oder Kleinkinder für längere Zeit von ihrer vertrauten Umgebung und ihren Bezugspersonen getrennt leben. Sind sie in dieser Zeit zum Beispiel in einem Heim untergebracht, kann dem Kontaktbedürfnis der Kinder nicht immer ausreichend entsprochen werden. In solchen Fällen kann das Kind körperliche und

1 Lächeln. *A* Säugling; *B* Mädchen eines Naturvolkes aus Afrika; *C* taubblind geborenes Mädchen; *D* Smiley als internationales Zeichen

Sinnesorgane und Nervensystem

seelische Schäden erleiden. Kinder, die unter „Liebesentzug" aufwachsen, neigen zu verstärkter Schwermut und zu Interessenlosigkeit. Ihre körperliche und geistige Entwicklung ist meist verlangsamt und sie sind anfälliger für Krankheiten. Zeigt ein Kind solche Erscheinungen, leidet es unter *Hospitalismus*.

Auch viele Körperbewegungen des Säuglings sind angeboren. Wird der Säugling an die Brust der Mutter gelegt, bewegt er den Kopf hin und her. Er tastet mit Mund und Wangen über die Brust. Hat er die Brustwarze berührt, umschließt er sie mit den Lippen und macht mit Mund und Zunge Saugbewegungen. Dieser angeborene **Saugreflex** kann aber auch ausgelöst werden, wenn man die Wangen oder den Mund des Säuglings berührt.

Berühren die Handinnenflächen des Säuglings einen Gegenstand, wird er sofort von seinen Fingern umschlossen. So lässt der Säugling den umklammerten Gegenstand erst wieder los, wenn man seine Finger vorsichtig einzeln aus der Umklammerung löst. Dieser **Handgreifreflex** des Säuglings wird auch bei der Berührung durch Haare ausgelöst. Bei den Vorfahren des Menschen diente der Handgreifreflex vermutlich zum Festklammern im Fell der Mutter.

Meist liegt der Säugling auf dem Rücken. Legt man ihn auf den Bauch, macht er mit den Beinen und Händen Ruder- und Kriechbewegungen, ohne sich jedoch von der Stelle bewegen zu können. Hält man den Säugling so aufrecht, dass seine Füße den Boden berühren können, beginnt er mit Schreitbewegungen. Diese angeborenen Verhaltensweisen werden in der weiteren Entwicklung des Säuglings durch erlernte Körperbewegungen ergänzt und miteinander verknüpft.

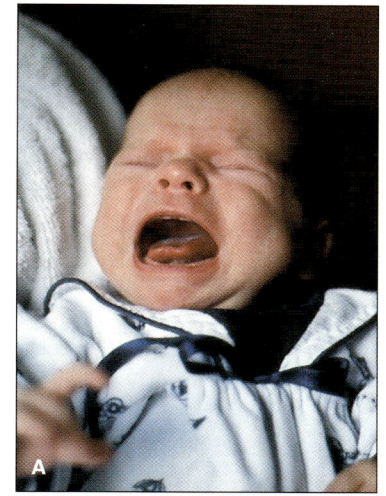

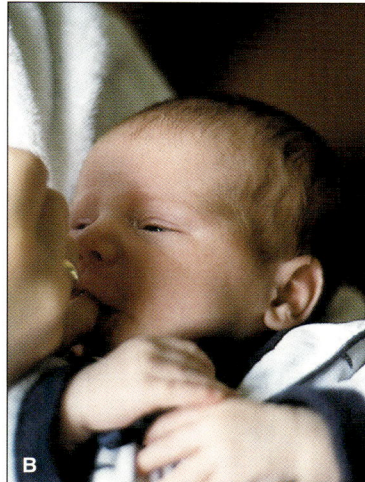

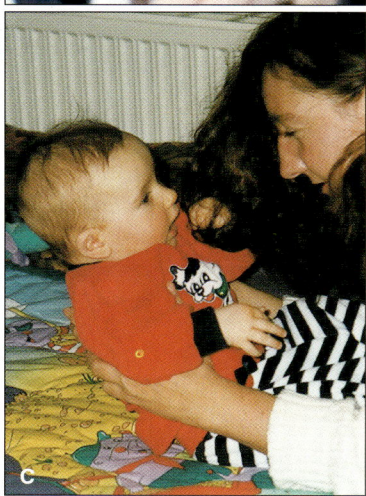

2 Angeborene Verhaltensweisen.
A *Schreiweinen;* **B** *Saugreflex;*
C *Handgreifreflex*

> Das Lächeln und viele andere Verhaltensweisen des Menschen sind angeboren. Schreiweinen, Handgreifreflex und Saugreflex sind angeborene Verhaltensweisen von Säuglingen.

1 Auf welche Weise kann man feststellen, ob eine Verhaltensweise beim Menschen angeboren ist? Begründe die Untersuchungsmethoden und nenne Beispiele.

2 Welche Bedeutung haben Bezugspersonen und eine vertraute Umwelt für den Säugling?

3 Auf welche Weise kann man dem Neugierverhalten und dem Kontaktbedürfnis des Säuglings entgegenkommen? Nenne verschiedene Maßnahmen und Verhaltensweisen die für die Entwicklung des Säuglings förderlich sind.

4 Was drückt der „Smiley" in Abb. 1D aus? Nenne Beispiele, bei denen ein Smiley als Zeichen verwendet wird.

5 Nicht nur durch die Sprache, sondern auch durch Mimik und Körperhaltung kann man sich untereinander verständigen. Versuche ein bestimmtes Gefühl, z. B. Angst, Freude, Ärger, Überheblichkeit durch einen treffenden Gesichts- und Körperausdruck auszudrücken. Wie haben deine Mitschülerinnen und Mitschüler den Ausdruck deiner Mimik und Körperhaltung verstanden?

6 a) Durch Mimik kann man auch täuschen. Eine bewusst vorgetäuschte Mimik mit der entsprechenden Körperhaltung kann bei den Mitmenschen erwünschte Gefühle und Empfindungen hervorrufen. Nenne dazu Beispiele.
b) Versuche durch eine gespielte Mimik und die entsprechende Körperhaltung deinen Mitschülerinnen und -schülern ein bestimmtes Gefühl vorzutäuschen.

Sinnesorgane und Nervensystem

Pinnwand

COMICS UND WERBUNG

Entwicklung der Mickey Mouse in 50 Jahren

Werbung

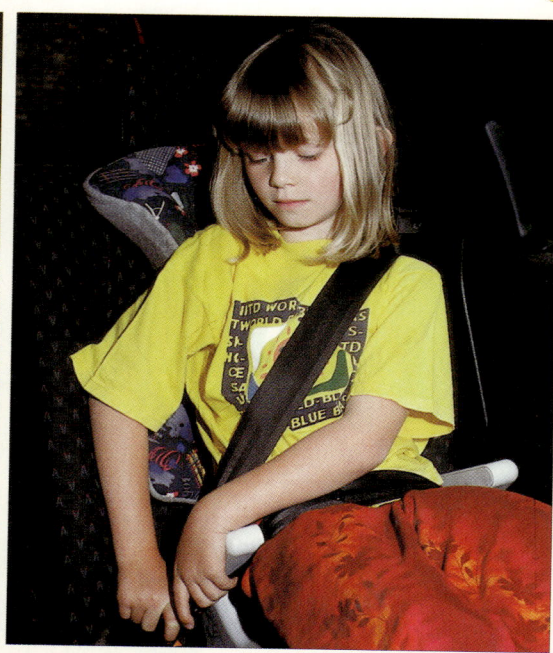

1 Im Verlauf von 50 Jahren wurde das Aussehen von „Mickey Mouse" immer wieder verändert. Beschreibe. Nenne mögliche Gründe.

2 Auf welche Weise wird versucht, auf den abgebildeten Fotos die Aufmerksamkeit der Betrachter zu wecken?

3 Welche Stimmungen und Wünsche versuchen die Darstellungen auf den Fotos bei Betrachtern anzusprechen?

4 Für welche Art von Produkt können die Darstellungen auf den Fotos werben? An welche Personengruppen könnten sich solche Werbeanzeigen richten? Begründe.

Sinnesorgane und Nervensystem

4.6 Lernen – ein Leben lang

Lernen verbinden viele nur mit Schule. Doch Lernen findet nicht nur dort statt. Bevor ein Kind eine Schule besucht, hat es bereits vieles gelernt und auch nach der Schulzeit lernen wir ständig weiter. Lernen findet in jeder Situation im Leben eines Menschen statt. Dadurch können wir unsere Verhaltensweisen jederzeit den Veränderungen unserer Umwelt anpassen und entsprechend reagieren. Auf welche Weise kann der Mensch lernen?

Bereits Säuglinge und Kleinkinder erforschen ihre Umgebung und probieren den Umgang mit den verschiedensten Gegenständen und Spielzeugen aus. Mit diesem angeborenen *Neugier- und Spielverhalten* lernen sie viel über ihre Umwelt.

Gehört zu ihrem Spielzeug zum Beispiel ein Puzzle, dann werden sie versuchen, einzelne Puzzleteile in die zugehörigen Aussparungen zu legen. Dazu machen sie anfangs mehrere Versuche. Haben sie durch *Versuch und Irrtum* das passende Puzzleteil gelegt, empfinden die Kinder Freude darüber, das Problem erfolgreich gelöst zu haben. Dieses **Lernen am Erfolg** wird häufig durch Lob der Erwachsenen belohnt.

Kinder beobachten die Personen in ihrer Umgebung genau. Anschließend versuchen zum Beispiel Kleinkinder wie ihre erwachsenen „Vorbilder" ein Musikinstrument zu spielen, mit Werkzeugen umzugehen oder zu schreiben. **Lernen durch Nachahmung** ist bei Kindern besonders häufig. Oft ahmen besonders Kinder auch typische Verhaltensweisen, Ansichten oder „Sprüche" von Erwachsenen oder Gleichaltrigen nach.

In vielen Problemsituationen können Lernen am Erfolg oder Lernen durch Nachahmung nicht zum Ergebnis führen. Zum Beispiel bei vielen mathematischen Aufgabenstellungen muss man zur Lösung vorher Lösungsstrategien überlegen, das Problem gezielt aufgliedern und Zusammenhänge herstellen. Bei diesem **Lernen durch Einsicht** zeigt der Mensch seine Fähigkeit, vorausschauend zu planen und zu handeln.

Zum Lernen gehört auch, dass das, was man lernen will, ins Gedächtnis gelangt und dort gespeichert wird. Beim Lernen werden hauptsächlich Augen, Ohren und Hand als *Eingangskanäle* zum Gehirn benutzt. Lernt man zum Beispiel Vokabeln, kann man sie lesen, sich vorlesen lassen oder schreiben. Dabei bevorzugen viele Menschen einen dieser Eingangskanäle. Je nach *Lerntyp* können sie die Vokabeln besser im Gedächtnis behalten, die sie gelesen oder gehört oder selbst geschrieben haben. Man kann aber auch die Vokabeln auf einer Kassette aufnehmen, das Band abspielen und die Vokabeln zusätzlich abschreiben. Dabei nutzt man zum Lernen mehrere Eingangskanäle. Durch dieses *mehrkanalige Lernen* gelangen Informationen auf ver-

1 Formen des Lernens. *A Versuch und Irrtum; B Nachahmung*

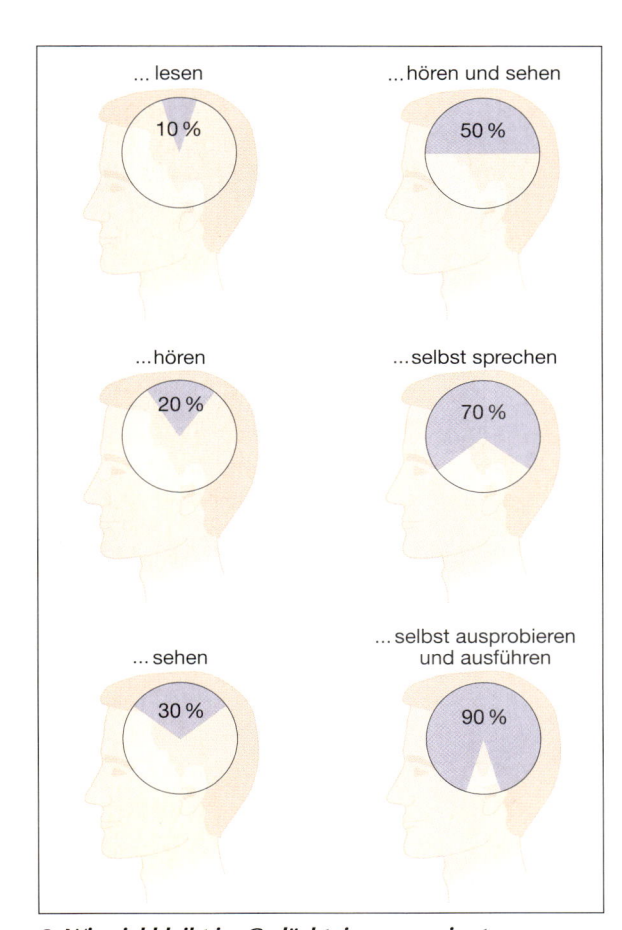

2 Wie viel bleibt im Gedächtnis, wenn wir etwas …

...lesen 10 %
...hören 20 %
...sehen 30 %
...hören und sehen 50 %
...selbst sprechen 70 %
...selbst ausprobieren und ausführen 90 %

3 Was bleibt im Gedächtnis **A** nach wenigen Sekunden; **B** nach 15 Minuten; **C** nach einem Jahr?

schiedenen Wegen ins Gedächtnis. Mehrkanaliges Lernen steigert oft den Lernerfolg.

Alle aufgenommenen Informationen bleiben für etwa 10 bis 20 Sekunden im Bewusstsein erhalten. In diesem **Kurzzeitspeicher** werden die Informationen nach ihrer Bedeutung ausgefiltert. Informationen, die für das Lernen keine besondere Bedeutung haben, werden ausgesondert und gehen verloren. Informationen, die für das Lernen von Bedeutung sind oder sich mit bereits Gelerntem verknüpfen lassen, gelangen in den **mittelfristigen Gedächtnisspeicher.** Dort bleiben die aufgenommenen Informationen für einige Stunden bis Tage erhalten.

Doch diese Informationen sind erst endgültig und lebenslang gespeichert, wenn sie in den **Langzeitspeicher** übergegangen sind. Um diesen Übergang zu erleichtern, müssen zum Beispiel die mittelfristigen gespeicherten Vokabeln regelmäßig wiederholt, eingeübt und angewendet werden. Nur an die im Langzeitspeicher gespeicherten Vokabeln kann man sich auch später noch erinnern.

Im Gehirn werden neu gelernte Erfahrungen und Lerninhalte mit gespeichertem Wissen verknüpft und wiederum gespeichert. So lernt der Mensch ständig dazu und erweitert seinen Wissensstand. Durch diese *Wissenszunahme* ist man in der Lage, neue Problemstellungen zu bewältigen, um sich in seiner Umwelt zurechtzufinden. Entwicklungen und Veränderungen auf den Gebieten der Wissenschaft, Technik, Wirtschaft, Natur und Kultur machen es notwendig, dass man ständig Neues dazulernen muss, um sich orientieren zu können. Man muss also lebenslang lernen.

> Der Mensch lernt sein Leben lang durch Lernen am Erfolg, durch Nachahmung und besonders durch Einsicht. Mehrkanaliges Lernen erleichtert das Behalten des Gelernten im Langzeitspeicher und die ständige Wissenszunahme.

1 Nenne Situationen, in denen Menschen durch Erfolg, Nachahmung oder Einsicht lernen. Erkläre.

2 Berichte, auf welche Weise du erfolgreich Vokabeln lernst.

3 Welche Lernbedingungen können deinen Lernerfolg stören, welche können ihn fördern? Erkläre.

4 Erläutere an den Darstellungen der Abb. 3 die drei Stufen der Informationsspeicherung im Gedächtnis.

Was kann den Lernerfolg stören?
Unruhe durch Lärm, Gespräche, Fernsehen, ...
Stress
Gedanken an Freizeit, ...
Unwohlsein
Sorgen
Lustlosigkeit
Zeitdruck

Was kann den Lernerfolg fördern?
Ruhe
Lust am Lernen
Konzentration
Wohlbefinden
Entspanntsein
Zeiteinteilung
Üben, Wiederholen, Anwenden von Gelerntem

4 Lernbedingungen

Sinnesorgane und Nervensystem

Lernen und Gedächtnis

Übung

V1 Lernen durch Lesen und Hören

Aufgaben A
- 35×4
- $83 + 38$
- $124 - 55$
- 12×11
- 7×13
- 4^3
- 2^5
- $13 + 15 - 10$
- $3 \times 4 - 5$
- 20 % von 60

Material: Stoppuhr; 20 Notizzettel (Karteikarten); Schreibmaterial
Durchführung: Legt Rollen von Testpersonen und Versuchsleiter fest. Der Versuchsleiter schreibt für jeden der beiden Tests jeweils 10 Begriffe aus unterschiedlichen Bereichen wie Tiere, Pflanzen, Städte, Länder, Gewässer oder Gegenstände des Alltags auf die Notizzettel (pro Notizzettel nur ein Begriff).
Test-Lesen: Der Versuchsleiter legt die beschrifteten Notizzettel verdeckt vor die Versuchsperson. Danach deckt er die Notizzettel nacheinander so auf, dass die Versuchsperson nur jeweils 2 Sekunden lang den Begriff lesen kann. In den nächsten 30 Sekunden löst die Versuchsperson Aufgaben A. Anschließend schreibt die Versuchsperson innerhalb von 30 Sekunden möglichst viele der gelesenen Begriffe auf.
Test-Hören: Der Versuchsleiter liest der Versuchsperson im Abstand von jeweils 2 Sekunden jeden Begriff einmal langsam und gut verständlich vor. In den nächsten 30 Sekunden löst die Versuchsperson möglichst viele der Aufgaben B. Anschließend schreibt die Versuchsperson innerhalb von 30 Sekunden möglichst viele der gehörten Begriffe auf.

Aufgaben B
- 45×4
- $63 + 38$
- $134 - 65$
- 11×13
- 6×14
- 3^4
- 5^3
- $14 + 16 - 10$
- $3 \times 5 - 6$
- 20 % von 80

Aufgaben:
a) Notiert die Anzahl der Begriffe, die die Testperson nach dem Lesen und dem Hören richtig behalten hat.
b) Vergleicht die Ergebnisse der beiden Tests.
c) Führt den Versuch mit vertauschten Rollen durch.
d) Vergleicht die Ergebnisse mit denen eurer Mitschülerinnen und Mitschüler.
e) Wie sind die Ergebnisse zu erklären?

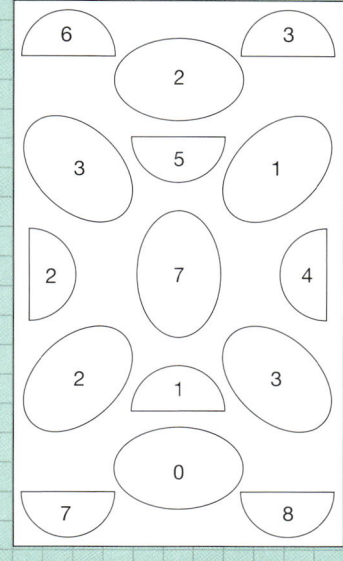

V2 Lernen mit und ohne Störungen

Material: Stoppuhr; Kassettenrekorder (oder Walkman/Discman)
Durchführung: Löse die Aufgabe 1 und notiere, wie viel Zeit du zur richtigen Lösung benötigst.
Spiele ein Musikstück sehr laut (mit Kopfhörer). Löse während der Musik die Aufgabe 2 und notiere wie viel Zeit du zur richtigen Lösung benötigst.
Aufgaben: a) Vergleiche deine beiden Messwerte.
b) Vergleiche deine Messwerte mit den Ergebnissen deiner Mitschülerinnen und Mitschüler.
c) Welche Folgerungen ziehst du aus den Ergebnissen für dein persönliches Lernen?

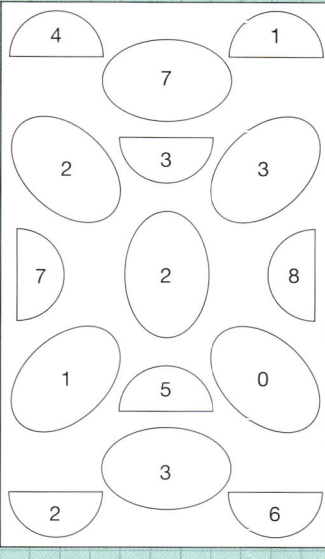

Aufgabe 1: Verdopple die Summe der Zahlen in den Halbkreisen und teile diese durch die Summe der Zahlen in den Ellipsen.

Aufgabe 2: Verdopple die Summe der Zahlen in den Halbkreisen und teile diese durch die Summe der Zahlen in den Ellipsen.

Sinnesorgane und Nervensystem

Prüfe dein Wissen

A1 Benenne die Teile des Auges.

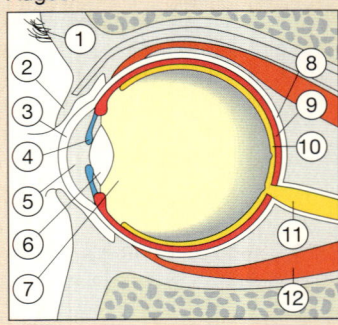

A2 Welche Aussagen sind richtig?
a) Die Netzhaut versorgt das Auge mit Nährstoffen und Sauerstoff.
b) Unter Adaptation versteht man die Entfernungseinstellung des Auges.
c) Die Adaptation geschieht mittels der Iris.
d) Der Ziliarmuskel bewegt das Auge in alle Richtungen.
e) Die Akkommodationsfähigkeit des Auges nimmt mit dem Alter ab.
f) Die Wimpern gehören zu den Schutzeinrichtungen des Auges.

A3 Beschreibe den in den Zeichnungen dargestellten Vorgang.

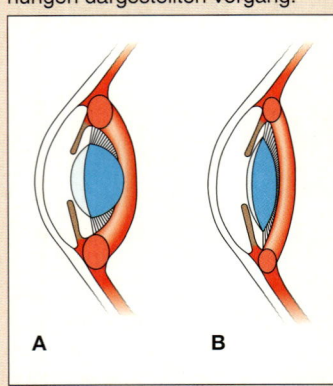

A4 Welche Aussagen sind richtig?
a) Stäbchen sind Lichtsinneszellen für die Farbwahrnehmung.
b) Stäbchen nehmen Grautöne, Zapfen nehmen Farben wahr.
c) Im gelben Fleck befinden sich überwiegend Stäbchen, weshalb man an dieser Stelle am schärfsten sieht.
d) Stäbchen sind lichtempfindlicher als Zapfen und ermöglichen deshalb das Sehen in der Dämmerung.

A5 Du kennst folgende Sehfehler: Kurzsichtigkeit, Alterssichtigkeit, Weitsichtigkeit. Ordne den Sehhilfen Sammellinse und Zerstreuungslinse diejenigen Sehfehler zu, die durch sie korrigiert werden.

A6 Die Abbildung zeigt die Schemazeichnung eines Ohres.
a) Benenne die bezeichneten Teile.
b) Welche Aufgaben haben sie?

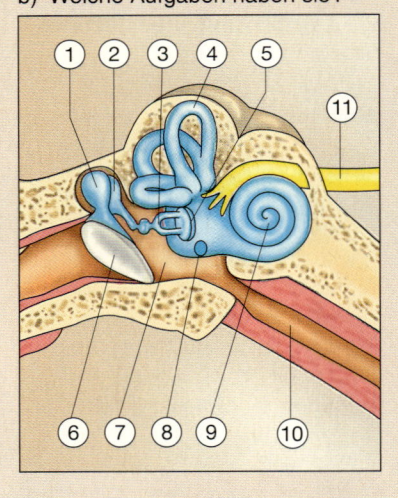

A7 Weshalb können Menschen, die mit einem Ohr schlecht hören, in einem Gruppengespräch einzelne Beiträge nur schwer zuordnen?

A8 Geruchssinn
a) Benenne die bezeichneten Teile.
b) Welche Aufgabe hat die Schleimschicht?

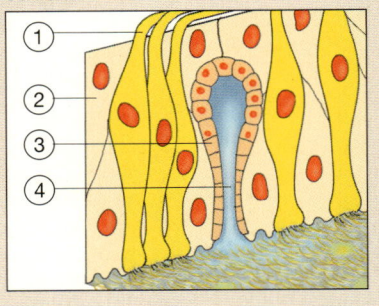

A9 Geschmackssinn
a) Nenne die Geschmacksempfindungen, die du mit der Zunge wahrnehmen kannst.
b) Wie entsteht die endgültige Geschmacksempfindung?

A10 Welche Aussagen sind zutreffend?
a) Das Nervensystem besteht aus Gehirn und Rückenmark.
b) Das Zentralnervensystem steuert alle Nerventätigkeiten.
c) Alle Nervenbahnen, die zum Zentralnervensystem hinführen oder von dort ausgehen, bezeichnet man als peripheres Nervensystem.

A11 Wie heißen die Teile der Nervenzelle?

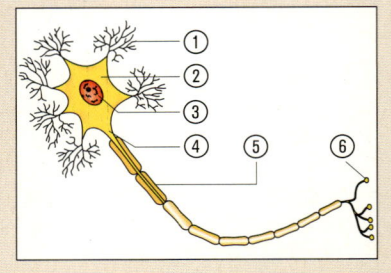

Sinnesorgane und Nervensystem

A 12 Die folgende Zeichnung zeigt einen Bewegungsablauf.

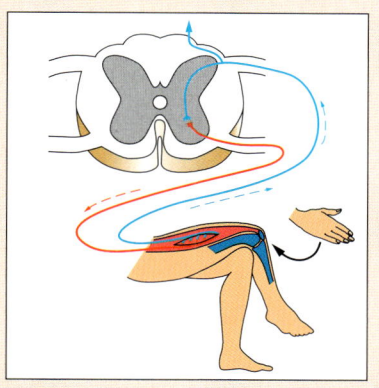

a) Welcher Bewegungsablauf ist in der Zeichnung dargestellt?
b) Beschreibe den dargestellten Bewegungsablauf mithilfe folgender Begriffe: Reflexbogen, Reiz, Bewegungsnerv, Reaktion, Rückenmark, Empfindungsnerv.

A 13 Ordne den Gehirnabschnitten Großhirn, Kleinhirn, Stammhirn die entsprechenden Aufgaben zu.
a) Hier werden Herzschlag, Blutdruck und Atmung überwacht.
b) Es ist das Zentrum der Wahrnehmung.
c) Es stimmt alle Bewegungen des Körpers aufeinander ab.
d) Hier entstehen Gefühle.
e) Es steuert das Gleichgewicht.
f) Hier ist das Wissen eines Menschen gespeichert.

A 14 Beschreibe die Entstehung eines willkürlichen Handlungsablaufes. Benutze dabei folgende Begriffe:
Muskel, sensorischer Nerv, Handlungsablauf (Tasse zum Mund führen), Gegenstand (Tasse), motorischer Nerv, Auge, Gehirn.

A 15 Entscheide, welche Aussagen richtig sind.
a) Das vegetative Nervensystem besteht aus Sympathikus und Parasympathikus.
b) Der Sympathikus wird auch als „Erholungsnerv" bezeichnet.
c) Der Parasympathikus sorgt für Entspannung und Ersatz des verbrauchten Energievorrats.
d) Über das sympathische System wird die Leistungsfähigkeit des Körpers erhöht.

A 16 Was gehört zum Verhalten eines Menschen oder Tieres? Finde das Zutreffende heraus:
a) alle erkennbaren Bewegungen,
b) die Körpergestalt,
c) die Körperhaltungen,
d) die Lautäußerungen,
e) Reizbarkeit.

A 17 Die Abbildung zeigt Merkmale des Kindchenschemas.

a) Nenne mindestens vier Merkmale.
b) Welches Verhalten können die Reize auslösen?

A 18 Auf welche Weise lernen Tiere? Nenne drei Formen und belege sie jeweils mit einem Beispiel.

A 19 Nenne vier Beispiele für angeborene Verhaltensweisen beim Menschen.

A 20 Gib in einem Satz die Erklärung für den Begriff „Reflex".

A 21 Die Merkmale in der Gesichtsmimik der Zeichen A–C zeigen ein bestimmtes Verhalten und lösen beim Betrachter bestimmte Gefühle und Empfindungen aus.

a) Welchen Eindruck vermitteln die Zeichen?
b) Welche Merkmale der Mimik sind typisch für den jeweiligen Gefühlsausdruck?

A 22 Welche der aufgeführten Aussagen kannst du als Tipps für erfolgreiches Lernen weitergeben?
a) Lernstoff sollte über viele Sinne aufgenommen werden.
b) Man sollte im Unterricht nur still zuhören und seine Hausaufgaben anfertigen.
c) Wenn man kurz vor einer Klassenarbeit lernt, kann man den Lernstoff besser im Langzeitgedächtnis behalten.
d) Man sollte Gelerntes regelmäßig wiederholen und anwenden.
e) Zum erfolgreichen Lernen ist es egal, ob, wann und wo man seine Hausaufgaben macht.

Register

Fette Seitenzahlen weisen auf ausführliche Behandlung im Text oder auf Abbildungen hin;
f. = die folgende Seite; ff. = die folgenden Seiten.

A

Abteilung 22
Abwehrzellen **148 f.**
Acker-Rittersporn **46**
Adaptation **160 f.**, 168
AGENDA 21 **92**
AIDS **153 ff.**
Akkomodation **162**, 168
aktive Immunisierung 150
Algen 14, 70, 74
Algenblüte **73**
Allergie 124, **152**
Alterssichtigkeit **167**
Ameisen **54 f.**
Ameisennest **54 f.**
Angina pectoris **136**
Anopheles-Mücke **147**
Antikörper 148, 150, 153
Art 16, **25**
Artenrückgang **88**
Artenschutz **88**
Artensterben **37**
Artenzunahme **90**
Arterien **121 ff.**
Arteriosklerose **136 f.**
Assel **56**
Asthma 124, **152**
Atemorgane **120 ff.**
Atemvolumen **125**
Atmung **120 ff.**
Atropin **180**
Atemfrequenz 123
Auenwald **47**
Auge **160 ff.**
Augenerkrankungen 165
Augenlinse **161 f.**
Außenohr **170**

B

Baggersee **75**
Bahndamm **79**
Bakterien **142 ff.**, 149
Bakterienforschung 143
Bauchatmung **121**, 125
Baumarten, Verteilung **34 f.**
Baummarder **53**
Baumschicht 38
Bedecktsamer 14
Befruchtung **112**
– künstliche **117**
Beratungsstelle 118
Bestandsaufnahme **50**
Bestimmungsübung **20**
Bewegungsnerv **181 f.**
Bewegungssinn **173 f.**
Bezugsperson 116
Bildentstehung **162 f.**
Bilharziose 140

Bindehautentzündung 165
biologisches Gleichgewicht 71
Biosphäre **32**
Biotop **33**
Biozönose **32 f.**
Blätterpilze **48 f.**
Blattformen **18**
Blattgewebe 10
Blattläuse 55
Blattlauskolonie **55**
blinder Fleck **161**, 168
Blut **128 ff.**
Blutdruckmessung **135**
Blütenstand **40 f.**
Blutflüssigkeit **128 f.**
Blutgerinnung 128
Blutgruppen **133**
Bluthochdruck **135**
Blutkapillare **122**, 130
Blutkreislauf **128 ff.**
Blutplasma **129**
Blutplättchen **128 f.**
Blutserum **129**
Bluttransfusion 133
Bluttransport **130 f.**
Blutübertragung 133
Blutzellen **128 f.**
Bodenarten 34
Bodenbrüter **52**
Bodenorganismen **56 f.**
Borkenkäfer **63**
Borstenschwanz 57
Brandrodung **37**
Brennnessel, Große **46**
Brombeere **39**
Bronchien **120 f.**, 124
Bronchitis **124**
Bruchwald **35**
Brustatmung **121**, 125
Brutplätze **52**, **69**, 82
Buchecker 40
Buchenwald **34**
Buschbrüter **52**

C

Chlorophyll **14**
Chlorophyllkorn, s. Chloroplast
Chloroplast **6**, **10**
Cholera 143, **145**
Curare **180**

D

Dachs **53**
Dendrit **179 f.**
Designer-Drogen **188**
Destruenten **71**
Diastole **131**, **135**

Diffusion **122**
Dioptrien **169**
Drehsinn **173 f.**
Drogen **187 ff.**

E

Ecstasy 187
Eibläschen **104 f.**
Eichelhäher **52**
Eichenwald **34**
Eichhörnchen **193**
einhäusig **40**
einkeimblättrige Pflanzen **19**
Einnistung **112**
Einzeller, Übersicht **28**
Eirollbewegung **191**
Eisprung **104 f.**
Eisvogel **65**
Eizelle **45**
EKG **136**
Elektronenmikroskop 8
Elektrosinneszellen **175**
Embryo
– Mensch **112**
– Pflanze 14
Embryonalentwicklung **112 f.**
Empfängnisverhütung **109 f.**
Empfindungsnerv **181 f.**
Energiefluss **59**
Energiegewinnung **122**
Energieverbrauch **92**
Entwicklung, Kind **116**
Erektion 107
Erlerzone **64 f.**, 69
Erregungsleitung **178 ff.**
erste Hilfe **138**
Erythrozyten **129**

F

Familie, Pflanze **25**
Familienplanung **109**
Farbmischung **163**
Farb-Sehtest **163**
Farne **45**
Farnpflanzen **14**
Faulbaum **39**
Fäulnisbewohner 48
FCKW 85, **86**
Feldrain **16 f.**
Fensterfraß **57**
Fernsicht **162**
Fetus **112 f.**
Feuchtzeiger **47 f.**
Feuchtwiese **88**
Fibrin **128**
Fichtenwald **35**
Fieber **151**
Fische, Übersicht **26 f.**
Fliegenpilz **48**

Fluss-Seeschwalbe **68**
Follikel **104 f.**
Fortpflanzung, geschlechtliche
– Mensch **96 ff.**
– Pflanze **44 f.**
– Tier **54 f.**
Fortpflanzung, ungeschlechtliche
– Pflanzen **44 f.**
fotografieren **162**
Franzosenkraut **17**
Frauenhaarmoos **44**
Fresszellen **148 f.**
Froschlöffel **66**
Fruchtblatt **14**
Frühblüher **42**
Fuchsbandwurm **60**
Fühlersprache 54
Fußpilz **141 f.**

G

Gallenröhrling **49**
Gasaustausch **122 f.**
Gattung 16, **25**
Gebärmutter **105**, 112
Geburt **112 ff.**
Gedächtnis **199 f.**
Gedächtniszellen **148 f.**
Gehirn **183 ff.**
gelber Fleck 161
Gelbrandkäfer **65**
Generationswechsel **45**
Geruchssinn **176 f.**, 192
Geschlechtshormone 102, **104**, **106**, **108**
Geschlechtskrankheiten **111**
Geschlechtsmerkmale **102**, **106**
Geschlechtsorgane
– Frau **102**
– Mann **106**
– Pflanze **45**
Geschmackssinn **176 f.**, 192
Gesundheitsrisiken 124, **126**, **137**, **144 f.**, **155**, **165**, **187 f.**
Getreidearten **17**
getrenntgeschlechtlich **40**
Giersch **46**
Giftpilze **48 f.**
Giftstoffe **126 f.**
Gliederfüßer, Übersicht **29**
Goldrute **46**
GOODALL **190**
Graureiher **65**
Großhirn **183**
Großhirn-Hemisphären **185**
Grubenorgan (Schlange) **175**
Grundwasser **87**
grüne Inseln (Stadt) **80 f.**

H

Halbparasit **60**
Halluzinationen **188**
Hämoglobin **123**
Handgreifreflex **197**
Haschisch **187**
Haubentaucher **65, 69**
Haussperling **82**
Hausstaubmilbe **152**
Hecht **64, 71**
Heidekraut **46**
Heilimpfung **150**
Herzinfarkt **136**
Herpes **111, 142**
Herz **122 f., 130 f.**
Herzerkrankungen **136 f.**
Herzkranzgefäße **131, 136**
Herzrhythmusstörung **137**
Herzschrittmacher **137**
Heuschnupfen **152**
Hirnanhangsdrüse **183**
HIV **153 ff.**
Höhlenbrüter **52**
Holunder, Schwarzer **39, 47**
homosexuell **99**
Honigtauernte **55**
HOOKE **8**
Hörgrenzen **172**
Hormondrüsen **104, 108, 183**
Hormone **104, 106, 108**
Hornisse **52**
Hornmilbe **56 f.**
Hörsinneszellen **171 f.**
Hörtest **174**
Hörvorgang **170 f.**
Hörzentrum **185**
Hospitalismus **197**
Humus **56**
Hunderassen **25**
Hyphen **48, 141**

I

immergrüne Gewächse **41, 43**
Immunsystem **148 ff.**
Impfpass **150**
Impfplan **151**
Impfungen **150 f.**
Individuum **32**
Industriebrache **79**
Infektionskrankheiten **140 ff.**
Infektionswege **140**
Inkubationszeit **141, 144**
Innenohr **170 ff.**
Innenparasit **60**
Insektenlarven **55**
Instinktverhalten **191, 196 f.**
In-vitro-Fertilisation **117**
Iris **160**

J

Jaguar **36**

K

Käferlarve **57**
Kalkzeiger **47 f.**
Kamera **162**
Kamille **17**
Kammmolch **64**
Karthäusernelke **46**
Kehlkopf **120**
Kiefernwald **34**
Killerzellen **148**
Klappzunge **191**
Klasse **22 f., 25, 28 f.**
Klatschmohn **16**
Kleiber **53**
Kleinhirn **183**
Kleinlebensräume **78 f.**
Klimakatastrophe **85**
Klimaverbesserer, Wald **61**
Kniesehnenreflex **182**
KNOLL **8**
Knollenblätterpilz, Grüner **49**
Knopfkraut **17**
KOCH **143**
Kohlenstoffdioxid-Ausstoß **92**
Kohlenstoffdioxid-Konzentration **85**
Kohlenstoffdioxid-Nachweis **125**
Konsumenten **58 f., 70 f.**
Kontaktlinsen **167**
Kontaktverhalten **196**
Korbblütengewächse **17, 20**
Kornblume **16 f.**
Kornelkirsche **39**
Krankheitserreger **140 ff.**
Krautschicht **38**
Krebserkrankungen **124, 126**
Kreislauferkrankungen **136 f.**
Kreislauforgane **120 ff.**
Kreislaufsystem **130 f.**
Kreuzblütengewächse **20**
Kriechtiere, Übersicht **26 f.**
Kriechweide **15**
Kronenbrüter **52**
Krummholzzone **35**
Kuhschelle **46**
Kurzsichtigkeit **167**

L

Lagesinn **173**
Landschaftsschutzgebiet **89**
Lärm **172**
Latschenkiefer **35**
Laubbaum **40**
Laubmoose **14**
Laubwälder **34 f., 42 f.**
Lebensgemeinschaft **33**
Lebensgrundlagen, Gefahren **84 ff.**
Lebensmittelvergiftung **144 f.**
Lebermoose **14**
LEEUWENHOEK **8**
Leitbündel **19**
Lernen
– am Erfolg **195, 199**
– durch Einsicht **199**
– durch Gewöhnung **195**
– durch Nachahmung **194 f., 199**
– durch Versuch und Irrtum **195, 199**
– Übungen **200**
Leukozyten **129**
Libellen **64, 88**
Libellenlarve **64, 74**
Lichtsinneszellen **161**
Lidschlussreflex **182, 191**
Liebe **99**
Liliengewächse **20**
Linsen **9**
Lippenblütengewächse **20 f.**
Lochfraß **57**
Luftschadstoffe **62 f., 84**
Lunge **120 ff.**
Lungenarterie **121 f.**
Lungenbläschen **121 ff.**
Lungenkrebs **124**
Lungenvene **121 f.**
Lupe **6, 9**
Lurche, Übersicht **26 f.**
Lymphgefäßsystem **132**
Lymphknoten **132, 148 f.**
Lymphozyten **132**

M

Mais **19**
Malaria **147**
Mammutbaum **15**
Marone **48**
Masern **146**
Mauer **78 f.**
Mauersegler **83**
Mehlschwalbe **83**
Menstruation **104 f.**
Mikroorganismen **56 f., 141**
Mikroskop **6 ff.**
Mikroskopieren **12 f., 134**
Milz **149**
Milzbrand **143**
Mischwald **38**
Mistel **60**
Mistkäfer **57**
Mitochondrium **180**
Mittelhirn **183**
Mittelohr **170**
Mohngewächse **16, 20**
Moose **14, 44**
Moosschicht **38**
Mückenlarve **57**
Mundschleimhaut **11, 13**
Mykhorriza **48**
Myzel **48**

N

Nabelschnur **112 f.**
Nachhaltigkeit **92**
Nacktsamer **14, 41**
Nacktschnecke **52**
Nadelbaum **40**
Nadelwald **35**
Nährgewebe **14**
Nahrungsbeziehungen **58 f., 70 f.**
Nahrungskette **58, 70 f.**
Nahrungsnetz **58, 70**
Nahrungspyramide **59**
Nahsicht **162**
Nationalpark **89, 91**
Naturschutz **89 f., 91**
Naturschutzgebiet **89, 91**
Nerven **178 ff.**
Nervenfaser **178 f.**
Nervensystem **158 ff., 178 ff.**
Nervenzelle **161, 178 ff.**
Nesseltiere, Übersicht **28**
Netzhaut **161**
Neurit **180**
Nickelallergie **152**
Nikotin **126 f., 180**
Nische, ökologische **54, 68**
Nitrat-Bestimmung **74**

O

Ohr **170 ff.**
Ökologie **32**
ökologische Nische **54, 68**
ökologische Potenz **47**
Ökosystem **32 ff.**
– Wald **34 f.**
– See **64 ff.**
– Stadt **76 ff.**
optische Täuschungen **166**
Orchidee **36**
Ordnungen **22, 29**
Ozon **84 ff.**
Ozonkiller **86**
Ozonloch **86**

P

Paarbeziehungen **98 f.**
Panterpilz **49**
Paragraf 218 **118**
Parasit **15, 48, 60**
Parasympatikus **186**
Paratyphus **145**
Partnerschaft **98 f.**
passive Immunisierung **150**
PASTEUR **143**
PAWLOW **194**
peripheres Nervensystem **178**
Perlpilz **49**
Pfahlwurzel **41**
Pflanzenfamilien **16 f., 20 f.**
Pflanzengesellschaften **78 f.**
Pflanzenorgane **18**
Pflanzenreich **22 f.**
Pflanzensystem **22 f.**
Pflanzenzonen, See **64 f.**

Register

Pflasterritze **78**
pH-Wert **47**
Pigmentschicht 161
Pilze **48f.**
Plankton 74
Plasmazellen 148
Plattwürmer, Übersicht 28
Plazenta 112
Plötze 64
Pollen 152
Population 32
Potenz, ökologische 47
Prägung **194**
Produzenten **58f.**, 70
Pubertät **96**, **102f.**, **106f.**
Puls **134**
Pupille **160**
Puppe, Insekt 55

Q

Queller 46

R

radioaktive Strahlung 159
Rafflesia 15
Rauchen 124, **126f.**
Raucherhusten 124
Reflexbogen 191
Reflexe **181f.**, **191**, **194**, **197**
Reflexhandlung **181f.**
Regenwald, tropischer **36f.**
Regenwurm 56
Reiherente 68
Reiz-Reaktions-Mechanismus **184**
Reiz-Reaktions-Verhalten **191**
Renaturierung **75**, **89f.**
Rhesusfaktor 133
Rhizoid 14, **44**
Richtungshören **171**, **174**
Riechsinneszellen (Hund) 175
Riesentukan 36
Rindenfelder (Gehirn) **185**
Rinderherz 134
Ringelwürmer, Übersicht 29
Röhrenpilze **48f.**
Röhricht **64f.**, 69
Röntgenstrahlen 159
Rotauge **70f.**
Rotbuche 40
rote Blutkörperchen **128f.**
rote Liste 88
Rote Waldameise **54f.**, 57
Röteln 151
Rotschenkel 89
Rückenmark **181**
Rückenschwimmer 64
Rundwürmer, Übersicht 28
RUSKA 8

S

Saatmohn **16f.**
Saftkugler 56
Salmonellen 144
Samenpflanzen 14
Sandmohn 16
Saprophyt 48
Satanspilz **49**
Sauerampfer, Kleiner 46
Sauerklee 46
Säugetiere, Übersicht **26f.**
Säugling **196f.**
Saugreflex **197**
saurer Regen 63
Schädlingsbekämpfung, biologische 55
Schall **172**
Schattenblatt 40
Schattenpflanzen **42f.**
Schaumkraut, Bitteres 47
Schilfrohr 67
Schimpanse 190
Schlammschnecke 64
SCHLEIDEN 8
Schleiereule 82
Schleimhäute **120f.**, 124, **176f.**
Schlupfwespe 60
Schmarotzer 48
Schmetterlingsblütengewächse 20
Schnakenlarve 56
Schnecke (Ohr) **170ff.**, 174
Schnittpräparat 13
Schnupfen 24
Schnurfüßer 56
Schreiweinen **196f.**
Schuppenwurz 60
Schutzimpfung **150f.**
Schutzwald **61**
Schwämme, Übersicht 28
Schwan 64
Schwangerschaft **112f.**
SCHWANN 8
Schwärmer **45**
Schwimmblatt 15
Schwimmblattzone **64f.**, 69
See **64ff.**
– Belastungen **72f.**
Seerose **66f.**
Segelklappe 131
Sehen
– farbliches 163
– räumliches **168**, **162f.**
Seh-Erinnerungs-Zentrum **184f.**
Sehfehler 167
Sehnerv 161
Sehzentrum **162f.**, **184f.**
Seitenlinienorgan 175
Selbstreinigung 71
Sexualität **96ff.**
Siedlungsfolger 82
Sinnesorgane **158ff.**
Skelettfraß 57
Smog 84
Sonnenblatt 40

Sonnenblume 17, 19
Specht **52f.**
Spermien **106**, **108**
Spielverhalten 195
Sporen 14, **45**
Sporenbild 50
Sporenkapsel **44f.**
Sporenpflanzen 14, **44f.**
Sporenträger 44
Sprachzentrum **185**
Sprossachsenformen 18
Spuren im Wald **50f.**
Stachelhäuter, Übersicht 28
Stadttiere **82f.**
Stammbrüter 52
Stammhirn **183**
Steinläufer 56
Steinmarder 83
Steinpilz **49**
Stickstoffzeiger **47f.**
Stiefmütterchen 17
Stockente 64, **68f.**
Stockwerkaufbau 38
Stoffkreislauf 71
Straßenrand 78
Strauchschicht **38f.**
Streuschicht **56f.**
Stubenfliege 83
Süßgräser **17**, **20**
Symbiose **48**, **55**
Sympathikus **186**
Synapsen 180
Synapsengifte 180
Syphilis 111
Systole 131,**135**

T

Tang 14
Taschenklappe 131
Taube 83
Tauchblattzone **64f.**
Tausendfüßer 56
Teichhuhn 65
Teichmuschel 64
Teichrohrsänger **64**, 69
Temperatursinn 192
Termitenangeln 195
T-Helfer-Zellen 148, **153f.**
Thrombozyten 129
Thymusdrüse 149
Tierreich 24
Tierstaat **54f.**
Tierstämme **28f.**
Tiersystem **24f.**
Treibhauseffekt 85
Treibhausgase 85
Trichomoniasis 111
Trinkwasser 87
Tripper 111
Trollblume 46
Tuberkulose 143
Tunnelblick 188
Tüpfel 10
Türkenbundlilie 47
Turmfalke 82
Typhus 145

U

Überdüngung **72f.**
Ultraschallhören 175
Umweltfaktoren
– abiotische **32**, **34f.**, **42f.**, **47f.**
– biotische 33
Ungeborenen-Schutz 118
Unterabteilung **22f.**
Unterart 25
Ureinwohner 36

V

Vakuole **10**
vegetatives Nervensystem **186**
Veilchengewächse **17**, **20**
Venen **121ff.**
Venenklappe 130
Verantwortung **98f.**
Vergrößerungen 9
Verhalten **190ff.**
– angeborenes **191**, **193**, **196f.**
– erlerntes **193**
– instinktives **191**, **193**, **196f.**
– Mensch **196ff.**
– Tier **190ff.**
Verhütungsmittel 110
verlängertes Mark 183
Vertrauen 99
Verwandtschaft, Pflanzen **16f.**
Victoria 15
VIRCHOW 8
Viren **142**, **146**, **153**
Vögel, Übersicht **26f.**
Vollparasit 60
von BEHRING 143
Vorkeim **45**

W

Wald **34ff.**
– Belastungen **62f.**
– Gefährdung **62f.**
– Leistungen **61**
Waldboden **56f.**
Wald-Champignon **49**
Waldkiefer 41
Waldmaus 52
Wald-Memory **50**
Waldrebe, Gemeine 39
Waldrodung 63
Wald-Sauerklee 46
Waldschäden 62
Waldtiere **52ff.**
Waldzerstörung 37
Wanderratte 82
Wasserfloh 70
Wasserfrosch 65
Wasserhahnenfuß 66
Wasserhaushalt **61**, **77**

Wasserknöterich **66**
Wasserläufer 64
Wassernutzung **87**
Wasserpest **6, 10, 12**
Wasserschutzgebiet **87**
Wasserspeicherung **44**
Wasseruntersuchung **74**
Wasservögel **68 f.**
Wattenmeer 89
Weichtiere, Übersicht **29**
Weißdorn, Zweigriffliger **39**
weiße Blutkörperchen **128 f.**, 148
Weißstorch **88**
Weitsichtigkeit **167**

Werbung **198**
Wildverbiss **63**
Wirbellose, Übersicht **28 f.**
Wirbeltiere, Übersicht **26 f.**
Wolfsspinne **57**
Wurmfarn **45**
Wurzelformen **18**
Wurzelschicht **38**

Z

Zapfen **41**
Zecken **142**
Zeigerpflanzen **47 f.**

Zellatmung **122 f.**
Zelle **6, 8**
– Pflanze **10**
– Tier **11**
Zellforschung **8**
Zellkern **10 f.**
Zellmembran **10 f.**
Zellplasma 6, **10 f.**
Zellsaft 10
Zellulose 10
Zellwand **10**
Zentralnervensystem **178**
Ziliarmuskel 162
Zirbeldrüse **183**
Zunge **176 f.**

zweikeimblättrige Pflanzen **19**
Zwergfüßer **57**
Zwergwasserlinse **15**
Zwiebelpräparat **12**
Zwillinge 112
Zwischenhirn 183
Zyklus, weiblicher **104 f.**

Bildquellenverzeichnis

Trotz entsprechender Bemühungen ist es nicht in allen Fällen gelungen, den Rechtsinhaber ausfindig zu machen. Gegen Nachweis der Rechte zahlt der Verlag für die Abdruckerlaubnis die gesetzlich geschuldete Vergütung.

Titel (Prachtlibelle): Hartl/Okapia, Frankfurt; Titel (Seerose): Grzimek/Okapia, Frankfurt; 3.1A: Minkus, Isernhagen; 3.2 Creativ Collection, Freiburg; 4.1: Zeeb, Holzgerlingen; 5.1: Herden, Extertal; 5.2: Beck/Mauritius, Mittenwald; 6.1, 8.1: Minkus, Isernhagen; 8.3–8.5, 9.1: Dr. Jaenicke, Rodenberg; 9.2, 10.1A: Minkus, Isernhagen; 10.1B: Nature + Science, Vaduz; 11.1A: Minkus, Isernhagen; 11.1B: Karly, München; 13.1A, 13.3: Dr. Jaenicke, Rodenberg; 14.1: Greiner/Greiner + Meyer, Braunschweig; 14.1A: Vock/Okapia, Frankfurt; 14.1B: Schrempp/Greiner + Meyer, Braunschweig; 14.1C: Dr. Pott/Okapia, Frankfurt; 14.1D: Hanneforth/Silvestris, Kastl; 14.1E: Reinhard/Okapia, Frankfurt; 15.2A: fm/Mauritius, Mittenwald; 15.2B: Compost/Okapia, Frankfurt; 15.2C: Dr. Pott/Okapia, Frankfurt; 15.2D: Naroska F./Silvestris, Kastl; 16.1A: Günter/Okapia, Frankfurt; 16.1B: Soontag/Okapia, Frankfurt; 16/17.2: Grzimek/Okapia, Frankfurt; 19.1A: Reinhard/Okapia, Frankfurt; 19.2A: Greiner/Greiner + Meyer, Braunschweig; 22.1A–C: Starke, Leipzig; 22.1D: Dr. Jaenicke, Rodenberg; 22/23.2: Thonig/Mauritius, Mittenwald; 26.1: Reinhard/Angermayer, Holzkirchen; 26.2: Angermayer, Holzkirchen; 27.1: Foott/Okapia, Frankfurt; 27.2: Dalton/Silvestris, Kastl; 27.3: Lenz/Silvestris, Kastl; 32.1: Creativ Collection, Freiburg; 32.1A: Glammeier, Hannover; 32.1B, 34.2: Thonig/Mauritius, Mittenwald; 34.3: Dr. Philipp, Berlin; 34.4: Tönnies, Laatzen; 35.5–6: Dr. Philipp, Berlin; 35.7: Reinhard/Okapia, Frankfurt; 36.1: Walz/Silvestris, Kastl; 36.2: Dr. Philipp, Berlin; 36.3: Montford/BIOS/Okapia, Frankfurt; 36.4: Harding/Silvestris, Kastl; 37.2: Kiepke/Naturbild/Okapia, Frankfurt; 37.3: Wendler/Okapia, Frankfurt; 38.1A: Dr. Philipp, Berlin; 40.1A: Schacke/Okapia, Frankfurt; 40.1B: Tönnies, Laatzen; 40.2: Dr. Pott/Okapia, Frankfurt; 41.1A: Silvestris, Kastl; 41.1B, 41.2: Dobers, Walsrode; 42.1, 43.3, 44.1A–B: Tönnies, Laatzen; 44.3A: Dobers, Walsrode; 45.1A: Schäfer/Okapia, Frankfurt; 45.1B: Dobers, Walsrode; 46.1, 46.1A: Starke, Leipzig; 46.1B: Heppner/Silvestris, Kastl; 46.1C: Tönnies, Laatzen; 48.1B–C: Reinhard/Okapia, Frankfurt; 48.1D: Angermayer, Holzkirchen; 49.2: Reinhard/Angermayer, Holzkirchen; 49.3: Radtke, Hilchenbach; 49.4: Rolfes/Silvestris, Kastl; 49.5: Reinhard-Tierfoto, Heiligkreuzsteinach; 49.6–7: Heppner/Silvestris, Kastl; 52.2A: NHPA/Silvestris, Kastl; 52.2B: Laub/Okapia, Frankfurt; 52.2C: Schmidt/Okapia, Frankfurt; 52.2D: Lenz/Silvestris, Kastl; 52.2E: Pfletschinger/Angermayer, Holzkirchen; 53.2F: Silvestris, Kastl; 53.2G: Wothe/Silvestris, Kastl; 53.2H: Reinhard-Tierfoto, Heiligkreuzsteinach; 54.1A–D: Pfletschinger/Angermayer, Holzkirchen; 56.1 Lupe: Kage/Okapia, Frankfurt; 60.1A: Dr. Philipp, Berlin; 60.3: Kunz/Okapia, Frankfurt; 61.1A–B: Wellinghorst, Groß Mimmelage; 61.1C, 62.1A–62.1B: Dr. Philipp, Berlin; 63.2: Pott/Okapia, Frankfurt; 63.3: Danegger/Okapia, Frankfurt; 63.4: Dr. Philipp, Berlin; 66.2: Tönnies, Laatzen; 67.2: Beuck, Helvesiek; 69.1: Dr. Philipp, Berlin; 69.4: Arndt/Silvestris, Kastl; 70.1: Wellinghorst, Groß Mimmelage; 72.1: Kuhn/Okapia, Frankfurt; 72.2: Dr. Philipp, Berlin; 72.3: Grzimek/Okapia, Frankfurt; 73.6: Fabian, Hannover; 73.7: Schmidt/Silvestris, Kastl; 73.8: Dr. Philipp, Berlin; 74.2: Simper, Wennigsen; 75.1A: Wellinghorst, Groß Mimmelage; 76.1A: Dr. Wagner/Silvestris, Kastl; 77.3: Dobers, Walsrode; 78.1A–B, 78.2A–B, 79.4A–B: Rabisch, Duingen; 79.5A: Dobers, Walsrode; 79.5B: Dr. Philipp, Berlin; 80.1: Möller/Okapia, Frankfurt; 80.2: Dobers, Walsrode; 80.3: Rosing/Silvestris, Kastl; 81.4: Dobers, Walsrode; 81.5: Behrens, Lehrte; 81.6: Dobers, Walsrode; 82.1: Buchhorn/Silvestris, Kastl; 82.2, 82.3A–B: Reinhard-Tierfoto, Heiligkreuzsteinach; 82.3C: Bahr/Okapia, Frankfurt; 83.1D: Lothar/Silvestris, Kastl; 83.3E: Reinhard/Okapia, Frankfurt; 83.3F: Reinhard-Tierfoto, Heiligkreuzsteinach; 83.4: Danegger/Silvestris, Kastl; 83.5: Vock/Okapia, Frankfurt; 84.1A: Schwirtz/Silvestris, Kastl; 84.2B: Zeeb, Holzgerlingen; 86.1: Hubatka/Mauritius, Mittenwald; 86.2: ESOC, Darmstadt; 88.1: Thielscher/Silvestris, Kastl; 88.1A: Angermayer, Holzkirchen; 89.1A–D: Bayerisches Landesamt für Wasserwirtschaft, München; 89.2A: Dobers, Walsrode; 89.2B: Okapia, Frankfurt; 91.1: Elfner/Angermayer, Holzkirchen; 91.2A: Schillinger, Nürnberg; 91.2B: Glinski, Berlin; 91.2C: Runge, Otterberg; 91.3: Ziesler/Angermayer, Holzkirchen; 92.1: N. Y. Gold/Zefa, Düsseldorf; 93.2: Raab Karcher Energieservice GmbH, Münster; 96.1: Zeeb, Holzgerlingen; 96.2, 98.1A–D: Minkus, Isernhagen; 98.1E: Fabian, Hannover; 99.1F: Behrens, Lehrte; 99.1G: Fabian, Hannover; 100.1: Minkus, Isernhagen; 100.3: Dobers, Walsrode; 101.1–3, 102.1, 104.1A–B, 106.1A: Minkus, Isernhagen; 108.1A: Prof. Wanner/Karly, München; 109.1, 109.3: Minkus, Isernhagen; 111.1: eye of science, Reutlingen; 113.4B: Bromhall/Okapia, Frankfurt; 114.1A: Cortier/Okapia, Frankfurt; 114.1D: Leiber/Picture Press, München; 115.1: Minkus, Isernhagen; 116.1A: Guenther/Mauritius, Mittenwald; 116.1B–D: Tönnies, Laatzen; 116.1E: Worm; 118.1: Minkus, Isernhagen; 119.3: Schuchardt, Göttingen; 120.1: Herden, Extertal; 120.2: Fabian, Hannover; 124.1: Minkus, Isernhagen; 125.1: Tegen, Hambühren; 126.1–2: Minkus, Isernhagen; 128.1A: Telner/Okapia, Frankfurt; 128.1B: Meckes/Ottawa/eye of science, Reutlingen; 128.2: eye of science, Reutlingen; 133.1A: Cortier/Okapia, Frankfurt; 134.2A–B: Behrens, Lehrte; 134.3: Dobers, Walsrode; 135.1A: Behrens, Lehrte; 135.1B: 2+3d design, Düsseldorf; 136.1: Habel/Mauritius, Mittenwald; 136.3: CNRI/Okapia. Bilder pur, München; 137.5: Biophoto Ass./ScienceSou./Okapia, Frankfurt; 140.1A: Beck/Mauritius, Mittenwald; 140.1B: Bühler, Offenburg; 142.2: Neufried/Okapia, Frankfurt; 142.4: Hecker/Silvestris, Kastl; 142.5: Biophoto/Science Sou/Okapia, Frankfurt; 143.1: Hoechst AG, Frankfurt; 144.1B: Proll/Deutscher Kleintierzüchter; 144.1B–C: Dobers, Walsrode; 146.1A: Keystone, Hamburg; 147.1: Bruckner/Silvestris, Kastl; 148.1: Minkus, Isernhagen; 149.4: Meckes/Institut für Wissenschaftliche Fotografie Kage, Lauterstein; 151.1: Behrens, Lehrte; 151.2: LP/Laenderpress, Mainz; 151.4: Behrens, Lehrte; 152.1A: Burgess/Science Photo Library/Focus, Hamburg; 152.1B: Prof. Wanner/Karly, München; 152.1C: Auli/Mauritius, Mittenwald; 152.2: eye of Science/Focus, Hamburg; 152.3: Science Photo Library/Focus, Hamburg; 153.1A–B: Minkus, Isernhagen; 153.3 A: Gelderblom/Bayer AG, Leverkusen; 156.1–3: Müller, Solingen; 158.1: Minkus, Isernhagen; 159.1: Dr. Reinbacher, Kempten; 160.1A–B: Behrens, Lehrte; 160.2A–B: Rabisch, Duingen; 162.1A–B, 162.2A–B: Mathias, Reutlingen; 164.1A: Canon Euro-Photo GmbH, Willich; 164.2A–B, 165.1: Tegen, Hambühren; 165.2: Oerlikon Schweißtechnik, Eisenberg; 165.4: ALPINA eyewear, Friedberg-Derching; 165.5: Dr. Reinbacher, Kempten; 166.6: aus: Bild der Wissenschaft „Chip spezial aktiv", Einlage vor Seite 51; 168.1–2: Fabian, Hannover; 170.2: Behrens, Lehrte; 172.1A–B: Institut für Wissenschaftliche Fotografie Kage, Lauterstein; 173.1: dpa, Frankfurt; 174.2: Fabian, Hannover; 175.2: Schwind/Okapia, Frankfurt; 175.4: Zollkriminalamt, Köln; 175.5: Reinhard/Angermayer, Holzkirchen; 176.1A: Fabian, Hannover; 177.2: Staatliche Lehr- und Forschungsanstalt für Landwirtschaft, Weinbau und Gartenbau, Neustadt an der Weinstraße; 180.2: Gordon/OSF/Okapia, Frankfurt; 182.3, 184.1A, 184.1C: Behrens, Lehrte; 186.1A: Pictor International, München; 186.1B: Minkus, Isernhagen; 187.1: Krumm/dpa, Frankfurt; 187.Rand: Polizei, Broschüre: Wie schützen Sie Ihr Kind vor Drogen; 188.1: Krebs; 188.2: Kombartzky, Karlsruhe; 188.3: AGE/Mauritius, Mittenwald; 189.1–2: Minkus, Isernhagen; 189.3: Zeeb, Holzgerlingen; 190.1: Nichols/Focus, Hamburg; 190.2A: Gunther/Bios/Okapia, Frankfurt; 190.2B: Lacz/Silvestris, Kastl; 193.1: Sohns/Silvestris, Kastl; 194.1A: Eisfeld/Juniors, Ruhpolding; 194.2A: FLPA/Silvestris, Kastl; 195.3: v. Lawick, aus: In the shadow of Men, Collins, London; 195.4: Meyers/Silvestris, Kastl; 195.5: Silvestris, Kastl; 196.1A: Tönnies, Laatzen; 196.1B: Fischer/Okapia, Frankfurt; 196.1C: Hoffmann/Blinden- und Sehbehindertenverband Niedersachsen e.V., Hannover; 197.2A–C: Tönnies, Laatzen; 198.1: Disney, Eschborn; 198.2: Age/Mauritius, Mittenwald; 198.3, 199.1A: Behrens, Lehrte; 199.1B: Horwath; 200.4: Behrens, Lehrte; 203.2: Rabisch, Duingen

Tierische Einzeller im Süßwasser

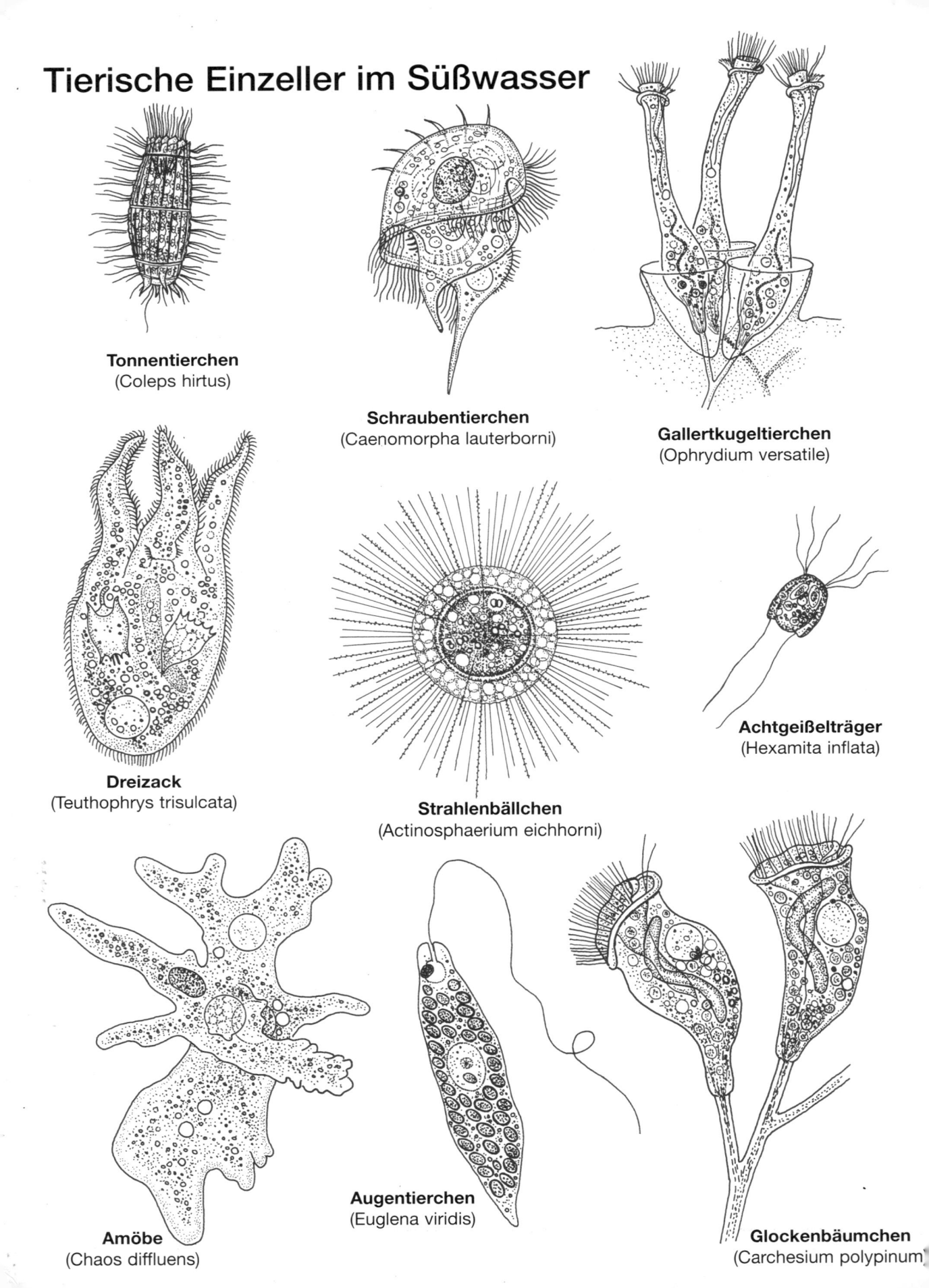

Tonnentierchen
(Coleps hirtus)

Schraubentierchen
(Caenomorpha lauterborni)

Gallertkugeltierchen
(Ophrydium versatile)

Dreizack
(Teuthophrys trisulcata)

Strahlenbällchen
(Actinosphaerium eichhorni)

Achtgeißelträger
(Hexamita inflata)

Amöbe
(Chaos diffluens)

Augentierchen
(Euglena viridis)

Glockenbäumchen
(Carchesium polypinum)